湖南望龙律师事务所

“两违”行政执法法律实务

杨文 —— 著

法律出版社
LAW PRESS·CHINA
北京

图书在版编目(CIP)数据

“两违”行政执法法律实务 / 杨文著. -- 北京 : 法律出版社, 2024
ISBN 978 -7 -5197 -9204 -6

Ⅰ. ①两… Ⅱ. ①杨… Ⅲ. ①建筑工程－行政执法－研究－中国②土地－行政执法－研究－中国 Ⅳ. ①D922.297.4②D922.304

中国国家版本馆 CIP 数据核字(2024)第 108764 号

“两违”行政执法法律实务
“LIANGWEI” XINGZHENG ZHIFA FALÜ SHIWU

杨 文 著

策划编辑 林 蕊 周 洁
责任编辑 林 蕊
装帧设计 臧晓飞

出版发行 法律出版社
编辑统筹 司法实务出版分社
责任校对 王 丰 郭艳萍
责任印制 胡晓雅
经　　销 新华书店

开本 710 毫米×1000 毫米 1/16
印张 22.75 **字数** 369 千
版本 2024 年 7 月第 1 版
印次 2024 年 7 月第 1 次印刷
印刷 三河市龙大印装有限公司

地址:北京市丰台区莲花池西里 7 号(100073)
网址:www.lawpress.com.cn
投稿邮箱:info@lawpress.com.cn
举报盗版邮箱:jbwq@lawpress.com.cn

销售电话:010 -83938349
客服电话:010 -83938350
咨询电话:010 -63939796

书号:ISBN 978 -7 -5197 -9204 -6
定价:88.00 元
凡购买本社图书,如有印装错误,我社负责退换。电话:010 -83938349

序

在党的十九大提出实施乡村振兴战略时，我已经将乡村振兴确定为后半生奋斗的事业方向和专业选择。作为乡村振兴纲领性文件的2018年中央一号文件出台，更加坚定了我投身乡村的信心。回想16年前，通过服务一家农业企业协助流转近30万亩土地的经历，我开启了乡村振兴与土地领域法律实务的征程。

2018年6月，我通过竞选成功当选湖南省律师协会农村法律事务专业委员会主任，上任做的第一件事便是带领委员们到湘西永顺开展了为期一周的调研，结合调研情况整理形成了《湖南律师服务乡村振兴实践的调研报告》。2019年3月，怀着对乡村振兴法律服务的热情与使命，我入选全国律协农业农村法律事务专业委员会，并成为全国律协最年轻的专业委员会班子成员。2021年4月，我带领团队积极响应全国律协工作要求，主动承担并完成了《中华全国律师协会律师参与乡村振兴业务操作指引》的草拟工作。2021年9月，我率领团队首创专注于乡村振兴与土地领域的专业律所——湖南望龙律师事务所。2022年10月，望龙律所首推“1+6+1”专项法律服务产品，填补法律服务乡村振兴市场的多项空白，深受乡村振兴各方主体和广大律师同行的关注。

有人说乡村振兴是一项需要情怀去坚守的事业，深究其因，缺人才？缺资金？缺政策？其实真正最深层缺的是个“信”字，缺信心，缺信任。“法”与“信”有高度紧密的关联，律师作为连接基层的法律工作者责无旁贷，必须勇担时代使命。我们可以站在全局发展高度当好乡村振兴战略型总参谋，用法治方式纾解乡村振兴发展中的“多头结”，创新性打造以法治为基础行稳致远发展的乡村振兴系统性解决方案，为参与乡村振兴的各方主体提供更多的可确定性，传递信任，增强信心，同时推动律师行业实现自身的高质量发展。

作为法律服务乡村振兴的先行者，望龙律所致力于为参与乡村振兴工作的各方主体提供专业高效的法律服务。经过在基层一线的不断摸索，2024年1月，望龙律所将核心法律服务产品升级调整为3款:针对乡镇人民政府的行政执法,开创性推出了助力执法合规的“乡镇行政执法与‘两违’整治专项法律服务产品”;针对农文旅企业的产业用地,开创性推出了助力用地合规的“乡村振兴土地专项法律服务产品”;针对村集体的资产管理运营,开创性推出了助力管理合规的“乡村集体资产管理运营专项法律服务产品”。我们希望通过打造实效性强的法律服务产品,助力实践难题的高效化解,深度赋能乡村产业发展,在推动律师实现社会价值的同时,真正激活法律服务进入乡村的内生动力。

本书是“乡村振兴法律实务指导丛书”的重要组成部分,大部分内容源于望龙律师参与的行政执法与“两违”整治法律实务。“两违”建筑历史存量大,矛盾隐患突出,在耕地保护和粮食安全压力增大的大背景下,依法依规对其进行专项整治,推动历史遗留问题化解意义重大。目前全国范围内进行“两违”整治的实践不多,不少地方在“两违”整治上进行了有益探索。本书旨在将笔者参与“两违”整治的实践经验和思考进行归纳总结,形成先行范本指导实践,有助于推动“两违”整治执法的规范化,维护法律权威和人民群众的合法权益。

衷心希望本书能够成为各级地方政府、自然资源、农业农村、行政执法等职能部门、乡镇干部、司法所、村(组)集体、涉农企业的法律实操手册,能切实为法治乡村建设贡献绵薄之力。由于本书研究内容涉及的问题较为复杂,无论是实践中还是理论上还都有很多问题值得深入研究和探讨,加之水平有限,难免存在各种缺陷和不足,敬请广大读者批评指正,提供宝贵建议。

杨　文

2024年2月6日

目录

第一章 “两违”概述

第一节 “两违”的含义及范围

本书中的“两违”是违法用地、违法建设的简称,即违反相关法律法规的用地行为或建设行为。

一、违法用地

(一)违法用地含义及范围

本书中所述违法用地,是指违反土地管理类法律法规,未经合法有效的批准而占用、使用、出让、转让、买卖、交换、租赁、破坏土地及其他违法用地的行为。

常见情形有:城镇土地未取得建设用地规划许可证,集体土地未取得集体土地使用证、农村宅基地批准书以及未经批准擅自占用土地的;采取欺骗手段,骗取批准或非法占用土地的;非法买卖土地或以其他形式非法转让土地的;超过批准面积多占土地的;临时使用土地期满拒不归还的;等等。

(二)违法用地类型

1. 违法批地类

(1)无权批准征收、使用土地的单位或者个人非法批准占用土地,超越批准权限非法批准占用土地;

(2)不按照土地利用总体规划确定的用途批准用地;

(3)违反法律规定的程序批准征收、使用土地;

(4)违法违规供地。

2. 违法占地类

(1)未经批准或者采取欺骗手段骗取批准,违法占用土地;

(2)超过批准的数量或标准占用土地;

(3)依法收回非法批准、使用的土地,有关当事人拒不归还。

3. 违法转让类

(1)买卖或者以其他形式非法转让土地;

(2)未经批准,违法转让以划拨方式取得的国有土地使用权;

(3)不符合法律规定的条件,违法转让以出让方式取得的国有土地使用权;

(4)擅自将农民集体所有的土地通过出让、转让使用权或者出租等方式用于非农业建设,或者违法将集体经营性建设用地通过出让、出租等方式交由单位或者个人使用。

4. 破坏农用地类

(1)破坏一般耕地行为;

(2)破坏永久基本农田行为。

5. 其他类

(1)依法收回国有土地使用权、当事人拒不交出土地;

(2)临时使用土地期满,拒不归还;

(3)不按照批准的用途使用国有土地;

(4)在临时使用的土地上修建永久性建筑物;

(5)临时用地期满之日起一年内未完成复垦或者未恢复种植条件;

(6)重建、扩建在土地利用总体规划制定前已建的不符合土地利用总体规划确定的用途的建筑物、构筑物;

(7)在国土空间规划确定的禁止开垦的范围内从事土地开发活动;

(8)拒不履行土地复垦义务;

(9)非法占用永久基本农田发展林果业或者挖塘养鱼。

二、违法建设

(一)违法建设含义及范围

本书中所述违法建设,是指违反规划管理类法律法规,未依法取得城乡规划部门的规划许可或者未按照规划许可内容进行建设的行为。

常见情形有：城镇土地未取得建设工程规划许可证、集体土地未取得乡村建设规划许可证（含临时）新建、扩建、改建建筑物和构筑物以及建设其他项目的，超过建设工程规划许可证期限进行建设的；未经规划建设行政主管部门批准，擅自改变建设工程规划许可证（含临时）和乡村建设规划许可证（含临时）规定内容进行建设的；经相关行政主管部门批准建设的临时性建筑物使用期限已满的；等等。

（二）违法建设类型

1. 未取得建设工程规划许可证或者未按照建设工程规划许可证的规定进行建设；

2. 违法临时建设；

3. 建设单位未在建设工程竣工验收后 6 个月内向城乡规划主管部门报送有关竣工验收资料。

三、违章建筑与违法建筑

1988 年原城乡建设环境保护部《关于房屋所有权登记工作中对违章建筑处理的原则意见》（已失效）中首次采用了“违章建筑”的说法，这里的“违章建筑”取自国务院 1984 年颁发的《城市规划条例》（已失效）中“违章的建筑物、构筑物”的表述；1989 年 12 月颁布的《城市规划法》（已失效）是我国第一部以立法的形式明确用地、施工、竣工验收等相关要求的法律，其中首次出现了“违法建筑”一词，即违反了《城市规划法》相关规定的建筑物、构筑物、其他设施。其后，违法建筑与违章建筑交替出现在相关行政法规、规章或其他规范性文件中。

从法律位阶来看，违章建筑违反的是地方政府的行政法规、部门规章等规定，违法建筑违反的是《土地管理法》《城乡规划法》等全国人民代表大会及其常务委员会制定的法律。法律之位阶高于规章，其规定更为明确，认定和处理也更为严格。为更有效地统筹城市规划管理，应当按照广义的法律、法规、规章来认定建筑物、构筑物或临时建筑，宜采用“违法建筑”的表述并对其进行规范化处理。

实践中已逐步形成了广义的违法建筑和狭义的违法建筑的说法。广义的违法建筑，是指不符合法律、行政法规、规章等规定所建成的建筑物、构筑物和设施等，具体表现为违反《土地管理法》和《城乡规划法》，违法施工，违反交通管理、广告管理、环境卫生、水资源管理秩序，等等；而狭义的违法建筑，则是指违反土地管理、城乡规划管理方面的法律法规，应当由自然资源、城乡规划管理等部门查处的建筑。通说的“两违”一般指狭义的违法建筑。

第二节 “两违”的成因及后果

一、“两违”的成因

（一）复杂的历史成因

“两违”形成的历史原因非常复杂，其中最重要的原因是土地所有制的二元结构和城乡规划的二元结构，以及法律制度的先天缺陷和滞后性。

（二）非法利益高且违法成本低

在购房和租房的需求持续增长时期，市场需求导致某些村民将集体所有的宅基地、自留地等私自转让进行建房投资，或占用土地建设房屋用于出租、出售，甚至兴建店铺、厂房等用于出租获利。此外，“两违”建设非法获益大、审批手续不齐全、建设周期短，致使“两违”建设者明知违法违规，仍铤而走险。

（三）执法及监管不力

“两违”建筑建设的周期短、隐蔽性强，监管面宽、量大，往往发现时已经形成事实，加之制止和拆除程序严格，尤其是存量“两违”执法程序太烦琐，从下达处罚决定书到申请强制执行周期漫长，客观上存在“建设容易，拆除艰难”的现象。目前法律规定对“两违”的处罚相对较轻，一般仅将违建物拆除，难以起到警示作用。

另外，对执法者的监管也有所不足。目前基层执法队和自然资源等部门工作人员与乡镇（街道）共同开展日常巡查执法工作，随着时间的推移往往绕不开人际关系、人情的干预，影响信息及时准确上报，造成“两违”行政执法的滞后。

(四)法治观念淡薄

由于存量“两违”较多,有的多年整治未果,而新违法占地建房仍在不断产生,在社会上加强了人们“法不责众”的心理,且行为人缺乏法治观念,无视土地和规划管理法规,明知违法而为之,采取“你查我停、你走我建”的方式进行违法建设,致使“两违”工作难度巨大。

二、“两违”导致的后果

(一)扰乱建设秩序

“两违”行为浪费了宝贵的土地资源,影响了城乡规划、建设和发展,严重扰乱了城乡建设秩序。

(二)妨害社会稳定

“两违”行为频频引发矛盾纠纷,人民群众意见强烈,集体上访、越级上访现象时有发生,妨害了社会和谐稳定。

(三)挑战公平正义

“两违”行为让群众滋生“谁守法、谁吃亏,谁违法、谁发财”的失衡心态,助长了贪图不正当利益的不良风气,严重破坏了社会的公平正义。

(四)践踏法律尊严

“两违”行为人无视国家法律法规的存在,严重藐视国家法律法规,使相关法律法规失去了应有的严肃性和强制性。

第二章　“两违”整治中的常见行政行为

第一节　行政处罚

一、行政处罚的概念及类型

（一）行政处罚的概念

根据《行政处罚法》第二条的规定，行政处罚是指行政机关依法对违反行政管理秩序的公民、法人或者其他组织，以减损权益或者增加义务的方式予以惩戒的行为。

（二）《行政处罚法》中规定的行政处罚类型

根据《行政处罚法》第九条规定，行政处罚的类型包括：(1)警告、通报批评；(2)罚款、没收违法所得、没收非法财物；(3)暂扣许可证件、降低资质等级、吊销许可证件；(4)限制开展生产经营活动、责令停产停业、责令关闭、限制从业；(5)行政拘留；(6)法律、行政法规规定的其他行政处罚。

（三）“两违”整治中常见的行政处罚

《自然资源行政处罚办法》第四条明确自然资源行政处罚包括：(1)警告、通报批评；(2)罚款、没收违法所得、没收非法财物；(3)暂扣许可证件、降低资质等级、吊销许可证件；(4)责令停产停业；(5)限期拆除在非法占用土地上的新建建筑物和其他设施；(6)法律法规规定的其他行政处罚。

二、行政处罚的原则、程序及主要注意事项

(一)行政处罚的原则

1. 处罚法定原则

《行政处罚法》第四条规定了处罚法定原则:(1)实施处罚的主体法定;(2)处罚依据法定;(3)处罚程序法定。

2. 处罚公正、公开原则

《行政处罚法》第五条规定,行政处罚遵循公正、公开的原则。设定和实施行政处罚必须以事实为依据,与违法行为的事实、性质、情节以及社会危害程度相当。对违法行为给予行政处罚的规定必须公布;未经公布的,不得作为行政处罚的依据。

3. 处罚与教育相结合原则

《行政处罚法》第六条规定,“实施行政处罚,纠正违法行为,应当坚持处罚与教育相结合,教育公民、法人或者其他组织自觉守法”。处罚是为了更好地教育,不能以罚代教,但是仅教育往往达不到预期目的,辅以处罚,让违法者感受到痛苦,就会促使其避免或者减少违法行为。

4. 权利保障原则

《行政处罚法》第七条规定,“公民、法人或者其他组织对行政机关所给予的行政处罚,享有陈述权、申辩权;对行政处罚不服的,有权依法申请行政复议或者提起行政诉讼。公民、法人或者其他组织因行政机关违法给予行政处罚受到损害的,有权依法提出赔偿要求”。据此,在行政处罚的实施中必须对行政相对人的权利予以保障,行政相对人享有陈述权、申辩权、申请复议权、行政诉讼权、请求行政赔偿的权利以及要求举行听证的权利,这些权利的确定是宪法保障人权的具体体现。

5.“一事不再罚”原则

(1)“一事不再罚”原则的含义。

《行政处罚法》第二十九条规定,对当事人的同一个违法行为,不得给予两次以上罚款的行政处罚。同一个违法行为违反多个法律规范应当给予罚款处罚的,按照罚款数额高的规定处罚。

（2）“一事不再罚”原则适用要点。①同一行政机关对同一个违法行为不得给予两次以上的行政处罚；②不同机关依据不同理由和法律规范对同一个违法行为不得给予两次以上罚款的行政处罚；③违法行为已受到刑罚后，除法律规定或特殊情况外，不得再给予行为人行政处罚。

6. 比例原则

（1）比例原则的含义。

比例原则，是指行政主体实施行政行为应兼顾行政目标的实现和保护相对人的权益，如果行政目标的实现可能对相对人的权益造成不利影响，则这种不利影响应被限制在尽可能小的范围和限度之内，二者有适当的比例。行政比例原则是行政法的重要原则，《行政处罚法》第五条第二款规定，设定和实施行政处罚必须以事实为依据，与违法行为的事实、性质、情节以及社会危害程度相当。

（2）比例原则适用要点。①目的和手段的关系必须是适当的，具备适当性；②行政手段应当采取对行政相对人和其他受到影响的人群损失最小的方式，具备必要性；③行政行为对公民和社会合法权益的损害与行政行为实现目的所达到收益之间应当相称，具备相称性。

7. 从旧兼从轻原则

（1）从旧兼从轻原则的含义。

《立法法》第一百零四条规定，法律、行政法规、地方性法规、自治条例和单行条例、规章不溯及既往，但为了更好地保护公民、法人和其他组织的权利和利益而作的特别规定除外。

《行政处罚法》第三十七条规定，实施行政处罚，适用违法行为发生时的法律、法规、规章的规定。但是，作出行政处罚决定时，法律、法规、规章已被修改或者废止，且新的规定处罚较轻或者不认为是违法的，适用新的规定。

（2）从旧兼从轻原则主要适用情形。①违法行为发生、终了在新法实施前，且作出行政处罚决定在新法实施前，当然适用旧法。②违法行为发生在新法实施后，当然适用新法。③违法行为发生、终了在新法实施前，2 年内未被发现的，不再给予行政处罚，法律另有特别规定的除外。④违法行为发生、终了在新法实施前，但发现或作出行政处罚决定在新法实施后，应适用旧法，但如果新法处罚轻于旧法或不认为是违法的，则适用新法。⑤违法行为发生在 2 年前，但继续或连续到新法前终了，应适用旧法。⑥违法行为发生在新法实施前，继续至新法之后终了，适用新法。⑦违法行为开始于新法之前，连续到新法之后终了，在新旧法律都认为是违法的情况下，适用新法；对于新法比旧法规定的法律责任较重的，也应适用新法，但在进行处罚时，应当提出酌情从轻处理意见。

（二）行政处罚的一般程序

根据《行政处罚法》第三十九条至第五十条的规定，行政处罚的一般程序如下：(1)立案；(2)调查取证；(3)审查决定；(4)处罚决定；(5)送达；(6)执行；(7)结案。

（三）实施行政处罚时的主要注意事项

行政机关以一般程序实施行政处罚时，除了注意上述法定程序，还应当注意以下事项。

1. 执法主体和权限

行政处罚应当由法定行政机关在法定权限范围内实施，禁止越权执法。涉及委托执法的，受托单位应当以委托单位的名义实施和作出行政处罚，避免行政处罚执法主体错误。

2. 执法人员资格和回避

根据《行政处罚法》第四十二条、第四十三条的规定，行政处罚应当由具有行政执法资格的执法人员实施，一般不得少于两人；如执法人员与案件存在直接利害关系或者有其他关系可能影响公正执法的，应当主动回避，当事人也有权申请回避。

3. 保障当事人的法定权利

当事人在行政处罚过程中依法享有陈述、申辩权利，并享有听证权利。当事人对行政处罚决定不服的，依法享有申请行政复议和提起行政诉讼的救济权利。行政机关在实施行政处罚过程中，应当依法保障当事人的前述权利，并在相关法律文书中予以告知。

4. 合法取证，确保证据充分有效

调查取证是行政执法最重要的内容，决定了案件的办理质量，应当做到全面、客观、公正。《行政处罚法》第四十六条确立了行政处罚领域的“非法证据排除规则”,以非法手段取得的证据,不得作为认定案件事实的根据。行政机关执法时,必须以合法的手段收集和固定证据,以免影响案件事实的认定。此外,根据《行政处罚法》的规定,证据不足的,不得给予行政处罚。因此行政机关在作出处罚前,需充分收集证据,形成完整证据链。

5. 适用法律正确,处罚决定内容合法

查明案件事实后,行政机关应对违法行为准确定性,并按照相应的法律规定和自由裁量规范对违法行为人作出处罚决定。行政机关在适用法律时,需注意法律条款和法律责任条款的准确引用,做到适用法律正确,处罚决定内容合法、适当。

三、行政处罚的追诉时效问题

1. 行政处罚一般受 2 年追诉时效的限制

行政处罚的追诉时效,是指对违法行为人违反行政管理秩序的行为追究行政责任、给予行政处罚的有效期限。行政机关超过法律规定的期限未发现违法行为的,对当时的违法行为人不再给予行政处罚。

《行政处罚法》第三十六条规定:“违法行为在二年内未被发现的,不再给予行政处罚;涉及公民生命健康安全、金融安全且有危害后果的,上述期限延长至五年。法律另有规定的除外。前款规定的期限,从违法行为发生之日起计算;违法行为有连续或者继续状态的,从行为终了之日起计算。”一般情况下,违法行为追究时限从违法行为发生之日起计算,此类违法行为是一次性的、非持续性的行为。违法行为系连续或者继续状态的,“违法行为发生之日”应该是指违法行为完成之日或者停止之日。

从全国人大常委会法工委、国务院原法制办公室、最高人民法院及地方法院的相关观点来看,上述规定主要有以下含义。

(1)追诉时效规定的期限从违法行为发生之日起开始计算,而非从知道行为违法之日起计算。“违法行为发生之日”是指违法行为完成或者停止之日。

(2)行政处罚法规定的发现违法行为的主体是处罚机关或有权处罚的机关。违法行为的发现时间一般是行政机关的立案时间,而非行政机关作出行政处罚的时间。对“二年内未被发现”的理解通常为，行政机关只要启动调查、取证和立案程序，均可视为“发现”。群众举报后被认定属实的，发现时效以举报时间为准。关于行政处罚的追诉时效问题，可参照适用全国人大常委会法工委《关于提请明确对行政处罚追诉时效“二年未被发现”认定问题的函的研究意见》（法工委复字〔2004〕27 号）。

最高人民法院在（2017）最高法行申 4632 号案中经审理认为，行政处罚追诉时效的起算点是违法行为发生之日；群众举报后被认定属实的，应以举报时间为违法行为被发现的时间点。

（3）在违法行为发生后的 2 年内，对违法行为有处罚权的行政机关未发现这一违反行政管理秩序的事实，在规定的 2 年超过后，无论在何时发现了这一违法事实，对当时的违法行为人不再给予行政处罚。

（4）如果违反行政管理秩序的行为在行为发生的 2 年内已被行政机关发现，但违法行为在 2 年内未被查处或者违法行为人逃避处罚，在 2 年后行政机关将其查处，仍应当依法给予行政处罚。

最高人民法院在（2017）最高法行申 4273 号案中经审理认为，金菱公司于 2008 年 3 月 7 日至 2009 年 3 月 30 日因进口纸品涉嫌偷逃税款，上海海关缉私部门于 2009 年 4 月 1 日对金菱公司以走私普通货物立案侦查，表明已经对违法行为开始查处，也即该违法行为已经在 2 年内被发现，并不存在不能给予行政处罚的情形。金菱公司以 2011 年 11 月 15 日即行政案件立案之日为违法行为被发现之日，并以此计算 2 年处罚时效，属于对法律规定的错误理解。

（5）对于违法行为有连续或者继续状态的，从行为终了之日起计算。这里的“连续”状态是指违法行为人连续实施同一种违法行为，或基于同一个违法故意连续实施数个独立的行政违法行为，这些违法行为触犯的是同一个行政处罚规定。

（6）对于大多数行政处罚案件来说，行政处罚法规定的追诉时效为 2 年，但考虑到行政处罚案件纷繁复杂以及对具体案件处理方式不同，《行政处罚法》同时也明确规定在行政处罚时效问题上“法律另有规定的除外”。例如，《治安管理处罚法》第二十二条规定：“违反治安管理行为在六个月内没有被公安机关发现的，不再处罚。前款规定的期限，从违反治安管理行为发生之日起计算；违反治安管理行为有连续或者继续状态的,从行为终了之日起计算。”

2.“两违”整治中涉及连续或继续状态的追诉时效问题

国务院原法制办公室《对湖北省人民政府法制办公室〈关于如何确认违法行为连续或继续状态的请示〉的复函》(国法函〔2005〕442 号)明确,《行政处罚法》规定的违法行为的连续状态,是指当事人基于同一个违法故意,连续实施数个独立的行政违法行为,并触犯同一个行政处罚规定的情形。

当前司法实践中关于“两违”的违法行为有连续或者继续状态的情形主要涉及以下几类。

(1)对违法用地行为的查处。

①对违法占地行为的行政处罚时效问题。

最高人民法院行政审判庭《关于如何计算土地违法行为追诉时效的答复》(〔1997〕法行字第 26 号)明确,对非法占用土地的违法行为,在恢复原状之前,应视为具有继续状态,其行政处罚的追诉时效,应根据《行政处罚法》(1996 年)第二十九条第二款的规定,从违法行为终了之日起计算;破坏耕地的违法行为是否具有连续或继续状态,应根据案件的具体情况区别对待。

最高人民法院在(2017)最高法行申 5388 号案中经审理认为,对非法占用土地的违法行为,在恢复原状之前应视为具有继续状态。因此,王某主张其违法建造的房屋自建造之日起超过两年而合法化,缺乏事实和法律依据,不予支持。

②对非法转让土地违法行为的行政处罚时效问题。

对于非法转让土地的行为,有观点认为土地一经转让即已终结,2 年处罚时效开始计算;有观点认为土地使用权转让完成需以登记为准,未完成登记转让行为未终结,2 年处罚时效尚未开始计算;还有观点认为非法转让土地存在非法占地行为,对非法转让的追诉应与非法占地的追诉时效保持一致。

对于不带建筑物的非法转让土地行为,笔者认为,基于法律的谦抑性原则和格外谨慎、有利于当事人的态度,不应对《行政处罚法》做扩展性解释。对历史遗留问题的处理,行政机关应当本着实事求是、尊重历史、符合现实的原则,依法作出客观、公正的行政处罚,不能因行政机关的不作为加重相对人的责任,其违法转让行为的追诉时效应以转让款、土地交付完成时间为起算点。对于受让方因此受到的损失,可通过主张合同无效的民事权利救济方式,向转让方追偿。

对“带合法建筑的土地”转让行为的追诉时效问题，笔者认为，如果原建筑及所属土地是合法的，鉴于使用过程中土地用途改变情形较轻，不涉及违反规划问题，且主观恶性较低，超过2年的追诉时效后，对原转让行为不能进行处罚。但对于“带违法建筑的土地”转让行为的追诉问题，笔者认为对该非法转让行为的追诉时效不能以转让行为完成时间为起算点，该行为应随违法建筑物的违法状态持续而延续，因为其同时涉及土地及规划违法问题，情节明显严重，主观恶性极高，且社会危害很大，不利于社会秩序稳定。因此，对“带违法建筑的土地”的非法转让行为的追诉时效应与对违法建筑的追诉时效保持一致。

（2）对违法建设行为的行政处罚时效问题。

全国人大常委会法工委《对关于违反规划许可、工程建设强制性标准建设、设计违法行为追诉时效有关问题的意见》（法工办发〔2012〕20号）明确，违反规划许可、工程建设强制性标准进行建设、设计、施工，因其带来的建设工程质量安全隐患和违反城乡规划的事实始终存在，应当认定其行为有继续状态，行政处罚追诉时效应当自纠正违法行为之日起计算。

最高人民法院在（2019）最高法行申9767号案中经审理认为，因北海养殖场的案涉违法行为从2010年开始持续存在，故应适用《行政处罚法》（2017年）第二十九条第二款“前款规定的期限，从违法行为发生之日起计算；违法行为有连续或者继续状态的，从行为终了之日起计算”之规定。原审法院适用《行政处罚法》（2017年）第二十九条第一款的规定认定处罚决定超过2年处罚期限，属于适用法律错误。

3. 行政处罚新旧法律的适用问题

（1）土地违法行为新旧罚款标准的适用。

2021年修订的《土地管理法实施条例》自2021年9月1日起开始施行。该条例贯彻落实中央“采取长牙齿的硬措施，落实最严格的耕地保护制度”要求，对土地违法行为的法律责任作了较大幅度修改，特别是大幅提高了土地违法的罚款标准。在实践中，对于发生在2021年9月1日之前，行政处罚在2021年9月1日之后的土地违法行为进行处罚的罚款标准适用存在一定争议。

有观点认为，应根据“法不溯及既往，从旧兼从轻”原则，对发生在2021年9月1日之前、作出行政处罚决定在2021年9月1日之后的违法行为，应适用旧

《土地管理法实施条例》罚款标准。其依据为原国土资源部《关于查处土地违法行为如何适用〈土地管理法〉有关问题的通知》(国土资发〔1999〕87号):“一、新法实施前发生的土地违法行为,依照下列原则处理:1.根据原土地管理法规定,不构成土地违法行为,但根据新法规定构成土地违法行为的,适用原土地管理法。2.根据原土地管理法规定,构成土地违法行为,但根据新法规定不构成土地违法行为的,适用新法。3.根据原土地管理法和新法的规定,均构成土地违法行为的,适用处罚较轻的法律。二、新法实施前发生的非法占地行为。在新法实施后继续在非法占用的土地上构筑建筑物和其他设施的,依照新法处理。”据此,新《土地管理法》实施后继续构筑建筑物和其他设施的按新《土地管理法》处理,新《土地管理法》实施后未构筑建筑物和其他设施的应该按旧《土地管理法》处理。

有观点认为,土地违法行为属违法行为的连续或继续状态,在违法状态消除前处于继续状态,属于特殊情形,不适用“法不溯及既往,从旧兼从轻”原则;旧《土地管理法实施条例》实施期间未查处的存量非法占地行为,在新《土地管理法实施条例》实施后,就应该按新《土地管理法实施条例》的罚款标准查处。

笔者认为,根据“法不溯及既往,从旧兼从轻”原则,行政机关对土地违法行为的实体问题应适用旧法规定,对程序问题适用新法规定,但适用新法对保护行政相对人的合法权益更为有利的除外。对于2021年9月1日之前发生的土地违法行为,在2021年9月1日之后扩建的部分,如果属于新的土地违法行为,适用新《土地管理法实施条例》;未扩建部分,应适用旧《土地管理法实施条例》。在2021年9月1日之后翻建的,要区分翻建具体情况而定,如果主体建筑、结构等都没有变化,仅因房屋屋顶颜色粉刷被卫片执法发现,类似情况适用旧《土地管理法实施条例》罚款标准更符合基层执法实际情况。但如果增加了建(构)筑物,事实上已改变建筑主体或结构,则是未经查处的存量非法占用土地上新的违法建设行为,且新的违法建设行为与未经处理的原违法行为具有事实上的不可分性,因此在处罚时应适用新《土地管理法实施条例》罚款标准。

(2)关于违法建设行为新旧法律适用问题。

最高人民法院第一巡回法庭《关于行政审判法律适用若干问题的会议纪要》规定:行政机关作出行政处罚决定,实体处理应当适用违法行为发生时有效的法律。但是,新法的规定更有利于被处罚人的,应当根据从旧兼从轻的原则,适用新法规定。违法行为处于持续状态的，应当适用违法行为终了时有效的法律。违法建筑属于违法行为持续状态，应当适用作出行政处罚时有效的《城乡规划法》。

最高人民法院《关于审理行政案件适用法律规范问题的座谈会纪要》第三条规定，行政相对人的行为发生在新法施行以前，具体行政行为作出在新法施行以后，人民法院审查具体行政行为合法性时，实体问题适用旧法规定，程序问题适用新法规定，但适用新法对保护行政相对人的合法权益更有利等情形除外。根据全国人大常委会法工委《对关于违反规划许可、工程建设强制性标准建设、设计违法行为追诉时效有关问题的意见》，违法建筑属于违法行为的持续状态，违法行为终了之日就是依法作出处理之日，因此，应当适用作出行政处罚时有效的《城乡规划法》。

四、行政处罚错误的主动改正

《行政处罚法》第七十五条第二款规定，行政机关实施行政处罚应当接受社会监督。公民、法人或者其他组织对行政机关实施行政处罚的行为，有权申诉或者检举；行政机关应当认真审查，发现有错误的，应当主动改正。

（一）主动改正措施

关于行政机关如何主动改正行政执法行为，全国层面并无统一性具体规定，但不少地方出台了地方规章或规范性文件对此予以规制，比如《湖南省行政程序规定》。

1. 补正或更正

《湖南省行政程序规定》第一百六十四条规定：“具有下列情形之一的，行政执法行为应当予以补正或者更正：（一）未说明理由且事后补充说明理由，当事人、利害关系人没有异议的；（二）文字表述错误或者计算错误的；（三）未载明决定作出日期的；（四）程序上存在其他轻微瑕疵或者遗漏，未侵犯公民、法人或者其他组织合法权利的。补正应当以书面决定的方式作出。”

2. 撤销

《湖南省行政程序规定》第一百六十二条规定：“具有下列情形之一的，行政执法行为应当撤销：（一）主要证据不足的；（二）适用依据错误的；（三）违反法定程序的，但是可以补正的除外；（四）超越法定职权的；（五）滥用职权的；（六）法律、法规、规章规定的其他应当撤销的情形。行政执法行为的内容被部分撤销的，其他部分仍然有效，但是除去撤销部分后行政行为不能成立的，应当全部撤销。行政执法行为被撤销后，其撤销效力追溯至行政执法行为作出之日；法律、法规和规章另有规定的，其撤销效力可以自撤销之日发生。行政执法行为被撤销的，如果发现新的证据，行政机关可以依法重新作出行政执法行为。”

《湖南省行政程序规定》第一百六十三条规定：“行政执法行为的撤销，不适用以下情形：（一）撤销可能对公共利益造成重大损害的；（二）法律、法规、规章规定的其他不予撤销的情形。行政执法行为不予撤销的，行政机关应当自行采取补救措施或者由有权机关责令采取补救措施。”

（二）主动改正行政处罚决定的程序

1. 若行政机关作出行政处罚决定书后发现自己没有管辖权，该行政机关应当以正式文件撤销该决定书，并从行政相对人处进行收回，然后根据案件移送的规定将案件材料移送给有管辖权的部门进行处理。

2. 若行政处罚决定书中的违法事实不清或证据不确凿，执法部门应当以正式文件撤销该决定书，并从行政相对人处进行收回；然后重新对违法事实进行调查核实，补充完善相关证据，在做到事实清楚、证据确凿的基础上，按照行政处罚程序规定再重新作出处理决定，重新履行处罚告知程序，重新制作并送达行政处罚决定书。

3. 若行政处罚决定书中所适用的法律、法规、规章或适用法律、法规、规章的条款存在错误，执法部门应当以正式文件撤销该决定书，并从行政相对人处进行收回，然后履行行政处罚告知程序，重新制作并送达行政处罚决定书给行政相对人。

4. 若行政处罚决定书中存在处罚种类或幅度的错误，执法部门应当以正式文件作出必要说明，从行政相对人处收回该决定书，同时重新制作并送达行政处罚决定书给行政相对人。因处罚种类、幅度发生了改变，所以必须重新履行行政处罚告知程序。

5. 若行政处罚程序出现错误，执法部门应当以正式文件撤销该行政处罚决定书，并从行政相对人处进行收回，然后按照行政处罚程序规定重新作出处理决定，重新履行处罚告知程序，重新制作并送达行政处罚决定书。

6. 若行政处罚决定书中存在编号、字迹、日期、印章等错误，执法部门应当以正式文件作出必要说明，同时重新制作并送达行政处罚决定书给行政相对人，不必重新履行行政处罚告知程序。

综上所述，行政机关主动撤销出现错误的行政处罚决定书必须按照法定程序与条件进行，由行政行为的决定机关综合考虑案件的事实、证据和条件等因素后作出撤销行政处罚决定，并依法重新作出正确的行政处罚决定书。

第二节 行政强制

一、行政强制概述

根据《行政强制法》第二条的规定，该法所称行政强制，包括行政强制措施和行政强制执行。

行政强制措施，是指行政机关在行政管理过程中，为制止违法行为、防止证据损毁、避免危害发生、控制危险扩大等情形，依法对公民的人身自由实施暂时性限制，或者对公民、法人或者其他组织的财物实施暂时性控制的行为。

行政强制执行，是指行政机关或者行政机关申请人民法院，对不履行行政决定的公民、法人或者其他组织，依法强制履行义务的行为。

二、行政强制的方式

（一）行政强制措施的方式

根据《行政强制法》第九条的规定，行政强制措施有以下种类：(1)限制公民人身自由；(2)查封场所、设施或者财物；(3)扣押财物；(4)冻结存款、汇款；(5)其他行政强制措施。

（二）行政强制执行的方式

《行政强制法》第十二条规定，行政强制执行的方式有：(1)加处罚款或者滞纳金;(2)划拨存款、汇款;(3)拍卖或者依法处理查封、扣押的场所、设施或者财物;(4)排除妨碍、恢复原状;(5)代履行;(6)其他强制执行方式。

(三)“两违”整治中常见的行政强制

1.“两违”整治中常见的行政强制措施

(1)查封场所、设施或者财物。

查封场所、设施或者财物指行政机关为了保障行政决定有效作出或者行政决定得到有效执行,依法对行政相对人的场所、设施或者财物暂时封存。查封的对象为工具、设施、设备、财物、资料、账簿等,主要方式是就地封存。

(2)扣押财物。

扣押指行政机关为了预防、制止违法行为,保障行政决定的执行,对行政相对人涉嫌违法的财物予以暂时扣留的行为。扣押的对象是可移动物,不能移动的财物只能就地查封。根据《行政强制法》第二十五条的规定,查封、扣押的期限不得超过30日,情况复杂的经行政机关负责任人批准可以延长,但是延长不得超过30日,法律、行政法规另有规定的除外。

2.“两违”整治中常见的行政强制执行行为

(1)强制拆除行为。

《行政强制法》第四十四条规定,对违法的建筑物、构筑物、设施等需要强制拆除的,应当由行政机关予以公告,限期当事人自行拆除。当事人在法定期限内不申请行政复议或者提起行政诉讼,又不拆除的,行政机关可以依法强制拆除。

(2)拍卖查封、扣押的建筑物。

《行政强制法》第四十八条规定,依法拍卖财物,由行政机关委托拍卖机构依照《拍卖法》的规定办理。

三、行政强制的程序

(一)行政强制措施的程序

1.一般程序

(1)实施前需向行政机关负责人报告并经批准;

(2)由两名以上行政执法人员实施;

(3)出示执法身份证;

(4)通知当事人到场;

(5)当场告知当事人采取行政强制措施的理由、依据及当事人依法享有的权利、救济途径;

(6)听取当事人的陈述和申辩;

(7)制作现场笔录;

(8)现场笔录由当事人和行政执法人员签名或者盖章,当事人拒绝的,在笔录中予以注明;

(9)当事人不到场的,邀请见证人到场,由见证人和行政执法人员在现场笔录上签名或者盖章;

(10)法律、法规规定的其他程序。

2. 特殊程序

(1)限制人身自由:其一,当场或事后立即通知当事人家属;其二,紧急情况当场实施的返回后立即报批(不是24小时);其三,不得超期。

(2)查封、扣押:其一,查封、扣押对象的“三个不得”,即与违法行为无关的不得、生活必需品不得、重复查封不得。其二,当场交付决定书和清单。其三,期限。一般期限≤30天;最长期限≤60天(经过机关负责人批准,一般期限延长30天);例外期限,其他法律、行政法规另有规定的适用其规定;除外期限,检测、检验、检疫或者技术鉴定不计算在内。其四,保管。行政机关或其委托的第三人保管查封、扣押的财产,费用由行政机关承担。

(3)冻结:其一,实施主体需法律明确规定有冻结权的行政机关或法律授权的组织。其二,期限与查封、扣押期限基本相同,不同之处在于冻结的例外期限只能由法律例外规定,行政法规不可以。

(二)行政强制执行的程序

1. 一般程序

(1)作出书面催告书并送达当事人;

(2)听取当事人陈述和申辩并记录复核;

(3)无正当理由仍不履行的,作出强制执行决定并送达当事人;

(4)强制执行。

2. 依法强制拆除违法建筑的程序(排除妨害、恢复原状)

(1)作出限期当事人自行拆除的书面决定送达当事人,并发布公告,限期当事人自行拆除;

(2)当事人在法定期限内不申请行政复议或者提起行政诉讼,又不拆除的,书面催告拆除;

(3)听取当事人陈述和申辩并记录复核;

(4)无正当理由仍不拆除的,作出强制拆除决定并送达当事人;

(5)强制拆除。

3. 金钱给付义务的执行

(1)具有行政强制执行权的行政机关可以强制执行,加处罚款和滞纳金不得超过本金。

(2)没有执行权的行政机关应申请法院执行;但对当事人不复议、诉讼,经催告仍不履行的,在实施行政管理过程中已经采取查封、扣押措施的行政机关,可以将查封、扣押的财物依法拍卖抵缴罚款。

4. 代履行

《行政强制法》第五十条规定:“行政机关依法作出要求当事人履行排除妨碍、恢复原状等义务的行政决定,当事人逾期不履行,经催告仍不履行,其后果已经或者将危害交通安全、造成环境污染或者破坏自然资源的,行政机关可以代履行,或者委托没有利害关系的第三人代履行。”

第五十一条规定:“代履行应当遵守下列规定:(一)代履行前送达决定书,代履行决定书应当载明当事人的姓名或者名称、地址,代履行的理由和依据、方式和时间、标的、费用预算以及代履行人;(二)代履行三日前,催告当事人履行,当事人履行的,停止代履行;(三)代履行时,作出决定的行政机关应当派员到场监督;(四)代履行完毕,行政机关到场监督的工作人员、代履行人和当事人或者见证人应当在执行文书上签名或者盖章。代履行的费用按照成本合理确定,由当事人承担。但是,法律另有规定的除外。代履行不得采用暴力、胁迫以及其他非法方式。”

第五十二条规定:“需要立即清除道路、河道、航道或者公共场所的遗洒物、障碍物或者污染物，当事人不能清除的，行政机关可以决定立即实施代履行；当事人不在场的，行政机关应当在事后立即通知当事人，并依法作出处理。”

注意点提示

代履行在面对紧急情况下的公共安全和公共利益时起到了行政强制不可替代的作用，对提高行政管理和行政效率有着一定的优势和必要性。但是行政机关实施代履行应当严格遵守法律规定，仅适用于交通安全、环境污染和自然资源三个领域，只能代行使排除妨碍、恢复原状等可代为履行的义务。

5. 申请人民法院强制执行

（1）当事人在法定期限内不申请行政复议或者提起行政诉讼，又不履行行政决定的，书面催告当事人履行义务。

（2）催告书送达10日后，当事人仍未履行义务，制作书面的行政强制执行申请，与其他材料一并提交有管辖权的人民法院。

（3）自期限届满之日起3个月内申请。

四、行政强制措施与行政强制执行的区别

行政强制措施与行政强制执行均属于行政强制，两者也都通过一定的强制性措施表现出来，但二者仍有明显的区别。

（一）目的不同

行政强制执行的目的在于强制相对人履行义务或达到与履行义务相同的状态；行政强制措施的目的则是使相对人的人身与财产保持一定的状态，从而预防、制止或者控制正在发生或可能发生的违法行为或危险状态。

（二）前提不同

行政强制执行的前提是法定义务人不履行法定义务；行政强制措施不以行政相对人不履行法定义务为适用条件，而是以危害社会的行为或事件的发生为前提。

(三)起因不同

行政强制执行的起因只能是义务人负有不作为义务而作为或负有作为义务而不作为的行为;而行政强制措施的起因,既可以是危害社会的行为,也可以是危害社会的某种事件的发生,甚至是某种状态的出现。

(四)实施主体不同

行政强制执行的实施主体包括行政机关和人民法院;行政强制措施的实施主体只有行政机关。

(五)结果不同

行政强制执行的结果以义务人履行义务或达到与履行义务相同状态而结束,行政强制措施在情况调查清楚后,经认定不需要继续实施行政强制措施的,应该解除强制、恢复原状;经认定需要继续实施强制措施的,应依法采取相应的处理决定。

第三节　行政命令

一、行政命令的概念

行政命令是行政行为的一种形式,是行政机关出于行政管理的目的,依法要求行政相对人作为或者不作为的具体行政行为,具有一定的强制性,且在法律规范中多以"责令"的形式出现。

二、行政命令与其他行政行为的区别

(一)行政命令与行政处罚的区别

1. 行为的目的不同

行政命令是行政主体为实现所希望的行政管理状态作出的义务设定行为,目的是建立行政管理秩序;行政处罚是行政主体为恢复被违法者所破坏的行政管理

秩序作出的惩戒性行为，目的是制裁相对人的违法行为，并教育其遵守行政管理秩序。

2. 在行政执法程序中所处的阶段不同

行政命令的作出意味着在行政法律关系主体之间建立起一种行政法律关系，该行为通常处于行政执法程序的最初阶段；行政处罚的作出意味着行政机关通过行使处罚权对被破坏的现有行政法律关系进行恢复，该行为通常位于行政执法程序的最终阶段。

3. 行为的效果不同

行政命令的效果是由行政机关为相对人设定一定的作为或不作为义务，其实质是使相对人的权利、自由受到“限制”。行政处罚的效果是使相对人享有的财产或人身权利受到剥夺，其实质是使相对人“失去”权利或自由。

注意点提示

关于“责令”行为是否属于行政命令行为，实践中确实存在争议。有人根据《行政处罚法》第九条关于行政处罚的种类中有“责令停产停业”这一分类，认为“责令”行为应当属于行政处罚。但笔者认为不能笼统地认为责令性行为均属于行政处罚，不同规定应当进行不同分析。同为责令权的设定，作出的行为可能是行政命令行为，也可能是行政处罚行为。

（二）行政命令与行政强制的区别

1. 性质不同

行政命令行为的作出为相对人设定了作为与不作为义务，属于行政主体做出的法律行为；行政强制行为是行政机关对相对人的财产与人身直接进行的强力处置，属于行政主体做出的事实行为。

2. 法律关系中承担作为义务（职责）的具体主体不同

行政命令中，承担义务的是行政相对人，相对人应当按照行政管理要求履行作为与不作为的义务。而行政强制中，为了实现公共利益、维护公共秩序，行政主体负有对违反行政管理的相对人作出一定处置的义务。

3. 在行政执法程序中所处的情势不同

行政命令属于常规执法程序中的管理行为，是行政主体在日常行政管理中比较常见的行政行为。而行政强制是行政主体在公共利益、公共安全受到威胁的情况下，为应对突发事件、及时消除危险状态才会作出的执法行为。

4. 客观效果不同

行政命令的作出在行政法主体之间生成了行政法律关系，该法律关系内容需要借助行政法主体的行为加以实现，具体讲是依赖于相对人作出行政主体所希望的行为或者不作出行政主体所禁止的行为；行政强制的作出是使已经存在的法律关系内容通过行政主体的行为直接加以实现，在客观上导致行政法律关系的消灭。

第四节 “两违”整治中责令、收回行为的定性

一、责令类行为的定性

（一）责令类行为种类

在“两违”整治中常见的责令类行为有：责令退还非法占用土地、责令交还土地、责令改正、责令采取补救措施、责令停止建设、责令恢复原状、责令关闭、责令停产停业、责令限期拆除等。

（二）责令改正或限期改正的定性

《行政处罚法》第二十八条第一款规定，行政机关实施行政处罚时，应当责令当事人改正或者限期改正违法行为。因此大多数的行政法律规范中，一般在实施行政处罚的同时会责令当事人改正或限期改正违法行为。目前，对于责令改正或者限期改正的法律性质有些争议。

一种观点认为，责令改正或限期改正是行政处罚。理由是：行政处罚的强度和功能存在不同。有的行政处罚具有较强的惩罚性质，除迫使其承担一定的弥补性的违法后果外，还要对其给予人身自由或者财产权益方面的剥夺或者限制。有的行政处罚则具有较强的补偿性质，即并未科以当事人一定的义务，而是促使其

在能够履行义务时继续履行原来应当履行的义务或者通过其他方式达到与履行义务相同的状态。

另一种观点认为，责令改正或限期改正违法行为是行政机关为制止违法行为，要求违法行为人停止违法行为、消除违法状态或者恢复原状的行政命令。与行政处罚相比，责令改正或限期改正旨在要求违法行为人自行纠正违法行为、消除违法后果，具有救济性的特征。此外，责令改正或限期改正也不属于《行政处罚法》第九条规定的法定处罚种类，故责令改正不属于行政处罚。

“两违”整治中责令改正或限期改正行为的具体情形有“责令停止建设”“限期改正”等，是责令相对人采取自行补救措施来消除一定的违法后果，具有救济性，因此笔者认为“两违”整治中的责令改正或限期改正行为属于行政命令。

（三）责令限期拆除的定性

关于责令限期拆除行为的法律性质，有观点认为应当定性为行政处罚，有的定性为行政强制措施，甚至还有的法院认定为一般行政决定或者一种行政命令。通过梳理，笔者认为“责令限期拆除”应当定性为行政处罚，理由如下。

1. 依据《土地管理法》作出的“责令限期拆除”行为应当认定为行政处罚

《土地管理法》第八十三条明确规定，建设单位或者个人对责令限期拆除的行政处罚决定不服的，可以在接到责令限期拆除决定之日起 15 日内，向人民法院起诉。依照该条规定，对在非法占用的土地上新建的建筑物和其他设施，行政机关作出“责令限期拆除”是行政处罚决定。

2. 依据《城乡规划法》作出的“责令限期拆除”行为也应当认定为行政处罚

虽然国务院原法制办公室《关于“责令限期拆除”是否是行政处罚行为的答复》（国法秘函〔2000〕13 号）及国法秘研函〔2012〕665 号复函均明确《城乡规划法》第六十四条规定的“限期拆除”不应当理解为行政处罚行为，但 2020 年最高人民法院印发的《关于行政案件案由的暂行规定》（法发〔2020〕44 号）中二级案由“行政处罚”项下三级案由第 15 项即为“责令限期拆除”。

司法实践中也倾向于把依据《城乡规划法》作出的“责令限期拆除”行为认定为行政处罚。例如，浙江省高级人民法院在（2019）浙行再 27 号案中认为，《城乡规划法》第六十四条“限期拆除”规定在“法律责任”章，是行政执法机关对行政相对人违反城乡规划管理的违法行为作出的最终处理，具有制裁性和惩罚性。行政相对人不寻求行政或司法救济，将面临强制执行的法律后果，故“责令限期拆除”符合行政处罚的基本特征。最高人民法院在（2017）最高法行申6988号、（2018）最高法行申6740号、（2019）最高法行申3615号案中也持相同观点。

（四）责令退还土地的定性

《土地管理法》第七十七条、第七十八条对于一般主体违法占地及农村村民违法占地建住宅两种情形明确规定，自然资源部门和农业农村部门应“责令（违法主体）退还违法占用的土地”。但关于“责令退还土地”究竟是否属于行政处罚，理论与实践中存在不同观点。

有种观点认为，“责令退还土地”是自然资源部门在实施行政处罚过程中对违法主体发出的一种作为式行政命令。一方面，“责令退还土地”本身不是制裁，也不符合行政处罚定义和特征，不是《行政处罚法》规定的处罚种类，因而不属于行政处罚；另一方面，最高人民法院《关于行政案件案由的暂行规定》和《自然资源行政处罚办法》明确的行政处罚种类也没有“退还土地”。

笔者认为“责令退还土地”属于行政处罚，主要有以下几点论据。

1.《土地管理法》有权设定具体行政处罚。《行政处罚法》第九条虽未明确提及“责令退还土地”是行政处罚，但其兜底条款以及该法第十条为《土地管理法》等法律、法规设定具体行政处罚赋予了权限、预留了空间，因而《土地管理法》有权设定“责令退还土地”这一处罚种类。

2. 全国人大常委会法工委在《土地管理法》相关释义中明确将“责令退还土地”确定为行政处罚的一种，且“责令退还土地”与“限期拆除，恢复原状”及“没收”、“罚款”是“可以并处”的法律后果，其当然是行政处罚。

3.“责令退还土地”符合行政处罚的构造，是对一般主体违法占用土地或农村村民违法占地建住宅行为所施加的制裁义务。

二、土地收回行为的定性

依据《关于认定收回土地使用权行政决定法律性质的意见》（〔1997〕国土

［法］字第153号）的规定：

1. 依照《土地管理法》（1988年）第十九条的规定，对用地单位已经撤销或者迁移的；未经原批准机关同意，连续2年未使用的；不按批准的用途使用的；公路、铁路、机场、矿场等经核准报废的，土地管理部门报县级以上人民政府批准，依法收回用地单位的国有划拨土地使用权，属于行政处理决定。

2. 依照《土地管理法》（1988年）第三十三条的规定临时使用土地，期满不归还的，或依照该法第十九条的规定土地使用权被收回，拒不交出土地的，土地管理部门责令交还土地，并处罚款的行为，属于行政处罚决定。

3. 依照《城市房地产管理法》（1995年）第十九条和《城镇国有土地使用权出让和转让暂行条例》（1990年）第四十二条的规定，在特殊情况下，根据社会公共利益的需要，人民政府或者土地管理部门依照法律程序提前收回出让的国有土地使用权，属于行政处理决定。

4. 依照《城市房地产管理法》（1995年）第二十一条第二款和《城镇国有土地使用权出让和转让暂行条例》（1990年）第四十条的规定，土地使用权出让合同约定的使用年限届满，土地使用者未申请续期或者虽申请续期依照法律有关规定未获批准的，由人民政府或者土地管理部门依法无偿收回出让的国有土地使用权，属于行政处理决定。

5. 依照《城市房地产管理法》（1995年）第二十五条的规定，超过出让合同约定的动工开发日期满二年未动工开发的，人民政府或者土地管理部门依法无偿收回出让的国有土地使用权，属于行政处罚决定。

6. 依照《城镇国有土地使用权出让和转让暂行条例》（1990年）第十七条的规定，土地使用者未按出让合同规定的期限和条件开发、利用土地的，市、县人民政府土地管理部门无偿收回出让的国有土地使用权，属于行政处罚决定。

7. 依照《城镇国有土地使用权出让和转让暂行条例》（1990年）第四十七条第一款的规定，因迁移、解散、撤销、矿产或者其他原则而停止使用土地，需要依法收回国有划拨土地使用权的，属于行政处理决定；依照该条例第四十七条第二款的规定，根据城市建设发展需要和城市规划的要求，市、县人民政府无偿收回国有划拨土地使用权的，也应属于行政处理决定。

8. 依照《基本农田保护条例》（已失效）第二十一条的规定，已办理审批手续的开发区和其他非农业建设占用的基本农田保护区内的耕地，未经原批准机关同意，连续2年未使用的，由县级人民政府土地管理部门报本级人民政府批准，收回用地单位土地使用权的，属于行政处理决定。

9. 依照《土地复垦规定》（已失效）第十七条的规定，根据规划设计企业不需要使用的土地或者未经当地土地管理部门同意，复垦后连续2年以上不使用的土地，因当地县级以上人民政府统筹安排则需要收回土地使用权，人民政府或者土地管理部门收回土地使用权的，属于行政处理决定。

综上所述，土地收回行为在多数情况下属于行政处理决定；在特定情况下具有处罚性质，属于行政处罚。

第三章　“两违”整治的处置方式

第一节　“两违”整治处置措施

一、违法用地行为处置措施

（一）责令限期改正或治理

根据《土地管理法》第七十五条相关规定，对于破坏种植条件，或者开发土地造成土地荒漠化、盐渍化的，由县级以上人民政府自然资源主管部门、农业农村主管部门等按照职责责令限期改正或者治理。

根据该法第七十六条相关规定，对于拒不履行土地复垦义务的，由县级以上人民政府自然资源主管部门责令限期改正。

该法第八十二条规定，擅自将农民集体所有的土地通过出让、转让使用权或者出租等方式用于非农业建设，或者违反本法规定，将集体经营性建设用地通过出让、出租等方式交由单位或者个人使用的，由县级以上人民政府自然资源主管部门责令限期改正，没收违法所得，并处罚款。

（二）责令退还非法占用的土地

责令非法占用的土地恢复到占用以前的状态，如果非法占用的土地是公共用地或未确定给单位和个人使用的国有土地，要恢复到占用以前的原貌；如果非法占用的土地是其他单位和个人使用的国有土地，要将非法占用的土地退还原使用者，由此而给原使用者造成损失的，可以依法追究违法使用者的民事责任；如果非法占用的土地属于农民集体经济组织，作出处罚决定的行政主管部门应当责令其交还原农民集体经济组织。

(三)责令缴纳复垦费

《土地管理法》第四十三条规定,因挖损、塌陷、压占等造成土地破坏,用地单位和个人应当按照国家有关规定负责复垦;没有条件复垦或者复垦不符合要求的,应当缴纳土地复垦费,专项用于土地复垦。复垦的土地应当优先用于农业。

该法第七十六条规定,违反该法规定,拒不履行土地复垦义务的,由县级以上人民政府自然资源主管部门责令限期改正;逾期不改正的,责令缴纳复垦费,专项用于土地复垦,可以处以罚款。

(四)限期拆除违法建筑物与设施,恢复原状

根据《土地管理法》第七十四条的规定,对违反土地利用总体规划擅自将农用地改为建设用地的,县级以上人民政府自然资源主管部门应限期拆除在非法转让的土地上新建的建筑物和其他设施,恢复土地原状。

该法第七十八条第一款规定,农村村民未经批准或者采取欺骗手段骗取批准,非法占用土地建住宅的,由县级以上人民政府农业农村主管部门责令退还非法占用的土地,限期拆除在非法占用的土地上新建的房屋。

注意点提示

关于防止耕地“非农化”“非粮化”政策,《关于严格耕地用途管制有关问题的通知》规定:“对于2020年9月10日《国务院办公厅关于坚决制止耕地“非农化”行为的通知》(国办发明电〔2020〕24号)和2020年11月4日《国务院办公厅关于防止耕地“非粮化”稳定粮食生产的意见》(国办发〔2020〕44号)印发之前,将耕地转为林地、草地、园地等其他农用地的,应根据实际情况,稳妥审慎处理,不允许‘简单化’‘一刀切’,统一强行简单恢复为耕地。两‘通知’印发后,违反‘通知’精神,未经批准改变永久基本农田耕地地类的,应稳妥处置并整改恢复为耕地;未经批准改变一般耕地地类的,原则上整改恢复为耕地,确实难以恢复的,由县级人民政府统一组织落实耕地‘进出平衡’,省级自然资源主管部门会同有关部门督促检查。对于违法违规占用耕地行为,要依法依规严肃查

处，涉嫌犯罪的，及时移送司法机关追究刑事责任。”

在具体的执行过程中，还是出现了不少“一刀切”的情况，为此自然资源部于2023年6月13日出台了《关于在经济发展用地要素保障工作中严守底线的通知》（自然资发〔2023〕90号），其中第五点规定：“……要巩固退耕还林成果，严禁脱离实际、不顾农业生产条件和生态环境强行在陡坡上实施耕地流入；严禁不顾果树处于盛果期、林木处于生长期、鱼塘处于收获季等客观实际，强行拔苗砍树、填坑平塘；严禁只强调账面上落实耕地进出平衡，不顾后期耕作利用情况，造成耕地再次流失。”

因此，鉴于耕地“非粮化”问题地区差异大、情况复杂、原因多样，国家层面对非粮化问题未制定统一整治方案，各地应结合本地实际自主制定具体工作方案，采取有针对性的特色化措施。

（五）没收在非法占用的土地上新建的建筑物和其他设施

根据《土地管理法》第七十七条、第七十四条的规定，对于未经批准或者采取欺骗手段骗取批准，非法占用土地的，以及买卖或者以其他形式非法转让土地的，由县级以上人民政府自然资源主管部门责令退还非法占用的土地、没收违法所得；对符合土地利用总体规划的，没收在非法占用的土地上新建的建筑物和其他设施。

（六）没收违法所得

根据《土地管理法》第八十二条的规定，擅自将农民集体所有的土地通过出让、转让使用权或者出租等方式用于非农业建设，或者违反该法规定，将集体经营性建设用地通过出让、出租等方式交由单位或者个人使用的，由县级以上人民政府自然资源主管部门责令限期改正，没收违法所得，并处罚款。

注意点提示

对当事人的违法所得，依法应当退赔的应当先行退赔，再予以没收。《行政处罚法》第二十八条第二款规定，当事人有违法所得，除依法应当退赔的外，应当予以没收。违法所得是指实施违法行为所取得的款项。法律、行政法规、部门规章对违法所得的计算另有规定的，从其规定。

（七）罚款

对违法用地行为，除采取上述处罚措施以外，还可以对当事人处以罚款。罚款是选择性适用条款，是否给予罚款，由自然资源主管部门根据违法情节而定；罚款的具体幅度和标准依据《土地管理法》《土地管理法实施条例》相关规定确定。

（八）行政处分

违法用地的行为人为机关法人、事业单位法人、国有企业、社会团体，或具有国家工作人员身份的人员的，对有关责任人还应当追究行政责任，给予相应的行政处分。《土地管理法》第七十七条明确规定：对非法占用土地单位的直接负责的主管人员和其他直接责任人员，依法给予处分。《违反土地管理规定行为处分办法》第五条规定：“行政机关及其公务员违反土地管理规定，滥用职权，非法批准征收、占用土地的，对有关责任人员，给予记过或者记大过处分；情节较重的，给予降级或者撤职处分；情节严重的，给予开除处分。有前款规定行为，且有徇私舞弊情节的，从重处分。”

（九）刑事责任

《刑法》第三百四十二条规定：“违反土地管理法规，非法占用耕地、林地等农用地，改变被占用土地用途，数量较大，造成耕地、林地等农用地大量毁坏的，处五年以下有期徒刑或者拘役，并处或者单处罚金。”第三百四十二条之一规定：“违反自然保护地管理法规，在国家公园、国家级自然保护区进行开垦、开发活动或者修建建筑物，造成严重后果或者有其他恶劣情节的，处五年以下有期徒刑或者拘役，并处或者单处罚金。有前款行为，同时构成其他犯罪的，依照处罚较重的规定定罪处罚。”

《刑法》第四百一十条规定：“国家机关工作人员徇私舞弊，违反土地管理法规，滥用职权，非法批准征收、征用、占用土地，或者非法低价出让国有土地使用权，情节严重的，处三年以下有期徒刑或者拘役；致使国家或者集体利益遭受特别重大损失的，处三年以上七年以下有期徒刑。”

二、违法建设行为处置措施

（一）责令停止建设、限期改正

根据《城乡规划法》第六十四条、第六十五条的规定，对未取得建设工程规划许可证或者未按照建设工程规划许可证的规定进行建设的，由县级以上地方人民政府城乡规划主管部门责令停止建设；尚可采取改正措施消除对规划实施的影响的，限期改正。

对在乡、村庄规划区内未依法取得乡村建设规划许可证或者未按照乡村建设规划许可证的规定进行建设的，由乡、镇人民政府责令停止建设、限期改正。

（二）责令限期拆除

根据《城乡规划法》第六十四条至第六十六条的规定，对于未取得建设工程规划许可证或者未按照建设工程规划许可证的规定进行建设，且无法采取改正措施消除对规划实施的影响的，由县级以上地方人民政府城乡规划主管部门责令限期拆除。

对在乡、村庄规划区内未依法取得乡村建设规划许可证或者未按照乡村建设规划许可证的规定进行建设，且逾期不改正的，乡、镇人民政府可以责令拆除。

对未经批准进行临时建设的，未按照批准内容进行临时建设的，临时建筑物、构筑物超过批准期限不拆除的，所在地城市、县人民政府城乡规划主管部门可以责令限期拆除。

（三）没收实物或者违法收入

根据《城乡规划法》第六十四条的规定，对于未取得建设工程规划许可证或者未按照建设工程规划许可证的规定进行建设，不能拆除的，相关部门可以没收实物或者违法收入。

（四）罚款

根据《城乡规划法》第六十四条的规定，对未取得建设工程规划许可证或者未按照建设工程规划许可证的规定进行建设，尚可采取改正措施消除对规划实施的影响的，限期改正，处建设工程造价5%以上10%以下的罚款；无法采取改正措施消除影响的，限期拆除，不能拆除的，没收实物或者违法收入，可以并处建设工程造价10%以下的罚款。

根据《城乡规划法》第六十六条的规定，对于未经批准进行临时建设的，未按照批准内容进行临时建设的，临时建筑物、构筑物超过批准期限不拆除的，由相关部门责令限期拆除，可以并处临时建设工程造价一倍以下的罚款。

《城乡规划法》第六十七条规定：“建设单位未在建设工程竣工验收后六个月内向城乡规划主管部门报送有关竣工验收资料的，由所在地城市、县人民政府城乡规划主管部门责令限期补报；逾期不补报的，处一万元以上五万元以下的罚款。”

（五）行政处分

违反《城乡规划违法违纪行为处分办法》相关规定，对有关责任人员给予记过或者记大过处分；情节较重的，给予降级或者撤职处分；情节严重的，给予开除处分。

（六）刑事责任

《刑法》第一百三十四条第一款规定：“在生产、作业中违反有关安全管理的规定，因而发生重大伤亡事故或者造成其他严重后果的，处三年以下有期徒刑或者拘役；情节特别恶劣的，处三年以上七年以下有期徒刑。”

三、违法占地与违法建设竞合时的法条适用

关于既未取得用地手续又未取得规划许可的情况下进行违法建设，同时触犯《土地管理法》与《城乡规划法》的法条适用问题，通常认为行政机关可基于实际

情况对该两法选择适用。经过检索发现,许多学者主张同时触犯两法时,应优先适用《土地管理法》。但实践中恰好相反,行政机关出于效率等各项因素的考量,一般优先适用的是《城乡规划法》。大量实际案例中,如果行政机关适用《土地管理法》作出行政处罚,当事人往往起诉称自己违反的是《城乡规划法》,作出处罚的行政机关主体不适格,反之亦然。但法院通常认为,行政机关可基于法律法规的授权在权限范围内行使权力,亦即在现行法律并未对《土地管理法》与《城乡规划法》的竞合问题作出明确规定的情况下,法院其实支持了行政机关基于实际情况对两法的选择适用。

但也有例外,如吉林省长春市中级人民法院在(2019)吉01行终297号案中认为在耕地上的违法建设行为侵犯的法益主要是耕地保护,从法律适用的角度而言,对破坏耕地的违法行为,《土地管理法》属于特别法,应优先适用。所以不能依照《城乡规划法》对非法占用集体所有农用地(耕地)的行为进行处罚。最高人民法院在(2019)最高法行申8534号案中经审理认为,县级以上人民政府在集体土地上依据《城乡规划法》实施强制拆除行为,适用法律错误,不具职权依据,且不符合强制拆除的法定程序。

第二节 “两违”整治的适格主体及程序

一、“两违”整治的适格主体

(一)整治违法用地行为的适格主体

1.组织实施主体

(1)自然资源主管部门。

自然资源主管部门有权代表国家行使土地管理权,根据《土地管理法》第七十五、第七十七条的规定,有权对违法用地行为进行查处。

(2)农业农村部门。

农业农村主管部门负责全国农村宅基地改革和管理有关工作,根据《土地管理法》第七十八条之规定,有权对违法用地行为进行查处。

(3)乡镇人民政府(街道办事处)。

省、自治区、直辖市根据当地实际情况，依据《行政处罚法》第二十四条的规定，可以决定将基层管理迫切需要的县级人民政府部门的行政处罚权交由能够有效承接的乡镇人民政府、街道办事处行使。

注意点提示

《土地管理法》第六十二条将农村村民住宅用地审批权下放乡镇政府，规定农村村民住宅用地，由乡镇人民政府审核批准。对于农村宅基地的审批管理，农业农村部、自然资源部《关于规范农村宅基地审批管理的通知》规定，乡镇政府根据农村宅基地用地建房联审联办制度，组织联合农业农村部门、自然资源部门做好农村宅基地审批和建房规划许可有关工作。根据各部门联审结果，由乡镇政府对农民宅基地申请进行审批，出具《农村宅基地批准书》，建立宅基地用地建房审批管理台账，并将审批情况报县级农业农村、自然资源等部门备案。因此，在宅基地执法中乡镇人民政府可对宅基地房屋的合法性进行认定，其他部门来函要求认定的，乡镇人民政府应当予以配合。

2. 强制拆除实施主体

根据《土地管理法》第八十三条的规定，建设单位或者个人对责令限期拆除的行政处罚决定不服的，可以在接到责令限期拆除决定之日起 15 日内，向人民法院起诉；期满不起诉又不自行拆除的，由作出处罚决定的机关依法申请人民法院强制执行。人民法院是实施强制拆除违法用地类建筑的主体。

2012 年 4 月 10 日实施的最高人民法院《关于办理申请人民法院强制执行国有土地上房屋征收补偿决定案件若干问题的规定》第九条规定：人民法院裁定准予执行的，一般由作出征收补偿决定的市、县级人民政府组织实施，也可以由人民法院执行。2018 年 2 月 8 日实施的最高人民法院《关于适用〈中华人民共和国行政诉讼法〉的解释》第一百六十条第三款规定：需要采取强制执行措施的，由该院负责强制执行非诉行政行为的机构执行。

但目前实务中倾向于由人民法院作出执行裁定，由人民政府指定的行政机关负责具体实施。《自然资源违法行为立案查处工作规程（试行）》规定，自然资源主管部门应当加强与人民法院的协作配合，申请人民法院强制执行时，严格按照“法院裁定准予执行、政府组织实施、法院到场监督”的拆除违法用地地上建筑物强制执行机制执行。

(二)整治违法建设行为的适格主体

1. 组织实施主体

(1)城乡规划部门(自然资源与规划部门)。

城乡规划部门(自然资源与规划部门)有权对城市规划区内违反规划建设和非法临时建设(建筑)进行查处。根据《城乡规划法》第六十四条和第六十六条的规定,对在城市规划区内未取得建设工程规划许可证或者未按照建设工程规划许可证的规定进行建设以及非法临时建设(建筑),可以结合具体情形作出责令停止建设、限期改正、罚款、限期拆除及没收实物或者违法收入等行政处罚。

(2)城市管理部门(综合执法部门)。

依据《行政处罚法》第十八条、《城市管理执法办法》第四条的规定,国家在城市管理等领域推行建立综合行政执法制度,相对集中行政处罚权;城市、县人民政府城市管理执法主管部门负责本行政区域内的城市管理执法工作;城市管理部门(综合执法部门)根据授权可集中行使住房城乡建设领域相关行政处罚权,以及与相对集中行政处罚权相应的行政检查、行政强制等职权。

(3)乡镇人民政府(街道办事处)。

乡镇人民政府在乡、村庄规划区范围内有权对违法建设行为进行管理。根据《城乡规划法》第六十五条的规定,在乡、村庄规划区内未依法取得乡村建设规划许可证或者未按照乡村建设规划许可证的规定进行建设的,由乡、镇人民政府责令停止建设、限期改正;逾期不改正的,可以拆除。街道办事处可依据《行政处罚法》第二十四条的规定取得相应行政处罚权。

注意点提示

若由综合执法部门集中行使查处违建的职权,则原机关不能再行使行政处罚权。根据国务院办公厅《关于继续做好相对集中行政处罚权试点工作的通知》(国办发〔2000〕63号)“行政处罚权相对集中后,有关部门不得再行使已统一由一个行政机关行使的行政处罚权;仍然行使的,作出的行政处罚决定一律无效”的规定及最高人民法院相关判例[案号:(2017)最高法行申2156号],如果已由综合执法部门集中行使查处违法建筑的职权,则县级以上地方人民政府城乡规划主管部门作为原机关不再具有相应职权。

违法用地行为与违法建设行为通常一起出现,在管辖方面,实践中一般遵循首查责任制和案件移送制原则。发现或者接到违法行为举报的执法部门为首查责任单位。首查责任单位应及时到达现场核实、制止相关违法行为;首查案件属于本部门管辖范围的,首查责任单位应当依法予以处理;首查案件属于本部门管辖范围,同时违反其他法规规定的,首查责任单位应在现场核实后及时通报其他执法部门,其他执法部门应依法分别予以查处。

首查案件不属于本部门管辖范围的,首查责任单位应当及时将案件材料移送有管辖权的执法部门。该执法部门接到案件移送后应立案调查,依法查处,并在处理决定作出后及时将决定内容书面通报首查责任单位。

2. 强制拆除实施主体

(1)县级以上地方人民政府责成的有关部门。

经地方性法规授权获得相应执法权的城市管理部门不能径行实施强制拆除,需要参照适用《城乡规划法》有关城乡规划部门的规定,按照《城乡规划法》第六十八条的规定,向建设工程所在地县级以上地方人民政府提出申请,由县级以上地方人民政府责成有关部门采取查封施工现场、强制拆除等措施。

(2)乡镇人民政府。

乡镇人民政府可以自行实施强制拆除。根据《城乡规划法》第六十五条的规定,在乡、村庄规划区内未依法取得乡村建设规划许可证或者未按照乡村建设规划许可证的规定进行建设的,由乡、镇人民政府责令停止建设、限期改正;逾期不改正的,可以拆除。

注意点提示

关于部门的职责分工,目前存在一些交叉地带,部门之间存在推诿扯皮的现象。有些地方规范性文件对此进行了规定,比如湖南省长沙市对城市管理相对集中行使行政处罚权作出了相关规定，就城区（芙蓉区、天心区、岳麓区、开福区、雨花区，下同）违法建设行政执法有关工作分工如下。

其一，对未取得建设工程规划许可证进行建设的，由区城市管理综合执法部门（其中芙蓉区为区行政执法局，下同）依法予以查处，市城市管理综合执法部门负责统筹协调和指导监督；对已取得建设工程规划许可证但未按照规划许可内容和规定进行建设的，由市自然资源规划部门依法予以查处。

其二，未取得建设工程规划许可证进行建设的，区城市管理综合执法部门作出责令停止建设或者限期拆除的决定后，当事人不停止建设或者逾期不拆除的，由建设工程所在地县级以上人民政府责成区城市管理综合执法部门依法采取查封施工现场、强制拆除等措施，市城市管理综合执法部门负责统筹协调和指导监督。

已取得建设工程规划许可证但未按照规划许可内容和规定进行建设的，市自然资源规划部门作出责令停止建设或者限期拆除的决定后，当事人不停止建设或者逾期不拆除的，由建设工程所在地县级以上人民政府责成区城市管理综合执法部门依法采取查封施工现场、强制拆除等措施，市城市管理综合执法部门负责统筹协调和指导监督。

其三，对违法占用集体土地修建建筑物和设施的行为，由区城市管理综合执法部门依法予以查处，市城市管理综合执法部门负责统筹协调和指导监督，市自然资源规划部门负责为城市管理综合执法部门查处土地方面的违法行为提供技术鉴定，出具专业处置意见，并提供必要的相关资料。其中，对违法占用集体土地只进行地面硬化（未修建建筑物）等设施建设的情形，由市自然资源规划部门负责查处。对非法占用集体土地既修建建筑物，又进行地面硬化等设施建设的情形．由区城市管理综合执法部门负责查处。

但是，笔者认为上述内容与《城乡规划法》第六十四条“未取得建设工程规划许可证或者未按照建设工程规划许可证的规定进行建设的，由县级以上地方人民政府城乡规划主管部门责令停止建设”的规定不符，在城市范围内如果规划类执法已经统一划转由城市管理综合执法部门集中行使，这些区域的自然资源主管部门不再行使执法权。

二、“两违”整治的立案查处程序

本书以自然资源部门的立案查处程序为例进行详细说明。农业农村部门、城市管理部门(综合执法部门)、乡镇人民政府(街道办事处)等依法立案查处土地违法行为或违法建设行为的,可参照自然资源部门的相关程序,但另有规定的,从其规定。

根据《土地管理法》《城乡规划法》《行政处罚法》《行政强制法》《自然资源违法行为立案查处工作规程(试行)》的规定,自然资源部门对“两违”的立案查处程序如下。

(一)立案阶段

立案阶段流程如图3.1所示。

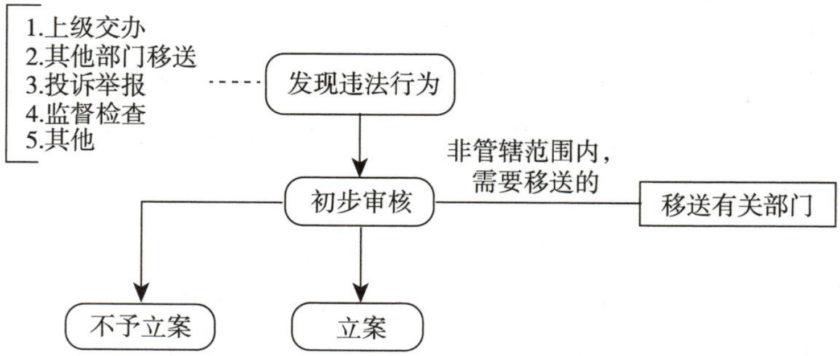

图3.1 立案阶段流程

1. 案件管辖

(1)地域管辖

自然资源违法案件由自然资源违法行为发生地的自然资源主管部门管辖,法律、行政法规、部门规章另有规定的,从其规定。

土地、国土空间规划违法案件一般由不动产所在地的自然资源主管部门管辖。

两个以上自然资源主管部门都有管辖权的,由最先立案的自然资源主管部门管辖。

(2)级别管辖

县级自然资源主管部门管辖本行政区域内发生的自然资源违法案件。

市级、省级自然资源主管部门管辖本行政区域内重大、复杂和法律法规规定应当由其管辖的自然资源违法案件。

自然资源部管辖全国范围内重大、复杂和法律法规规定应当由其管辖的自然资源违法案件。

有下列情形之一的,上级自然资源主管部门有权管辖下级自然资源主管部门管辖的案件:下级自然资源主管部门应当立案调查而不予立案调查的;案情复杂,情节恶劣,有重大影响的。

必要时,上级自然资源主管部门可以将本级管辖的案件交由下级自然资源主管部门立案调查,但是法律法规规定应当由其管辖的除外。

(3)指定管辖

有管辖权的自然资源主管部门出于特殊原因不能行使管辖权的,可以报请上一级自然资源主管部门指定管辖;自然资源主管部门之间因管辖权发生争议的,报请共同的上一级自然资源主管部门指定管辖。上一级自然资源主管部门应当在接到指定管辖申请之日起7个工作日内,作出管辖决定。

自然资源主管部门与其他部门之间因管辖权发生争议,经协商无法达成一致意见的,应当报请本级人民政府指定管辖。

(4)移送管辖

自然资源主管部门发现违法行为不属于本级或者本部门管辖的,应当填报《案件管辖移送书》,移送有管辖权的自然资源主管部门或者其他部门。受移送的自然资源主管部门对管辖权有异议的,应当报请上一级自然资源主管部门指定管辖,不得再自行移送。

2. 核查与制止

核查人员应当按照要求及时核查涉嫌自然资源违法行为,核查后根据是否符合立案条件,提出立案或者不予立案的建议。

(1)核查的主要内容

①涉嫌违法当事人的基本情况;

②涉嫌违法的基本事实;

③违反自然资源法律法规的情况;

④是否属于本级本部门管辖。

核查过程中,可以采取现场勘验、摄像、拍照、询问、复印资料等方式收集相关材料。

(2)违法行为制止

经核查存在自然资源违法行为,执法人员应当向违法当事人宣传自然资源法律法规和政策,告知其行为违法及可能承担的法律责任,采取措施予以制止。

①责令停止违法行为。

对正在实施的违法行为,自然资源主管部门应当依法及时下达《责令停止违法行为通知书》。

《责令停止违法行为通知书》应当记载下列内容:违法行为人的姓名或者名称;简要违法事实和法律依据;其他应当记载的事项。

②其他制止措施。

对自然资源违法行为书面制止无效、当事人拒不停止违法行为的,自然资源主管部门应当及时将违法事实书面报告本级人民政府和上一级自然资源主管部门;可以根据情况将涉嫌违法的事实及制止违法行为的情况抄告发展改革、城乡建设、农业农村、电力、金融、市场监管等部门,提请相关部门按照共同责任机制等要求履行部门职责,采取联合执法等措施,共同制止违法行为。

3. 立案条件

符合下列条件的,自然资源主管部门应当予以立案:有明确的行为人;有违反自然资源法律法规的事实;依照自然资源法律法规应当追究法律责任;属于本级本部门管辖;违法行为没有超过追诉时效。

4. 立案呈批

核查后,应当根据立案或者不予立案的建议填写《立案(不予立案)呈批表》,报自然资源主管部门负责人审批。符合立案条件的,自然资源主管部门应当在10个工作日内予以立案。

《立案(不予立案)呈批表》应当载明案件来源、当事人基本情况、涉嫌违法事实、相关建议等内容。必要时,一并提出暂停办理与案件相关的自然资源审批、登记等手续的建议。

注意点提示

《立案(不予立案)呈批表》应当记载承办人意见和签名、承办部门意见和签名、行政机关负责人明确的审批意见及签名,以及立案时间,包括申请立案时间、批准立案时间。

5. 案由

案由应当结合违法行为具体情况确定,一般表述为“违法主体 + 违法行为类型或者情形 + 行为结果”。其中,违法主体应当使用全称或者规范简称,违法行为类型或者情形可参照前述,无行为结果可以不表述。

6. 确定承办人员

批准立案后,承办机构应当确定具有行政执法资格的执法人员作为案件承办人员,承办人员不得少于 2 人。

承办人员具体组织实施案件调查取证,起草相关法律文书,提出处理建议,撰写案件调查报告等。

7. 回避

承办人员与案件有直接利害关系或者有其他关系可能影响公正执法的,应当主动申请回避。当事人认为承办人员与案件有直接利害关系或者有其他关系可能影响公正执法的,可以申请承办人员回避。

承办人员主动申请回避的,由承办机构负责人决定;当事人提出回避申请或者涉及承办机构负责人的回避,由自然资源主管部门负责人决定。决定回避的,应当对之前的调查行为是否有效一并决定。决定回避前,被要求回避的承办人员不停止对案件的调查。

其他与案件有直接利害关系或者有其他关系可能影响公正执法的人员,不得参与案件的调查、讨论、审理、重大执法决定法制审核。

(二)调查取证阶段

调查取证阶段流程如图 3.2 所示。

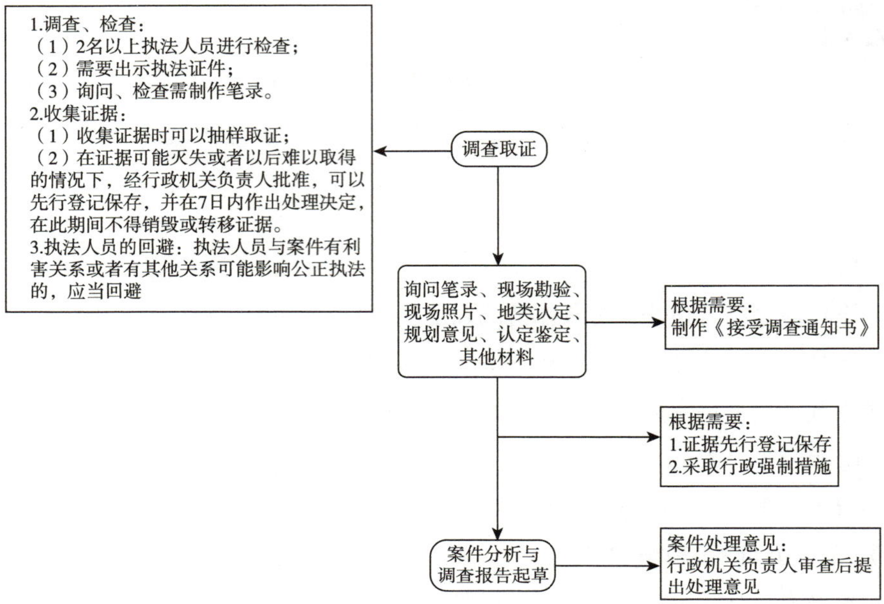

图 3.2　调查取证阶段流程

1. 调查取证

承办人员应当对违法事实进行调查，并收集相关证据。调查取证时，不得少于 2 人，并应当主动向被调查人出示执法证件。

注意点提示

当事人委托他人代理的，需要授权委托书；委托书应当载明委托人及受托人基本信息，委托范围，委托人签字或盖章以及落款时间。

（1）调查措施

①一般调查措施。

调查取证时，承办人员依法有权采取下列措施：

A. 下达《接受调查通知书》，要求被调查的单位或者个人提供有关文件和资料，并就与案件有关的问题作出说明；

B. 询问当事人以及相关人员，进入违法现场进行检查、勘验、拍照、录音、摄像，查阅和复印相关材料；

C. 责令当事人停止违法行为,限期改正;

D. 根据需要可以对有关证据先行登记保存;

E. 对涉嫌自然资源违法的单位或者个人,在调查期间暂停办理与该违法案件相关的审批、登记等手续;

F. 责令涉嫌土地违法的单位或者个人在调查期间不得变卖、转移与案件有关的财物,对可能被转移、销毁、隐匿或者篡改的文件、资料予以封存;

G. 责令停止城乡规划违法建设,当事人不停止的,申请县级以上地方人民政府责成有关部门查封施工现场;

H. 可以采取的其他措施。

②调查遇阻措施。

被调查人拒绝、逃避调查取证或者采取暴力、威胁等方式阻碍调查取证时,依法可以采取下列措施:

A. 商请当事人所在单位或者违法行为发生地所在基层组织协助调查;

B. 向本级人民政府或者上一级自然资源主管部门报告;

C. 提请公安、检察、监察等相关部门协助;

D. 其他措施。

(2)调查实施与证据收集

①调查前期准备。

A. 研究确定调查的主要内容、方法、步骤及拟收集的证据清单等;

B. 收集内业资料;

C. 准备调查装备、设备;

D. 准备其他材料。

②证据种类。

A. 书证;

B. 物证;

C. 视听资料;

D. 电子数据;

E. 证人证言;

F. 当事人的陈述;

G. 询问笔录；

H. 现场勘验笔录；

I. 认定意见、鉴定意见；

J. 其他证据。

③证据范围。

A. 土地违法案件证据范围。

当事人身份证明材料；

询问笔录；

地类及权属证明材料；

土地利用现状图、土地利用总体规划图、国家永久基本农田数据库等；

现场勘验材料，包括现场勘验笔录、勘测定界图、勘测报告等；

违法地块现状材料，包括现场照片、视听资料等；

土地来源材料，包括预审、先行用地、临时用地、土地征收、农用地转用、供地等相关审批材料、设施农用地备案材料、土地取得协议或者合同、骗取批准的证明材料等；

项目立项、规划、环评、建设等审批材料；

破坏耕地等农用地涉嫌犯罪的相关认定意见、鉴定意见材料；

违法转让的证明材料，包括转让协议、实际交付价款凭证、土地已实际交付证明材料、违法所得认定材料；

违法批地的证明材料，包括批准用地的文件、协议、会议纪要、记录等；

需要收集的其他证据材料。

B. 国土空间规划违法案件证据范围。

当事人身份证明材料；

询问笔录；

土地权属证明材料；

项目立项、土地、规划、环评、建设等审批材料；

现场勘验材料，包括现场勘验笔录、勘测定界图、勘测报告等；

违法项目现状材料，包括现场照片、视听资料、设计文本、施工图纸、竣工测量报告等；

国土空间规划编制单位资质等级许可文件及项目承揽合同、编制成果等；

规划审批部门关于项目规划情况的认定意见材料；

项目施工合同、建设工程造价认定意见材料；

违法收入证明材料；

违法审批的证明材料，包括规划审批的文件、协议、会议纪要、记录等；

需要收集的其他证据材料。

④证据要求。

A. 书证、物证。

书证和物证为原件原物的，制作证据交接单，注明证据名称（品名）、编号（型号）、数量等内容。经核对无误后，双方签字，一式两份，各持一份。

书证为复印件的，应当由保管书证原件的单位或者个人在复印件上注明出处和“本复印件与原件一致”等字样，签名、盖章，并签署时间。单项书证较多的，加盖骑缝章。

收集物证原物确有困难的，可以收集与原物核对无误的复制件或者证明该物证的照片、录像等其他证据。

注意点提示

对现场拍摄照片欲证明的内容应予以注明，取证人员应为2人，且应手写签名，注明执法证件编号。

B. 视听资料、电子数据。

录音、录像、计算机数据等视听资料、电子数据应当符合下列要求：

收集视听资料、电子数据的原始载体。收集原始载体确有困难的，可以收集复制件。

收集视听资料、电子数据，应当制作笔录，记录案由、对象、内容，收集的时间、地点、方法、过程，并附清单，注明类别、文件格式等，由承办人员和视听资料、电子数据持有人（提供人）签名或者盖章；持有人（提供人）无法签名或者拒绝签名的，应当在笔录中注明，由见证人签名或者盖章。有条件的，可以对相关活动进行录像。

声音资料应当附有该声音内容的文字记录。

C. 证人证言。

证人证言应当符合下列要求：

写明证人的姓名、年龄、性别、职业、住址、联系方式等基本情况；

有与案件相关的事实；

有证人签名，证人不能签名的，应当捺手印或者盖章；

注明出具日期；

附有身份证复印件等证明证人身份的文件。

D. 当事人的陈述。

当事人请求自行提供陈述材料的，应当准许。必要时，承办人员也可以要求当事人自行书写。当事人应当在其提供的陈述材料上签名、捺手印或者盖章。

E. 询问笔录。

对当事人、证人等询问时，应当个别进行，并制作《询问笔录》。《询问笔录》包括基本情况和询问记录等内容。基本情况包括询问时间、询问地点、询问人、记录人、被询问人基本信息等。询问记录包括询问告知情况、案件相关事实和被询问人补充内容。

询问开始时，承办人员应当表明身份，出示执法证件，核实被询问人身份，并告知被询问人诚实作证和配合调查的法律义务，隐瞒事实、作伪证的法律责任以及申请承办人员回避的权利。

案件相关事实包括：时间、地点、原貌与现状、地类、面积、权属、违法所得、实施主体、实施目的、实施过程、后果、相关手续办理情况、其他单位或者部门处理情况、相关资料保存情况以及其他需要询问的内容。

询问结束，应当将《询问笔录》交被询问人核对。被询问人阅读有困难的，应当向其宣读。笔录如有差错、遗漏，应当允许被询问人更正或者补充，涂改部分应当由被询问人捺手印。经核对无误后，由被询问人在《询问笔录》上逐页签名、捺手印，在尾页空白处写明“以上笔录经本人核对无异议”等被询问人认可性语言，签署姓名和时间，并捺手印。《询问笔录》应当注明总页数和页码。

被询问人拒绝签名的，承办人员应当在《询问笔录》中注明。有其他见证人在场的，可以由见证人签名。

询问时，在文字记录的同时，根据需要可以在告知被询问人后录音、录像。

注意点提示

在执法实践中，询问人应当是有行政执法资格的承办人员。《询问笔录》中应当注明询问人的单位及职务信息，并体现出询问人已主动表明身份，告知被询问人诚实作证和配合调查的法律义务，隐瞒事实、作伪证的法律责任以及申请承办人员回避的权利。暂无执法资格的人员不能列为询问人，但可作为记录人。

F. 现场勘验笔录。

现场勘验应当告知当事人参加。当事人拒绝参加的，不影响现场勘验进行，但可以邀请案件发生地村（居）委会等基层组织相关人员作为见证人参加。必要时，可以采取拍照、录像等方式记录现场勘验情况。

现场勘验应当制作《现场勘验笔录》。《现场勘验笔录》应当记载当事人、案由、勘验内容、勘验时间、勘验地点、勘验人、勘验情况等内容，并附勘测图。《现场勘验笔录》应当由勘验人员、承办人员、当事人或者见证人签名。当事人拒绝签名或者不能签名的，应当注明原因。

委托有关机构进行鉴定的，被委托的鉴定机构不得单独进行现场勘验。

注意点提示

制作《现场勘验笔录》时应当注意以下常见错误。

一是时间记载有误。比如现场勘验情况中表述的时间与现场勘验笔录抬头记载的时间不一致；现场勘验记载时间与后续案件调查报告中记载勘验情形的时间不一致。

二是当事人列错。现场笔录的当事人与案件处罚决定书中的当事人应当一致。

三是现场检查情况中直接对违法行为定性。现场勘验笔录应当全面客观记录现场状况，不能出现主观定性描述。

四是没有写明出示执法证件。现场检查情况中应当有执法人员出示执法证件的记载。

五是现场检查情况记载过于简单,没有提供有价值的信息。

六是数量记载不明。现场检查笔录应当准确、客观、全面记录对有违法嫌疑的物品或者场所进行检查的现场情况,不应用“大概”“左右”等不准确的词语描述物品数量。

七是没有记载当事人是否在场。如当事人在场可以写明,如当事人不在现场,应写明“经执法人员联系,当事人的法定代表人无法到场,指派××配合执法人员现场检查”字样。

除注意上述错误外,建议记载采取登记保存的情况。如现场对涉案产品采取了登记保存则应当写明进行证据先行登记保存情况。

在《现场勘验笔录》最后结尾空白处,可填写“以下空白”,在空白处画斜杠、线条亦可。

G. 认定意见、鉴定意见。

涉及耕地破坏程度认定或者鉴定的,由市(地)级或省级自然资源主管部门组织实施,根据实际情况出具认定意见;也可委托具有法定资质的机构出具鉴定意见;没有具有法定资质的机构的,可以委托其他具备条件的机构出具鉴定意见。

⑤证据先行登记保存。

调查中发现证据可能灭失或者以后难以取得的情况下,经自然资源主管部门负责人批准,可以先行登记保存。证据先行登记保存期间,任何人不得销毁或者转移证据。

证据先行登记保存,应当制作《证据先行登记保存通知书》,附《证据保存清单》,向当事人下达。制作《证据保存清单》,应当有当事人在场,当事人不在场可以邀请其他见证人参加,并由当事人或者见证人核对,确定无误后签字。

先行登记保存的证据,既可以交由当事人自己保存,也可以由自然资源主管部门或者其指定单位保存。证据在原地保存可能妨害公共秩序、公共安全或者对证据保存不利的,也可以异地保存。

自然资源主管部门应当自发出《证据先行登记保存通知书》之日起7个工作日内,根据情况分别作出如下处理决定,向当事人下达《先行登记保存证据处理通知书》:采取记录、复制、复印、拍照、录像等方式收集证据;送交具有资质的专门机构进行鉴定、认定等;违法事实不成立的,解除证据先行登记保存;其他应当作出的决定。

注意点提示

证据的收集应当围绕证明目的(法律适用依据的核心要素)展开,除此之外,还应当注意几种常见错误情形:证据取得、制作不符合证据要求或存在明显错误,导致唯一或主要证据失(无)效,无法认定违法事实的;调查笔录、案件处理呈批表、案件集体讨论记录、行政处罚决定书之间对违法主要事实描述相互矛盾,且未在案件调查终结或审查决定环节对矛盾之处进行核实并确认说明,导致主要违法事实认定不清或认定错误的;缺少主要证据无法形成完整证据链,不能准确判定违法事实和情节的;其他因证据、事实问题可能造成行政处罚无效或被撤销的情形。

(3)行政强制措施

经自然资源主管部门负责人批准,自然资源主管部门可以依法查封、扣押涉嫌违法的地图、附着地图图形的产品以及用于实施地图违法行为的设备、工具、原材料等。

①一般规定。

查封、扣押等直接涉及重大财产权益的行政强制措施应当全程音像记录。

承办人员应当主动出示执法证件,通知当事人到场,当场告知当事人采取行政强制措施的理由、依据以及当事人依法享有的权利、救济途径,听取当事人的陈述和申辩,制作现场笔录,并由当事人和承办人员签名或者盖章,当事人拒绝的,在笔录中予以注明。当事人不到场的,邀请见证人到场,由见证人和承办人员在现场笔录上签名或者盖章。

情况紧急、需要当场实施行政强制措施的,承办人员应当在24小时内向自然资源主管部门负责人报告,并补办批准手续。自然资源主管部门负责人认为不应当采取行政强制措施的,应当立即解除。

注意点提示

在行政强制措施执法实践中应当全程音像记录，根据各地规定，将行政执法过程中形成的文字和音像记录资料形成相应案卷，并按照《档案法》的规定归档、保存。

②审查决定。

实施查封、扣押，应当填写《行政强制措施事项审批表》，经自然资源主管部门负责人批准，制作《行政强制措施决定书》，附具《物品清单》，向当事人下达。制作《物品清单》应当有当事人在场，当事人不在场可以邀请其他见证人参加，并由当事人或者见证人核对，确定无误后签字。对查封的设施或者财物，可以委托第三人保管，第三人不得损毁或者擅自转移、处置。

③强制措施处理。

采取查封、扣押措施后，应当及时查清事实，自发出行政强制措施决定书之日起30日内作出处理决定，情况复杂的，经自然资源主管部门负责人批准，可以延长，但是延长期限不得超过30日。对违法事实清楚，依法应当没收的非法财物予以没收；应当解除查封、扣押的，作出解除查封、扣押的决定。

对物品需要进行检测、检验、检疫或者技术鉴定的，查封、扣押期限不包括检测、检验、检疫或者技术鉴定期限。

注意文书的制作规范：记载被取证或行政强制措施当事人的基本情况；取证或行政强制措施事由和依据；取证或行政强制措施的具体时间、地点；物品性状描述，包括物品名称、规格、型号等；物品保存或行政强制措施的方式、期限和地点。先行登记保存或行政强制措施物品清单应由物品持有人、参加人或见证人签名或盖章。

（4）调查中止

因不可抗力、意外事件或者其他情形，案件暂时无法调查的，承办人员应当填写《中止调查决定呈批表》，报自然资源主管部门负责人批准后，中止调查。案件中止调查的情形消除后，应当及时恢复调查。

（5）调查终止

有下列情形之一的，承办人员应当填写《终止调查决定呈批表》并提出处理建议，报自然资源主管部门负责人批准后，终止调查：调查过程中，发现违法事实不成立的；违法行为已过行政处罚追诉时效的；不属本部门管辖，需要向其他部门移送的；不可抗力致使案件无法调查处理的；需要终止调查的其他情形。

2. 案情分析与调查报告起草

在调查取证的基础上，承办人员应当对收集的证据、案件事实进行认定，确定违法的性质和法律适用，研究提出处理建议，并起草调查报告。

（1）证据认定

①证据审查。

承办人员应当对证据的真实性、关联性和合法性进行审查：真实性审查主要审查证据是否为原件、原物，复制件、复制品是否符合要求，等等；关联性审查主要审查证据与案件的待证事实之间是否具有内在的联系，证据之间能否互相支撑形成证据链，等等；合法性审查主要审查证据取得程序及相关手续是否合法等。

②证据的证明效力认定。

认定各类证据的证明效力应当遵循以下原则：国家机关以及其他职能部门依职权制作的公文文书优于其他书证；认定意见、鉴定意见、现场勘验笔录、档案材料以及经过公证或者登记的书证优于其他书证、视听资料和证人证言；原件、原物优于复制件、复制品；法定鉴定部门的鉴定意见优于其他鉴定部门的鉴定意见；原始证据优于传来证据；其他证人证言优于与当事人有亲属关系或者其他密切关系的证人提供的对该当事人有利的证言；数个种类不同、内容一致的证据优于一个孤立的证据。

③辅助证据。

下列证据不能单独作为认定案件事实的依据，但可以作为辅助证据：未成年人的证言；与当事人有亲属关系或者其他密切关系的证人所作的对该当事人有利的证言，或者与当事人有不利关系的证人所作的对该当事人不利的证言；难以识别是否经过修改的视听资料；无法与原件、原物核对的复制件或者复制品；其他不能单独作为定案依据的证据材料。

（2）事实认定

①违法责任主体认定。

违法责任主体应当是实施违法行为并且能够独立承担法律责任的自然人、法人或者其他组织。

A. 当事人是自然人的,该自然人为违法责任主体。

B. 当事人是法人的(企业法人、机关法人、事业单位法人、社会团体法人、农村经济组织法人、合作经济组织法人、基层群众性自治组织法人等),该法人为违法责任主体;不具有独立法人资格的分公司、内设机构、派出机构、临时机构等实施违法行为的,设立该分公司、内设机构、派出机构、临时机构的法人为违法责任主体。

C. 当事人是其他组织的,能够独立承担法律责任的,该组织为违法责任主体;不能独立承担法律责任的,创办该组织的单位或者个人为违法责任主体。

D. 受委托或者雇佣的自然人、法人或者其他组织在受委托或者雇佣的工作范围内,实施自然资源违法行为,并且能够证明委托或者雇佣关系及委托或者雇佣工作范围的,应当认定委托人或者雇佣人为违法责任主体。

E. 同一违法行为有两个以上当事人的,应当认定为共同违法责任主体。

②违法用地占用地类认定。

判定违法用地占用地类,应当将违法用地的界址范围或者勘测定界坐标数据套合到违法用地行为发生时最新或者上一年度土地利用现状图或者土地利用现状数据库及国家永久基本农田数据库上,对照标示的现状地类进行判定。违法用地发生时,该用地已经批准转为建设用地的,应当按照建设用地判定。

承办机构可以提请自然资源调查监测管理工作机构进行认定。

③是否符合土地利用总体规划的认定。

判定违法用地是否符合土地利用总体规划,应当将违法用地的界址范围(或者界址坐标)与违法用地行为发生时乡(镇)土地利用总体规划纸质图件(或者数据库矢量图件)套合比对、对照,将项目名称与土地利用总体规划文本对照。

与乡(镇)土地利用总体规划纸质图件(或者数据库矢量图件)进行套合比对,违法用地位于规划城乡建设允许建设区或属于规划建设用地地类的,应当判定为符合土地利用总体规划;与乡(镇)土地利用总体规划纸质图件(或者数据库矢量图件)进行对照,违法用地位于土地利用总体规划确定的交通廊道内、独立工矿用地区域的,应当判定为符合土地利用总体规划;与土地利用总体规划文本进行对照,用地项目已列入土地利用总体规划重点建设项目清单的,应当判定为符合土地利用总体规划。

在作出处罚决定前,土地利用总体规划依法作出了重大调整,违法用地的规划土地用途发生重大变更的,可以按照从轻原则判定是否符合土地利用总体规划。

承办机构可以提请自然资源规划管理工作机构进行认定。

④占用永久基本农田的认定。

判定违法用地是否占用永久基本农田或者原基本农田,应当根据违法行为发生的时间,将违法用地的界址范围(或者界址坐标)与国家永久基本农田数据库或者乡(镇)土地利用总体规划纸质图件(或者数据库矢量图件)进行套合比对,对照所标示的永久基本农田保护地块范围进行判定。

违法行为发生在永久基本农田划定(2017 年 6 月)之前的,违法用地位于土地利用总体规划图上标示的原基本农田保护地块范围的,应当判定为占用原基本农田。但已列入土地利用总体规划确定的交通廊道或者已列入土地利用总体规划重点建设项目清单的民生、环保等特殊项目,在未超出规划多划原基本农田面积额度的前提下,占用规划多划的原基本农田时,按照占用一般耕地进行判定,不视为占用原基本农田。

违法行为发生在永久基本农田划定(2017 年 6 月)之后的,应将违法用地界址范围(或者界址坐标)与国家永久基本农田数据库进行套合比对,套合显示所涉地块为永久基本农田的,应当认定为占用永久基本农田。

承办机构可以提请自然资源规划管理和耕地保护工作机构进行认定。

⑤城乡规划违法建设中尚可采取改正措施情形的认定。

根据《城乡规划法》的规定,下列情形构成尚可采取改正措施:取得建设工程规划许可证,但未按建设工程规划许可证的规定进行建设,在限期内采取局部拆除等整改措施,能够使建设工程符合建设工程规划许可证要求的;未取得建设工程规划许可证即开工建设,但已取得城乡规划主管部门的建设工程设计方案审核决定,且建设内容符合或采取局部拆除等整改措施后能够符合审核决定要求的;其他可以采取改正措施的情形。

⑥城乡规划违法建设中涉及工程造价罚款基数的认定。

对《城乡规划法》规定的违法建设行为处以罚款,应当将新建、扩建、改建的存在违反城乡规划事实的建筑物、构筑物违法部分造价作为罚款基数。

已经完成竣工结算的违法建设，应当以竣工结算价为罚款基数；尚未完成竣工结算的违法建设，可以根据工程已完工部分的施工合同价确定罚款基数；未依法签订施工合同或者当事人提供的施工合同价明显低于市场价格的，应当委托有资质的造价咨询机构评估确定。

⑦违法所得、违法收入的认定。

A. 违法转让土地使用权的违法所得的认定。

依法取得的土地使用权违法转让的，当事人依法取得土地使用权的成本和对土地的合法投入，不作为违法所得认定；违法取得的土地使用权违法转让的，违法所得为当事人转让全部所得。

转让全部所得数额按照转让合同及交易凭据所列价款确定。没有转让合同及交易凭据、当事人拒不提供或者提供的转让合同及交易凭据所列价款明显不符合实际的，可以按照评估价认定。

对土地的合法投入包括土地开发、新建建筑物和构筑物的建设投入等，但是违法新建建筑物和构筑物的建设投入除外。

B. 城乡规划违法收入的认定。

城乡规划违法收入按照新建、扩建、改建的存在违反城乡规划事实的建筑物、构筑物违法部分出售所得价款计算；未出售或者出售所得价款明显低于同类房地产市场价格的，应当委托有资质的房地产评估机构评估确定。

（3）法律适用和处理建议

承办人员应当依据调查掌握的证据和认定的违法事实，确定违法的性质和适用的法律法规，对照行政处罚裁量基准，研究提出处理建议。

①不予处罚。

违法行为轻微并及时改正，没有造成危害后果的，不予行政处罚。初次违法且危害后果轻微并及时改正的，可以不予行政处罚。

当事人有证据足以证明没有主观过错的，不予行政处罚。法律、行政法规另有规定的，从其规定。

对当事人的违法行为依法不予行政处罚的，自然资源主管部门应当对当事人进行教育。

②从轻或者减轻处罚。

有下列情形之一的，应当从轻或者减轻处罚：行政处罚决定下达前，主动消除或者减轻违法行为危害后果的；受他人胁迫或者诱骗实施违法行为的；主动供述自然资源主管部门尚未掌握的违法行为的；配合自然资源主管部门查处违法行为有立功表现的；法律、法规、规章规定其他应当从轻或者减轻的情形。

注意点提示

土地违法行为查处特别注意事项如下。

1. 关于违法批地类。

对违法批地类的处理，属于行政处理，不属于行政处罚。

对违法征地的认定，不能仅以签订征地补偿协议、支付补偿款予以认定，还应确认土地是否被征地者实际控制、平整场地、动工建设等。

2. 关于违法占地类。

违法占用的土地为农用地的，责令退还土地；对违反土地利用总体规划擅自将农用地改为建设用地的，限期拆除地上新建的建筑物和其他设施，恢复土地原状；对符合土地利用总体规划的，没收地上新建的建筑物和其他设施；可以并处罚款。

违法占用的土地为建设用地和未利用地的，责令退还土地，可以并处罚款。对地上新建的建筑物和其他设施，由违法当事人与合法的土地所有者或使用者协商处置，违反《城乡规划法》等其他法律法规的，应当依照相关法律法规处理。

判定违法用地是否符合土地利用总体规划时，原则上以乡（镇）土地利用总体规划为依据，如果乡（镇）土地利用总体规划与市（县）土地利用总体规划不衔接的，应当以市（县）土地利用总体规划为准。

违法用地属于城乡建设用地的，应当区分情况判定是否符合土地利用总体规划：用地位于允许建设区的，判定为符合土地利用总体规划；用地位于有条件建设区、不突破城乡建设用地总规模的，判定为符合土地利用总体规划；用地位于禁止建设区和限制建设区的，判定为不符合土地利用总体规划。

违法用地面积应当以作为建设用地的实际控制土地面积为依据，不得以未硬化、未建成等为未构成违法用地行为的依据。

3. 关于违法转让类。

违法转让土地行为不能仅以签订转让合同或者协议、支付转让价款认定，还应当确认受让方是否实际接收、占有、控制土地。

对违法转让土地类违法行为的处罚应当针对转让双方，处罚种类应当区别适用。适用《土地管理法》第七十四条时，“没收违法所得”适用于转让方，拆除或者没收地上建筑物适用于受让方，“可以并处罚款”适用于转让双方。适用《土地管理法》第八十二条时，对出让、转让或者出租方，责令限期改正，没收违法所得，并处罚款；对受让方、承租方占地建设的按照违法占地处理。

涉及房地产转让的，优先适用《城市房地产管理法》和《城市房地产开发经营管理条例》；其他违法转让，优先适用《土地管理法》。

违法转让土地中的受让者将土地再次转让给他人，即再转让土地的，对每个环节的违法转让行为都应当予以处罚。

4. 关于其他类。

对非法占用永久基本农田发展林果业或者挖塘养鱼违法行为作出行政处罚，可以单独下发《责令改正违法行为通知书》，视当事人改正情况决定是否进行处罚。当事人逾期不改正的，处以罚款；破坏种植条件的，同时应当按照破坏耕地处罚。

③提出处理建议。

承办人员应当在证据认定和事实认定的基础上，严格依照法律法规的规定，综合考虑历史遗留建筑物处置等有关文件要求，提出处理建议。

A. 事实清楚、证据确凿、属于本级本部门管辖的，应当提出明确的处理建议。其中，对于依法应当给予行政处罚的，根据情节轻重及具体情况，按照本地区行政处罚裁量基准，提出给予行政处罚的建议，并明确行政处罚的具体内容；对依法可以不予行政处罚的，提出不予行政处罚的建议，并明确不予行政处罚的理由；对于单位、个人违法批准征收、使用土地等行为，应当提出确认相关批准文件、协议、纪要、批示等无效及撤销批准文件、废止违法内容、依法收回土地等建议。

B. 依法需要追究当事人及有关责任人员党纪政务责任的，应当提出将问题线索向纪检监察、任免机关移送建议。

C. 涉嫌犯罪，依法需要追究刑事责任的，应当提出将案件向公安、监察机关移送的建议。

D. 经批准终止调查的，应当提出撤案或者结案的建议。对于违法事实不成立、违法行为已过行政处罚追诉时效的，建议撤案；对不属本部门管辖、因不可抗力致使案件无法调查处理的，建议结案。

E. 其他处理建议。

注意点提示

行政机关作行政处罚时，在法律适用问题上应当避免以下几种错误：①以尚未生效或已失效的法律、法规、规章为认定违法事实或处罚依据；②以规范性文件为认定违法事实或处罚依据；③认定的违法事实与处罚所适用的法律依据规定的情形不符，且无有权机关正式解释；④其他因法律适用问题可能造成行政处罚无效或被撤销的情形。

（4）调查报告起草

案件调查结束后，承办人员应当起草《违法案件调查报告》。

《违法案件调查报告》包括首部、正文、尾部和证据清单。

①首部。

首部应当包括案由、承办机构、承办人员、调查时间、当事人基本情况等内容。

②正文。

正文应当包括调查情况、基本事实、案件定性、责任认定、处理建议等。

A. 调查情况。

简要介绍案件来源，立案及调查工作开展情况。

B. 基本事实。

基本事实应当包括违法行为当事人、发生时间、地点、违法事实及造成的后果。叙述一般应当按照事件发生的时间顺序客观、全面、真实地反映案情，要注意重点，详细表述主要情节、证据和关联关系。对可能影响量罚的不予处罚、从轻或者减轻处罚的事实，应当作出具体说明。有中止调查的，应当记录中止调查的原因、中止时间、恢复时间。基本事实涉及的基本要素如下：

一是土地违法案件基本要素：违法主体，违法行为发生、发现、制止及立案查处的时间，用地及建设情况，占用地类，规划用途，相关审批情况，征地补偿安置标准、程序、支付情况，等等；

二是国土空间规划违法案件基本要素：违法主体，违法行为发生、发现、制止及立案查处的时间，规划审批及建设情况，项目规划用途，相关立项审批情况，施工合同及造价情况，违法收入情况，等等。

C. 案件定性。

认定调查发现存在的主要问题，对案件的法律适用进行分析，明确认定当事人违法的法律依据以及违反的具体法律法规，提出认定违法行为性质的结论。

D. 处理建议。

根据法律法规的有关规定，认定相关责任，结合违法事实、性质、情节、社会危害程度以及是否主动消除违法行为后果等因素，对照行政处罚裁量基准，提出处理建议。

③尾部。

承办人员签名，并注明时间。

④证据清单。

列明案件调查报告涉及的证据。清单所列证据作为调查报告的附件。

（三）审理审核阶段

审理审核阶段如图 3.3 所示。

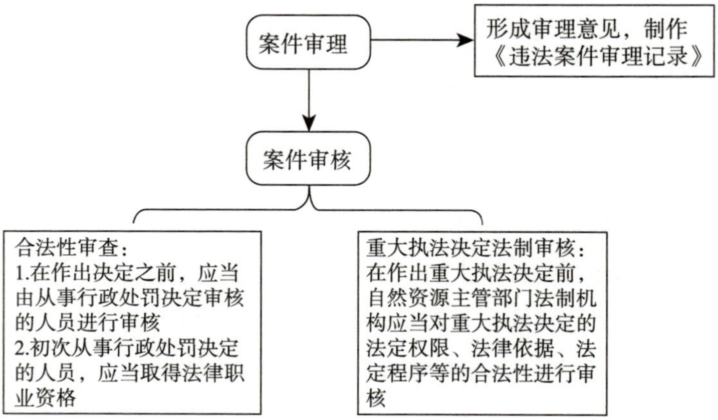

图 3.3 审理审核阶段流程

1. 案件审理

(1)审理基本要求

承办人员提交《违法案件调查报告》后,承办机构应当组织审理人员对案件调查报告和证据等相关材料进行审理。审理人员不能为同一案件的承办人员。

(2)审理内容

审理内容包括:是否符合立案条件;违法主体是否认定准确;事实是否清楚,证据是否合法、确实、充分;定性是否准确,理由是否充分;适用法律法规是否正确;程序是否合法;拟定的处理建议是否适当,行政处罚是否符合裁量基准;其他需要审理的内容和事项。

(3)审理方式

案件审理应当由承办机构负责人或者其指定的审理人员负责组织,采用书面或者会议方式进行审理,提出审理意见。

(4)审理程序

承办人员提交案件调查报告和证据等相关材料,并作出说明。

审理人员进行审理,就有关问题提问。

承办人员解答问题,进行补充说明。

审理人员形成审理意见,制作《违法案件审理记录》。

(5)审理意见

根据审理情况,分别提出以下审理意见。

①违法主体认定准确、事实清楚、证据合法确实充分、定性准确、适用法律正确、程序合法、处理建议适当的,同意处理建议。

②有下列情形之一的,应当提出明确的修改、纠正意见,要求承办人员重新调查或者补充调查:不符合立案条件的;违法主体认定不准确的;案件事实不清楚,证据不确实充分的;定性不准确,理由不充分的;适用法律法规不正确的;程序不合法的;处理建议不适当、行政处罚不符合裁量基准的。

承办人员应当按照审理意见进行修改、纠正,并重新提请审理。

承办人员对审理意见有异议的,可以提出理由,连同调查报告、审理意见及证据等相关材料报自然资源主管部门负责人决定。

2. 重大执法决定法制审核

在作出重大执法决定前，自然资源主管部门法制机构应当对重大执法决定的法定权限、法律依据、法定程序等的合法性进行审核。审核通过的，出具《重大执法决定法制审核意见书》；审核不通过的，承办机构应当根据法制机构提出的意见办理。涉及需要补充完善的应当补充完善后，视情况经审理后，提交法制机构重新审核。

自然资源重大执法决定法制审核程序和要求，按照自然资源部《关于全面推行行政执法公示制度执法全过程记录制度重大执法决定法制审核制度的实施方案》相关规定执行。

注意点提示

自然资源部《关于全面推行行政执法公示制度执法全过程记录制度重大执法决定法制审核制度的实施方案》（自然资函〔2019〕341 号）规定，自然资源部下列行政执法行为，在作出决定前应当进行法制审核：(1)涉及重大国家利益和社会公共利益，可能造成重大社会影响或引发社会风险的行政执法决定；(2)直接关系行政相对人或第三人重大权益，经过听证程序作出的行政执法决定；(3)案件情况复杂，存在重大法律疑难问题的行政执法决定；(4)由部作出的涉及没收违法所得、没收非法财物，限期拆除违法建筑等行政处罚决定；(5)由部作出的吊销勘查许可证、采矿许可证，吊销地质灾害防治单位甲级资质、甲级测绘资质等行政处罚决定；(6)撤回深海海底区域资源勘探、开发许可文件的决定；(7)其他认为应当进行法制审核的行政执法决定。

（四）处罚决定阶段

处罚决定阶段流程如图 3.4 所示。

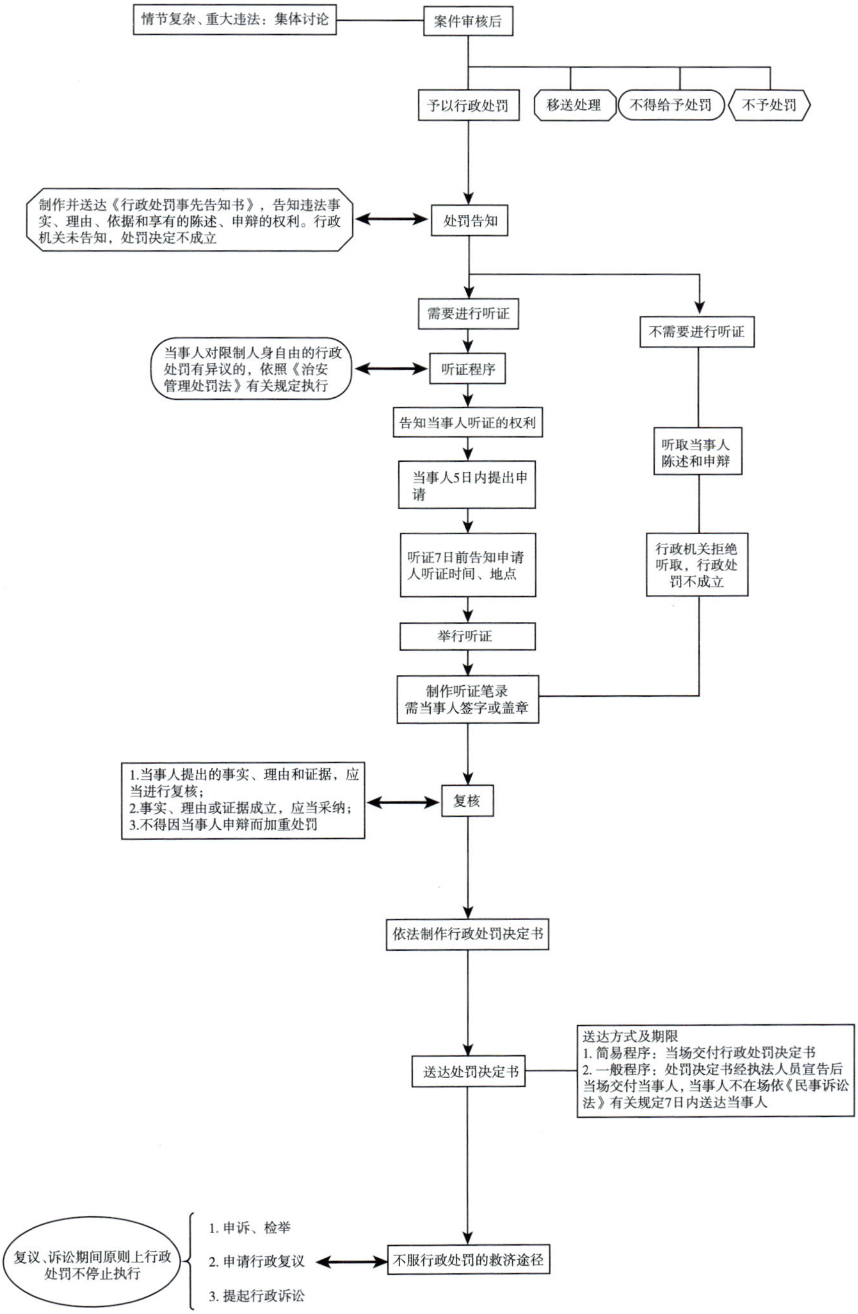

图 3.4 处罚决定阶段流程

1. 处理决定

(1)作出处理决定

案件经审理、重大执法决定法制审核,通过后,承办人员应当填写《违法案件处理决定呈批表》,附具《违法案件调查报告》《违法案件审理记录》《重大执法决定法制审核意见书》,报自然资源主管部门负责人审查,根据不同情况,分别作出如下处理决定:

①确有应当予以行政处罚的违法行为的,根据情节轻重及具体情况,作出行政处罚决定;

②对于单位、个人违法批准征收、使用土地,应当根据情节轻重及具体情况,作出行政处理决定;

③违法行为轻微,依法可以不予行政处罚的,作出不予行政处罚决定,予以结案;

④不属于本部门管辖的,移送有管辖权的机关,予以结案;

⑤因不可抗力终止调查的,予以结案;

⑥对于违法事实不成立、违法行为已过行政处罚追诉时效的,予以撤案;

⑦依法需要追究当事人及有关责任人党纪政务责任的,移送纪检监察、任免机关;

⑧涉嫌犯罪,依法需要追究刑事责任的,移送公安、监察机关。

对情节复杂或者重大违法行为给予行政处罚,自然资源主管部门负责人应当集体讨论决定。

注意点提示

最高人民法院《关于适用〈中华人民共和国行政诉讼法〉的解释》(法释〔2018〕1号)第一百二十八条第一款规定:“行政诉讼法第三条第三款规定的行政机关负责人,包括行政机关的正职、副职负责人以及其他参与分管的负责人。”集体讨论应当记录讨论时间、地点,主持人、记录人、讨论参加人签名,参加人员的发言意见以及最终讨论结果记录。

(2)实施处理决定

①决定给予行政处罚的,按照行政处罚相关规定办理。

②决定给予行政处理的，参照行政处罚相关规定办理。应当明确违法批准征收、使用土地等相关文件无效，提出撤销批准文件、废止违法内容、依法收回土地等具体要求和追究党纪政务责任的建议。有关当事人拒不归还土地的，以违法占用土地论处。

③决定撤销案件的，填写《撤销立案决定呈批表》，报自然资源主管部门负责人批准后，予以撤案。

④决定不予行政处罚的，填写《违法案件处理决定呈批表》，报自然资源主管部门负责人批准后，予以结案。

⑤决定移送案件的，按照本书立案查处程序 10 的规定办理。

⑥决定结案的，按照本书立案查处程序 11 的规定办理。

2. 行政处罚

（1）告知

作出行政处罚之前，自然资源主管部门应当制作《行政处罚告知书》，按照相关规定送达当事人，当事人有权进行陈述和申辩。

《行政处罚告知书》应当载明作出行政处罚的事实、理由、依据和处罚、处理内容，并告知当事人依法享有的陈述和申辩权利。陈述和申辩应当由当事人在收到《行政处罚告知书》后 5 个工作日内提出。口头形式提出的，应当制作笔录。

自然资源主管部门对当事人提出的事实、理由和证据应当进行复核。当事人提出的事实、理由或者证据成立的，应当予以采纳。

自然资源主管部门不得因当事人的申辩而加重处罚。

注意点提示

告知书应载明当事人基本身份信息，比如联系电话、地址等。

（2）听证

自然资源主管部门在作出以下行政处罚决定前，应当制作《行政处罚听证告知书》，按照本书立案查处程序 8 规定的方式，送达当事人。听证告知和处罚告知可以一并下达或者合并下达。具体处罚情形如下。

①较大数额罚款；

②没收违法用地上的新建建筑物和其他设施；

③没收较大数额违法所得、没收较大价值非法财物；

④限期拆除违法用地上的新建建筑物和其他设施，恢复原状；

⑤暂扣资质证书、降低资质等级、吊销资质证书、许可证件；

⑥责令停业整顿；

⑦法律法规规定的其他情形。

《行政处罚听证告知书》应当载明作出行政处罚的事实、理由、依据和处罚内容，并告知当事人有要求举行听证的权利。

当事人要求听证的，应当在收到《行政处罚听证告知书》后5个工作日内提出书面申请；以口头形式提出的，应当制作笔录。行政机关应根据法定期限通知当事人听证的时间、地点；听证通知书应包含当事人、利害关系人名称或姓名，听证主要事项，听证会的时间、地点等内容。

听证应当制作《听证笔录》。听证结束后，自然资源主管部门应当根据《听证笔录》，区分不同情况作出处理决定。听证笔录应包含听证时间、听证地点、听证内容、当事人或代理人签名、第三人签名、案件调查人员签名，听证参与人拒绝签字，主持人应注明。

自然资源行政处罚听证适用相关法律法规的规定及《自然资源听证规定》。

注意点提示

1. 除涉及国家秘密、商业秘密或个人隐私外，听证公开举行。

2. 听证主持人为行政机关指定的非本案调查人员，当事人认为主持人与本案有利害关系，有权申请回避。

3. 当事人可以亲自参加听证，也可以委托1~2人代理。

4. 当事人及其代理人无正当理由拒不出席听证或者未经许可中途退出听证的，视为放弃听证权利，行政机关终止听证。

(3)行政处罚决定

当事人未在规定时间内陈述、申辩、要求听证的，或者陈述、申辩、听证中提出的事实、理由或者证据不成立的，自然资源主管部门应当进行书面记录并依法制作《行政处罚决定书》；陈述、申辩或者听证中提出的事实、理由或者证据成立，需要修改拟作出的处理决定的，自然资源主管部门应当按照相关规定，调整或者重新作出处理决定,依法制作《行政处罚决定书》。《行政处罚决定书》应当按照法律规定的方式送达当事人。

法律法规规定的责令改正或者责令限期改正,既可以与行政处罚决定一并作出,也可以在作出行政处罚决定之前单独作出。

①《行政处罚决定书》的内容。

A. 自然资源主管部门名称、文书标题及文号;

B. 当事人的姓名或者名称、地址等基本情况;

C. 违反法律、法规、规章的事实和证据;

D. 告知、听证的情况;

E. 行政处罚的具体依据和内容;

F. 履行方式和期限;

G. 不服行政处罚决定,申请行政复议或者提起行政诉讼的途径和期限;

H. 拒不执行行政处罚决定的法律后果;

I. 作出决定的日期及印章。

②制作《行政处罚决定书》的注意事项。

A.《行政处罚决定书》应当由具有行政处罚权的自然资源主管部门制作并加盖其印章,派出机构、内设机构不能以自己的名义制作。

B. 认定的违法事实应当客观真实,明确违法行为的性质。列举的证据应当全面具体,充分支撑所认定的违法事实。有从轻或者减轻情节的,应当一并说明。

C. 行政处罚前的告知、听证情况应当包括告知、听证程序的履行情况和当事人意见采纳情况。

D. 行政处罚的依据应当结合具体违法事实,分别说明定性和处罚适用的具体法律条款;引用法律条款应当根据条、款、项、目的顺序写明。

E. 行政处罚的内容应当明确、具体,有明确的履行方式和期限。

责令退还、交还违法占用土地的,应当写明退还、交还土地的对象、范围、期限等。

责令当事人限期履行的,应当写明履行的具体内容和期限。责令限期改正的,应当表述为“责令限××日内改正××行为”;责令限期拆除、恢复土地原状的,应当写明拆除地上建筑物和其他设施的范围、内容,恢复场地平整或者耕地种植条件,并明确履行的具体期限;责令停业整顿的,应当写明停业整顿的具体期限。

责令缴纳复垦费、处以罚款、没收违法所得的,应当写明违法所得的金额和币种、交款的期限、指定银行或者电子支付系统账户等。

没收地上建筑物和其他设施的,应当写明没收建筑物的范围、内容等。

降低城乡规划资质等级、吊销城乡规划资质证书的,应当写明资质证书的证号、等级等;

F. 申请行政复议或者提起行政诉讼的途径和期限,应当具体明确。当事人申请行政复议的时限为自收到《行政处罚决定书》之日起 60 日内,复议机关一般为作出行政处罚决定的本级人民政府。当事人提起行政诉讼的时限为自收到《行政处罚决定书》之日起 6 个月内。对依据《土地管理法》作出责令限期拆除处罚决定不服的,提起行政诉讼的时限为自收到《行政处罚决定书》之日起 15 日内,诉讼机关为有管辖权的人民法院。

G. 当事人有两个以上自然资源违法行为的,自然资源主管部门可以制作一份《行政处罚决定书》,合并执行。《行政处罚决定书》中应当明确对每个违法行为的处罚内容和合并执行的内容。

H. 自然资源违法行为有两个以上当事人的,可以分别作出行政处罚决定,制作一式多份《行政处罚决定书》,分别送达当事人。

I. 有条件的地方,可以使用说理式《行政处罚决定书》。

注意点提示

除特殊情况外,行政处罚决定书、案件调查终结报告(案件处理呈批表)、集体讨论记录以及强制措施、告知权利、送达执行和身份证明材料等文书中的被处罚主体应当一致。

(4)作出行政处罚决定的期限

作出行政处罚决定的期限为立案之日起 90 日内。案情复杂不能在规定期限内作出行政处罚决定的,报本级自然资源主管部门负责人批准,可以适当延长,但延长期限原则上不超过 30 日,案情特别复杂的除外。

立案查处过程中不计入前款期限的情形,依照相关法律法规的规定执行。

(5)行政处罚决定公示

具有一定社会影响的自然资源行政处罚决定应当依法公开。行政处罚决定生效后,自然资源主管部门应当在7个工作日内将相关信息在门户网站等平台公开,督促违法当事人自觉履行,接受社会监督。

涉及国家秘密,法律、行政法规禁止公开,以及公开后可能危及国家安全、公共安全、经济安全、社会稳定的,不予公开。

涉及商业秘密、个人隐私等公开会对第三方合法权益造成损害的政府信息,不得公开。但是,第三方同意公开或者自然资源主管部门认为不公开会对公共利益造成重大影响的,予以公开。

涉及国家秘密、商业秘密、个人隐私等不宜公开的信息,依法确需公开的,要作适当处理后公开。

已公开的行政处罚决定被依法撤销、确认违法或者要求重新作出的,应当及时从公示信息平台撤下原决定信息。发现公开的行政执法信息不准确的,要及时予以更正。

3. 送达

自然资源法律文书作出后,应当及时送达当事人,并制作《法律文书送达回证》,送达人应当为两人以上。

自然资源法律文书一经送达,即发生法律效力。

自然资源法律文书应当采用直接送达方式。直接送达有困难的,可以采用留置送达、委托送达、传真或者电子信息送达、委托或者邮寄送达、转交送达和公告送达等方式。

注意点提示

送达回证或送达凭证应记录送达文书名称与文号,送达人签名;签收人非受送达人本人的,应准确记载其情况(包括签收人身份证号码、与受送达人的关系)。

(1)直接送达

直接送达的应当直接送交受送达人。受送达人是自然人的,本人不在时交其同住成年家属签收;受送达人是法人或者其他组织的,应当由法人的法定代表人、其他组织的主要负责人或者该法人、组织负责收件的人签收;受送达人有代理人的，可以送交其代理人签收；受送达人已向自然资源主管部门指定代收人的，送交代收人签收。

送达回证上签收的日期为送达日期。

注意点提示

应当由两名执法人员直接送达。

（2）留置送达

受送达人或者其同住成年家属拒绝接收法律文书的，送达人可以邀请有关基层组织或者所在单位的代表到场，说明情况，在送达回证上记明拒收事由和日期，由送达人、见证人签名或者盖章，把法律文书留在受送达人的住所或者张贴在违法用地现场，并采用拍照、录像等方式记录送达过程，即视为送达。

影像中应当体现送达文书内容、明确的送达日期、当事人住所等现场情况。

送达回证上记明的日期为送达日期。

注意点提示

应当由两名执法人员送达，并以拍摄或其他方式记录见证人的正面。

（3）传真或者电子信息送达

经受送达人同意并签订《送达地址确认书》的，可以采用传真、电子邮件、手机信息等方式，将《行政处罚决定书》等法律文书送达当事人。传真、电子邮件、手机信息等到达当事人特定系统的日期为送达日期。

（4）委托或者邮寄送达

直接送达法律文书有困难的，可以委托其他自然资源主管部门或者其他机关代为送达，或者邮寄送达。

委托送达以受送达人在送达回证上签收的日期为送达日期。邮寄送达应当附有送达回证，回执上注明的收件日期与送达回证上注明的收件日期不一致的，或者送达回证没有寄回的，以回执上注明的收件日期为送达日期。

通过邮寄送达的，应当取得受送达人签订的《送达地址确认书》，受送达人拒绝签订《送达地址确认书》的除外。

(5)转交送达

当事人是军人的,通过其所在部队团以上单位的政治机关转交;当事人被监禁的,通过其所在监所转交;当事人被采取强制性教育措施的,通过其所在强制性教育机构转交,以在送达回证上的签收日期为送达日期。

(6)公告送达

当事人下落不明或者上述方式无法送达的,公告送达。可以在当地主要媒体上予以公告或者在本部门公告栏、当事人所在基层组织公告栏、当事人住所地等地张贴公告并拍照,并在本部门或者本系统门户网站上公告。

自发出公告之日起,经过30日,即视为送达。公告送达应当在案卷中记明原因和经过,并应保存公告的有关材料。

(五)决定执行阶段

决定执行阶段流程如图3.5所示。

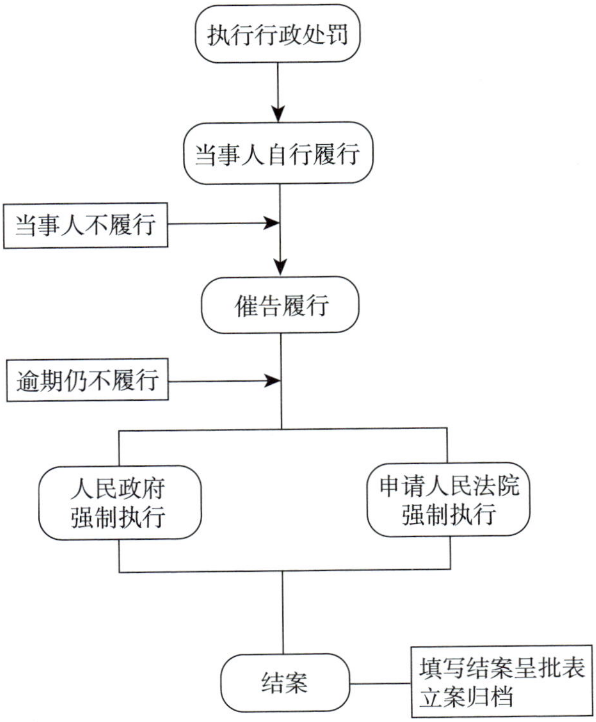

图3.5 决定执行阶段流程

1. 执行

(1)当事人履行

当事人收到行政处罚决定后,应当在行政处罚决定规定的期限内自行履行。

(2)催告履行

自然资源主管部门申请人民法院强制执行前,应当制作《履行行政处罚决定催告书》送达当事人,催告其履行义务。

注意点提示

1. 催告书中必须载明履行期限、当事人陈述和申辩的权利。

依据《行政强制法》第三十五条的规定,行政机关作出强制执行决定前,应当事先催告当事人履行义务。催告应当以书面形式作出,并载明下列事项:

(1)履行义务的期限;

(2)履行义务的方式;

(3)涉及金钱给付的,应当有明确的金额和给付方式;

(4)当事人依法享有的陈述权和申辩权。

2. 根据相关判例,若执行机关在催告履行期限内即作出违法建筑强制拆除决定并实施强制拆除行为,会侵害当事人自行拆除以降低损失之权利,属违法行为,所以在催告履行期限内不应实施拆除行为。

3. 当事人收到《强制执行催告书》后提出陈述、申辩的,应当充分听取当事人的意见,对提出的事实、理由和证据,应当进行记录、复核。对当事人提出的事实、理由或者证据成立的,必须予以采纳。

依据《行政强制法》第三十六条的规定,当事人收到催告书后有权进行陈述和申辩。行政机关应当充分听取当事人的意见,对当事人提出的事实、理由和证据,应当进行记录、复核。当事人提出的事实、理由或者证据成立的,行政机关应当采纳。

4. 催告限期拆除期届满后,违法建筑当事人拒不履行限期拆除违法建筑决定的,违法建筑依法应当予以强制拆除的,执法部门应当发布强制拆除实施时间、相关依据、违法建筑内财物搬离期限等内容的强制拆除公告。强制拆除公告可以在违法建筑及其周围张贴,也可以通过当地新闻媒体发布。

依据《行政强制法》第四十四条的规定，对违法的建筑物、构筑物、设施等需要强制拆除的，应当由行政机关予以公告，限期当事人自行拆除。当事人在法定期限内不申请行政复议或者提起行政诉讼，又不拆除的，行政机关可以依法强制拆除。

5. 经催告、公告，当事人仍不拆除违法建筑，且无正当理由的，依法下达《强制执行决定书》。决定书应载明当事人的姓名或者名称、强制拆除的理由和依据、强制拆除时间、申请行政复议或者提起行政诉讼的途径和期限。

依据《行政强制法》第三十七条的规定，经催告，当事人逾期仍不履行行政决定，且无正当理由的，行政机关可以作出强制执行决定。强制执行决定应当以书面形式作出，并载明下列事项：

(1) 当事人的姓名或者名称、地址；

(2) 强制执行的理由和依据；

(3) 强制执行的方式和时间；

(4) 申请行政复议或者提起行政诉讼的途径和期限；

(5) 行政机关的名称、印章和日期。

在催告期间，对有证据证明有转移或者隐匿财物迹象的，行政机关可以作出立即强制执行决定。

(3) 申请人民法院强制执行

《履行行政处罚决定催告书》送达 10 个工作日后，当事人仍未履行行政处罚决定的，自然资源主管部门可以向有管辖权的人民法院申请强制执行。

当事人在法定期限内不申请行政复议或者提起行政诉讼，又不履行行政处罚决定的，自然资源主管部门可以自期限届满之日起 3 个月内，申请人民法院强制执行。

自然资源主管部门对土地违法行为依法作出责令限期拆除的行政处罚决定后，当事人拒不履行，需要申请人民法院强制执行的，按照自然资源部办公厅《关于印发〈申请人民法院强制执行流程图〉的通知》执行。

当事人不复议、不诉讼、不履行的情形下，申请人民法院强制执行流程如图 3.6 所示。

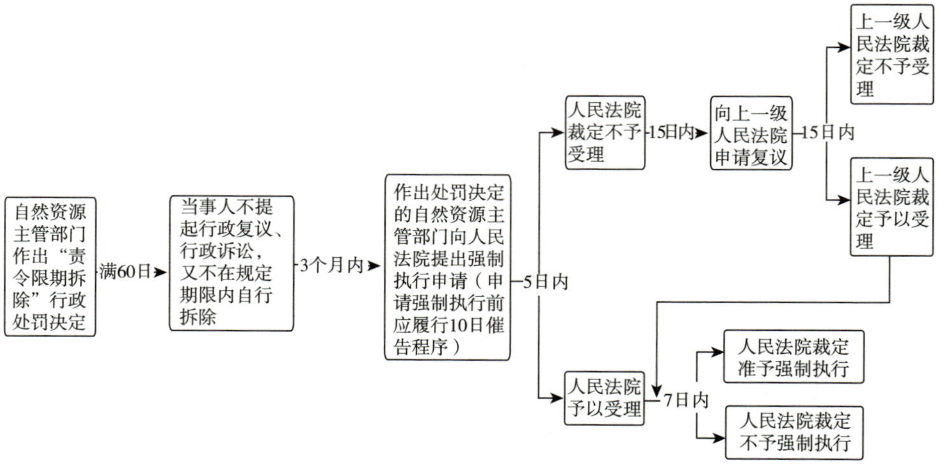

图3.6　当事人不复议、不诉讼、不履行的情形下，申请人民法院强制执行流程

当事人只提起行政诉讼的情形下，申请人民法院强制执行流程如图3.7所示。

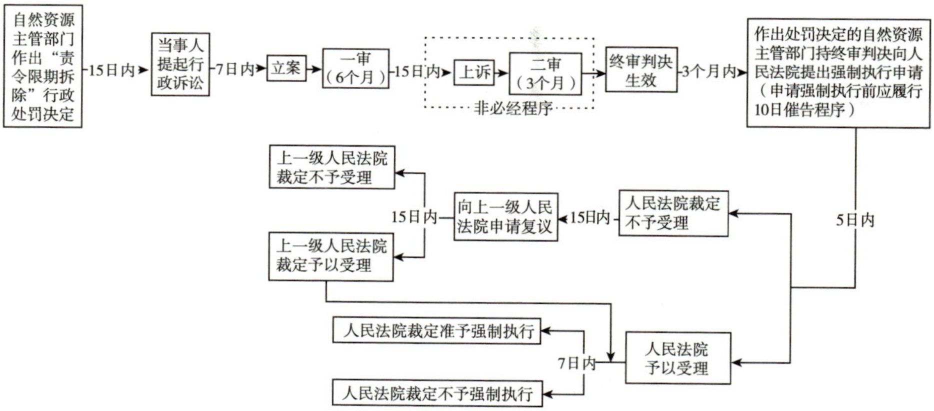

图3.7　当事人只提起行政诉讼的情形下，申请人民法院强制执行流程

当事人只申请行政复议的情形下，申请人民法院强制执行流程如图3.8所示。

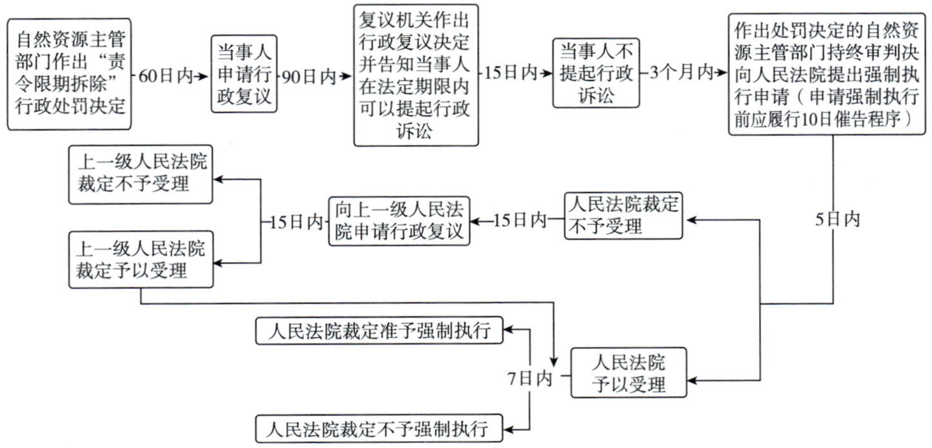

图3.8　当事人只申请行政复议的情形下，申请人民法院强制执行流程

当事人申请行政复议后再提起行政诉讼的情形下，申请人民法院强制执行流程如图3.9所示。

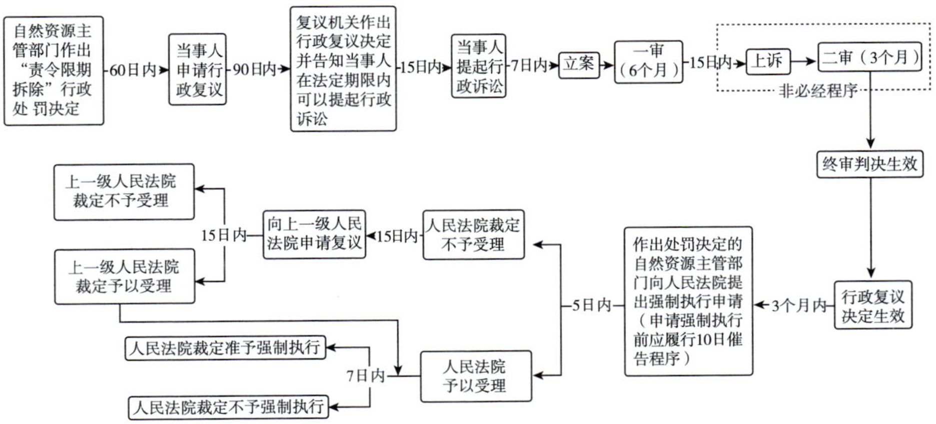

图3.9　当事人申请行政复议后再提起行政诉讼的情形下，申请人民法院强制执行流程

①申请人民法院强制执行程序。

申请人民法院强制执行，应当填写《强制执行申请书》，由自然资源主管部门负责人签名，加盖自然资源主管部门印章，注明日期，并附下列材料：

A.《行政处罚决定书》及作出决定的事实、理由和依据；

B. 当事人意见及催告情况；

C. 申请强制执行标的情况；

D. 法律法规规定的其他材料。

递交《强制执行申请书》时，应当取得人民法院接收人员签字或者盖章的回执；接收人员拒收或者拒绝签字、盖章的，应当记录申请书是否递交、拒收或者拒签情形。

人民法院裁定不予受理强制执行申请或者受理后裁定不予执行，自然资源主管部门对裁定有异议的，可以自收到裁定之日起 15 日内向上一级人民法院申请复议；对裁定无异议或者有异议但经复议维持原裁定的，自然资源主管部门应当纠正存在的问题。

②财产保全。

自然资源主管部门申请人民法院强制执行前，有充分理由认为被执行人可能逃避执行的，可以依法申请人民法院采取财产保全措施。

③协作配合。

自然资源主管部门应当加强与人民法院的协作配合，申请人民法院强制执行时，严格执行“法院裁定准予执行、政府组织实施、法院到场监督”的拆除违法用地地上建筑物强制执行机制。

自然资源主管部门应当积极配合同级检察机关探索自然资源执法领域行政非诉执行监督工作。在行政非诉执行受理、审查、执行等环节，发现人民法院应受理不受理、怠于执行、不规范执行、不送达文书等线索，及时移交同级检察机关开展行政非诉执行监督。

(4)申请人民政府强制执行

依据《城乡规划法》作出限期拆除的决定后，当事人逾期不拆除的，如果属于自然资源部门的处罚事项，依据《自然资源违法行为立案查处工作规程(试行)》第 10.4 条的规定，自然资源主管部门应当及时书面申请建设工程所在地县级以上地方人民政府责成有关部门强制拆除。

注意点提示

1. 对已建成的违法建筑物、构筑物、设施等作出的限期拆除决定，在申请行政复议(60 日)或提起行政诉讼(6 个月)的法定期限届满后，县级以上地方人民政府责成有关部门,依照《行政强制法》的规定自行强制执行。

2. 对在建违法建筑物、构筑物、设施,县级以上人民政府责成的有关部门有权采取查封施工现场,强制拆除在建违法建筑物、构筑物、设施等行政强制措施,不受行政复议(60 日)或提起行政诉讼(6 个月)期限届满的限制。

3. 强制拆除必须有两名以上执法人员到场,并通知违法建筑当事人到达拆除现场,由执法人员表明身份,当场宣读《强制执行决定书》。

4. 当事人是公民的,通知本人到场;当事人是法人或者其他组织的,通知其法定代表人、主要负责人到场。当事人拒不到场的,邀请见证人到场,由见证人和行政执法人员在现场笔录上签名或者盖章。

5.《行政强制法》第四十三条第一款规定,行政机关不得在夜间或者法定节假日实施行政强制执行。但是,情况紧急的除外。

6. 行政机关不得对居民采取停止供水、供电、供热、供燃气等方式迫使当事人履行相关行政决定。

(5)督促履行

行政处罚决定生效后,当事人逾期不履行的,自然资源主管部门除采取法律法规规定的措施外,还可以采取以下措施督促其履行:向本级人民政府和上一级自然资源主管部门报告;向当事人所在单位或者其上级主管部门抄送;停止办理或者告知相关部门停止办理当事人与本案有关的许可、审批、登记等手续。

(6)执行要求

①给予没收违法所得、罚款处罚的,罚没款足额缴入指定的银行或者电子支付系统账户,并取得缴款凭证。

当事人确有经济困难,需要延期或者分期缴纳罚款的,当事人应当提出申请,报自然资源主管部门主管负责人批准后,可以暂缓或者分期缴纳,且不再计收加处罚款。

②给予拆除新建建筑物和其他设施、恢复土地原状处罚的,新建建筑物和其他设施已拆除,建筑垃圾已清理运出违法占地现场,恢复场地平整,涉及耕地的要恢复种植条件。

③给予没收新建建筑物和其他设施等实物处罚的,作出行政处罚决定的自然

资源主管部门填写《非法财物移交书》，连同《行政处罚决定书》移交县级以上人民政府或者其指定的部门处理。涉及没收新建建筑物和其他设施的，应当于90日内交由本级人民政府或者其指定的部门依法管理和处置，可以根据情况决定拆除或保留。

④责令退还、交还土地的，将土地退还、交还至土地权利人或者管理人。

⑤责令限期履行义务，治理、改正、采取补救措施的，当事人在限定期限内履行义务、改正违法行为或者达到治理要求、采取相应的补救措施。

⑥给予降低资质等级、吊销资质证书处罚的，由颁发资质的自然资源主管部门予以降级、吊销，并公告。

⑦给予行政处理的，撤销或者废止违法批准征收、使用土地的相关文件，依法收回土地，将责任人涉嫌违纪、违法、犯罪情况依法进行移送。

当事人对行政处罚决定不服，申请行政复议或者提起行政诉讼的，在行政复议或者行政诉讼期间，行政处罚决定不停止执行，法律另有规定的除外。

注意点提示

做好物品清理、登记、保管和提存。

执法部门应当书面通知当事人在强制拆除违法建筑物、构筑物前自行搬出财物。当事人拒不搬出财物的，应当对其财物进行登记、制作物品清单。物品清单应当加盖行政机关印章，并载明下列事项：(1)当事人姓名或者名称、地址；(2)财物的名称、种类、规格、数量和完好程度；(3)当事人取回财物的途径和时间；(4)行政机关的名称、日期。

物品清单应当经当事人签名或者盖章，当场交付当事人。当事人不到场或者拒绝签名的，可以由无利害关系的见证人签名或者盖章见证或者由公证机构现场公证后，由执法机关代为临时保管。当事人应当在限期内到指定的地点领取，逾期不领取的，执法机关可依法提存。

(7)终结执行

有下列情形之一的，终结执行：

①自然人死亡，无遗产可供执行，又无义务承受人的；

②法人或者其他组织终止，无财产可供执行，又无义务承受人的；

③执行标的灭失的；

④据以执行的行政处罚决定被撤销的；

⑤需要终结执行的其他情形。

(8)执行记录

自然资源主管部门应当根据执行情况制作《行政处罚决定执行记录》。

《行政处罚决定执行记录》中应当载明案由，当事人，行政处罚事项，行政处罚内容的执行方式、执行结果等情况。其中，申请人民法院强制执行的，应当记录申请、受理、裁定执行情况等。

注意点提示

制作《强制拆除现场记录》。

实施强制拆除应当制作《强制拆除现场记录》并摄制录像。强制拆除现场记录内容包括实施强制拆除的相片、事由、时间、地点；当事人、执法人员、见证人的到场情况；当事人的陈述、申辩或者见证人的意见；实施强制拆除的过程和结果。

如执法部门认为强制拆除违建的风险较高，为了避免自身风险，可在依法送达《强制执行决定书》后，对拟强制拆除的违法建筑进行风险评估。

执法部门在组织集中清拆行动和对存在较大执法困难的违法建设组织强制拆除前，可向当地政府汇报，请求政府协调与统筹公安、城乡规划、建设、房屋等行政管理部门进行联合执法，由违法建筑所在地的村委会、居委会、物管部门等提供协助。

2. 移送

自然资源主管部门在查处违法行为过程中，发现违法行为涉嫌犯罪依法应当追究刑事责任的，或者当事人及有关责任人员违法违纪应当追究党纪政务责任的，应当依照有关规定移送有关机关。

(1)移送公安机关

①移送情形。

自然资源主管部门在依法立案查处违法行为过程中，发现单位或者个人违法转让倒卖土地使用权、违法占用农用地等行为，达到刑事追诉标准、涉嫌非职务犯罪的，在调查终结后，应当依法及时将案件移送公安机关。

②移送程序。

A. 依法需要移送公安机关追究刑事责任的，承办人员应当制作《违法案件处理决定呈批表》，提出移送公安机关的建议。

B. 自然资源主管部门负责人收到《违法案件处理决定呈批表》后，应当在3个工作日内作出是否批准移送的决定；决定不移送的，应当写明不予批准的理由。

C. 决定移送公安机关的，应当制作《涉嫌犯罪案件移送书》，附具案件调查报告、涉案物品清单、认定意见、鉴定意见及其他有关涉嫌犯罪的材料，在移送决定批准后24小时内办理移送手续。自然资源主管部门在移送案件时已经作出行政处罚决定的，应当同时移送《行政处罚决定书》和作出行政处罚决定的证据材料。

D. 公安机关对移送的案件决定不予立案，自然资源主管部门有异议的，可以在收到不予立案通知之日起3个工作日内，提请作出决定的公安机关复议，也可以建议检察机关依法进行立案监督。

E. 移送时自然资源主管部门未作出行政处罚决定，违法状态仍未消除的，自然资源主管部门应当依法作出行政处罚，其中人民法院判决已给予罚金处罚的，不再给予罚款的行政处罚。

（2）移送纪检监察、任免机关

①移送情形。

自然资源主管部门在依法立案查处违法行为过程中，发现下列问题线索，本部门无权处理，应当及时移送纪检监察机关：

A. 党员涉嫌违反党纪，依照《中国共产党纪律处分条例》《中国共产党纪律检查机关监督执纪工作规则》等有关规定，应当由纪检机关处置的；

B. 监察对象涉嫌职务违法，有违法批准、占用土地，违法低价出让国有土地使用权等行为，依照《监察法》和政务处分有关规定，应当由监察机关调查处置的；

C. 监察对象涉嫌职务犯罪，有违法批准、占用土地，违法低价出让国有土地使用权以及其他贪污贿赂、渎职等行为，依照《监察法》、《刑法》以及监察机关管辖的有关规定，应当由监察机关调查处置的。

自然资源主管部门认定党员和监察对象存在其他违法犯罪问题，依照《中国共产党纪律处分条例》、《监察法》和政务处分有关规定，应当由纪检监察机关给予党纪处分、政务处分的，参照对涉嫌违法犯罪党员作出纪律处分工作的有关规定及时向纪检监察机关通报，并提供相关材料。

②移送程序。

A. 需要移送纪检监察、任免机关追究责任的，承办人员应当制作《违法案件处理决定呈批表》，提出移送纪检监察、任免机关的建议。

B. 自然资源主管部门负责人收到《违法案件处理决定呈批表》后，应当作出是否批准移送的决定。决定不移送的，应当写明不予批准的理由。

C. 决定移送的，应当在作出行政处罚决定后 15 个工作日内，制作《问题线索移送书》，附具案件来源及立案材料、案件调查报告、处罚或者处理决定、有关证据材料及其他需要移送的材料。确有特殊情况不能在规定时间内移送的，应当在特殊情况消除后 10 个工作日内移送。

(3)移送送达回证

自然资源主管部门向有关机关移送案件，应当制作《法律文书送达回证》。受送达人接受移送的案件材料，并在送达回证上签字、盖章。受送达人拒收或者拒签的，送达人详细填写送达回证中的拒收、拒签的情况和理由。

3. 结案

(1)结案条件

符合下列条件之一的，可以结案：

①案件已经移送管辖的；

②终止调查的；

③决定不予行政处罚的；

④行政处罚决定执行完毕的；

⑤行政处罚决定终结执行的；

⑥已经依法申请人民法院或者人民政府强制执行的。

涉及需要移送有关部门追究刑事责任、党纪政务责任的，结案前应当已经依法移送。

(2)结案呈批

符合结案条件的，承办人员应当填写《结案呈批表》，报自然资源主管部门负责人批准后结案。

《结案呈批表》应当载明案由、立案时间、立案编号、调查时间、当事人、主要违法事实、执行情况、相关建议等内容。

对终止调查或者终结执行但地上违法新建建筑物或者其他设施尚未处置的，结案呈批时，可以建议将有关情况报告或者函告地上违法新建建筑物或者其他设施所在地政府，由其依法妥善处置。

(3)后续工作

结案后，有关部门开展与本案相关的强制执行、刑事责任、党纪政务责任追究等工作，需要自然资源主管部门配合的，自然资源主管部门应当予以配合。

4. 立卷归档

承办人员应当将办案过程中形成的全部材料，及时整理装订成卷，并按照规定归档。

(1)归档材料

卷宗内的归档材料应当包括：

①封面、目录；

②案件来源材料；

③责令停止违法行为通知书、责令改正违法行为通知书；

④立案(不予立案)呈批表；

⑤证据材料；

⑥调查报告；

⑦审理记录；

⑧重大执法决定法制审核意见；

⑨案件处理决定呈批表；

⑩行政处罚告知书；

⑪当事人陈述申辩材料、复核意见书；

⑫行政处罚听证告知书、听证通知书、听证笔录等；

⑬行政处罚决定书或者行政处理决定；

⑭党纪政务处分决定、问题线索移送书、刑事判决书、涉嫌犯罪案件移送书、案件管辖移送书；

⑮履行处罚决定催告书；

⑯强制执行申请书、申请送达情况记录；

⑰行政处罚决定执行记录、罚没收据、缴纳相关费用收据、暂缓或者分期缴纳罚款的审批材料、吊销许可证件公告、非法财物移交书、非法财物清单、撤销批准文件的决定及相关材料；

⑱经行政复议机关复议的应当附具行政复议决定书、经人民法院审理的应当附具人民法院裁判文书副本；

⑲案件结案呈批表；

⑳有关法律文书送达回证；

㉑其他需要归档的材料。

注意点提示

依法采取先行登记保存证据、行政强制措施、举行听证、留置送达、场所张贴公告送达、行政强制执行以及其他现场执法活动的，应全程音像记录并附卷归档保存。

音像记录应对下列内容进行记录：执法现场环境、执法办案场所，行政执法人员、当事人、证人等现场有关人员的体貌特征和言行举止，重要涉案物品等相关证据及其主要特征，行政执法人员对有关人员、财物采取措施的现场情况，行政执法人员送达执法文书的情况，其他应当重点记录的内容。音像记录过程中，因特殊情况中断的，重新开始记录时应对中断原因进行语音说明；确因客观原因无法在音像记录中说明原因的，在事后书面说明情况，并附卷归档保存。音像记录应注明制作方法、制作时间、制作人、记录内容说明；对作为行政执法证据使用的音像记录应制作为光碟。

（2）归档要求

①所有归档的材料，应当合法、完整、真实、准确，文字清楚，日期完备。应当保证归档材料之间的有机联系，同一案件形成的档案应当作为一个整体统一归档，不得分散归档，案卷较厚的可分卷归档。案卷应当标注总页码和分页码，加盖档号章。

②卷内各类材料的排列，应当按照结论、决定、裁决性文件在前，依据性材料

在后的原则，即批复在前、请示在后，正文在前、附件在后，印件在前、草稿在后的顺序组卷。

③案卷资料应当按照档案管理要求统一归档保存或者交本部门档案室保存。

案卷装订常见问题：

案卷材料未自行政处罚决定书送达之日起30日内整理装订并予登记、归档；案卷归档之日未执行完毕的，未在案卷中预留执行情况登记，超过3个月未登记、归档。

未使用统一规范的卷皮。

卷内存档的行政处罚决定书，未加盖行政机关名称和印章。

未做到一案一卷（涉及国家、商业、个人秘密分正副卷的除外）。

文件材料为复印件的，复印件未与原件核对并加盖“与原件核对无误”的印章或未由原件持有者（或核对人员）签注“与原件核对无误”。

卷内文书未按顺序排列，排列顺序为：卷内文书目录、行政处罚决定书（含送达回证）在前，其他文书按办案流程顺序排列；重复材料未剔除。

案件文书材料经过系统排列后，应逐页编码而未编码；卷宗封面、卷内目录、卷底、备考表无须编页码而编有页码；页码未编在右上角（有字背页未编在左上角）；页码字体不整齐、不清楚。

卷内目录填写时，一份文书材料未编一个顺序号，卷内目录未按卷内文书材料排列顺序逐件填写，未标明起止页码，字迹不工整、不清晰。

纸张破损、未用国家标准A4纸张（格式文本除外）。对破损或褪色的材料未进行修补和复制，装订部位过窄或有字迹的材料，未用纸加衬边。纸面过小的未加贴衬纸，纸张大于卷面的材料未按卷宗大小折叠整齐。

装订不整齐，有金属物（特殊材料除外）。卷内书写文字不使用钢笔、签字笔或毛笔（页码标注可用铅笔）；卷底装订线上未贴上封条并加盖骑缝章；不能随卷保存的证据，未在备考表注明内容、数量、时间、责任人和存放地点。

5. 监督与责任追究

（1）监督

自然资源主管部门应当通过定期或者不定期检查等方式，加强对本级和下级自然资源主管部门实施立案查处工作的监督，及时发现、纠正存在的问题。

自然资源主管部门发现作出的行政处罚有错误的，应当主动改正。

自然资源主管部门应当建立违法案件错案追究制度。行政处罚决定错误并造成严重后果的，作出处罚决定的机关应当承担相应的责任。

自然资源主管部门应当建立重大违法案件挂牌督办制度，明确提出办理要求，公开督促下级自然资源主管部门限期办理并接受社会监督。

自然资源主管部门应当建立重大违法案件公开通报制度，将案情和处理结果向社会公开通报并接受社会监督。

自然资源主管部门应当建立执法查处案卷评查制度，按照相关程序和标准组织开展案卷评查工作，定期内部通报评查工作情况。

自然资源主管部门应当建立违法案件统计制度。下级自然资源主管部门应当定期将本行政区域内的违法形势分析、案件发生情况、查处情况等逐级上报。

(2)责任追究

自然资源执法人员应当在法定权限范围内依照法定程序行使职权，做到严格规范公正文明执法，不得玩忽职守、超越职权、滥用职权。依法履行法定职责受法律保护，非因法定事由、非经法定程序，不受处分。因故意或者重大过失，不履行或者违法履行行政执法职责，造成危害后果或者不良影响的，应当依法承担责任。

①追责情形。

有下列情形之一，且造成危害后果或者不良影响的，应当追究责任：

A. 应当依法立案查处，无正当理由未依法立案查处的；

B. 在制止以及查处违法案件中受阻，依照有关规定应当向本级人民政府或者上级自然资源主管部门报告而未报告的；

C. 应当予以制止、处罚的违法行为不予制止、处罚，致使公民、法人或者其他组织的合法权益或者公共利益、社会秩序遭受损害的；

D. 应当依法申请强制执行或者移送有权机关追究党纪政务或者刑事责任，而未依法申请强制执行、移送有权机关的；

E. 使用或损毁查封、扣押的财物对当事人造成损失的；

F. 违法实施行政强制措施，给公民人身或者财产造成损害、给法人或者其他组织造成损失的；

G. 法律法规规定的其他应当追究责任的情形。

②不予追究责任情形。

具有下列情形之一的，可以不予追究责任：

A.行政执法依据不明确，致使行政执法行为出现偏差的，但故意违法的除外；

B.执法人员已经依法下达责令停止违法行为通知书，制止无效后按规定报告本级人民政府和上级自然资源主管部门，仍未能制止违法行为的；

C.执法人员已经依法作出、送达行政处罚决定，并按照规定催告执行、申请人民法院强制执行，但相关部门、当事人的原因造成违法状态持续的；

D.行政相对人的隐瞒、造假等行为，致使自然资源主管部门及其执法人员无法作出正确行政执法行为的；

E.依据认定意见、鉴定意见、勘验报告等作出错误行政执法决定，且已按规定履行审查职责的；

F.对违法或者不当的行政处罚或者行政强制决定，在案件审理、集体讨论时明确提出了反对意见，或者出具了书面反对意见的；

G.依法不予追究责任的其他情形。

6.附则

(1)期间

期间以时、日、月、年计算。期间开始的时和日不计算在期间内。工作日不包括法定节假日。

期间届满的最后一日是节假日的，以节假日后的第一日为期间届满的日期。

期间不包括在途时间。法律文书在期满前交邮的，不算过期。

(2)数量关系的规范

前述立案查处程序中的“以上”“以下”“内”“前”，均包括本数；“后”不包括本数。

(3)行政处罚追诉时效

自然资源违法行为在两年内未被发现的，不再给予行政处罚。法律另有规定的除外。

前款规定的期限，从违法行为发生之日起计算；违法行为有连续或者继续状态的，从行为终了之日起计算。

违法占用土地的行为恢复原状前，违法建设行为违反城乡规划的事实存续期间，应视为具有继续状态；破坏耕地的违法行为是否具有连续或继续状态，应根据案件的具体情况区别对待。

(4)法律竞合处理

同一个违法行为违反两个以上自然资源法律法规，自然资源主管部门均有权进行行政处罚的，可以制作一份行政处罚决定书，多个行政处罚合并执行。

(5)责令类法律责任

法律法规规定的责令退还土地、责令交还土地、责令限期改正或者治理等责令类法律责任，可以与行政处罚决定一并作出，也可以在作出行政处罚决定之前单独作出。

(6)文书编号

自然资源主管部门应当根据立案查处工作实际，建立并规范本辖区违法案件法律文书的编号规则。

第三节 快速拆违程序的适用

一、快速拆违程序的适用范围

对于已经建设完成的违法建筑物或附属物，行政机关应当作出行政处罚，再按照《行政强制法》的规定，履行告知、强制拆除等程序。而当违法建设行为正在进行时，为了阻止违法建设行为继续进行，行政机关有权及时实施责令改正、责令停止建设、快速拆除行为，以防止违法行为继续产生危害。之所以作出这种区分，是基于行政效率原则和公共利益原则，对不同的违法行为采取不同性质的行政行为，具有不同的轻重缓急的特点，如紧急情况可采取行政强制措施，非紧急情况则采取行政处罚和行政强制执行。

根据《城乡规划法》第六十八条的规定，城乡规划主管部门作出责令停止建设或者限期拆除的决定后，当事人不停止建设或者逾期不拆除的，建设工程所在地县级以上地方人民政府可以责成有关部门采取查封施工现场、强制拆除等措施。执法部门对在建违法建筑物、构筑物、设施等采取查封或强制拆除行政强制措施的，不受《行政强制法》第四十四条规定的复议或起诉期限届满限制。

二、快速拆除在建违建的程序

关于快速拆除在建违法建筑的程序，全国并无统一性具体规定，但北京市、上海市、天津市等地印发了快速拆除在建违法建筑的具体规定，以下为上海市黄浦区的相关规定。

（一）发现受理

通过投诉（举报）、执法检查发现、物业居委报告、相关部门移交、各级部门交办等及时发现，并依据程序填写案件受理表。

（二）现场调查

执法部门接到相关信息后应指派2名以上执法人员到达现场。

对在建违法建筑物、构筑物、设施等，执法人员应当在接到指令后的2小时内到达现场开展调查（执法时间各地可根据具体情况而定，下同）。执法人员到达现场后，应当向当事人出示执法身份证件，要求其提供规划许可等相关资料。同时，对违法建筑进行现场拍照、录像、测量，确定违法建筑的地点、层数、面积、高度、性状结构以及参照物（四至道路、相邻建筑物等）间距等建筑形态，制作《现场检查笔录》，绘制《现场勘察图》，听取当事人的陈述和申辩。

违法建设当事人拒绝在《现场检查笔录》上签字的，执法人员应当请见证人签字见证。

实际操作中，执法人员还需把握如下事项：（1）通知相关人员到场，包括不限于（根据各地情况而定）当事人、居委会、物业，理由是按“公众参与原则”当事人有知情权，在进行现场检查时应当通知当事人到场。当事人不在或拒绝到达现场的，可以通知居委会干部（或员工）到场，且可以作为见证人在相关文书上签字。（2）通知物业到场。一般物业服务公司有业主的资料，可以帮助确定当事人身份，且物业公司还可依据物业管理条例，对当事人进行劝导和管理，并可以物业公司的名义向当事人开具《责令整改通知书》，要求当事人改正违法行为。该《责令整改通知书》可作为执法证据使用，同时物业也可以在当事人不在现场的情况下作为证人在文书上签字。

（三）快速拆除

为制止正在搭建的违法行为，执法部门应当依法立即采取强制拆除措施。

1.责令当事人立即停止建设、24小时内自行拆除

（1）通过现场调查，当事人无法出示相关批准文件，承认擅自搭建建筑物、构筑物的，执法人员应当当场制作并送达《责令停止建设、限期拆除决定书》，书面责令当事人立即停止建设，24小时内自行拆除。

对于现场无法直接认定的违法建设行为，执法部门应当于当日向规土、市政、房管等部门发出协助函，协助认定的部门应当在收到《协助通知书》后的1个工作日内出具书面意见。经认定为违法建筑的当日，执法人员应当制作《责令停止建设、限期拆除决定书》送达当事人并进行公告，责令当事人立即停止建设，24小时内自行拆除。

（2）违法建设当事人拒不停止施工的，执法人员可以采取暂扣施工工具和材料的措施。暂扣施工工具和材料的，应当制发《暂扣物品决定书》。

（3）责令限期拆除的24小时内，当事人陈述、申辩的，执法人员应当制作陈述、申辩笔录。

2.责令24小时内自行拆除的履行

执法人员在送达《责令停止建设、限期拆除决定书》的24小时后，应当针对不同情况采取下列措施。

（1）当事人自行拆除。拆除完成后，执法人员对违法现场进行复查、拍照，并按规定及时结案、归档。

（2）当事人同意帮助拆除的，立即帮助其拆除。当事人确有困难，同意代为拆除的，由当事人签署《帮助拆除违法建筑委托书》。委托书签署1日内，街道办事处组织、协调帮助当事人完成违法建筑拆除工作。拆除过程中，执法人员应当制作现场笔录，进行拍照、录像。拆除完成后，执法人员按规定及时结案、归档。

3.当事人拒不拆除的，立即作出强制拆除的决定

（1）复查。当事人拒不拆除的，执法人员应当制作现场检查笔录，进行拍照、

录像。

(2)催告。执法人员应当当场将《限期拆除正在搭建违法建筑催告书》送达当事人,催告当事人在限期自行拆除违法建筑。

(3)听取当事人陈述、申辩。在催告的24小时内,当事人陈述、申辩的,执法部门应当制作陈述、申辩笔录,并对当事人的陈述、申辩给予答复。

(4)作出强制拆除决定。经审批同意,在催告满24小时后,执法人员将《强制拆除正在搭建的违法建筑决定书》送达当事人并进行公告。

4. 实施强制拆除

违法建筑所在的街道办事处(镇)应当及时组织、指挥、协调区(县)执法部门、公安派出所及其他协助单位,按预案要求对违法建筑实施强制拆除。执法人员应当制作现场笔录,进行拍照、录像。拆除完成后,按规定及时结案、归档。

注意点提示

快速拆除在建违法建筑物、构筑物、设施仍需遵循《行政强制法》第十八条、第十九条的规定,履行必要的法定程序。

《行政强制法》第十八条规定:“行政机关实施行政强制措施应当遵守下列规定:(一)实施前须向行政机关负责人报告并经批准;(二)由两名以上行政执法人员实施;(三)出示执法身份证件;(四)通知当事人到场;(五)当场告知当事人采取行政强制措施的理由、依据以及当事人依法享有的权利、救济途径;(六)听取当事人的陈述和申辩;(七)制作现场笔录;(八)现场笔录由当事人和行政执法人员签名或者盖章,当事人拒绝的,在笔录中予以注明;(九)当事人不到场的,邀请见证人到场,由见证人和行政执法人员在现场笔录上签名或者盖章;(十)法律、法规规定的其他程序。”第十九条规定:“情况紧急,需要当场实施行政强制措施的,行政执法人员应当在二十四小时内向行政机关负责人报告,并补办批准手续。行政机关负责人认为不应当采取行政强制措施的,应当立即解除。”

第四节 拆违涉及的行政赔偿

一、行政赔偿的一般规定

根据《国家赔偿法》第二条第一款的规定，国家机关和国家机关工作人员行使职权，有该法规定的侵犯公民、法人和其他组织合法权益的情形，造成损害的，受害人有依照该法取得国家赔偿的权利。根据《国家赔偿法》第三十六条第八项的规定，对财产权造成其他损害的，按照直接损失给予赔偿。

构成行政赔偿责任，应当具备以下条件：(1)国家行政机关或者其工作人员违法行使行政职权，即侵权主体是国家行政机关，包括各级人民政府及其职能部门和公务员，并且侵权主体实施了违法行使职权的行为，即未按照法律、行政法规规定的程序、方法等行使法定的权力，履行法定的职责。(2)造成公民、法人或者其他组织的合法权益的损害，并且该损害与侵权行为有因果关系。(3)法律规定由国家赔偿的情形下，国家予以赔偿。

《国家赔偿法》第四条规定，行政机关及其工作人员在行使行政职权时有下列侵犯财产权情形之一的，受害人有取得赔偿的权利：(1)违法实施罚款、吊销许可证和执照、责令停产停业、没收财物等行政处罚的；(2)违法对财产采取查封、扣押、冻结等行政强制措施的；(3)违法征收、征用财产的；(4)造成财产损害的其他违法行为。

当事人的赔偿请求，应当以书面形式先向赔偿义务机关提出，也可以在申请行政复议或者提起行政诉讼时一并提出，该赔偿申请书应当载明以下事项：受害人姓名、性别、年龄、工作单位和住所，法人或者其他组织的名称、住所及法定代表人或者主要负责人的姓名、职务；具体的赔偿要求、事实根据和理由；申请的时间。赔偿义务机关应当自收到申请之日起 2 个月内依法给予赔偿。逾期不予赔偿或者赔偿请求人对赔偿数额有异议的，当事人可以自期间届满之日起 6 个月内向人民法院提起诉讼。

此外，《国家赔偿法》同时规定了行政追偿制度，即国家依法向当事人赔偿后，应当向有故意或者重大过失的工作人员追偿，责令其承担部分或者全部赔偿费用。

二、行政赔偿起诉方式

根据《国家赔偿法》第九条第二款的规定，赔偿请求人要求赔偿，应当先向赔偿义务机关提出，也可以在申请行政复议或者提起行政诉讼时一并提出。同时，根据最高人民法院《关于审理行政赔偿案件若干问题的规定》第十三条第一款的规定，行政行为未被确认为违法，公民、法人或者其他组织提起行政赔偿诉讼的，人民法院应当视为提起行政诉讼时一并提起行政赔偿诉讼。行政行为已被确认为违法，在符合赔偿义务机关已先行处理或者超过法定期限不予处理等法定条件下，公民、法人或者其他组织可以单独提起行政赔偿诉讼，具体方式如下。

1. 单独提起行政赔偿诉讼。此种方式的前提是加害行为属于行政诉讼受案范围的可诉行政行为，单独提起行政赔偿诉讼主要分为以下两种情形：一是加害行为为具体行政行为的，则该行为被依法确认违法系单独提起行政赔偿诉讼的法定前置条件；二是加害行为为事实行为的，不以该行为被确认违法为法定前置条件，人民法院在判决时应当对加害行为是否违法予以确认。赔偿请求人在法定期限内直接向赔偿义务机关提出赔偿申请，赔偿义务机关在规定期限内未作出是否赔偿的决定，或者赔偿请求人对赔偿的方式、项目、数额有异议的，或者赔偿义务机关作出不予赔偿决定的，赔偿请求人可在法定期限内向人民法院起诉。

2. 人民法院对赔偿请求人未经确认程序而直接提起行政赔偿诉讼的案件，在判决时应当对赔偿义务机关致害行为是否违法予以确认，此种情形视为提起行政诉讼时一并提起行政赔偿诉讼。

三、行政赔偿起诉期限

《国家赔偿法》第三十九条第二款规定：“赔偿请求人请求国家赔偿的时效为2年，自其知道或者应当知道国家机关及其工作人员行使职权时的行为侵犯其人身权、财产权之日起计算，但被羁押等限制人身自由期间不计算在内。在申请行政复议或者提起行政诉讼时一并提出赔偿请求的，适用行政复议法、行政诉讼法有关时效的规定。”该法第十三条规定，赔偿义务机关应当自收到申请之日起2个月内，作出是否赔偿的决定。该法第十四条第一款规定：“赔偿义务机关在规定期限内未作出是否赔偿的决定，赔偿请求人可以自期限届满之日起三个月内，向人民法院提起诉讼。”根据《国家赔偿法》上述规定，行政赔偿起诉期限如下。

1. 赔偿请求人单独提起行政赔偿诉讼的起诉期限。赔偿请求人请求国家赔偿的时效为2年，除被羁押等限制人身自由情形外。赔偿请求人单独提起行政赔偿诉讼，即使其在《国家赔偿法》规定的2年时效期间最后一日始申请赔偿义务机关先行处理，其起诉期限最长为2年零5个月（2年申请赔偿时效+2个月答复期限+3个月起诉期限），自其知道或者应当知道国家机关及其工作人员行使职权时的行为侵犯其人身权、财产权之日起计算。

2. 赔偿请求人在提起行政诉讼的同时一并提出行政赔偿请求的起诉期限。如果赔偿请求人在提起行政诉讼的同时一并提出行政赔偿请求，则根据最高人民法院《关于审理行政赔偿案件若干问题的规定》第十六条“公民、法人或者其他组织提起行政诉讼时一并请求行政赔偿的，适用行政诉讼法有关起诉期限的规定”的规定，应适用《行政诉讼法》第四十六条“公民、法人或者其他组织直接向人民法院提起诉讼的，应当自知道或者应当知道作出行政行为之日起六个月内提出”的规定。若行政机关作出行政行为时，未告知公民、法人或者其他组织起诉期限，则起诉期限适用最高人民法院《关于适用〈中华人民共和国行政诉讼法〉的解释》第六十四条第一款的规定：“行政机关作出行政行为时，未告知公民、法人或者其他组织起诉期限的，起诉期限从公民、法人或者其他组织知道或者应当知道起诉期限之日起计算，但从知道或者应当知道行政行为内容之日起最长不得超过一年。”若行政行为在2018年2月8日以前发生，且行政机关作出行政行为时未告知当事人起诉期限，则应适用最高人民法院《关于执行〈中华人民共和国行政诉讼法〉若干问题的解释》（已失效）第四十一条关于2年起诉期限的规定。

根据上述分析，赔偿请求人单独提起行政赔偿诉讼的起诉期限最长为2年零5个月；在提起行政诉讼的同时一并提出行政赔偿请求的，则要根据行政行为作出时有无告知当事人起诉期限的具体情况，来确定起诉期限为6个月或1年。

四、行政赔偿举证责任

根据《行政诉讼法》第三十八条第二款“在行政赔偿、补偿的案件中，原告应当对行政行为造成的损害提供证据。因被告的原因导致原告无法举证的，由被告承担举证责任”以及最高人民法院《关于适用〈中华人民共和国行政诉讼法〉的解释》第四十七条第一款规定“根据行政诉讼法第三十八条第二款的规定，在行政赔偿、补偿案件中，因被告的原因导致原告无法就损害情况举证的，应当由被告就该损害情况承担举证责任”的规定，在行政赔偿案件中行政机关原因导致当事人无法举证时，由行政机关承担举证责任。

行政机关在强制拆除过程中，应当依法妥善处置并保全证据，以证明其在强制拆除过程中已尽慎重、妥善之注意义务。基于公平原则，行政机关实施强制拆除后，行政相对人提供相关现场照片及财产损失清单，穷尽举证手段以证明动产损失的存在；若行政机关不能提供相关证据证明对行政相对人涉案房屋中的合法财产已予清空并妥善处理，则应承担举证不能的不利后果并负相应的赔偿责任。

五、强拆引发的行政赔偿范围

（一）违法建筑本身属于违法利益，不属于行政赔偿范畴

根据《国家赔偿法》第二条的规定，只有在公民、法人和其他组织的合法权益被行政行为损害时，才有获得国家赔偿的权利。但违法建筑违反了《土地管理法》《城乡规划法》等法律法规，并非当事人合法利益，不属于违建当事人合法财产的范畴，因此违法建筑当事人并不能根据《国家赔偿法》的规定，就违法建筑本身申请行政赔偿。

（二）行政机关拆除违建，给违建当事人合法权益造成损失的，应承担相应的行政赔偿责任

根据《行政强制法》第五条的规定，行政强制的设定和实施，应当适当。行政机关强制拆除违法建筑，应当符合行政强制适当原则。行政机关在强制拆除过程中，未尽到审慎注意和妥善处置义务，造成违法建筑内合法物品损失或其他合法权益受损的，应当依法承担行政赔偿责任。

最高人民法院在（2018）最高法行申952号案中经审理认为，强制拆除的对象是违法建筑本身，即使建设本身违法也并不意味着建筑材料亦随之变成非法财物；组成建筑物的建筑材料及建筑内的物品、设施设备等属于当事人的合法财产；当事人因违法建筑所负的法律责任，不应当涉及其合法的私有财产。

（三）行政程序违法的行政赔偿责任

行政机关违反法定程序，强制拆除涉案房屋，对于涉案房屋内的物品损失，应予赔偿。行政机关对违法建筑实施强制拆除的，手段、方式必须科学、适中，不得以野蛮方式实施强制拆除。对于建筑物内的物品，行政机关应当办理财产的公证登记，进行清点造册、制作现场笔录、妥善保管并及时移交。如行政机关未依法履行上述程序，采取的手段、方式不适中、不正当，造成当事人合法财产损失，应当根据建筑材料的合理价值、违法强制拆除行为造成的合理损失等因素承担相应的赔偿责任。

第五节　不动产历史遗留问题化解

一、不动产历史遗留问题概述

不动产历史遗留问题包括不动产登记历史遗留问题以及土地性质、用途及权属等历史遗留的问题。

不动产登记历史遗留问题，指历史原因导致不能办理登记的不动产问题，主要包括前置要件缺失（没有土地房产权属来源证明、没有缴纳土地出让金等规费、没有竣工验收等问题）、权利人灭失（由于长期怠于办理房产证，房产开发公司一般是项目公司且已经注销或者吊销，买卖多次都未办理登记手续，原权利人已经难以查询等）、土地房屋记载信息不一致（权利人、用途、界址、面积、附图等）、违法违规（规划不合法、改变用途等）问题。

土地性质、用途及权属历史遗留问题，是指历史原因造成的土地性质不清、用途不明、权属存在争议的问题。

二、不动产登记历史遗留问题化解

（一）国有土地历史遗留问题分类处置方案

1. 关于开发建设单位申请主体不清或缺失问题的化解

自然资源部《关于加快解决不动产登记若干历史遗留问题的通知》（自然资

发〔2021〕1号）规定，因开发企业或有关单位灭失，有承继单位或上级主管部门的，由承继单位或上级主管部门办理；没有承继单位和上级主管部门的，可以由不动产所在地县级人民政府指定的机构或组织代为申请办理。开发企业或有关单位灭失的，首次登记与转移登记可一并办理，并在登记簿中对权利主体灭失情况予以记载。已办理首次登记，开发企业或有关单位已经灭失的，购房人可单方申请办理转移登记。

对此问题，有些地方根据本地实际情况作了进一步细化，如浙江省自然资源厅《关于加快解决不动产登记若干历史遗留问题的指导意见》（浙自然资规〔2023〕3号）规定，国有土地上已建成入住、申请材料齐全、权属清晰无争议的商品房、单位自建成套住房、保障性住房、拆迁安置房等开发建设项目，原开发单位未灭失但不配合办理首次登记的，开发单位的行业主管部门应当督促其积极履行义务。

2. 关于有房屋所有权证、无国有土地使用证的不动产登记问题的化解

对有房屋所有权证、无国有土地使用证的不动产登记问题的化解，国家层面暂未出台统一的指导意见，有些地方根据本地实际情况制定了相应的政策，如湖南省人民政府办公厅《关于进一步做好不动产登记工作的通知》（湘政办发〔2017〕39号）就妥善办理有房屋所有权证、无国有土地使用证的不动产登记作了如下规定。

（1）已依法取得房屋所有权证，但没有取得国有土地使用证，当事人申请办理不动产登记的，国土资源部门应查核土地权属管理资料。对有合法土地权属来源的，依法受理并办理不动产登记；对于历史原因导致权属来源材料不符合不动产登记要求的，应根据取得土地使用权时的相关政策予以认定。

（2）在合法宗地上建造的房屋，其房屋所有权已多次转移并取得房屋所有权证，但没有同步办理国有土地使用证的，当事人提交房屋所有权证和原权利人国有土地使用证申请登记的，国土资源部门在核实房地权属来源等有关材料，依法公告并注销原国有土地使用证后，办理权利主体一致的国有建设用地使用权及房屋所有权不动产登记。

（3）原房屋登记机构已颁发房屋所有权证，但没有合法土地权属来源的国有建设用地上建造的房屋，当事人申请不动产登记的，国土资源部门应暂缓办理。所在地人民政府应组织国土资源、住房城乡建设（房管）、规划等部门依法作出处

理，国土资源部门凭有关部门出具的依法进行处理的证明材料办理登记。

广西壮族自治区自然资源厅《关于加快解决不动产登记历史遗留问题的指导意见》对化解此类问题也有相关规定：1987 年《土地管理法》施行前在国有土地上已建成使用的不动产，已办理房屋所有权登记，无土地权属来源的，经公告（公示期不少于 30 个工作日）无权属争议的，不再补办划拨用地手续，由市、县不动产登记机构直接按划拨性质办理不动产登记；1987 年《土地管理法》施行后在依法征收为国有建设用地上已建成使用的不动产，已办理房屋所有权登记、无土地权属来源的，经公告（公示期不少于 30 个工作日）无权属争议的，报经市、县人民政府同意，按现状核发用地划拨决定书或者补办协议出让手续后，办理不动产登记。

3. 关于国有土地上已经出售的房屋供地手续不全或相关费用未缴问题的化解

（1）关于用地手续不完善问题的化解。

自然资发〔2021〕1 号文件就化解用地手续不完善的问题作了具体规定：由政府主导的安置房、棚改房、经济适用房等项目，可按照划拨、协议出让等方式补办用地手续；国家机关、企事业单位利用自有土地建设房改房、集资房的，可按划拨方式补办用地手续。对于其他建设项目，可以按照地方实际情况，分不同时间段、不同类型采取划拨、协议出让等方式按照项目建设时的政策规定补办用地手续。对于已经办理了房屋所有权登记的，经公告权属清晰无争议的，报经地方人民政府同意，直接按现状核发用地划拨决定书或者补办协议出让手续。

各地根据实际情况对此类问题的化解出台了相关政策，如湖南省人民政府办公厅《关于进一步做好不动产登记工作的通知》（湘政办发〔2017〕39 号）就做好划拨土地上房改房、经济适用住房、集资房不动产登记问题作了如下具体规定。

①对于符合上市交易条件，且土地性质为划拨用地的房改房、经济适用住房、集资房等不动产，可以在补缴土地出让价款后，按出让土地性质办理不动产登记。此类土地使用权的处置方式和土地出让价款缴纳标准，由市州、县市区人民政府依据有关法律法规作出具体规定。

②划拨土地上的房改房、经济适用住房、集资房与其他办公用房、工业用房共有宗地，需办理宗地分宗和土地分户登记的，宗地权利人或宗地使用管理单位应积极配合做好宗地分割和国有建设用地使用权转移登记工作。在宗地分宗完成

前，国土资源部门应以登记为共有宗地的方式开展不动产登记。

③划拨土地上的房改房、经济适用住房、集资房等不动产可以依照《民法典》等法律法规规定直接办理抵押登记，但抵押权实现时，按照“拍卖划拨的国有土地使用权所得的价款，在依法缴纳相当于应缴纳的土地使用权出让金的款额后，抵押权人有优先受偿权”规定执行。

最高人民法院《关于适用〈中华人民共和国民法典〉有关担保制度的解释》（法释〔2020〕28号）第五十条规定，抵押人以划拨建设用地上的建筑物抵押，当事人以该建设用地使用权不能抵押或者未办理批准手续为由主张抵押合同无效或者不生效的，人民法院不予支持；已经依法办理抵押登记，抵押权人主张行使抵押权的，人民法院应予支持；抵押权依法实现时，拍卖、变卖建筑物所得的价款，应当优先用于补缴建设用地使用权出让金。

浙江省自然资源厅《关于加快解决不动产登记若干历史遗留问题的指导意见》（浙自然资规〔2023〕3号）就2021年1月4日前国有建设用地上已经出售的城镇住宅，未办理国有建设用地使用权及房屋所有权首次或转移登记，造成购房人“办证难”，如何处置用地手续不完善的问题作了如下具体规定。

①政府主导的国有土地上安置房、棚改房、保障性住房等项目用地手续不完善的，由建设单位或其他办理主体提出申请，可按照相关规定补办划拨或协议出让手续；国家机关、企事业单位利用自有土地建设房改房、集资房的，由建设单位或其他办理主体凭项目立项依据或其他证明材料提出申请，可按划拨方式补办用地手续。补办用地手续需要补缴土地价款的，由建设单位或其他办理主体按规定缴纳。

②其他建设项目用地手续不完善的，可以按照地方实际情况，分不同时间段、不同类型采取划拨、协议出让等方式补办用地手续。在2001年10月22日国家《划拨用地目录》发布实施后建造完成，符合《划拨用地目录》规定的，可按照划拨方式补办用地手续；在国家《划拨用地目录》发布实施前建造完成的，可按照项目建设时的政策规定补办用地手续。

③已经办理了房屋所有权登记，出于各种原因无法办理土地手续的，房屋占用土地的宗地经公告权属界线清晰无争议，报经市、县（市、区）人民政府同意，可以直接按现状补办划拨或者协议出让手续。

(2)关于欠缴土地出让价款和相关税费问题的化解。

自然资发〔2021〕1号文件中关于欠缴土地出让价款和相关税费的问题化解作了具体规定:房屋已销售且已入住的住宅项目,开发单位未按出让合同约定足额缴纳土地出让价款,以及将经济适用房等政策性住房按商品房对外出售但未补缴土地出让价款,或者开发单位欠缴税费的,可报经地方人民政府同意,按照“证缴分离”原则,在有关部门追缴土地出让价款和税费的同时,办理不动产登记手续。

房屋尚未入住的住宅项目,开发单位未按规定缴纳土地出让价款和相关税费的,以及划拨土地上自建房擅自对外出售,未补缴土地出让价款的,应当依法缴纳所欠价款和税费,后可办理不动产登记。

4. 关于未通过建设工程规划核实问题的化解

自然资发〔2021〕1号文件中关于未通过建设工程规划核实的问题化解作了具体规定:对于按规定能够补办规划验收等手续的,应当依法依规处理并补办相关核实手续后办理不动产登记,对确因建成时间较早等而不具备补办条件的,在符合国土空间规划的前提下,报经地方人民政府同意后,自然资源主管部门按现状出具认定或核实意见。建设项目部分符合规划的,自然资源主管部门可以对符合规划的部分先行核实,并出具规划核实意见。

各地根据实际情况对此类问题的化解出台了相关政策,如浙江省自然资源厅《关于加快解决不动产登记若干历史遗留问题的指导意见》(浙自然资规〔2023〕3号)对关于规划核实不完善影响登记的问题作了如下规定。

(1)出于历史原因未办理规划核实手续或手续不完备,按照规定能够补办规划验收等手续的,应当依法依规处理并补办相关核实手续后办理不动产登记。对确因建成时间较早等而不具备补办条件的,在符合国土空间规划的前提下,报经市、县(市、区)人民政府同意后,市、县(市、区)自然资源主管部门按现状出具认定或规划核实意见。相关核实手续或认定、核实意见可以作为申请不动产登记时确定建设工程符合规划的材料。

(2)建设项目部分符合规划满足单独楼栋条件的,市、县(市、区)自然资源主管部门对符合规划的单独楼栋先行核实,并出具规划核实意见,可将核实意见的书面材料作为建设工程符合规划的材料。

(3)在原用途为教育、医疗卫生、办公、工业等划拨土地上已建安置房、棚改房、保障性住房等项目的,已取得建设工程规划许可但未按规定及时办理改变土地用途手续的,在符合国土空间规划的前提下,处置方案报经市、县(市、区)人民政府同意后,市、县(市、区)自然资源主管部门可在补办用地手续后进行实地规划核实,将住房按现状出具规划核实意见,可作为不动产登记资料。

(4)已取得建设工程规划许可,但存在超出建设工程规划许可的范围、超容积率等违反许可规定情形的,对涉及超占超建部分应当采取改正措施消除影响,限期改正;对无法采取改正措施消除影响的,限期拆除;确实无法拆除的由市、县(市、区)相关主管部门对超占超建部分形成认定处置意见,并对符合规划部分出具规划核实意见。不动产登记时能区分超占超建位置的,应当在宗地图和房屋楼层平面图中标明位置和面积;未能区分超占超建位置的,应当注明面积。

5. 关于房屋、土地信息不一致和跨宗地建设问题的化解

自然资发〔2021〕1 号文件中关于原分散登记的房屋、土地信息不一致,项目跨宗地建设问题化解作了具体规定:分散登记时,已经分别登记的房屋和土地用途不一致的不动产,继续分别按照原记载的房屋、土地用途进行登记,未经依法批准不得改变已登记的不动产用途;房屋所有权多次转移、土地使用权未同步转移导致房屋、土地权利主体不一致的,经核实权属关系变动清晰且无争议的,可以根据规定程序由房屋所有权人单方申请办理房地权利主体一致的不动产登记。房屋和土地有合法权属来源文件、跨宗地建设未超出批准用地范围,无调整宗地需求的,可按照所在宗地分别办理不动产登记;有调整宗地需求的,经自然资源主管部门进行宗地边界调整或宗地合并、分割后,办理不动产登记。

各地根据实际情况对此类问题的化解出台了相关政策,如浙江省自然资源厅《关于加快解决不动产登记若干历史遗留问题的指导意见》(浙自然资规〔2023〕3号)对关于原分散登记的房屋、土地信息不一致的问题化解作了如下规定。

(1)在办理不动产统一登记时,原房屋、土地坐落信息不一致的,以地名管理部门出具的文件证明为依据。分散登记时,已经分别登记的房屋和土地用途不一致的不动产,继续分别按照原记载的房屋、土地用途进行登记,未经依法批准不得改变已登记的不动产用途。

(2)房屋所有权多次转移、土地使用权未同步转移导致房屋、土地权利主体

不一致的，经查阅登记簿，房屋权属关系变动清晰且无争议的，可以按照不动产登记的规定程序，由房屋所有权人出具书面具结书并单方申请办理房地权利主体一致的不动产登记，并在登记簿中对相关情况予以记载。原土地使用权证书无法收回的，由不动产登记机构公告作废。对于土地使用权多次转移、已登记的房屋所有权未同步转移的，可参照上述规定办理。

(3)同一开发主体因依法分期或分宗取得土地使用权，跨宗地建设需要合并宗地的，由开发主体提出合并宗地申请，报属地自然资源主管部门会同建设等部门进行审核，需合并的宗地权利类型、权利性质、用途及土地使用期限一致的，可出具同意合并宗地意见，作为不动产登记资料；涉及土地使用期限不一致的，按土地使用权终止时间在前的使用期限确定。多宗地的权利类型、权利性质、用途等不一致的，不得办理宗地合并手续。

(4)多主体联建、产权清晰的城镇住宅（含划拨土地），经开发单位共同申请并提出分割、分摊方案，报属地自然资源、建设等主管部门对规划、用地、消防、安全等情况进行联合审核，审核通过意见作为不动产登记资料，分割不动产应满足国家关于不动产单元设定的要求。

6. 关于已抵押国有建设用地上的不动产登记问题的化解

对已抵押国有建设用地上的不动产登记问题的化解，国家层面暂未出台统一的指导意见，有些地方根据本地实际情况制定了相应的政策，如湖南省人民政府办公厅《关于进一步做好不动产登记工作的通知》（湘政办发〔2017〕39 号）就做好已抵押国有建设用地上的不动产登记作了如下规定。

(1)对国有建设用地使用权已抵押的，同一权利人可以申请国有建设用地使用权及在建建筑物抵押权登记。对已办理国有建设用地使用权抵押登记或国有建设用地使用权及在建建筑物抵押登记的商品房，在申请办理预购商品房预告登记或商品房转移登记时，需先解除该房屋对应的在建建筑物及其所占用范围内国有建设用地使用权的抵押。

(2)不动产统一登记前，当事人购买已抵押国有建设用地上的房屋并取得房屋所有权证，现申请办理不动产登记时土地仍处于抵押状态的，国土资源部门应依法办理，并在不动产登记簿和不动产权属证书上注明土地抵押状况。

(3)对历史形成的违反原《物权法》、原《担保法》等法律法规以土地等不动产设立抵押融资的，有关市州、县市区人民政府要成立专门工作班子，采取清偿、置换、完善手续等方式妥善处理，国土资源部门依据当地人民政府处置意见依法办理不动产变更、注销等登记。

浙江省自然资源厅《关于加快解决不动产登记若干历史遗留问题的指导意见》（浙自然资规〔2023〕3号）对上述问题化解作了如下规定。

不动产统一登记实施前，购房人已办理房屋所有权登记，但土地使用权仍登记为开发单位并处于抵押、查封状态，或土地使用权在抵押、查封前已办理购房合同备案或预告登记，购房人申请办理不动产登记的，各级政府应积极协调开发单位、金融机构和法院，通过还款、协商、追缴、置换等方式处理债务纠纷问题，推进抵押和查封问题的化解。

经开发单位与抵押权人、查封单位协商一致的，在明确置换抵押物或查封标的等解决方案前提下，不动产登记机构可办理登记，并在不动产登记簿和不动产权属证书上注明相关状况。

（二）集体土地历史遗留问题分类处置方案

1. 原乡镇企业或村办企业破产、关停、改制等导致的集体建设用地确权登记问题

自然资源部办公厅《关于印发〈宅基地和集体建设用地使用权确权登记工作问答〉的函》（自然资办函〔2020〕1344号）中就原乡镇企业或村办企业破产、关停、改制等，其原使用的集体建设用地如何确权登记问题作了明确回复：原乡镇企业或村办企业因破产、关停等不再使用集体土地的，应当按照《土地管理法》第六十六条的规定，由农村集体经济组织报经原批准用地的人民政府批准后收回集体建设用地使用权。若原乡镇企业或村集体企业因破产、兼并、改制等导致集体建设用地使用权发生转移，现用地单位继续占用且未改变批准用途的，可以提交集体建设用地使用权转移的材料办理转移登记。若现用地单位继续占用该地块且经批准改变土地用途的，申请人还应当提交有批准权的人民政府或主管部门的批准文件等材料。

2. 无权属来源材料的集体建设用地确权登记问题

原国土资源部《关于进一步加快宅基地和集体建设用地确权登记发证有关

问题的通知》(国土资发〔2016〕191 号)中就规范没有土地权属来源材料的宅基地、集体建设用地确权登记程序作了具体规定:对于没有权属来源材料的集体建设用地,应当查明土地历史使用情况和现状,认定属于合法使用的,经所在农民集体同意,并公告 30 天无异议,经乡(镇)人民政府审核,报县级人民政府批准,予以确权登记。

3. 分阶段依法确定集体建设用地使用权

原国土资源部《关于进一步加快宅基地和集体建设用地确权登记发证有关问题的通知》(国土资发〔2016〕191 号)中就分阶段依法确定集体建设用地使用权问题作了如下规定。

1987 年《土地管理法》实施前,使用集体土地兴办乡(镇)村公益事业和公共设施,经所在乡(镇)人民政府审核后,可依法确定使用单位集体建设用地使用权。乡镇企业用地和其他经依法批准用于非住宅建设的集体土地,至今仍继续使用的,经所在农民集体同意,报乡(镇)人民政府审核后,依法确定使用单位集体建设用地使用权。

1987 年《土地管理法》实施后,乡(镇)村公益事业和公共设施用地、乡镇企业用地和其他经依法批准用于非住宅建设的集体土地,应当依据县级以上人民政府批准文件,确定使用单位集体建设用地使用权。

(三)宅基地历史遗留问题分类处置方案

1. 宅基地取得或登记主体问题

(1)非本农民集体经济组织成员取得宅基地问题。

自然资源部办公厅关于印发《宅基地和集体建设用地使用权确权登记工作问答》的函(自然资办函〔2020〕1344 号)中对非本农民集体经济组织成员取得宅基地能不能登记问题作了回复:

根据《关于农村集体土地确权登记发证的若干意见》(国土资发〔2011〕178 号)、《关于进一步加快宅基地和集体建设用地确权登记发证有关问题的通知》(国土资发〔2016〕191 号)的规定,非本农民集体经济组织成员取得宅基地,应区分不同情形予以处理。

①非本农民集体经济组织成员,因易地扶贫搬迁、地质灾害防治、新农村建

设、移民安置等按照政府统一规划和批准使用宅基地的，在退出原宅基地并注销登记后，依法确定新建房屋占用的宅基地使用权，并办理不动产登记。

②非本农民集体经济组织成员（含城镇居民），因继承房屋占用宅基地的，可按规定确权登记，在不动产登记簿及证书附记栏注记“该权利人为本农民集体经济组织原成员住宅的合法继承人”。

③1999 年国务院办公厅《关于加强土地转让管理严禁炒卖土地的通知》（国办发〔1999〕39 号）印发前，回原籍村庄、集镇落户的职工、退伍军人、离（退）休干部以及回乡定居的华侨、港澳台同胞等，原在农村合法取得的宅基地，或因合法取得房屋而占用宅基地的，经公告无异议或异议不成立的，由该农民集体经济组织出具证明，可依法确权登记，在不动产登记簿及证书附记栏注记“该权利人为非本农民集体经济组织成员”。国办发〔1999〕39 号文件印发后，城市居民违法占用宅基地建造房屋、购买农房的，不予登记。

（2）农村妇女的宅基地权益问题。

自然资办函〔2020〕1344 号文件对如何保护农村妇女的宅基地权益作了回复：《关于进一步加快宅基地和集体建设用地确权登记发证有关问题的通知》（国土资发〔2016〕191 号）规定，农村妇女作为家庭成员，其宅基地权益应记载到不动产登记簿及权属证书上。农村妇女因婚嫁离开原农民集体经济组织，取得新家庭宅基地使用权的，应依法予以确权登记，同时注销其原宅基地使用权。

（3）农民进城落户后其宅基地确权登记问题。

自然资办函〔2020〕1344 号文件对农民进城落户后其宅基地能不能确权登记作了回复：中共中央、国务院《关于实施乡村振兴战略的意见》（中发〔2018〕1 号）明确要求，依法维护进城落户农民的宅基地使用权、土地承包经营权、集体收益分配权，引导进城落户农民依法自愿有偿退出上述权益，不得以退出承包地和宅基地为农民进城落户条件。原国土资源部《关于进一步加快宅基地和集体建设用地确权登记发证有关问题的通知》（国土资发〔2016〕191 号）规定，农民进城落户后，其原合法取得的宅基地使用权应予以确权登记。

2. 无权属来源材料的宅基地确权登记问题

自然资办函〔2020〕1344 号文件对没有权属来源材料的宅基地如何确权登记问题作了回复：根据《关于进一步加快宅基地和集体建设用地确权登记发证有关

问题的通知》(国土资发〔2016〕191 号)和《关于规范农村宅基地审批管理的通知》(农经发〔2019〕6 号)有关规定,对于没有权属来源材料的宅基地,应当查明土地历史使用情况和现状,由所在农民集体经济组织或村民委员会对宅基地使用权人、面积、四至范围等进行确认后,公告 30 天无异议或异议不成立的,由所在农民集体经济组织或村委会并出具证明,经乡(镇)人民政府审核批准,属于合法使用的,予以确权登记。

3. 合法宅基地上房屋没有符合规划或者建设相关材料登记问题

自然资办函〔2020〕1344 号文件对合法宅基地上房屋没有符合规划或者建设相关材料能不能登记问题作了回复:《关于加快宅基地和集体建设用地使用权确权登记工作的通知》(自然资发〔2020〕84 号)规定,对合法宅基地上房屋没有符合规划或建设相关材料的,地方已出台相关规定,按其规定办理;未出台相关规定,位于原城市、镇规划区内的,出具规划意见后办理登记。位于原城市、镇规划区外且在《城乡规划法》实施前建设的,在办理登记时可不提交符合规划或建设的相关材料;位于原城市、镇规划区外且在《城乡规划法》实施后建设的,由集体经济组织或者村民委员会公告 15 天无异议或者异议不成立,经乡(镇)人民政府审核后,按照审核结果办理登记。

4. 关于“一户多宅”登记问题

(1)宅基地确权登记中“户”的认定问题。

自然资办函〔2020〕1344 号文件对宅基地确权登记中的“户”如何认定问题作了回复:地方对“户”的认定有规定的,按地方规定办理。地方未作规定的,可按以下原则认定:“户”原则上应以公安部门户籍登记信息为基础,同时应当符合当地申请宅基地建房的条件。根据户籍登记信息无法认定的,可参考当地农村集体土地家庭承包中承包集体土地的农户情况,结合村民自治方式予以认定。

(2)“一户一宅”登记问题。

原国土资源部《关于进一步加快宅基地和集体建设用地确权登记发证有关问题的通知》(国土资发〔2016〕191 号)规定,宅基地使用权应按照“一户一宅”要求,原则上确权登记到“户”。符合当地分户建房条件未分户,但未经批准另行建房分开居住的,其新建房屋占用的宅基地符合相关规划,经本农民集体经济组织或村民委员会同意并公告无异议或异议不成立的,可按规定补办有关用地手续后，依法予以确权登记；未分开居住的，其实际使用的宅基地没有超过分户后建房用地合计面积标准的，依法按照实际使用面积予以确权登记。

对于因继承房屋占用宅基地，形成“一户多宅”的，可按规定确权登记，并在不动产登记簿和证书附记栏进行注记。

5. 宅基地超面积、面积不一致的登记问题

自然资办函〔2020〕1344 号文件就相关问题明确答复如下。

（1）宅基地超面积登记问题的处理。

农民集体经济组织成员经批准建房占用宅基地的，按照批准面积予以确权登记。未履行批准手续建房占用宅基地的，地方有规定的，按地方规定办理；地方未作规定的，按照《关于进一步加快宅基地和集体建设用地确权登记发证有关问题的通知》（国土资发〔2016〕191 号）规定的分阶段处理原则办理。

1982 年《村镇建房用地管理条例》实施前，农民集体经济组织成员建房占用的宅基地，范围在《村镇建房用地管理条例》实施后至今未扩大的，无论是否超过其后当地规定面积标准，均按实际使用面积予以确权登记。

自 1982 年《村镇建房用地管理条例》实施起至 1987 年《土地管理法》实施时止，农民集体经济组织成员建房占用的宅基地，超过当地规定面积标准的，超过面积按国家和地方有关规定处理的结果予以确权登记。

1987 年《土地管理法》实施后，农民集体经济组织成员建房占用的宅基地，超过批准面积建设的，不予确权登记。符合规划经依法处理予以保留的，在补办相关用地手续后，只登记批准部分，超出部分在登记簿和证书中注记。

历史上接受转让、赠与房屋占用的宅基地超过当地规定面积标准的，按照转让、赠与行为发生时对宅基地超面积标准的政策规定，予以确权登记。

（2）换发房地一体不动产权证书时，房屋测量面积与原房屋所有权证面积不一致问题的处理。

换发房地一体不动产权证书时，房屋测量面积与原房屋所有权证记载面积不一致的，应当以精度高的测量方法测得的面积为准。运用同种测量方法测量，属于精度误差范围内的，以原房屋所有权证记载面积为准。对于房屋翻建后造成面积不一致的，当事人应当提供翻建房屋的规划许可等材料，申请变更登记。

（3）换发房地一体不动产权证书时，宅基地测量面积与原登记面积不一致问

题的处理。

换发房地一体不动产权证书时,宅基地测量面积与原登记面积不一致的,应当区分不同情形进行处理:①对于宅基地界址未发生变化,属于测量方法造成面积不一致的,以精度高的测量方法测得面积登记;②因非法超占宅基地导致测量面积大于原登记面积的,应以原登记面积为准,超占面积的按照上述宅基地超面积登记问题处理。

6. 关于互换、转让、赠与、继承等其他登记问题

自然资办函〔2020〕1344 号文件就相关问题明确答复如下。

(1)农民集体经济组织成员之间互换房屋确权登记问题。

经宅基地所有权人同意,农民集体经济组织成员之间互换房屋,导致宅基地使用权及房屋所有权发生转移的,可以依法予以确权登记。《不动产登记暂行条例实施细则》第四十二条规定,农民集体经济组织内部互换房屋,申请宅基地使用权及房屋所有权转移登记的,应当提交不动产权属证书或者其他权属来源材料、集体经济组织内部互换房屋的协议等材料办理登记。

(2)农民集体经济组织成员之间转让、赠与宅基地上房屋确权登记问题。

经宅基地所有权人同意,在本集体内部向符合宅基地申请条件的农户转让、赠与宅基地上房屋,导致宅基地使用权及房屋所有权发生转移的,可以依法予以确权登记。转让、赠与宅基地,申请宅基地使用权及房屋所有权转移登记的,参照《不动产登记暂行条例实施细则》第四十二条规定,提交不动产权属证书或者其他权属来源材料、集体内部转让、赠与协议等材料办理登记。

原国土资源部《关于进一步加快宅基地和集体建设用地确权登记发证有关问题的通知》(国土资发〔2016〕191 号)规定,历史上接受转让、赠与房屋占用的宅基地超过当地规定面积标准的,按照转让、赠与行为发生时对宅基地超面积标准的政策规定,予以确权登记。

(3)宅基地批准使用后一直未办理登记,原批准使用人死亡的登记问题。

宅基地是以“户”分配和使用的,只要“户”中还有其他成员,批准使用人的死亡就不影响该“户”的宅基地使用权,可由现在的户主申请登记。如果“户”中已没有其他成员,按照原《继承法》的规定,宅基地上房屋可由继承人继承,因继承房屋占用宅基地的,可按规定申请登记,并在不动产登记簿及证书附记栏中注记。

(4)同一宗宅基地上多个房屋属于不同权利人,申请办理房地一体不动产登记的问题。

同一宗宅基地上多个房屋属于不同权利人,申请办理房地一体不动产登记的,应当区分不同情形进行处理:

①属于新型农村社区或多(高)层多户农民公寓的,按照《不动产登记暂行条例实施细则》第四十三条,参照国有建设用地使用权及建筑物区分所有权的规定,办理宅基地等集体土地上的建筑物区分所有权登记。

②继承、分家析产等原因造成房地权利主体不一致,若遗嘱或者分家析产协议对宅基地作了明确分割,分割的宅基地经县(市)自然资源主管部门认定符合不动产单元划定标准,可以分别办理登记;若遗嘱或者分家析产协议对宅基地未作明确分割,按照宅基地使用权共同共有办理登记。

③属于存在民事纠纷的,待纠纷解决后予以确权登记。

(四)自建房整治中的历史遗留问题化解

参照目前地方对居民自建房建设合法合规性问题整治的有关政策规定,涉及自建房遗留问题的整治政策如下。

1. 整治范围

整治前已建设,存在违反土地及宅基地管理、规划管控等法律法规规定情形,并纳入自建房安全专项整治范围的居民自建房。

(1)违反《土地管理法》等土地法律法规规定的居民自建房。

①未经批准、采取欺骗手段骗取批准,或者虽经批准但超过批准数量非法占用土地建设的居民自建房。

②在买卖或者以其他形式非法转让的土地上建设的居民自建房。

③违法批准占地建设的居民自建房。

④违反《土地管理法》等法律法规规定的其他情形。

(2)违反《城乡规划法》等规划法律法规规定的居民自建房。

①依法依规应当取得而未取得建设工程规划许可证或者未按照建设工程规划许可证的规定建设的居民自建房。

②依法依规应当取得而未取得乡村建设规划许可证或者未按照乡村建设规

划许可证的规定建设的居民自建房。

③违反《城乡规划法》等法律法规规定的其他情形。

2. 整治中的处置方式

(1)拆除类。

符合下列情形之一违法违规建设的居民自建房,可以依法拆除:

①违法违规建设的居民自建房,经有关部门认定存在重大安全隐患,且无法采取有效措施消除隐患的;

②侵占现状以及规划确定的道路、消防通道等公共设施、公共场所用地,严重影响规划实施的;

③严重影响交通安全、防洪安全、水源保护、自然保护地保护等,无法采取措施消除影响的;

④法律法规规定必须拆除的其他情形。

除上述情形外,符合下列情形之一的居民自建房,可以依法部分拆除:

①超过规定用地面积 1 倍的,拆除超出 1 倍以上部分,但拆除将严重影响建筑物合法部分结构安全或损害无过错相邻利害关系人合法权益的除外。

②超过规定建设层数 1 倍且总层数超过 6 层(不含 6 层)的,拆除超出 1 倍以上部分,但拆除将严重影响建筑物合法部分结构安全或损害无过错相邻利害关系人合法权益的除外。

③法律法规规定必须部分拆除的其他情形。

房屋拆除后符合重建条件的,可以按照规定依法办理相关手续后重新建设,不符合重建条件但符合“一户一宅”要求的,应当妥善安置,落实“一户一宅”或户有所居的合法宅基地权益。

部分拆除的居民自建房没有拆除的部分可以按照规定的其他方式处置。

(2)整改类。

除拆除类外,符合下列情形之一的居民自建房,经有关部门认定不存在重大安全隐患的,经乡镇(街道)和县级自然资源、住房城乡建设、城市管理、农业农村及其他相关部门一致同意,经县级人民政府认可,可以依法没收违法违规部分,并按地方的有关规定处置。

①超过规定用地面积 1 倍,但拆除将严重影响建筑物合法部分结构安全或损

害无过错相邻利害关系人合法权益的。

②超过规定建设层数1倍且总层数超过6层(不含6层),但拆除将严重影响建筑物合法部分结构安全或损害无过错相邻利害关系人合法权益的。

③超过规定用地面积1倍以下的。

④ 3层以上(不含3层)且超过规定建设层数1倍以下的。

用地面积未超过规定标准、建设层数未超过3层(经审批超过3层的,未超过批准的建设层数),不存在政策措施规定可以拆除或没收情形,且经有关部门认定不存在重大安全隐患的,应当及时完善手续。

涉及农用地转用审批的,以县为单位“打捆”审批。涉及占用耕地的,补充耕地纳入耕地保护目标责任缺口,按国家要求逐步整改补齐。

(3)暂时保留类。

除拆除、整改类外,符合下列情形之一的居民自建房,经有关部门认定不存在重大安全隐患的,经乡镇(街道)和县级自然资源、住房城乡建设、城市管理、农业农村及其他相关部门一致同意,并经县级人民政府认可,可以暂时保留。

①不符合规划管控要求,但对规划实施影响较小且不影响近期规划实施,可以不予拆除的。

②不符合交通、水利、自然保护地等管理规定建设的居民自建房,对交通安全、防洪安全、自然保护地保护等影响较小,可以不予拆除的。

③不符合宅基地使用资格,但不宜拆除的。

④属于农村乱占耕地建房住宅类房屋问题的,按照国家、省关于专项整治工作部署安排有序稳妥处置。

暂时保留类居民自建房,不得从事经营性活动。

(4)规范管理类。

对未纳入建设合法合规性问题处置的居民自建房,乡镇(街道)和县级自然资源、住房城乡建设、城市管理、农业农村、市场监管及其他行业主管部门要加强监管,严禁违规改建、扩建、改造,严禁违法违规从事经营活动。

综上,处置后符合不动产登记条件的,应当及时申请办理不动产登记,处置意见和处置情况可以作为不动产登记的依据。

（五）占用耕地建房整治中的历史遗留问题化解

1. 整治范围

乱占耕地建房是指没有合法合规用地手续或用地手续不全，占用各类耕地建设房屋。具体情形如下：(1)停批造成多年未批准宅基地的；(2)不符合分户条件等原因造成未能批准宅基地的；(3)不符合规划未能办理用地手续的；(4)没有用地计划指标未办理用地手续的，没有缴纳相关费用未取得用地手续的；(5)虽有手续但不合法合规的；等等。

2. 整治中的处置方式

参照目前地方对农村乱占耕地建房的专项整治的有关政策规定，涉及占用耕地建房的整治政策如下：

(1)对本集体成员拥有的符合“一户一宅”政策或符合分户条件但未分户的房屋，采取以下 3 种处置政策：

①面积未超过规定标准的，予以保留并按规定补办手续。

②面积超过规定标准 100%（不含）以下的，对标准内部分予以保留并按规定补办手续，超标准部分有偿使用。

③面积超过规定标准 100%（含）以上的，按照“先庭院、后附属房屋、再主房”的顺序，拆除超出宅基地规定标准部分。对能够分割转让的，鼓励通过协商分割转让给符合宅基地分配条件的本集体成员。确因整幢房屋安全或影响相邻建筑物安全、损害无过错利害关系人合法权益、对公共利益造成重大损害无法拆除的，可以保留，对标准内部分按规定补办手续，超标准部分有偿使用并提高有偿使用标准。

此外，对占用永久基本农田严重影响农业生产的住宅，原则上予以拆除，并根据实际情况酌情置换宅基地。

(2)对本集体成员拥有的“多户一宅”（含已经分户但只有一处住宅，符合分户条件但未分户，只有一处住宅）类房屋，采取以下 3 种处置政策：

①以总户数和宅基地面积计算，每户平均面积未超过规定标准的，予以保留并按规定补办手续。

②以总户数和宅基地面积计算，每户平均面积超过规定标准 100%（不含）以下的，对标准内部分予以保留并按规定补办手续，超标准部分有偿使用，不再另行

分配宅基地。

③以总户数和宅基地面积计算，每户平均面积超过规定标准100%（含）以上的，按照“先庭院、后附属房、再主房”的顺序，拆除超出宅基地规定标准部分。对能够分割转让的，鼓励通过协商分割转让给符合宅基地分配条件的本集体成员。确因整幢房屋安全或影响相邻建筑物安全、损害无过错利害关系人合法权益、对公共利益造成重大损害无法拆除的，可以保留，对标准内部分按规定补办手续，超标准部分有偿使用并提高有偿使用标准，不再另行分配宅基地。

（3）对本集体成员拥有的属于“一户多宅”的房屋，采取以下5种处置政策：

①属于纯多占、不符合分户条件多占、建新未拆旧任一情形的，原则上拆除建在耕地上的房屋；视情引导本集体成员选择一处符合规划要求的房屋予以保留并按规定补办手续，其余予以拆除，原则上拆除建在耕地上的房屋。

②属于出售或赠与后再建情形的，予以拆除。

③在继承、受赠、购买合法房屋导致“一户多宅”情形下，若继承、受赠、购买合法房屋在前，非法占用耕地建房在后，原则上拆除建在耕地上的房屋；若继承、受赠、购买合法房屋在后，非法占用耕地建房在前，对非法占用耕地房屋予以保留并按规定补办手续，超过宅基地规定标准的按照“一户一宅”政策予以处置。

④继承、受赠、购买非法占用耕地建设的房屋导致“一户多宅”的，视情引导本集体成员选择一处符合规划要求的房屋予以保留并按规定补办手续，其余予以拆除。

⑤地质灾害避让搬迁、移民搬迁、生态整治搬迁、易地扶贫搬迁、农村危房改造、征地拆迁等政策安置导致“一户多宅”的，政策性安置房屋予以保留并按规定补办手续，原有房屋原则上予以拆除。

（4）对其他集体成员在本集体拥有一处或多处房屋的，采取以下5种处置政策：

①在本集体继承、受赠、购买非法占用耕地建设的房屋，且在其他集体拥有住宅（不含城镇国有土地上的房屋）的，原则上拆除建在耕地上的房屋，按照当地宅基地面积标准保留一处房屋。

②在本集体继承、受赠、购买非法占用耕地建设的房屋，而在其他集体没有住宅（不含城镇国有土地上的房屋），且在本集体的住宅属于唯一住宅的，按照当地

宅基地面积标准予以保留并按规定补办手续;但在本集体有几处住宅的,按照当地宅基地面积标准保留一处,其余予以拆除。

③其他集体成员通过租地、买地、占地在本集体建设房屋,且在其他集体拥有住宅(不含城镇国有土地上的房屋)的,原则上拆除建在耕地上的房屋,按照当地宅基地面积标准保留一处房屋。

④其他集体成员通过租地、买地、占地在本集体建设房屋,而在其他集体没有住宅(不含城镇国有土地上的房屋),且在本集体的住宅属于唯一住宅的,按照当地宅基地面积标准予以保留并按规定补办手续;但在本集体有几处住宅的,按照当地宅基地面积标准保留一处,其余予以拆除。

⑤因地质灾害避让搬迁、移民搬迁、生态整治搬迁、易地扶贫搬迁、农村危房改造、征地拆迁等建设的政策性安置房屋予以保留并按规定补办手续,原有房屋原则上予以拆除。

(5)对城镇居民等在本集体拥有的房屋,采取以下7种处置政策:

①通过租地、买地、占地建的房屋,予以拆除。

②继承、受赠、购买的非法占用耕地建设的房屋,予以拆除。

③对祖籍在本集体所在地的港澳台同胞、海外侨胞、外籍人员等特殊情况的其他人员,在本集体建设或者继承、受赠、购买的房屋,由县级市人民政府提出处置方案,报上一级人民政府审定。

④对原为本集体成员,出于参军、入学等原因户口转为城镇户口前已建的符合“一户一宅”政策的房屋,予以保留并按规定补办手续。

⑤对原为本集体成员,出于参军、入学等原因户口转为城镇户口前已建的不符合“一户一宅”政策的房屋,予以拆除。

⑥对原为本集体成员,出于参军、入学等原因户口转为城镇户口后再建的房屋,属于回乡在本集体所在地长期稳定工作或者务农的,按照当地宅基地面积标准保留一处房屋,并实行有偿使用;不属于回乡在本集体所在地长期稳定工作或者务农的,予以拆除。

⑦因地质灾害避让搬迁、移民搬迁、生态整治搬迁、易地扶贫搬迁、农村危房改造、征地拆迁等建设的政策性安置房屋予以保留并按规定补办手续,原有房屋原则上予以拆除。

(6)对多户住宅(指多户居民住同一栋多层楼房)类房屋,采取以下7种处置政策:

①因地质灾害避让搬迁、移民搬迁、生态整治搬迁、易地扶贫搬迁、农村危房改造、征地拆迁等建设的政策性安置房屋予以保留并按规定补办手续,原有房屋原则上予以拆除。

②对符合规划且属于本集体成员自住自用的多户住宅,符合“一户一宅”政策和户有所居要求的,予以保留并按规定补办手续;不符合“一户一宅”政策和户有所居要求的,予以保留,由当地按照“一户一宅”政策和户有所居要求处置后按规定补办手续。

③对符合规划且属于部分本集体成员自住自用、部分对外出售的,没收对外出售的部分,妥善处置后按规定补办手续。

④对符合规划而全部对外出售的,予以没收后依法处置。

⑤对不符合规划且属于本集体成员自住自用的多户住宅,符合“一户一宅”政策和户有所居要求的,予以保留并按规定补办手续;不符合“一户一宅”政策和户有所居要求的,予以保留,由当地按照“一户一宅”政策和户有所居要求处置后按规定补办手续。

⑥对不符合规划且属于部分本集体成员自住自用、部分对外出售的多户住宅,通过调整、腾挪等方式妥善处置后,符合“一户一宅”政策和户有所居要求的,予以保留并按规定补办手续,不符合的予以拆除。

⑦对不符合规划而全部对外出售的,予以拆除。

注意点提示

以上政策为目前相关地方针对农村乱占耕地建房住宅类房屋新出台的相关政策,仅供参考使用,各地方应根据自身情况和特点制定符合本地实际情况的政策进行处置。

三、土地性质、用途及权属历史遗留问题化解

(一)土地性质、用途历史遗留问题化解

从原全国农业区划委员会于1984年颁布的《土地利用现状调查技术规程》

中的《土地利用现状分类及含义》到2007年、2017年《土地利用现状分类》，再到2023年《国土空间调查、规划、用途管制用地用海分类指南》，土地用途分类标准和土地分类体系处于不断发展、完善的过程。在这个过程中，无论是原土地管理部门，还是原规划管理部门，抑或其他行政管理部门，在使用土地分类标准确定土地用途的过程中，难免存在不规范的情况。

2007年国家发布《土地利用现状分类》（GB/T 21010－2007），第一次确定国家土地资源分类的统一标准，我国开始规范土地用途的表示，要求各相关管理部门在办理用地选址、规划定点、供地审批、土地登记、总平审批等环节，都统一使用《土地利用现状分类》中的土地分类名称。2023年11月22日，自然资源部印发《国土空间调查、规划、用途管制用地用海分类指南》，实施全国自然资源统一管理，统一国土空间用地用海类型及国土调查、统计和规划分类标准。

对于历史遗留不规范土地用途表述，自然资源主管部门在土地申报用地、规划、登记等相关审批时，须依据用地、规划等审批文件，根据《土地管理法》《房地产管理法》《土地管理法实施条例》等法律法规规定，对照现行的《国土空间调查、规划、用途管制用地用海分类指南》，逐步进行明确并予以纠正。

（二）土地权属历史遗留问题化解

土地权属争议，是指土地所有权或者使用权归属争议，根据《土地管理法》《土地权属争议调查处理办法》的规定，当事人发生土地权属争议的可协商解决；协商不成的，既可以依法向地方人民政府申请处理，也可以依法向自然资源主管部门（原国土资源行政主管部门）提出调查处理申请。

1. 向地方人民政府申请处理

《土地管理法》第十四条规定：土地所有权和使用权争议，由当事人协商解决；协商不成的，由人民政府处理。单位之间的争议，由县级以上人民政府处理；个人之间、个人与单位之间的争议，由乡级人民政府或者县级以上人民政府处理。当事人对有关人民政府的处理决定不服的，可以自接到处理决定通知之日起30日内，向人民法院起诉。在土地所有权和使用权争议解决前，任何一方不得改变土地利用现状。

2. 向自然资源主管部门提出调查处理申请

根据《土地权属争议调查处理办法》第九条的规定，当事人发生土地权属争议，经协商不能解决的，可以依法向县级以上人民政府或者乡级人民政府提出处理申请，也可以依照该办法第五条至第八条的规定，向有关的自然资源主管部门提出调查处理申请。

自然资源主管部门对受理的争议案件，应当先行调解。根据《土地权属争议调查处理办法》第二十三条、第二十五条的规定，自然资源主管部门对受理的争议案件，应当在查清事实、分清权属关系的基础上先行调解，促使当事人以协商方式达成协议；调解书经双方当事人签名或者盖章，由承办人署名并加盖自然资源主管部门的印章后生效；生效的调解书具有法律效力，是土地登记的依据。

对于调解不成的争议案件，自然资源主管部门应当及时提出调查处理意见。根据《土地权属争议调查处理办法》第二十七条、第三十条第一款的规定，调解未达成协议的，自然资源主管部门应当及时提出调查处理意见，并在5个工作日内报送同级人民政府，由人民政府下达处理决定。

当事人对上述处理决定不服的，可以依法申请行政复议或者提起行政诉讼。根据《土地权属争议调查处理办法》第三十一条的规定，当事人对人民政府作出的处理决定不服的，可以依法申请行政复议或者提起行政诉讼。在规定的时间内，当事人既不申请行政复议，也不提起行政诉讼，处理决定即发生法律效力。生效的处理决定是土地登记的依据。

《土地权属争议调查处理办法》第二十二条规定，在土地所有权和使用权争议解决之前，任何一方不得改变土地利用的现状。

（三）土地纠纷的解决途径

关于土地历史遗留问题，主要通过行政处理、仲裁和司法途径进行化解。对于土地权属纠纷，根据《土地管理法》《土地权属争议调解处理办法》等相关规定，依法解决。对于土地侵权纠纷，由当事人协商解决；协商不成的，可由土地行政主管部门进行调解；当事人对调解不服的，可以通过仲裁、诉讼的方式解决。对于土地承包经营纠纷，当事人可以通过协商解决，也可以请求村民委员会、乡（镇）人民政府等调解解决;当事人不愿协商、调解或者协商、调解不成的,可以向农村土地承包仲裁机构申请仲裁,也可以直接向人民法院起诉。

第六节 先行用地政策的适用

一、先行用地的概念

先行用地,是指重点建设项目的控制工期的单体工程,以及有工期要求或受季节影响急需开工建设的其他工程用地,在完成项目批准(核准)与初步设计后,报经自然资源部门同意后可以先行用地。

二、适用范围

(一)国家和省级能源、交通、水利、军事设施等重大项目

重大项目包括控制工期的单体工程和受季节影响或者其他重大因素影响急需动工建设的工程。例如,公路、铁路建设项目中的桥梁、隧道工程、车站、特殊地基处理或交叉干扰急需开工的工程等;水利水电枢纽建设项目中的导流(渠)洞、进场道路、输电设备工程等。

(二)水利工程

对于国家重点(国务院及国务院有关部门批准建设的)水利水电工程,属于工程建设范围内的道路、桥梁、生活营区等施工前期准备工程和控制工期的单体工程,以及因工期紧或受季节影响确需动工建设的其他工程,可申请办理先行用地。另外,对于地方审批(核准)的水利水电项目,其中纳入经批准的全国中型水库建设规划并经有关流域机构审核同意的水利项目,以及纳入经批准的国家水电发展规划的水电项目,确需先行用地的,可参照上述规定执行。

(三)抢险救灾和疫情防控

《土地管理法实施条例》第二十一条规定,抢险救灾、疫情防控等急需使用土地的,可以先行使用土地。其中,属于临时用地的,用后应当恢复原状并交还原土

地使用者使用，不再办理用地审批手续；属于永久性建设用地的，建设单位应当在不晚于应急处置工作结束6个月内申请补办建设用地审批手续。

三、申请条件

申请先行用地时，必须说明拟用地符合预审要求和土地使用标准，权属清楚，地类、面积准确；涉及征收农村集体土地的，征地补偿安置应征得农民同意并确保补偿及时足额支付到位，地方政府应确保不因先行用地发生信访问题和突发事件。

四、申请规模及期限

自然资源部于2023年6月13日印发的《关于进一步做好用地用海要素保障的通知》（自然资发〔2023〕89号）规定：重大项目可申请先行用地。需报国务院批准用地的国家重大项目和省级高速公路项目中，控制工期的单体工程和因工期紧或受季节影响确需动工建设的其他工程可申请办理先行用地，申请规模原则上不得超过用地预审控制规模的30%。先行用地批准后，应于1年内提出农用地转用和土地征收申请。

五、地方实践

地方层面根据当地实际情况也对上述政策作了进一步细化。例如，湖南省自然资源厅《关于印发〈进一步强化用地要素保障服务若干措施〉的通知》（湘自资发〔2022〕35号）第二条规定，超出土地利用总体规划的项目，可由市或县级人民政府预支规模指标并在项目用地审查意见中附图承诺纳入国土空间规划，不再修改土地利用总体规划。其中位于城镇开发边界范围内的，按批次用地组卷报批。又如，该通知第三十三条规定，各地要加快存量违法用地整改，该立案的立案、该处罚的处罚、该拆除的拆除、该复垦的复垦；对市县人民政府认定确需保留的项目，可适用该通知规划保障方面政策。

六、注意要点

（一）先行用地批复不是正式的用地批复文件

先行用地只是为了让国家重点建设工程尽快开工建设而采取的在符合一定

条件下先行用地施工建设的程序。先行用地批复,并不是正式的用地批复文件。因此要在先行用地批准后的规定期限内完成正式用地报批工作。

（二）不能超先行用地批复范围用地

重点建设工程并不是整个项目都能先行用地。因此在施工过程中,一定要注意先行用地的批复范围,杜绝为了赶工期出现超过先行用地范围进行施工的情形。

（三）先行用地必须先行补偿

申请先行用地前,必须先就补偿安置征得被占地单位群众同意,及时支付补偿费用,地方政府应确保不因先行用地发生信访问题和突发事件,在先行用地批复后,还应积极进行正式的用地报批,并且施工范围不能超过批复范围。

综上所述,先行用地不是“尚方宝剑”,即使是国家重点建设工程也应当依法依规实施。目前,国家层面相关处置政策未完全明确,不少地方对“两违”整治尤其是不动产历史遗留问题化解有些无所适从,一般采取“挂”的方式等待相关政策明确;但也有一些地方在先行先试,探索一些新的化解路径,期待在合法合规的前提下能早日形成先行范本,助力不动产历史遗留问题逐步化解。

第四章 “两违”整治中罚没物的处理

第一节 罚 款

一、关于罚款的行政法律规定

(一)作出罚款决定的行政机关应当与收缴罚款的机构分离

根据《行政处罚法》第六十七条的规定,作出罚款决定的行政机关应当与收缴罚款的机构分离。除依法当场收缴的罚款外,作出行政处罚决定的行政机关及其执法人员不得自行收缴罚款。

当事人应当自收到行政处罚决定书之日起 15 日内,到指定的银行或者通过电子支付系统缴纳罚款。银行应当收受罚款,并将罚款直接上缴国库。但在边远、水上、交通不便地区,当事人到指定的银行或者通过电子支付系统缴纳罚款确有困难的,根据《行政处罚法》第六十九条的规定,经当事人提出,行政机关及其执法人员可以当场收缴罚款。

(二)当场收缴罚款的应出具专用票据

根据《行政处罚法》第七十条的规定,行政机关及其执法人员当场收缴罚款的,必须向当事人出具国务院财政部门或者省、自治区、直辖市人民政府财政部门统一制发的专用票据;不出具财政部门统一制发的专用票据的,当事人有权拒绝缴纳罚款。

(三)强制执行罚款

根据《行政处罚法》第七十二条的规定,当事人逾期不履行行政处罚决定的,作出行政处罚决定的行政机关可以采取下列措施:(1)到期不缴纳罚款的,每日按罚款数额的3%加处罚款,加处罚款的数额不得超出罚款的数额;(2)根据法律规定,将查封、扣押的财物拍卖、依法处理或者将冻结的存款、汇款划拨抵缴罚款;(3)根据法律规定,采取其他行政强制执行方式;(4)依照《行政强制法》的规定申请人民法院强制执行。行政机关批准延期、分期缴纳罚款的,申请人民法院强制执行的期限,自暂缓或者分期缴纳罚款期限结束之日起计算。

(四)罚款应上缴国库

根据《行政处罚法》第七十四条的规定,罚款必须全部上缴国库,任何行政机关或者个人不得以任何形式截留、私分或者变相私分,且不得同作出行政处罚决定的行政机关及其工作人员的考核、考评直接或者变相挂钩。除依法应当退还、退赔的外,财政部门不得以任何形式向作出行政处罚决定的行政机关返还罚款。

二、“两违”整治中适用罚款的情形

(一)违法占地类

违法占地类案件中,下列情形适用罚款。

1. 未经批准或者采取欺骗手段骗取批准,违法占用土地;
2. 超过批准的数量或标准占用土地行为;
3. 依法收回非法批准、使用的土地,有关当事人拒不归还。

处罚依据是《土地管理法》第七十七条、《土地管理法实施条例》第五十七条。

(二)违法转让类

违法转让类案件中,下列情形适用罚款。

1. 买卖或者以其他形式非法转让土地;
2. 未经批准,违法转让以划拨方式取得的国有土地使用权;
3. 不符合法律规定的条件,违法转让以出让方式取得的国有土地使用权;
4. 擅自将农民集体所有的土地通过出让、转让使用权或者出租等方式用于非农业建设,或者违法将集体经营性建设用地通过出让、出租等方式交由单位或者

个人使用。

处罚依据是《土地管理法》第七十四条、第八十二条,《土地管理法实施条例》第五十四条、第六十条。

(三)破坏农用地类

破坏农用地类案件中,下列情形适用罚款。

1. 破坏一般耕地行为;

2. 破坏永久基本农田行为。

处罚依据是《土地管理法》第七十五条、《土地管理法实施条例》第五十五条、《基本农田保护条例》第三十三条。

(四)其他土地违法行为

其他土地违法行为案件中,下列情形适用罚款。

1. 依法收回国有土地使用权、当事人拒不交出土地;

2. 临时使用土地期满,拒不归还;

3. 不按照批准的用途使用国有土地;

4. 在临时使用的土地上修建永久性建筑物;

5. 临时用地期满之日起1年内未完成复垦或者未恢复种植条件;

6. 拒不履行土地复垦义务;

7. 非法占用永久基本农田发展林果业或者挖塘养鱼。

处罚依据是《土地管理法》第七十六条、第八十一条,《土地管理法实施条例》第五十一条、第五十二条、第五十六条、第五十九条。

(五)违法建设类

违法建设类案件中,下列情形适用罚款。

1. 未取得建设工程规划许可证或者未按照建设工程规划许可证的规定进行建设;

2. 违法临时建设;

3. 建设单位未在建设工程竣工验收后6个月内向城乡规划主管部门报送有

关竣工验收资料。

处罚依据是《城乡规划法》第六十四条、第六十六条、第六十七条。

第二节 没收违法建筑物的处理

一、没收违法建筑物的依据

1.《行政处罚法》第二十八条、第七十四条、第七十七条、第七十八条、第七十九条；

2.《土地管理法》第七十四条、第七十七条；

3.《城乡规划法》第六十四条；

4.《土地管理法实施条例》第五十八条；

5.《罚没财物管理办法》第二十二条。

二、违法建筑物没收后的处置

2009 年 9 月 27 日实施的最高人民法院行政审判庭《关于在非诉执行案件中没收的地上建筑物如何移交问题的电话答复》，国土资源管理部门申请人民法院强制执行其依法作出的没收地上建筑物的行政处罚，人民法院在采取强制执行措施后，应当将没收的建筑物移交申请执行的国土资源管理部门。

2020 年 12 月 17 日，财政部印发的《罚没财物管理办法》提出了“谁没收，谁保管，谁处置”原则。

《土地管理法实施条例》第五十八条规定：依照《土地管理法》第七十四条、第七十七条的规定，县级以上人民政府自然资源主管部门没收在非法转让或者非法占用的土地上新建的建筑物和其他设施的，应当于 90 日内交由本级人民政府或者其指定的部门依法管理和处置。

2022 年 11 月 1 日实施的《自然资源违法行为立案查处工作规程（试行）》规定：“给予没收新建建筑物和其他设施、矿产品等实物处罚的，作出行政处罚决定的自然资源主管部门填写《非法财物移交书》，连同《行政处罚决定书》移交县级以上人民政府或者其指定的部门处理。涉及没收新建建筑物和其他设施的，应当于九十日内交由本级人民政府或者其指定的部门依法管理和处置,可以根据情况决定拆除或保留。”

2024 年 5 月 1 日实施的《自然资源行政处罚办法》第四十三条规定:“自然资源主管部门作出没收矿产品、建筑物或者其他设施的行政处罚决定后,应当在行政处罚决定生效后九十日内移交本级人民政府或者其指定的部门依法管理和处置。法律法规另有规定的,从其规定。”

综上,按照上述法律法规规定,没收的建筑物和其他设施一般是移交本级人民政府或者其指定的部门(多为同级财政部门)处理,没收后的处置方式可以拆除,也可以保留,但对具体如何移交、接收、保管、处置等,目前在国家层面并无统一的明确规定。

三、没收违法建筑物后的处置方式和程序

(一)处置方式

1. 人民政府或其指定的部门决定拆除或保留

针对自然资源部门根据《土地管理法》第七十四条、第七十七条的规定没收违法用地上建筑物,自然资源部发布的《自然资源违法行为立案查处工作规程(试行)》执行要求规定,给予没收新建建筑物和其他设施、矿产品等实物处罚的,作出行政处罚决定的自然资源主管部门填写《非法财物移交书》,连同《行政处罚决定书》移交县级以上人民政府或者其指定的部门处理。涉及没收新建建筑物和其他设施的,根据《自然资源行政处罚办法》第四十三条的规定,应当在行政处罚决定生效后 90 日内移交本级人民政府或者其指定的部门依法管理和处置,可以根据情况决定拆除或保留。

2. 拍卖

根据《罚没财物管理办法》第十六条的规定,执法机关依法取得的罚没物品,除法律、行政法规禁止买卖的物品或者财产权利按国家规定另行处置外,应当按照国家规定进行公开拍卖。公开拍卖应当符合下列要求:

(1)拍卖活动可以采取现场拍卖方式,鼓励有条件的部门和地区通过互联网和公共资源交易平台进行公开拍卖。

(2)公开拍卖应当委托具有相应拍卖资格的拍卖人进行,拍卖人可以通过摇

珠等方式从具备资格条件的范围中选定，必要时可以选择多个拍卖人进行联合拍卖。

(3)罚没物品属于国家有强制安全标准或者涉及人民生命财产安全的，应当委托符合有关规定资格条件的检验检疫机构进行检验检测，不符合安全、卫生、质量或者动植物检疫标准的，不得进行公开拍卖。

(4)根据需要，可以采取“一物一拍”等方式对罚没物品进行拍卖。采用公开拍卖方式处置的，一般应当确定拍卖标的保留价。保留价一般参照价格认定机构或者符合资格条件的资产评估机构作出的评估价确定，也可以参照市场价或者通过互联网询价确定。

(5)公开拍卖发生流拍情形的，再次拍卖的保留价不得低于前次拍卖保留价的80%。发生3次(含)以上流拍情形的，经执法机关商同级财政部门确定后，可以通过互联网平台采取无底价拍卖或者转为其他处置方式。

《罚没财物管理办法》第二十九条第三款规定，委托拍卖机构拍卖罚没物品取得的变价款，由委托方自收到款项之日起2个工作日内缴入财政专户或者国库。

(二)处置程序

经公开渠道检索，全国大部分地区均未针对没收违法建筑物处置出台具体规定，但北京市、南京市、深圳市、厦门市、苏州市、常州市、杭州市等地印发了没收违法建筑物处置的具体规定。

根据前述法律、法规、规章的规定，参照其他省、市做法，没收违法用地上建筑物，可按以下程序进行处置。

1. 办理移交手续

作出行政处罚决定的自然资源部门，应当将没收违法用地上建筑物移交给同级财政部门。

行政相对人未申请行政复议、未提起行政诉讼的，应当在复议、诉讼期满后90日内办理移交手续；行政相对人申请行政复议或者提起行政诉讼的，应当在行政复议决定或者法院判决、裁定生效后90日内办理移交手续。

移交没收违法用地上建筑物时，自然资源部门应当向同级财政部门移送《行政处罚决定书》《非法财物移交书》，且《非法财物移交书》由自然资源部门、财政部门共同签署，移交时自然资源部门、财政部门应当共同现场勘察，留存影像资料。

2. 实际控制建筑物

财政部门在接收移交的没收违法用地上建筑物后，应当实际控制建筑物。违法当事人拒不腾退没收违法用地上建筑物的，财政部门应当书面告知其限期腾退。

违法当事人拒不腾退的，由作出行政处罚决定的自然资源部门向没收违法用地上建筑物所在地基层人民法院申请强制执行。人民法院依法作出准予强制执行裁定后，组织强制腾退。

3. 确定处置方案

市、县级人民政府组织财政、自然资源、住房和城乡建设、生态环境、城市管理、消防等相关部门进行会商，协商、判定没收违法用地上建筑物是否符合完善手续条件、是否予以拆除等，确定没收违法建筑物的处置方案。

土地产权明晰、无权属争议，符合国土空间规划等规划要求，经安全鉴定合格，且符合消防安全及地质灾害安全条件及法律法规规定的其他条件的房屋，应当完善手续；不符合国土空间规划，经安全鉴定属于D级，存在消防安全、地质灾害安全隐患且无法采取措施整改等情形的房屋，应当予以拆除。

4. 依法进行处置

国有土地上的没收违法用地建筑物，符合完善行政审批手续条件，且具备市场公开交易条件的，依法对没收违法用地上建筑物进行评估，作价后计入国有建设用地使用权公开交易底价；按照相关规定进行市场公开交易后，为买受人办理国有建设用地使用权及建筑物所有权的不动产权证。

国有土地上的没收违法用地建筑物，符合完善行政审批手续条件，用于建设基础设施、公共服务设施或公益事业的，报市、县人民政府同意后，依法调拨给使用人使用，并办理国有建设用地使用权及建筑物所有权的不动产权证。

集体土地上的没收建筑物，符合完善行政审批手续条件的，参照国有土地上的没收违法用地建筑物处置方法进行处置，但应当按照《土地管理法》办理土地征收手续或者用地审批手续、农用地转用审批手续。

没收违法用地建筑物不符合完善行政审批手续条件的，由财政部门或者由市、县级人民政府责成有关部门依法予以拆除。

没收违法用地建筑物处置收入，扣除房屋质量鉴定、评估、必要的修复费用等直接支出后，应当作为罚没收入上缴国库。

第三节 以罚代批与回购行为的效力

一、以罚代批的法律分析

（一）以罚代批

关于“以罚代批”，有观点认为违法建筑经行政机关依法处罚且履行完毕后，该建筑即由违法变合法。这实则为一种错误观点。

（二）以罚代批的效力认定

有观点认为，“罚过款的就是合法建筑，等同于经过审批”，而较多的司法裁判并未支持这一观点，而是作出了与此截然不同的认定，认为违法建筑虽经过处罚，但因行政处罚不能代表合法的行政审批，故不能直接转化为合法建筑。

在“两违”整治中涉及的行政处罚，罚款多数情况下只是可以附加的处罚，也就是说，对违法行为，可以并处罚款，也可以不处罚款，往往责令退还土地和对地上建筑物的处置才是主罚。实践中我们看到的情况是，大多数违法用地上的建筑物和设施并没有真正被拆除或没收，处罚机关真正执行到位的是罚款。交了罚款后，该拆除的没有拆除，该没收的没有没收。如果行政机关没有给予拆除或没收的处罚，那么作出的处罚决定不符合法律规定，一旦被要求纠正，就得重新作出拆除或没收的处罚决定；如果行政机关作出了拆除或没收的处罚，但只收了罚款，拆除或没收没有执行到位，相关建筑物或设施就随时都可能会被执行。

因此，罚款只是对违法的惩罚，但不是合法的凭证。在接受处罚时需要搞清楚一个重要的情况，就是交了罚款能不能完善相关手续。如果不补办完善相关手续，建筑物就会一直处于违法状态，难以保障其合法权利得到实现。

司法裁判中，一般也认为违法建筑经过罚款后不能直接转化为合法建筑，具体可参考最高人民法院(2020)最高法行申2615号案例、最高人民法院(2019)最高法行申3499号案例、甘肃省渭源县人民法院(2018)甘1123行初49号案例。

二、没收建筑物是否可回购的法律分析

(一)回购行为一般不涉及建筑物合法性的认定

关于回购行为是否合法,法律并无明确规定。回购行为并不当然能让违法建筑物变为合法建筑物,浙江省湖州市中级人民法院在(2018)浙05行终111号案中认为,违法建筑的认定由《城乡规划法》调整,上诉人虽向市国土局回购了其在非法占用土地上的新建建筑物和其他设施,但违法建筑合法化相关手续的办理并非国土部门的职权范围,回购仅导致上述新建建筑物和其他设施的所有权发生改变,并不涉及建筑物合法性的认定。因此,如果要认定回购行为具有可行性,应当首先判断建筑物的法律状态,如建筑物在回购时仍处于非法状态(如未办理相关使其合法化的审批手续),那么应当认定即便对建筑物进行回购,也不能转化建筑物的违法状态。反之,如违建物在回购前后能够补齐所有审批手续从而转化为合法建筑,此时回购行为就具备了合法的前提。

(二)回购行为的可行性

1. 部分地方已出台规范性文件

关于没收建筑物是否可回购,杭州市、深圳市、天津市、株洲市等多个地方出台了相关文件,从维护社会稳定角度出发,可以定向出售给没收前该建筑的居住或占有人,价格应当参考合法建筑物的市场价。

2. 有司法判例对回购行为予以认可

最高人民法院在(2018)最高法行再201号案中认为,对于历史遗留的违法买卖土地建私房行为,依法作出没收建筑物和土地的行政处罚决定后,考虑到被处罚人已经实际在被没收的土地和房屋上居住生活几十年的事实,从尊重历史、符合现实的原则出发,案涉政府批复同意将收归国家所有的土地和房产作价处理再卖给被处罚人,符合对历史遗留问题处理的基本原则,该批复不违反法律、法规的明确规定,合法有效。

注意点提示

实操中采取回购方式进行处置的，建议首先考虑能否完善相关手续，如果不能完善，应把相关情况明确告知和释明，价格也要根据市场行情在合理范围内做适当调整，避免产生新的隐患矛盾，影响社会和谐稳定。

第五章 “两违”整治中的重点法条适用

一、《土地管理法》第七十四条的理解与适用

第七十四条规定：“买卖或者以其他形式非法转让土地的，由县级以上人民政府自然资源主管部门没收违法所得；对违反土地利用总体规划擅自将农用地改为建设用地的，限期拆除在非法转让的土地上新建的建筑物和其他设施，恢复土地原状，对符合土地利用总体规划的，没收在非法转让的土地上新建的建筑物和其他设施；可以并处罚款；对直接负责的主管人员和其他直接责任人员，依法给予处分；构成犯罪的，依法追究刑事责任。”

（一）适用该规定的行为

《土地管理法》第七十四条规定的买卖或者以其他形式非法转让土地的违法行为，依据其非法转让的土地权利内容的不同，概括起来，主要表现为以下情形。

1. 买卖、非法转让国有土地、农民集体所有土地所有权的行为

根据我国《宪法》第六条“中华人民共和国的社会主义经济制度的基础是生产资料的社会主义公有制，即全民所有制和劳动群众集体所有制……”以及《土地管理法》第二条的规定，国家实行土地的社会主义公有制，即全民所有制和劳动群众集体所有制；除土地使用权可以依法转让以外，任何单位和个人不得侵占、买卖或者以其他形式非法转让土地。根据《土地管理法》第二章关于土地的所有权和使用权的规定，我国的土地所有权依法由国家或农民集体所有。因此，任何单位或者个人只能依法取得土地的使用权，而不得对其使用的土地进行买卖或者以其他形式转让土地所有权。

2. 非法转让国有土地使用权的行为

为了维护土地市场秩序和国家利益，根据《城市房地产管理法》《城镇国有土

地使用权出让和转让暂行条例》等法律法规规定，以下情况不得转让土地使用权。

其一，以出让方式取得的土地使用权不得转让的情况包括：

（1）未按照出让合同的约定支付全部土地使用权出让金，并取得土地使用权证书的；

（2）司法机关和行政机关依法裁定、决定查封或者以其他形式限制房地产权利的；

（3）依法收回土地使用权的；

（4）共有房地产，未经其他共有人书面同意的；

（5）未按照土地使用权出让合同规定的期限和条件投资开发、利用土地的；

（6）土地权属有争议的；

（7）未依法登记，领取权属证书的；

（8）有关法律、行政法规规定的禁止转让的其他情形。

其二，以划拨方式取得的土地使用权不得转让的情况包括：

（1）转让房地产时，未按照国务院的规定报有批准权的人民政府批准的；

（2）有批准权的人民政府根据国务院的规定，决定可以不办理土地使用权出让手续，但转让方未按照国务院规定将转让的房地产所获得的收益中的土地收益上缴国家或者作其他处理的。

注意点提示

《土地管理法》对非法转让集体土地使用权的情形作出了特别规定，根据《自然资源违法行为立案查处工作规程（试行）》附录A违法转让类规定，该类行为违反的是《土地管理法》第六十三条之规定，对该情形违法行为应适用《土地管理法》第八十二条的规定追究法律责任。

（二）法律责任

1. 对违法行为人处以没收其违法所得的处罚

《自然资源违法行为立案查处工作规程（试行）》明确了违法转让土地使用权的违法所得的认定。依法取得的土地使用权违法转让的，当事人依法取得土地使用权的成本和对土地的合法投入,不作为违法所得认定。违法取得的土地使用权违法转让的,违法所得为当事人转让全部所得。

转让全部所得数额按照转让合同及交易凭据所列价款确定。没有转让合同及交易凭据、当事人拒不提供或者提供的转让合同及交易凭据所列价款明显不符合实际的,可以按照评估价认定。

对土地的合法投入包括土地开发、新建建筑物和构筑物的建设投入等,但是违法新建建筑物和构筑物的建设投入除外。

根据《土地管理法》第七十四条的规定,没收违法所得的行政处罚决定,由自然资源主管部门作出。该处罚的相对人,是在买卖或非法转让土地的活动中,取得违法所得的当事人。对没有违法所得的,不适用该处罚措施。

2. 对在非法取得的土地上新建建筑物行为的处罚为拆除或没收

对违反土地利用总体规划擅自将农用地改为建设用地的,限期拆除在非法转让的土地上新建的建筑物和其他设施,恢复土地原状;对符合土地利用总体规划的,没收在非法转让的土地上新建的建筑物和其他设施。

这是对在非法取得的土地上新建建筑物行为的处罚规定。这项处罚措施是针对非法转让的土地的受让方作出的,取得非法转让的土地往往是从事某项建设活动,其建设活动根据本条的规定是违法的;但对其在非法转让的土地上新建设的建筑物或者其他设施,应当根据有关土地利用总体规划的要求,分情况处理。

(1)对于违反土地利用总体规划新建的建筑物和其他设施,应当予以拆除。由有关自然资源主管部门对其作出限期拆除、恢复土地原状的处罚决定,即确定一定的期限,要求违法者在规定的期限内拆除违法建筑物和其他设施,并保证在该期限内将占用的土地恢复原状。要求违法者拆除违法建筑的目的,是要将违法占用的土地恢复到被占用前的状态。

(2)符合土地利用总体规划要求的,可以不拆除,由自然资源主管部门予以没收。

3. 罚款

根据《土地管理法》第七十四条的规定,自然资源部门在对非法转让土地的双方当事人分别作出前述处罚决定的同时,可以作出并处罚款的决定。是否并处罚款,由自然资源部门根据具体案件的情节决定。《土地管理法实施条例》第五十四条规定,依照《土地管理法》第七十四条的规定处以罚款的,罚款额为违法所得的10%以上50%以下。

4.行政处分

《违反土地管理规定行为处分办法》第十一条规定,买卖或者以其他形式非法转让土地的,对有关责任人员,给予警告、记过或者记大过处分;情节较重的,给予降级或者撤职处分;情节严重的,给予开除处分。

5.刑事责任

本条规定,买卖或者以其他形式非法转让土地,构成犯罪的,应当依法追究刑事责任。根据《刑法》第二百二十八条的规定,以牟利为目的,违反土地管理法规,非法转让、倒卖土地使用权,情节严重,符合下列构成要件的,将以非法转让、倒卖土地使用权罪追究刑事责任。

(1)主观方面出于故意,以牟利为目的。

(2)犯罪主体既可以是企业、事业单位,也可以是个人。

(3)客观上必须是实施了非法转让、倒卖土地使用权的行为。对于买卖、非法转让土地所有权的,《刑法》并未作出明确规定,由于使用权基于所有权而产生,从非法转让土地的实质上看,非法转让土地所有权,其使用权也随之转移,也应当构成本罪。

(4)行为的危害后果情节严重。根据《刑法》的有关规定,情节显著轻微的,不构成犯罪。根据《刑法》第二百二十八条的规定,对犯罪视情节分两档适用具体的刑罚:①情节严重的,处3年以下有期徒刑或者拘役,并处或者单处非法转让、倒卖土地使用权价额5%以上20%以下罚金。罚金的数额,以非法转让土地使用权的价额为计算依据。②情节特别严重的,处3年以上7年以下有期徒刑,并处非法转让、倒卖土地使用权价额5%以上20%以下罚金。

根据最高人民法院《关于审理破坏土地资源刑事案件具体应用法律若干问题的解释》(法释〔2000〕14号)的规定,具有下列情形之一的,属于非法转让、倒卖土地使用权“情节严重”:①非法转让、倒卖基本农田5亩以上的;②非法转让、倒卖基本农田以外的耕地10亩以上的;③非法转让、倒卖其他土地20亩以上的;④非法获利50万元以上的;⑤非法转让、倒卖土地接近上述数量标准并具有其他恶劣情节的，如曾因非法转让、倒卖土地使用权受过行政处罚或者造成严重后果等。具有下列情形之一的，属于非法转让、倒卖土地使用权“情节特别严重”：①非法转让、倒卖基本农田10亩以上的；②非法转让、倒卖基本农田以外的耕地20亩以上的；③非法转让、倒卖其他土地40亩以上的；④非法获利100万元以上的；⑤非法转让、倒卖土地接近上述数量标准并具有其他恶劣情节，如造成严重后果等。

二、《土地管理法》第七十五条的理解与适用

第七十五条规定：“违反本法规定，占用耕地建窑、建坟或者擅自在耕地上建房、挖砂、采石、采矿、取土等，破坏种植条件的，或者因开发土地造成土地荒漠化、盐渍化的，由县级以上人民政府自然资源主管部门、农业农村主管部门等按照职责责令限期改正或者治理，可以并处罚款；构成犯罪的，依法追究刑事责任。”

（一）适用该规定的行为

1. 非法占用耕地建窑、建坟或者擅自在耕地上建房、挖砂、采石、采矿、取土等

这类行为大致可分为两种情况：一是占用耕地的行为，包括占用耕地建窑、建坟、建房；二是毁坏耕地的行为，包括在耕地上挖砂、采石、采矿、取土等。根据《土地管理法》第三十七条第二款的规定，禁止占用耕地建窑、建坟或者擅自在耕地上建房、挖砂、采石、采矿、取土等。任何单位和个人只要实施了上述行为均属违法。由于这一类活动对土地尤其是耕地破坏较为严重，属于应当严格限制的行为。依据《土地管理法》及其他有关法律、法规的规定，这类活动必须依法经批准后才能进行；未经批准或者骗取批准，擅自从事这类活动，使种植条件受到破坏的，即是本条规定的擅自在耕地上建房、挖砂、采石、采矿、取土的违法行为。

2. 因开发土地造成土地荒漠化、盐渍化的

根据《土地管理法》第三十九条的规定，国家鼓励单位和个人开发未利用的土地；但是，开发未利用的土地，应当按照土地利用总体规划，在保护和改善生态环境、防止水土流失和土地荒漠化的前提下进行。根据《土地管理法》第四十条的规定，开垦未利用的土地，必须经过科学论证和评估，在土地利用总体规划划定的可开垦的区域内，经依法批准后进行。禁止毁坏森林、草原开垦耕地，禁止围湖

造田和侵占江河滩地。因此,以下行为也是本条规定的违法行为:开垦未利用地,未作科学论证、评估;违反土地利用总体规划的要求,未在指定的可开垦区域内开垦;未经依法批准,擅自开垦未利用地;毁林、毁草开垦;围湖造田,以及可能造成土地荒漠化、盐渍化的其他行为。

(二)法律责任

1. 行政处罚

(1)由县级以上人民政府自然资源主管部门、农业农村主管部门等责令限期改正或者治理。

根据《土地管理法》第七十五条规定的违法行为特点,限期改正是指责令违法者在确定的期限内,停止违法活动,包括清除砖窑等违法建筑物、停止取土等活动,也包括停止开发、开垦土地的活动。限期治理是指在清除砖窑等违法建筑物、停止取土等的同时,对造成耕地破坏的采取措施,恢复土地原状,达到耕地要求的种植条件等,或者对开发、开垦造成土地荒漠化、盐渍化的,责令负责、组织开发的单位和个人采取补救措施或者其他必要措施,根据土地破坏的状态和自然条件进行整治,恢复土地原来状态。总之,土地通过治理应当达到某一可以利用的条件,宜农则农,宜林则林,宜牧则牧。

(2)自然资源主管部门、农业农村主管部门在作出责令限期改正或者治理的决定的同时,依据具体情节,可以作出并处罚款的决定。《土地管理法实施条例》第五十五条规定,依照《土地管理法》第七十五条的规定处以罚款的,罚款额为耕地开垦费的5倍以上10倍以下;破坏黑土地等优质耕地的,从重处罚。

注意点提示

关于本条涉及的部门职责分工问题,自然资源主管部门与农业农村部门的执法职责应以耕地的数量和质量为标准进行大体划分,即自然资源主管部门侧重于耕地数量的保护和监管,对违反《土地管理法》第七十五条的规定,占用耕地建窑、建坟或者擅自在耕地上建房、挖沙、采石、采矿、取土等违法行为,主要由自然资源主管部门立案查处;对于土地开发造成土地荒漠化、盐渍化的,主要由农业农村主管部门立案查处。

2. 刑事责任

非法占用耕地建窑、建坟或者擅自在耕地上建房、挖砂、采石、采矿、取土等，破坏种植条件的行为，情节严重，构成犯罪的，以非法占用农用地罪追究刑事责任。《刑法》第三百四十二条规定：违反土地管理法规，非法占用耕地、林地等农用地，改变被占用土地用途，数量较大，造成耕地、林地等农用地大量毁坏的，处5年以下有期徒刑或者拘役，并处或者单处罚金。

三、《土地管理法》第七十七条的理解与适用

第七十七条规定：“未经批准或者采取欺骗手段骗取批准，非法占用土地的，由县级以上人民政府自然资源主管部门责令退还非法占用的土地，对违反土地利用总体规划擅自将农用地改为建设用地的，限期拆除在非法占用的土地上新建的建筑物和其他设施，恢复土地原状，对符合土地利用总体规划的，没收在非法占用的土地上新建的建筑物和其他设施，可以并处罚款；对非法占用土地单位的直接负责的主管人员和其他直接责任人员，依法给予处分；构成犯罪的，依法追究刑事责任。超过批准的数量占用土地，多占的土地以非法占用土地论处。”

（一）适用该规定的行为

《土地管理法》第七十七条规定的违法占地行为主要表现形式如下。

一是未经批准占用土地，主要是指单位或个人未取得合法用地批准文件或未办理用地批准手续而违法占用土地进行建设。

二是采用欺骗手段骗取批准文件占用土地建设，主要指单位或个人占地建设虽然取得了用地批准手续，但批准手续是通过弄虚作假骗取的，不具备合法性，也属于违法占地。例如，某村民已有宅基地，却隐瞒情况伙同村干部出具没有宅基地的证明，骗取批准新的宅基地。

三是少批多占，主要是指超过批准的用地面积占用土地，多占的部分属于违法占地。

四是其他形式的违法占地。例如，临时用地到期，拒不归还土地或在临时用地上修建永久性建筑物、构筑物的；对在土地利用总体规划制定前已建的不符合土地利用总体规划确定的用途的建筑物、构筑物重建、扩建；等等。

常见的违法占地情形如下：

(1)建设单位或者个人未经用地审批或者采取欺骗手段骗取批准而占用土地的。

(2)举办乡镇企业未经批准使用农民集体所有的土地的。

(3)乡(镇)、村公共设施和公益事业建设未经批准或者采取欺骗手段骗取批准，占用农民集体所有的土地进行建设的。

(4)建设项目施工和地质勘查未经批准或者采取欺骗手段骗取批准，临时使用国有土地或者农民集体所有的土地的。

(5)城镇非农业户口的居民未经批准或者采取欺骗手段骗取批准，占用土地建住宅的；涉及农用地改为建设用地，未取得农用地转用审批或者采取欺骗手段骗取农用地转用审批的；等等。

(6)违法超占土地。根据《土地管理法》第七十七条第二款的规定，超过批准的数量占用土地的，多占的土地以非法占用土地论处，即建设单位或者个人的超占行为也属于该条规定的违法行为。

注意点提示

《土地管理法》中的违法占地实际是违法建设占地，一般是指违法占地进行非农业建设，也就是违法占用土地进行建筑物和构筑物建设。以下农业建设项目和农业用地一般不属于《土地管理法》所称的违法占地。

一是农业设施建设用地，即对地表耕作层造成破坏的，为农业生产、农村生活服务的乡村道路用地以及种植设施、畜禽养殖设施、水产养殖设施建设用地。上述设施农业建设用地应当严格按照设施农用地的用地标准、用地政策，办理相应的设施农用地使用手续。考虑到上述设施农业建设用地直接用于或者服务于农业生产和农村生活，其性质属于农用地，不作为新增建设用地管理。同时，设施农用地使用中需要办理的是“备案手续”而非“审批手续”，因此在日常执法和卫片执法检查中，对于农村道路和设施农业项目用地不宜按照一般建设用地处理，而应当在对项目是否属于设施农业项目、是否符合设施农用地标准和要求、是否办理设施农用地使用手续等进行综合判定的基础上，区分不同情况进行处理。

二是农业种植占地、农业结构调整等农业用地，也不属于《土地管理法》所称的“违法占地”。例如，占用永久基本农田发展林果业和挖塘养鱼等，是《土地管理法》和《基本农田保护条例》禁止的，但《土地管理法》和《基本农田保护条例》并未对此明确法律责任。《土地管理法实施条例》第五十一条专门对非法占用永久基本农田发展林果业和挖塘养鱼规定了法律责任，所以对于非法占用永久基本农田发展林果业和挖塘养鱼的违法行为，应当依照《土地管理法实施条例》追究法律责任，而不能适用《土地管理法》第七十七条按违法占地进行处罚。再如，单位个人未经许可占用国有或集体土地进行种植，也不是违法建设占地，不能适用《土地管理法》第七十七条按违法占地进行处罚，而应当按照侵权侵占等由产权人主张权利。

（二）关于非法从事土地开发活动

《土地管理法实施条例》第五十七条第二款规定，违反该条例规定，在国土空间规划确定的禁止开垦的范围内从事土地开发活动的，由县级以上人民政府自然资源主管部门责令限期改正，并依照《土地管理法》第七十七条的规定处罚。

《土地管理法》第七十七条是关于违法从事土地开发活动，应当承担的法律责任的规定。根据《土地管理法实施条例》第九条的规定，禁止任何单位和个人在国土空间规划确定的禁止开垦的范围内从事土地开发活动。此“土地开发活动”主要是指未利用地开发，即将未利用地开发成农用地，不是生地变熟地的土地开发。由于未利用地开发直接关系生态安全，特别是在生态敏感区，为此该条例在《土地管理法》规定的基础上，专门增加关于禁止性规定，禁止任何单位和个人在国土空间规划划定的禁止开垦区从事未利用地开发。违反《土地管理法实施条例》第九条的规定，在国土空间规划确定的禁止开垦的区域内从事土地开发活动的，就要承担相应的法律后果，即由县级以上人民政府自然资源主管部门责令限期改正；拒不改正的，依照《土地管理法》第七十七条关于非法占地的违法行为追究法律责任，承担法律责任的方式主要是拆除、没收和并处罚款。对非法占用土地单位的直接负责的主管人员和其他直接责任人员，依法给予处分；构成犯罪的，依法追究刑事责任。

（三）法律责任

1. 行政处罚

（1）责令退还非法占用的土地，即将非法占用的土地返还给土地的合法所有者或者使用者。

（2）对违反土地利用总体规划擅自将农用地改为建设用地的，限期拆除在非法转让的土地上新建的建筑物和其他设施，恢复土地原状；对符合土地利用总体规划的，没收在非法转让的土地上新建的建筑物和其他设施。这一处罚与《土地管理法》第七十四条对非法转让土地的违法行为处罚的有关措施是一致的，只是适用的违法行为不同。

（3）有关自然资源主管部门在作出有关行政处罚决定的同时，根据情节，可以作出并处罚款的决定。《土地管理法实施条例》第五十七条规定，依照《土地管理法》第七十七条的规定处以罚款的，罚款额为非法占用土地每平方米 100 元以上 1000 元以下。

2. 行政处分

《违反土地管理规定行为处分办法》第十条规定，未经批准或者采取欺骗手段骗取批准，非法占用土地的，对有关责任人员，给予警告、记过或者记大过处分；情节较重的，给予降级或者撤职处分；情节严重的，给予开除处分。

3. 刑事责任

根据《刑法》第三百四十二条和第三百四十六条的规定，违反土地管理法规，非法占用耕地、林地等农用地，改变被占用土地用途，数量较大，造成耕地、林地等农用地大量毁坏的，处 5 年以下有期徒刑或者拘役，并处或者单处罚金，以非法占用农用地罪论处。其中，单位犯罪的，对单位判处罚金，并对单位直接负责的主管人员和其他直接责任人员判处该条规定的刑罚。

对于非法占地是否构成犯罪，最高人民法院《关于审理破坏土地资源刑事案件具体应用法律若干问题的解释》（法释〔2000〕14 号）、最高人民法院《关于审理破坏林地资源刑事案件具体应用法律若干问题的解释》（法释〔2005〕15 号，已失效）、最高人民法院《关于审理破坏草原资源刑事案件应用法律若干问题的解释》（法释〔2012〕15 号）、最高人民检察院、公安部《关于公安机关管辖的刑事案件立案追诉标准的规定(一)》(公通字〔2008〕36 号)给出了具体的判定标准。具有下列情形之一的,属于非法占用农用地,数量较大;造成农用地大量毁坏的,依照《刑法》第三百四十二条的规定,以非法占用农用地定罪处罚。(1)非法占用基本农田5 亩以上或者基本农田以外的耕地10 亩以上的;(2)非法占用防护林地或者特种用途林地数量分别或者合计 5 亩以上的;(3)非法占用其他林地 10 亩以上的;(4)非法占用前述第(2)(3)项的林地,其中一项数量达到相应规定的数量标准的50%以上,且两项数量合计达到该项规定的数量标准的;(5)非法占用草原20 亩以上的,或者曾因非法占用草原受过行政处罚,在 3 年内又非法占用草原,改变被占用草原用途,数量在10 亩以上的。

四、《土地管理法》第七十八条的理解与适用

第七十八条规定:“农村村民未经批准或者采取欺骗手段骗取批准,非法占用土地建住宅的,由县级以上人民政府农业农村主管部门责令退还非法占用的土地,限期拆除在非法占用的土地上新建的房屋。超过省、自治区、直辖市规定的标准,多占的土地以非法占用土地论处。”

(一)适用该规定的行为

《土地管理法》第七十八条是对农村村民未经批准或者采取欺骗手段骗取批准,以及超过批准的数量违法占用土地建住宅的处罚的特别规定。具体包括:(1)农村村民建住宅用地未经乡(镇)人民政府批准的行为;(2)农村村民占地建住宅,涉及占用农用地的,未办理或者采取欺骗手段办理农用地转用审批手续的行为;(3)农村村民骗取批准,占地建住宅的行为;(4)农村村民超过省、自治区、直辖市规定的标准,多占土地建住宅的行为。

《土地管理法》第七十八条对农村村民建住宅违法用地行为的处罚只规定了“限期拆除”的行政处罚,并没有规定“没收”和“罚款”,适用本条规定必须把握以下要点:第一,违法主体必是“农村村民”,如果是“城镇非农户口的居民”或“单位”应该适用《土地管理法》第七十七条;第二,违法行为必须是“建住宅”,如果农村村民违法占地建企业、办工厂等,也应适用《土地管理法》第七十七条的规定;第三,适用本条进行处罚,只能是“限期拆除”而不能是“没收”,也不能同时处以罚款。

《土地管理法》第七十七条是关于违法用地的一般性规定；第七十八条是关于“农村村民”作为一类特殊违法主体，其“非法占用土地建住宅”这类特殊违法行为的特殊规定。两者是一般条款和特殊条款的关系，因此对村民非法占用土地建住宅（包括占用各类土地）这种违法行为的处罚，在适用上要依照《立法法》第一百零三条“特别法优于一般法”的规定，优先适用本条之规定。

对于《土地管理法》第七十八条非法占用“土地”的性质，各部门对此有不同的理解。农业农村部门认为《土地管理法》仅赋予其农村宅基地改革和管理职能，对在农村宅基地以外的违法行为，农业农村部门无查处职权。因此，该规定中非法占用的“土地”为宅基地。自然资源部门认为本条赋予农业农村部门查处农村村民非法占用土地建住宅的职责，对于农村村民乱占土地建住宅，无论占用的土地为何种性质，只要是农村村民乱占土地建房的行为就归农业农村部门管理，该“土地”指所有的农村集体土地、不分地类。

（二）超过省、自治区、直辖市规定的标准，多占的土地以非法占用土地论处

关于《土地管理法》第七十八条第二款，超标准多占的土地以非法占用土地论处，应理解为按该条第一款之规定进行处理，不适用《土地管理法》第七十七条规定，不得没收新建的建筑物和其他设施，也不得予以罚款。

因为《土地管理法》第七十八条是2004年《土地管理法》第七十七条之延续，执法实务中对农村村民很少进行罚款，司法实践中对此类违法行为亦未有对农村村民罚款予以支持的案例。该条第二款系农村村民违法建住宅的主要违法情形，如果由自然资源部门依据《土地管理法》第七十七条非法占地查处，违背了将宅基地管理职能划转至农业农村部门管理的本意。同时，该条是针对农村村民违法用地法律责任的特别条款，对农村村民此种违法用地行为没有采取罚款的行政处罚，不以罚款为目的，其违法责任相对较轻，是对农村村民的倾向性保护规定。

（三）法律责任

1. 责令退还非法占用的土地

农村村民未经批准或者采取款骗手段骗取批准，非法占用土地建住宅的，由

县级以上人民政府农业农村主管部门责令退还非法占用的土地。违法建住宅的农村村民应当及时将非法占用的土地归还该土地所有权人或者使用权人。根据本条第二款的规定，超过省、自治区、直辖市规定的标准占用的土地，应当将超占的部分退还。

2. 限期拆除在非法占用的土地上新建的房屋

农村村民未经批准或者采取欺骗手段骗取批准，非法占用土地建住宅的，应当在县级以上人民政府农业农村主管部门要求的期限内，将在非法占用的土地上新建的房屋拆除。

注意点提示

农村村民非法占地建住宅通常有三个过程，不同过程中的行为所产生的违法责任是不同的。

(1)事先准备行为的违法责任。村民以建住宅为目的非法占用土地，先行实施的行为，如以地换地、丈量土地面积等，尚未实际改变土地原状的，行政机关可以告诫其以后不得实施违法行为，但不构成“非法占用土地”，故不适用该条规定进行处罚追究其法律责任。

(2)已经非法占用土地的违法责任。村民建住宅已经实施打桩、填基等行为，事实上已经非法占用土地，但尚未开始建房的，仅构成“非法占用土地”行为，尚不构成“非法占用土地建住宅”，适用《土地管理法》第七十七条由自然资源部门责令退还土地进行处罚。

(3)已经开始建住宅的违法责任。村民未经批准或者采取欺骗手段骗取批准宅基地并已经开始建住宅的，无论该住宅是否建筑完毕或者是否竣工，都构成完整的“非法占用土地建住宅”行为。此时适用本条由县级以上人民政府农业农村主管部门责令退还非法占用的土地，限期拆除在非法占用的土地上新建的房屋。

五、《土地管理法》第八十二条的理解与适用

第八十二条规定：“擅自将农民集体所有的土地通过出让、转让使用权或者出租等方式用于非农业建设，或者违反本法规定，将集体经营性建设用地通过出

让、出租等方式交由单位或者个人使用的，由县级以上人民政府自然资源主管部门责令限期改正，没收违法所得，并处罚款。”

（一）适用该规定的行为

擅自将农民集体所有的土地的使用权出让、转让或者出租用于非农业建设，即没有法律依据或者未经法律规定的程序，出让、转让或者出租集体土地使用权用于非农业建设的行为。

违反《土地管理法》的规定，将集体经营性建设用地通过出让、出租等方式交由单位或者个人使用，特指集体经营性建设用地没有按照法律规定的条件和程序入市。

（二）法律责任

1. 责令限期改正

集体土地使用权的出让方、转让方、出租方应当在一定期限内要求受让方、承租方交回集体土地使用权，受让方、承租方应当在限定的期限内将集体土地使用权退回对方，由此造成的损失，应由有过错的一方承担。

2. 没收违法所得

违法所得包括出让金、转让金和租金以及受让方、承租方因受让土地使用权或者承租土地而获取的收益。

3. 并处罚款

《土地管理法实施条例》第六十条规定，依照《土地管理法》第八十二条的规定处以罚款的，罚款额为违法所得的10%以上30%以下。

（三）与适用《土地管理法》第七十四条的规定进行处罚的区别

《自然资源违法行为立案查处工作规程（试行）》规定，对违法转让土地类违法行为的处罚应当针对转让双方，处罚种类应当区别适用：适用《土地管理法》第七十四条时，“没收违法所得”适用于转让方，“拆除或者没收地上建筑物”适用于受让方，“可以并处罚款”适用于转让双方。适用《土地管理法》第八十二条时，对出让、转让或者出租方，责令限期改正，没收违法所得，并处罚款；对受让方、承租方占地建设的按照违法占地处理。

六、《土地管理法》第八十三条的理解与适用

第八十三条规定:“依照本法规定,责令限期拆除在非法占用的土地上新建的建筑物和其他设施的,建设单位或者个人必须立即停止施工,自行拆除;对继续施工的,作出处罚决定的机关有权制止。建设单位或者个人对责令限期拆除的行政处罚决定不服的,可以在接到责令限期拆除决定之日起十五日内,向人民法院起诉;期满不起诉又不自行拆除的,由作出处罚决定的机关依法申请人民法院强制执行,费用由违法者承担。”

(一)责令限期拆除的法定适用情形

《土地管理法》第八十三条适用的范围仅限于责令限期拆除决定。该类决定是《土地管理法》第七十四条、第七十七条、第七十八条对其规定的违法行为作出的行政处罚。

1. 责令限期拆除非法转让的土地上新建的建筑物和其他设施

对违反土地利用总体规划擅自将农用地改为建设用地,不符合土地利用总体规划的,限期拆除在违法转让的土地上新建的建筑物和其他设施,恢复土地原状。

2. 限期拆除在非法占用的土地上新建的建筑物和其他设施,恢复土地原状

对非法占用土地且违反土地利用总体规划擅自将农用地转为建设用地的,要恢复土地原状。其又可分为:对违反土地利用总体规划擅自将农用地改为建设用地的,限期拆除在非法占用的土地上新建的建筑物和其他设施,恢复土地原状;对不符合土地利用总体规划的,限期拆除在违法占用的土地上新建的建筑物和其他设施,恢复土地原状,可以并处罚款。

3. 非法占用土地建住宅的,责令限期拆除在非法占用的土地上新建的房屋

农村村民未经批准或者采取欺骗手段骗取批准,非法占用土地建住宅,不符合土地利用总体规划的,责令退还非法占用的土地,限期拆除在非法占用的土地上新建的房屋。拒不退还违法占用的土地或者自行拆除在违法占用的土地上新建的房屋的,由乡、镇人民政府依法申请人民法院强制执行。

（二）责令限期拆除的执行

1. 当事人在接到责令限期拆除的处罚决定后，应当立即停止施工，自行拆除建筑物和其他设施的已完工部分。行政处罚决定一经作出，即具有法律效力，当事人应当自觉履行。若当事人不服该行政处罚，在停止施工的同时，可以及时向作出处罚决定的机关说明情况，要求其撤销上述处罚决定。

2. 对继续施工的主体，作出处罚决定的机关有权制止。这里所说的制止是指作出处罚决定的机关以口头命令，书面通知，查封用以继续施工的设备、建筑材料等方式促使有关单位或者个人停止继续施工，以减轻以后强制执行的难度和减少有关当事人可能将承受的损失。

3. 相对人有权申请行政复议和提起行政诉讼。行政机关依据本条作出的《责令限期拆除决定书》属于行政处罚，根据《行政处罚法》第七十三条的规定，相对人具有申请行政复议和提起行政诉讼的权利。

当事人对责令限期拆除的行政处罚决定不服，根据《行政复议法》第二十条的规定，认为行政行为侵犯其合法权益的，可以自知道或者应当知道该行政行为之日起60 日内提出行政复议申请。

当事人对责令限期拆除的行政处罚决定不服的，可以在接到决定之日起 15 日内，向人民法院提起行政诉讼。本条规定的提起行政诉讼的期间为接到责令限期拆除决定之日起 15 日内，是特殊的提起行政诉讼的期间，而不是《行政诉讼法》规定的从当事人知道行政机关作出具体行政行为之日起的 6 个月。

4. 强制执行。《土地管理法》未赋予县级以上人民政府自然资源主管部门强制执行其行政处罚决定的权力，如果当事人拒不执行其行政处罚决定，依照《土地管理法》作出行政处罚的机关可以向人民法院申请强制执行。

申请人民法院强制执行的注意事项如下：

（1）责令限期拆除的期限届满前，或者实施强制执行前，当事人向人民法院提起了行政诉讼，作出处罚决定的机关不得申请人民法院强制执行；向人民法院申请的，人民法院不应受理。

（2）强制执行的费用由违法者承担。行政机关责令限期拆除的行政处罚决定一经作出，即对当事人产生拘束力，当事人在限定的期限内拒不履行上述处罚决定，又不提起行政诉讼，是对国家行政权力的漠视和对抗，由此产生的后果和经济损失，应当由当事人承担，以加重对违法者的惩罚。

（3）最高人民法院《关于违反土地管理法的建筑物、其他设施强制拆除实施主体的答复》［（2018）最高法行他822号］中明确要积极推广“裁执分离”的司法改革。对违反《土地管理法》的建筑物、其他设施的强制拆除可以参照最高人民法院《关于办理申请人民法院强制执行国有土地上房屋征收补偿决定案件若干问题的规定》第九条的规定，人民法院裁定准予执行的，一般由作出征收补偿决定的市、县级人民政府组织实施，也可以由人民法院执行。

七、《城乡规划法》第六十四条的理解与适用

第六十四条规定：“未取得建设工程规划许可证或者未按照建设工程规划许可村证的规定进行建设的，由县级以上地方人民政府城乡规划主管部门责令停止建设；尚可采取改正措施消除对规划实施的影响的，限期改正，处建设工程造价百分之五以上百分之十以下的罚款；无法采取改正措施消除影响的，限期拆除，不能拆除的，没收实物或者违法收入，可以并处建设工程造价百分之十以下的罚款。”

（一）建设工程规划许可证的适用范围

在城市、镇规划区内进行建筑物、构筑物、道路、管线和其他工程建设的，建设单位或者个人应当向城市、县人民政府城乡规划主管部门或者省、自治区、直辖市人民政府确定的镇人民政府申请办理建设工程规划许可证。建设工程规划许可证，是确认建设工程符合国土空间规划和用途管制要求的法律凭证，主要记载事项包括建设单位（个人）、建设项目名称、建设位置、建设规模、附图及附件等。

通过对建设工程的规划许可，可以确认城市中有关建设活动符合法定规划的要求，确保建设主体的合法权益，也可以作为建设活动进行过程中接受监督检查时的法定依据，同时也能作为城乡建设档案的重要内容。依法严格实施建设工程规划许可，是保障城乡规划有效实施，避免对城乡建设健康、有序发展构成不利影响的前提。

（二）建设工程规划许可证的核发程序

1. 向所在城市、县人民政府城乡规划主管部门或者经省级人民政府确定的镇

人民政府提出申请，并提交使用土地的有关证明文件、建设工程设计方案图纸，需要编制修建性详细规划的还应当提供修建性详细规划及其他相关材料。

2. 城市、县人民政府城乡规划主管部门收到建设单位或个人申请后，应在法定期限内对申请人的申请及提交的资料进行审核。

审核具体内容包括：

(1)审核申请人是否符合法定资格，申请事项是否符合法定程序和法定形式，申请材料、图纸是否完备等。

(2)依据控制性详细规划、相关的法律法规以及其他具体要求，对申请事项的内容进行审核。

(3)依据控制性详细规划对修建性详细规划进行审定。

(4)对于符合条件的申请，颁发机关要及时给予审查批准，并在法定的期限内颁发建设工程规划许可证；经审查认为不合格并决定不予许可的，应说明理由，并给予书面答复。

根据有关法律规定，没有办理建设工程规划许可证，或者没有按照建设工程规划许可证进行开发建设的，应当根据违法行为的不同阶段和情节轻重，由县级以上地方人民政府城乡规划主管部门分别予以责令停止建设、限期改正并处罚款或限期拆除、没收实物或者违法收入，并处罚款。

(三)处罚适用要点

1. 尚可采取改正措施消除影响的建设

根据《自然资源违法行为立案查处工作规程(试行)》中对城乡规划违法建设中尚可采取改正措施情形的认定，下列情形构成尚可采取改正措施：

(1)取得建设工程规划许可证，但未按建设工程规划许可证的规定进行建设，在限期内采取局部拆除等整改措施，能够使建设工程符合建设工程规划许可证要求的；

(2)未取得建设工程规划许可证即开工建设，但已取得城乡规划主管部门的建设工程设计方案审核决定，且建设内容符合或采取局部拆除等整改措施后能够符合审核决定要求的；

(3)其他可以采取改正措施的情形。

2. 违法行为情形和处罚基准

未取得建设工程规划许可证或者未按照建设工程规划许可证的规定进行建设的违法行为情形和处罚基准如下。

(1)对于未取得建设工程规划许可证进行开发建设,而又符合规划的,建设单位应当按照规定补办建设工程规划许可证;对已经建成的应当予以改建使其符合城乡规划。在责令限期改正的同时,可以并处建设工程造价5%以上10%以下的罚款。

(2)对已形成的违法建筑,已无法采取措施消除对规划实施的影响,应当予以拆除;不能拆除的,由城乡规划主管部门决定没收该建筑、构筑物或其他设施或者违法收入,可以并处建设工程造价10%以下的罚款。

3. 工程造价罚款基数的认定

根据《自然资源违法行为立案查处工作规程(试行)》,对城乡规划违法建设中涉及工程造价罚款基数的认定如下:对《城乡规划法》规定的违法建设行为处以罚款,应当将新建、扩建、改建的存在违反城乡规划事实的建筑物、构筑物违法部分造价作为罚款基数。已经完成竣工结算的违法建设,应当以竣工结算价为罚款基数;尚未完成竣工结算的违法建设,可以根据工程已完工部分的施工合同价确定罚款基数;未依法签订施工合同或者当事人提供的施工合同价明显低于市场价格的,应当委托有资质的造价咨询机构评估确定。

4. 违法收入的认定

根据《自然资源违法行为立案查处工作规程(试行)》,对城乡规划违法收入的认定如下:按照新建、扩建、改建的存在违反城乡规划事实的建筑物、构筑物违法部分出售所得价款计算;未出售或者出售所得价款明显低于同类房地产市场价格的,应当委托有资质的房地产评估机构评估确定。

根据全国人大常委会法工委《关于对违法建设进行行政处罚计算违法收入有关问题的函》(法工委发〔2011〕1号)中的意见,违法建设工程没收的违法收入“应当与应依法没收的实物价值相当”。因此,在违法建筑没有出售或者出售所得价款明显低于周边同类型房地产市场价格的情况下,执法部门通常都委托评估机构参照周边同类型房地产市场价格进行评估以确定建筑物的实物价值,并将此作为实施行政处罚的依据。

注意点提示

关于违法建设中尚可采取改正措施情形下工程造价罚款基数、违法收入的认定，住房和城乡建设部于2012年9月1日实施的《关于规范城乡规划行政处罚裁量权的指导意见》有明确规定，自然资源部于2022年11月1日实施的《自然资源违法行为立案查处工作规程（试行）》对此进行了细化。鉴于2018年中共中央办公厅、国务院办公厅《关于调整住房和城乡建设部职责机构编制的通知》将住房和城乡建设部城乡规划管理职责划入自然资源部，且基于新法优于旧法原则，可考虑优先适用《自然资源违法行为立案查处工作规程（试行）》的相关规定。

八、《城乡规划法》第六十五条的理解与适用

第六十五条规定：“在乡、村庄规划区内未依法取得乡村建设规划许可证或者未按照乡村建设规划许可证的规定进行建设的，由乡、镇人民政府责令停止建设、限期改正；逾期不改正的，可以拆除。”

（一）乡村建设规划许可证的适用范围

建设单位或者个人在进行乡镇企业、乡村公共设施和公益事业建设前，向乡、镇人民政府提出申请，经审核后，报城市、县城乡规划主管部门确认建设项目位置和范围，符合规划的核发乡村建设规划许可证。乡村建设规划许可证应记载建设项目位置、用地范围、建设面积、建筑高度等内容，并附经审定的建设工程设计方案。根据管理实际需要，乡村建设规划许可的内容还可以包括对建筑风格、外观形象、色彩、建筑安全等的要求。

（二）乡村建设规划许可证的核发程序

1. 向所在乡、镇人民政府提出申请，由乡、镇人民政府进行审核，并提交乡村建设规划许可证申请表、建设工程设计方案、建设项目批准（核准、备案）文件、土地使用证明材料（包括申请单位与村组使用土地协议、确需占用农用地进行建设的提供农用地转用审批手续证明文件）、所在村民委员会书面同意意见等法律法

规规定的其他资料。

乡、镇人民政府审核的主要内容是确认建设项目的性质、规模、位置和范围是否符合相关的乡规划和村庄规划。

2. 乡、镇人民政府进行审核后提出审查意见，报城市、县人民政府城乡规划主管部门。城市、县人民政府城乡规划主管部门核定的主要内容是有关建设活动是否符合交通、环保、防灾、文物保护等方面的要求。

3. 城市、县人民政府城乡规划主管部门作出审查决定。符合规划要求的，核发乡村建设规划许可证；不符合的，不予核发乡村建设规划许可证，书面告知申请人并说明理由。

（三）处罚适用要点

1. 乡、镇人民政府在乡、村庄规划区发现建设单位未依法取得乡村建设规划许可证或者未按照乡村建设规划许可证的规定进行建设的，首先应立即发出停止或限期改正违法建设活动通知，责令其立即停止或改正违法建设活动，防止违法建设给规划的实施带来更多不利影响。

2. 建设单位逾期不改正违法建设活动的，乡、镇人民政府可以拆除。街道办事处属于市辖区、不设区的市的人民政府派出机关，不属于一级人民政府。根据《城乡规划法》等相关法律规范，街道办事处并无对违法建筑予以查处、强制拆除的职权，街道办事处直接以自己名义作出处罚属超越职权。县级以上人民政府可依据《城乡规划法》第六十八条的规定，责成街道办事处强制拆除违法建筑，此时街道办事处方可获得强制拆除权限。

3. 本条规定的处罚种类没有“罚款”，因此乡、镇人民政府不能对违法建设单位作出罚款的处罚决定。

九、《城乡规划法》第六十八条的理解与适用

第六十八条规定：“城乡规划主管部门作出责令停止建设或者限期拆除的决定后，当事人不停止建设或者逾期不拆除的，建设工程所在地县级以上地方人民政府可以责成有关部门采取查封施工现场、强制拆除等措施。”

（一）县级以上人民政府“责成”行为的定性

当事人不停止建设或逾期不拆除的，县级以上人民政府可责成有关部门实施行政强制行为，也可以决定自己组织实施。“责成”行为本身通常只具有内部性，是上级政府为推进行政强制执行而明确具体实施部门的内部核准指令活动，同时是一种过程性、阶段性的行政活动，其本身并不对被执行人的实体合法权益产生直接影响，不属于可诉行政行为。

（二）查封施工现场、强制拆除措施

1. 查封施工现场

县级以上地方人民政府责成有关部门以张贴封条或者采取其他必要措施，将可能影响城乡规划实施的施工现场封存起来，未经查封部门许可，任何单位和个人都不得启封、动用。这是对被执行对象的施工现场所采取的限制性措施，是为了预防、制止或控制违法建设活动的发生或扩大，依法采取的暂时性限制和使其保持一定状态的手段。

采取查封施工现场时需注意：一是有证据证明违法建设活动可能对城乡规划的实施有严重影响，造成的后果无法弥补；二是应当遵守必要的程序规定，如经过建设工程所在地县级以上地方人民政府的批准，应当通知被查封施工现场的单位负责人员到场，对被查封施工现场的设施、设备、器材应当清点、登记，并在法定期限内及时作出处理决定。

2. 强制拆除

为了保证行政处罚决定得到有效执行，避免因不当行政强制执行行为而损害相对人的合法权益，依据《行政诉讼法》的规定，公民、法人或者其他组织对具体行政行为在法定期间内不提起诉讼又不履行的，有行政强制执行权的行政机关可以依法实施强制执行。《城乡规划法》赋予了行政机关强制拆除违法建筑的权力，行政机关可以自行实施强制拆除行为，其申请人民法院予以强制执行的，人民法院不予受理。

（三）《城乡规划法》第六十八条不受《行政强制法》第四十四条限制

根据最高人民法院第一巡回法庭《关于行政审判法律适用若干问题的会议

纪要》关于如何理解适用《城乡规划法》第六十八条和《行政强制法》第四十四条规定的答复，对在建违法建筑物、构筑物、设施，根据《城乡规划法》第六十八条规定，规划部门有权对其作出责令停止建设或限期拆除的法定职权；逾期不自行拆除的，县级以上人民政府责成的有关部门有权采取查封施工现场，强制拆除在建违法建筑物、构筑物、设施等行政强制措施。有关部门对在建违法建筑物、构筑物、设施等采取查封或强制拆除行政强制措施的，不受《行政强制法》第四十四条规定的复议或起诉期限届满限制。

《行政强制法》第四十四条的规定是有关行政机关强制执行程序的规定，不适用于行政强制措施。根据《城乡规划法》第六十八条的规定对在建违法建筑物、构筑物、设施等责令停止建设或者限期拆除，实质是为制止违法行为、避免危害发生、控制危险扩大，对公民、法人或者其他组织的财物实施的暂时性控制行为，应当属于行政强制措施，而非行政强制执行措施；只有规划部门对已建成的违法建筑物、构筑物、设施等作出限期拆除决定，当事人逾期不自行拆除，县级以上人民政府责成有关部门强制拆除的行为，才属于行政强制执行行为，受《行政强制法》第四十四条的限制。

应当注意的是，根据复议、诉讼不停止执行原则，即便当事人申请行政复议或提起行政诉讼，在复议申请或起诉期限届满后，县级以上地方人民政府责成的有关部门依然有权自行强制执行。复议机关决定或人民法院裁定停止执行的除外。

第六章 “两违”典型案例

一、关于如何确认行政处罚相对人问题的案例

（一）买受人作为违法建筑物的实际继受人和控制使用人，行政机关有权对其作出行政处罚

案例：何某珠诉某市自然资源局行政处罚案。

案号：广东省高级人民法院（2019）粤行终1732号。

【基本案情】

2003年12月29日，张某与西坑经济合作社签订《山地承包经营合同》，由张某承包西坑经济社约2亩的土地，承包期50年（2003年8月21日至2053年8月20日），总承包金为1.5万元。2004年5月14日，某区人民政府颁发明林证字（2004）第014号林权证，载明上述承包林地所有权人为西坑村民小组、林地使用权人为张某、林地使用期至2053年8月20日。2015年3月30日，西坑经济社作为出租方、张某作为转租方、何某淋作为承租方签订了《山地转包合同》，由张某将其承包的上述林地转包给何某淋，转包期从2015年4月1日至2053年8月20日。2015年3月31日，张某收到何某淋支付的上述林地包括建筑物转让承包款38万元。何某淋代表何某珠购买涉案建筑物并承包上述林地的使用权，何某珠是实际权属人。

2018年11月6日，原某林业局对何某珠涉嫌擅自改变林地用途的行为予以立案查处。2018年12月7日，原某林业局作出《行政处罚听证权利告知书》《行政处罚先行告知书》，上述告知书在涉案建筑物张贴，并通过邮寄方式于同月13日向何某珠送达。2018年12月19日，原某林业局作出《行政处罚决定书》，认定西坑水库边有一处建筑物系未经林业主管部门批准和同意而擅自占用了林地，其

权属人为何某珠；被占林地为商品林，面积0.4155亩（277平方米）；根据2009年《森林法》第十八条第一款、《森林法实施条例》第四十三条第一款和《广东省林业厅行政处罚自由裁量权实施标准（试行）》（已失效）的规定，决定对何某珠责令限期一个月内恢复原状，并处非法改变用途林地每平方米10元共2770元人民币的罚款。该决定书于同月21日向何某珠邮寄送达。

另外，涉案建筑物为张某在其承包上述林地期间所建，所占林地类型为乔木林，占地面积277平方米，该建筑物的建设未经林业主管部门审核也未办理建设用地审批手续。由于机构改革，原属某林业局的职能由某市自然资源局承接。

【裁判观点】

广东省佛山市中级人民法院一审认为，原某林业局作出《行政处罚决定书》认定事实清楚，适用法律正确，程序合法，判决驳回何某珠的诉讼请求。

广东省高级人民法院二审认为，2009年《森林法》第十条规定，国务院林业主管部门主管全国林业工作；县级以上地方人民政府林业主管部门，主管本地区的林业工作；乡级人民政府设专职或者兼职人员负责林业工作。《森林法实施条例》第四十三条第一款规定，未经县级以上人民政府林业主管部门审核同意，擅自改变林地用途的，由县级以上人民政府林业主管部门责令限期恢复原状，并处非法改变用途林地每平方米10元至30元的罚款。本案中，原某林业局提交的林权证、《关于位于某镇西坑水库涉嫌违法占用林地位置的情况说明》、证明、《某市某区某镇西坑水库边建筑物占用林地调查报告》等证据可以证明涉案建筑物在林权证范围内，是未经林业主管部门审核同意，擅自改变林地用途，未办理建设用地审批手续而建设的违法建筑，该违法建筑属于非法占用林地。

违法行为处于持续状态，直至本案查处之时，涉案土地被破坏的违法行为一直处于连续、继续状态。《山地转包合同》、收据及对何某珠的调查笔录、原审庭审笔录等证据可以证明何某珠通过案外人何某淋转包获得了涉案林权证所载林地的使用权和涉案建筑物的所有权，何某珠受让涉案房屋成为房屋所有权人后，是涉案房屋的实际继受人和控制使用人，依法应承担相应的法律责任。受让关系不是何某珠放任违建行为的存在并继续非法使用的正当事由，即便本案中存在其他的行政违法行为人，依法可以另案处理，亦不影响被诉行政处罚决定的合法性。本案原某林业局依据《森林法实施条例》第四十三条的规定，作出被诉行政处罚决定,认定何某珠为责任主体,责令其限期一个月内恢复原状,并处非法改变用途林地每平方米10元共2770元人民币的罚款,认定事实清楚,适用法律正确,程序合法。原审法院经审理判决驳回何某珠关于撤销被诉行政处罚决定的诉讼请求,并无不当,依法予以维持。何某珠上诉主张本案已超过行政处罚的追诉时效,应免予行政处罚,违法行为的继续和违法状态的继续不能等同,行政机关对房屋建造人不予行政处罚,遗漏必要的共同当事人,原审判决只给15天上诉期违反法律规定等,上诉请求撤销一审判决和被诉行政处罚决定,因缺乏事实根据和法律依据,上诉理由不成立,不予采纳。因此,二审法院驳回上诉。

【提炼总结】

未经林业主管部门审核同意,擅自改变林地用途,未办理建设用地审批手续进行建设的,属于非法占用林地行为。在违法建筑未拆除前,违法行为处于持续状态,破坏土地的违法行为一直处于连续、继续状态。买受人作为违法建筑物的实际继受人和控制使用人,依法应承担相应的法律责任。

(二)买受人明知房屋不具有合法手续仍进行购买,应视为其认可对该建筑相关权利义务的承继,承担违法建筑的相应责任

案例:金某波与某区执法局城建行政处罚及行政复议案。

案号:浙江省高级人民法院(2020)浙行申653号。

【基本案情】

金某波占有使用一栋三层砖混结构建筑物,东侧部分建筑面积为19.54平方米,西侧部分建筑面积为142.90平方米,建筑面积共计162.44平方米。该土地上原为李某根的小平屋1间以及戴某保的粪间1间、粪厂2间。2004年3月16日,李某根将小平屋1间以1.6万元的价格卖给徐某健;2004年4月11日,戴某保将粪间1间、粪厂2间以500元的价格卖给徐某健。后该两处建筑被拆除并建造了三层砖混结构房屋。2008年2月25日,徐某健将该三层建筑以15.6万元的价格出让给金某波。

某区执法局在巡查中发现了该三层建筑,遂进行立案调查。2017年7月,某区执法局分别向相关部门致函。某市国土资源局(已撤销)某分局回复称该建筑物所占土地原属某村集体土地,未经依法审批,无土地登记信息,地上建筑物无房

产登记信息。该地于2013年11月因机场三期项目被依法征收为国有;某镇人民政府回复称搭建该建筑物未经该单位批准;某市规划局某分局回复称,该建设行为未取得建设工程规划许可证,且不具备补办条件。经同意延长办案时间30日后,某区执法局于2017年10月19日制作《行政处罚事先告知书》,并于次日留置送达金某波母亲。在规定期限内,金某波未向某区执法局提出陈述、申辩。2017年10月27日,某区执法局作出行政处罚决定,经核实,金某波搭建该建筑物并未办理过相关审批手续,违反了《城乡规划法》第四十条第一款的规定,属于未取得建设工程规划许可证进行建设的行为;根据《城乡规划法》第六十四条的相关规定,责令金某波7日内自行拆除该违法搭建的建筑物,建筑面积共计162.44平方米。该行政处罚决定于2017年10月27日留置送达金某波母亲。金某波不服该处罚决定,向某区政府申请行政复议。2018年2月13日,某区政府作出行政复议决定,维持了某区执法局作出的行政处罚决定。又查明,涉案房屋已于2018年2月被拆除。

【裁判观点】

宁波市海曙区人民法院一审法院认为,根据2017年《行政处罚法》第十六条、国务院国发〔2002〕17号文件、《宁波市城市管理相对集中行政处罚权实施办法》(已失效)第六条的规定,某区执法局有权对违反城乡规划管理规定的行为实施行政处罚。现有证据证实涉案建筑未经依法审批,未取得建设工程规划许可,且不具备补办条件,故可依据《城乡规划法》第六十四条的规定予以处罚。金某波认为其非涉案建筑的搭建人,故处罚对象错误。对此法院认为,金某波于2008年2月以15.6万元的价格购得了涉案建筑,其系该涉案建筑的实际占有人,且从其购得该建筑的价格中亦可推定出其对涉案建筑未取得合法所有权亦是明知的,故某区执法局对金某波作出处罚,处罚对象正确。涉案建筑自搭建后一直存在,应视为该搭建行为自发生后一直处于持续状态,故金某波提出已过处罚时效的抗辩,不予支持。

根据2017年《行政处罚法》第四十二条的规定,某区执法局在作出责令自行拆除违法建筑的行政处罚决定前应告知金某波有要求举行听证的权利;但某区执法局仅告知其有陈述和申辩的权利,未告知有要求举行听证的权利,系程序违法。某区政府在作出涉案行政复议决定时,未查明该事实而作出了维持复议决定,故亦应一并予以纠正。因此,法院判决确认某区执法局作出的行政处罚决定及某区政府作出的行政复议决定违法。

浙江省宁波市中级人民法院二审认为,根据2017年《行政处罚法》第十六条,《浙江省城市管理相对集中行政处罚权条例》(已失效)第六条第二项和《宁波市城市管理相对集中行政处罚实施办法》(已失效)第二条、第三条、第六条第二项、第七条的规定,某区执法局作为城市管理行政执法部门,具有作出被诉行政处罚决定的法定职权。涉案房屋未经规划审批于2002年至2007年将原房屋拆除后重建,在某区执法局立案调查时涉案建筑尚未取得规划审批,故该未经规划审批进行建设的违法行为属于持续状态,并不存在超过处罚时效的情形。加之涉案区块于1995年起就已列入城市规划区,1990年4月1日起施行至2008年1月1日废止的《城市规划法》第四十条的规定与《城乡规划法》第六十四条对该违法行为的处罚内容是一致的。因此,被某区执法局适用现行有效的《城乡规划法》,适用法律正确。根据《城乡规划法》第六十四条的规定,本案某市规划局某分局已经明确涉案建设行为未取得建设工程规划许可证且不具备补办条件,据此,某执法局认定涉案房屋是违法建筑并作出限期拆除的处罚决定,并无不当。

虽然涉案建筑是金某波于2008年2月2日以15.6万元的价格向案外人徐某健购买所得,但金某波作为房屋这样重大资产的买受人,正常情况下对购买房屋等不动产重大交易需要对房屋权属作必要了解。金某波未能证明购买房屋时其已经尽到的审慎注意义务或提交该房屋在其购买时具有合法手续的证据。因此,可以推定金某波购买涉案房屋时应当知晓涉案房屋不具有合法手续的事实。金某波明知涉案房屋不具有合法手续仍愿意购买,应当视为其认可对涉案建筑相关权利义务的承继,且在其使用房屋期间并未依法办理相关规划审批手续,属于违法行为的持续状态,故某区执法局将其列为被处罚人并无不当。

根据2017年《行政处罚法》第四十二条第一款的规定,本案某区执法局在作出被处罚决定之前未进行听证告知,程序重大违法。但鉴于涉案房屋已经被拆除,责令重新作出处罚决定已无实际必要,应当确认该行政处罚决定违法。某区政府作出的复议决定未对被上诉人某区执法局的重大程序违法予以纠正,应当予以撤销。

综上,判决维持宁波市海曙区人民法院(2018)浙0203行初44号行政判决中确认(2017)甬海建设一决字第37号行政处罚决定违法;撤销宁波市海曙区人民法院(2018)浙0203行初44号行政判决中确认海政行复决字〔2017〕42号行政复议决定违法;撤销海政行复决字〔2017〕42号行政复议决定。

浙江省高级人民法院再审认为,根据《城乡规划法》第六十四条的规定,本案某市规划局某分局已经明确涉案建设行为未取得建设工程规划许可证且不具备补办条件,据此,某区执法局认定涉案房屋是违法建筑并作出限期拆除的行政处罚决定,并无不当。

根据2017年《行政处罚法》第四十二条第一款的规定,行政机关作出责令停产停业、吊销许可证或者执照、较大数额罚款等行政处罚决定前,应当告知当事人有要求举行听证的权利。因此,对相对人权益有重大影响的处罚决定作出前,应当告知相对人听证的权利。本案中,某区执法局在作出被处罚决定之前未进行听证告知,程序重大违法。但鉴于涉案房屋已经被拆除,责令重新作出处罚决定已无实际必要,应当确认该行政处罚决定违法。某区政府作出的复议决定未对某区执法局的重大程序违法予以纠正,依法应当予以撤销。

涉案建筑是金某波于2008年2月2日以15.6万元的价格向案外人徐某健购买所得,在某区执法局认定涉案房屋是违法建筑,并于2017年10月27日作出限期拆除的行政处罚决定时,金某波系案涉建筑物的实际占有人,案涉建筑物的相关权利义务均由金某波承受,被诉的行政处罚决定书将其列为被处罚人并无不当。

综上,金某波的再审申请不符合《行政诉讼法》规定的情形,裁定驳回再审申请。

【提炼总结】

行政机关有权依法查处未办理规划许可证的建筑工程,如不具备补办条件,可责令限期拆除,但是应当依照法定程序,保障当事人合法权利。买受人在房屋交易中应尽到审慎注意义务,如明知房屋无合法手续仍愿意购买,则视为其认可对该建筑相关权利义务的承继。在买受人实际占有使用房屋期间未依法办理相关规划审批手续,违法行为处于持续状态,行政机关有权对其进行处罚。

(三)应该对违法建筑物的建设者进行行政处罚

案例:张某与某执法局行政处罚纠纷案。

案号:海南省高级人民法院(2020)琼行再1号。

【基本案情】

2017年5月15日,某执法局执法人员经巡查发现,张某未经规划部门批准,未取得建设工程规划许可证,在临春四封顶的混合结构房屋,占地面积为182平方米,建筑面积为546平方米,遂在制作现场笔录并绘图、拍照取证后,对张某发出《接受调查询问通知书》,于2017年5月18日9时到某区临春棚改办二楼执法大队办公室接受询问,逾期将依法采取行政强制措施。张某逾期未接受询问,2017年5月19日,某执法局作出《张某未接受调查询问笔录说明》,载明张某逾期未接受调查询问。2017年7月7日,某执法局对张某作出《行政处罚告知书》,告知其拟作出行政处罚的事实、理由、依据以及陈述、申辩和要求听证的权利。2017年7月19日,张某经申请参加了某执法局举行的听证会,称涉案房屋建于1997年至2000年。2017年10月20日,某执法局对张某作出405号处罚决定,认定张某未经规划部门批准,未取得建设工程规划许可证,擅自建设房屋的行为违反了原《城市规划法》第三十二条、原《海南经济特区城市规划条例》第三十八条之规定,依据原《城市规划法》第四十条和原《海南经济特区城市规划条例》第六十三条、第六十八条的规定,责令张某自该决定书送达之日起3日内拆除上述违法建设建筑物。某执法局向张某送达《接受调查询问通知书》、《行政处罚告知书》及405号处罚决定等执法文书时,其送达回证上虽然没有受送达人签名,但注明了因当事人拒签,执法人员已留置送达并拍照取证的情况。另外,依据《三亚市城市总体规划(1995—2010)》,临春四组位于城市规划区范围内。并且张某非临春四组村民,其建设涉案房屋时未申请取得建设工程规划许可证等审批手续。

【裁判观点】

三亚市城郊人民法院一审认为:关于某执法局作出405号处罚决定是否超越职权的问题,根据2017年《行政处罚法》第十六条、《海南省查处违法建筑若干规定》第四条第三款的规定,某执法局对某区范围内的违法建设行为依法具有行政处罚权,其作出405号处罚决定并未超越职权。关于405号处罚决定认定事实是否清楚，适用法律是否正确的问题：涉案房屋用地属临春村委会集体土地，某执法局作出405号处罚决定，认为张某的建房行为违法，并依据原《城市规划法》第四十条和原《海南经济特区城市规划条例》第六十三条的规定予以处罚。根据《土地管理法》第八条第一款的规定，城市市区的土地属于国家所有。然而，某执法局对于涉案房屋占用土地的性质尚不能确认，故其作出的行政处罚当中关于建房用地的基本事实认定不清，证据不足，适用法律错误，依法应予撤销。综上，一审法院判决撤销某执法局作出的405号处罚决定。

三亚市中级人民法院二审认为，本案的主要争议焦点是某执法局作出405号处罚决定的行政行为依据是否充分，程序是否合法，适用法律是否正确。首先，从处罚依据方面看，本案中，张某并非临春四组村民，也未提交涉案房屋用地的合法土地来源证明，其在临春四组的集体土地上建设涉案房屋，已经违反了《土地管理法》第六十三条的规定。另据《三亚市城市总体规划（1995—2010）》临春四组位于城市规划区内，张某未经依法取得建设工程规划许可证，擅自在临春四组建设涉案房屋，且该房屋存续至今，其行为违反了《城乡规划法》第四十条第一款的规定。据此，某执法局对其处于持续状态的违法建设行为作出405号处罚决定，具有充分的事实根据和法律依据。其次，从处罚程序方面看，某执法局在查处张某违法建房行为的过程中，已向张某送达《接受调查询问通知书》《行政处罚告知书》等一系列执法文书，要求其提供有关涉案房屋的报建材料及土地权证等其他资料，并告知了拟作出行政处罚的事实、理由、依据以及陈述、申辩和要求听证的权利，也依张某申请举行了听证会，但张某没有提交合法的建房依据。因此，某执法局根据调查情况作出405号处罚决定，其处罚程序符合《行政处罚法》的相关规定。最后，从法律适用方面看，鉴于张某建设涉案房屋一直未取得建设工程规划许可证，其违反规划的事实状态始终存在，故某执法局对其持续至今的违法建设行为进行处罚，应适用现时有效的《城乡规划法》的相关规定。现某执法局依据已于2008年1月1日、2009年10月1日先后废止的《城市规划法》和《海南经济特区城市规划条例》的相关规定作出405号处罚决定，属对法律适用问题的理解错误，予以纠正。

张某主张某执法局未查清涉案房屋的建设时间及房屋用地的性质等相关信息，所作出的405号处罚决定依据不足。法院认为，依据《城乡规划法》第四十条第一款的规定,是否在城市规划区内建房、是否申请办理建设工程规划许可证是审查认定张某建设涉案房屋行为是否合法的两个关键因素,至于房屋建设时间及房屋用地的性质并非认定该建房行为是否合法的必要因素。某执法局在查处张某违法建设行为的过程中,向其送达《接受调查询问通知书》,要求其提供有关涉案房屋的报建材料,并接受调查询问,已履行了调查义务。张某没有提交充分、有效的证据证明其建房时间及建房已获得规划许可,某执法局依法对其作出 405 号处罚决定,依据充分。张某前述主张没有事实根据和法律依据。一审法院以某执法局未查清涉案房屋用地性质即作出 405 号处罚决定,认定事实不清,证据不足,适用法律错误为由,判决撤销该处罚决定,系对法律适用的错误理解,法院予以纠正。

综上所述,某执法局作出 405 号处罚决定的行政行为虽然在法律适用上认识有误,但处罚依据充分,符合法定程序,实体处理结果正确。张某关于撤销 405 号处罚决定的诉讼请求依据不足,依法应予驳回。一审判决查明基本事实清楚,但适用法律不当,判决结果错误,依法应予撤销。某执法局的上诉请求及理由成立,依法予以支持。因此,法院判决撤销一审判决,驳回张某的诉讼请求。

再审查明,张某系 2003 年某村旧城改造拆迁户,在原房屋被拆迁、选择货币补偿后,2003 年 9 月 8 日,其与临春四组原籍村民高某财、高某南签订《房屋买卖合同》。合同载明高某财、高某南将其坐落于临春四组的房屋出售给张某永久居住、生活,此房屋系高某财建造,属村民房,没有任何手续。证据显示张某最早于 2005 年为涉案房屋缴纳水电费、有线电视费等相关费用。

再审中,对二审判决认定的事实,张某认为遗漏认定涉案房屋是其从临春四组原籍村民高某财处购买,而高某财房屋是在合法的宅基地上建设的,张某购买高某财涉案房屋也是行政部门默许的事实。对其余事实,各方当事人无异议。

海南省高级人民法院再审认为,本案的争议焦点是:(1)被诉 405 号处罚决定认定事实是否清楚,证据是否充分;(2)二审判决举证责任分配是否错误。

关于被诉 405 号处罚决定认定事实是否清楚,证据是否充分的问题。本案中,某执法局在查处涉案违法建筑的过程中,根据执法人员自制的临春居委会未盖章的《调查声明》,认定张某为涉案房屋的所有人和使用者,确定张某为 405 号处罚决定的行政相对人。现经再审查明,张某的房屋系 2003 年 9 月向临春四组原籍村民高某财、高某南购买所得。某执法局提交的认定涉案房屋的产权人为张某的主要证据是听证笔录、现场检查记录和照片、调查声明、张某未接受调查询问笔录说明、送达回证等,但本案中张某提交的《房屋买卖合同》、《房屋拆迁作价补偿协议书》、张某缴纳水电费、入户申请审批表、门牌登记审核表、2018 年 8 月 16 日高某财签名的证明、被调查人高某财等人的调查笔录等,证明涉案房屋的实际建设者为临春四组原籍村民高某财,2003 年 9 月 8 日高某财、高某南将涉案房屋卖给张某,以上证据对涉案建筑物的产权归属与 405 号处罚决定认定的产权人存在矛盾。某执法局未对涉案房屋的实际建造人、建造时间等事实做详细调查,即将张某列为行政相对人,主要证据不足,作出 405 号处罚决定属于在未查明事实的情况下错列或漏列行政相对人,属于查明事实不清,主要证据不足。根据《城乡规划法》第四十条、第六十四条的规定,未取得建设工程规划许可证或者未按照建设工程规划许可证的规定进行建设的处罚对象均是违法建筑的建设者;某执法局主张违法建设人是指享受违建利益的主体,张某是适格被处罚对象的主张系对法律理解错误,该项主张不能成立,再审法院不予支持。

关于二审判决举证责任分配是否错误的问题。《行政诉讼法》第三十四条规定,被告对作出的行政行为负有举证责任,应当提供作出该行政行为的证据和所依据的规范性文件;被告不提供或者无正当理由逾期提供证据,视为没有相应证据。该法第三十七条规定,原告可以提供证明行政行为违法的证据;原告提供的证据不成立的,不免除被告的举证责任。某执法局在涉案房屋的查处中认定张某为该房屋的违建户主,除有一份未盖章的《调查声明》外,没有相应的事实依据予以佐证。虽然某执法局在查处涉案房屋违法建设行为过程中,已向张某发出《接受调查询问通知书》《行政处罚告知书》等一系列执法文书,要求张某提供涉案房屋的土地权证、规划报建审批手续等相关资料,并接受调查询问,张某有义务配合调查并提供涉案房屋有关材料,但在某执法局听证笔录中,张某已提到其房屋是向他人购买一事,某执法局在处罚过程中未尽审慎审查义务,未对该线索进一步调查核实,导致事实认定有误,作出处罚决定主要证据不足。一审、二审庭审中张某也提交证据主张涉案房屋是向他人购买所得,张某提交的门牌登记审核表在“户主建房情况确认”一栏中亦载明“档案有误”,原审法院未要求某执法局对认定张某为真实户主一事予以举证,仅根据张某实际居住及缴纳相关费用等事实笼统认定其为涉案房屋户主,未合理排除涉案房屋系张某购买村民房屋的可能,就进而认定涉案房屋属违法建筑,举证责任分配确有不当,再审法院予以纠正。

综上所述,某执法局作出被诉405号处罚决定事实不清、主要证据不足,依法应予撤销。二审判决认定事实不清导致适用法律不当,判决结果有误,再审法院予以纠正。一审判决虽然认定事实不清,但判决结果正确,应予维持。经再审法院审判委员会讨论,判决如下:撤销海南省三亚市中级人民法院(2018)琼02行终135号行政判决;维持三亚市城郊人民法院(2017)琼0271行初424号行政判决。

【提炼总结】

根据《城乡规划法》第四十条、第六十四条的规定,未取得建设工程规划许可证或者未按照建设工程规划许可证的规定进行建设的处罚对象均是违法建筑的建设者,而不应当是享受违建利益的受让人。

注意点提示

笔者认为,根据《城乡规划法》第四十条、第六十四条的规定,对未取得建设工程规划许可证或者未按照建设工程规划许可证规定建设进行行政处罚的相对人应是违法建筑的建设者,一般买受人不应当成为违法建筑的行政处罚相对人。但买受人在受让违法建筑后,是违法建筑的实际继受人和控制使用人,应承担强制拆除违法建筑的义务。

(四)违法建筑建设者下落不明或者死亡的情况下,行政机关可以公告的形式告知利害关系人予以拆除

案例:陆某林不服某执法局责令限期拆除行为纠纷案。

案号:江苏省南通市中级人民法院(2020)苏06行终4号。

【基本案情】

陆某林及第三人的父亲陆某精(已故)原在某村十一组有使用面积为26.08平方米的砖木房屋一处,2001年因工程建设,该房屋进行拆迁,陆某精选择货币安置,同年以5000元的价格“永久性租借集体仓库两间,产权归其本人”。陆某精于2001年花费约3万元进行了翻建,此后居住在内。

2018 年 7 月，某执法局向陆某林及第三人调查了有关情况、发出责令改正通知书。2018 年 8 月 10 日，某执法局向陆某林及第三人发出行政处罚事先告知书。2018 年 8 月 13 日，陆某林及第三人向某执法局作出申辩。2018 年 8 月 15 日，某执法局作出行政处罚决定书，责令陆某林等 3 人 3 日内自行拆除其父亲擅自搭建的建筑物。陆某林等人不服申请行政复议，在行政复议期间，某执法局认为有新的情况需要调查，于 2018 年 10 月 25 日撤销了上述行政处罚决定书。因陆某林等人明确表示不愿意撤回复议申请，某市人民政府遂作出行政复议决定书，认为案涉房屋违反规划的事实始终存在，应当认定其违反规划有继续状态；但违反规划管理秩序的行为人即陆某精已经死亡，陆某林及第三人并未实施违法行为，某执法局以陆某林及第三人为被处罚人作出行政处罚决定，并不准确；同时某执法局对陆某林及陆某精在 2001 年搭建案涉建筑物违法规划的具体情况认定事实不清，证据不足，遂确认上述行政处罚决定书违法。

经某执法局下属开发区城管大队向规划建设部门核实，2001 年时案涉房屋所在地块属于城市规划区，目前案涉房屋所在地块规划为绿地，因此属于无法采取改正措施消除影响。某执法局于 2019 年 3 月 21 日张贴公告，载明案涉建筑物未取得建设工程规划许可证属于违法建设，因搭建当事人已经死亡，故公告告知有关利害关系人到某执法局处主张权利、接受调查或者自行拆除案涉建筑物。该公告在民生社区公开栏、案涉房屋处、案涉房屋东侧围墙进口处等予以张贴。2019 年 3 月 25 日，陆某林及张某新到某执法局处主张权利。2019 年 4 月 2 日，某执法局作出案涉责令限期拆除公告，依据《城乡规划法》第六十四条及第六十八条的规定，责令该建筑物管理人自公告发布之日起一日内自行拆除上述建筑物，逾期不拆除的，某执法局将依法拆除；责令该建筑物使用人自该公告发布之日起一日内自行腾退其使用的房屋，逾期不腾退的，所造成的后果自负。该责令限期拆除公告在案涉房屋东侧围墙、村务公开栏及房屋处进行了张贴。2019 年 4 月 4 日，某执法局作出了强制拆除事先催告书公告，催告违法建筑的管理人和使用人在公告之日起一日内腾退房屋和拆除上述违法建筑物。上述公告亦张贴于村组围墙、村公务栏及该房屋处。2019 年 4 月 8 日，两位第三人向某执法局提交了书面陈述材料，同日某执法局向某某市人民政府申请强制拆除案涉房屋。2019 年 4 月 11 日，某市人民政府作出责成强制拆除决定书，责成某执法局在收到决定书之日起7个工作日内组织人员对案涉房屋实施强制拆除。2019年4月18日，某执法局作出强制拆除公告，责令违法建筑物管理人于2019年4月19日13时30分前自行拆除上述建筑，在规定期限内未拆除的，某执法局将于2019年4月19日13时30分起依法拆除。2019年4月19日，案涉房屋被拆除。陆某林认为2019年4月2日某执法局张贴的责令限期拆除公告违法，故起诉请求法院依法撤销上述责令限期拆除公告，消除影响，并赔礼道歉。

【裁判观点】

南通经济技术开发区人民法院一审认定如下。

第一，某执法局有权予以处理。依据《城乡规划法》第六十四条、苏府法函〔2012〕41号文、通政发〔2012〕86号文等规定，某执法局作为行使相对集中行政处罚权的行政机关，对案涉房屋是否属于违法建筑有权予以查处认定。

第二，案涉房屋应为违法建筑物。根据2017年《行政处罚法》第二十九条、法工办发〔2012〕20号文、建法〔2012〕43号文的相关规定，本案房屋是陆某精于2001年翻建所购村集体仓库建成，翻建之时并未取得建设规划许可和用地审批等材料，且该事实状态一直持续，仍应对其进行处罚。案涉建筑物查处时，行之有效的法律为《城乡规划法》，因此对于案涉房屋是否属于违法建设以及如何查处的问题，应当适用《城乡规划法》的相关规定。根据《城乡规划法》第四十条的规定，陆某林及第三人之父陆某精在翻建案涉房屋之时，并未向有关部门提交使用土地证明等文件资料并借此办理建设工程规划许可证，故案涉翻建的房屋当属违法建筑物。

第三，某执法局作出案涉责令限期拆除公告存在认定事实不清、适用法律错误、违反法定程序等问题。首先，某执法局作出责令限期拆除公告的过程中未能正确认定案涉房屋的管理人或者使用人，案涉房屋并非无法确定管理人或者使用人。案涉责令限期拆除公告作出之前，并无相关部门依法认定案涉房屋为违法建设，证明案涉建筑物并非陆某林及第三人之父的合法财产。在案涉房屋未被认定为违法建筑之时，在行政程序中行政机关不得先入为主，在有效认定作出之前断定其为违法建筑，进而否定陆某林及第三人作为实际管理人或者使用人的身份。无论上述房屋是否被有关部门认定为违法建筑物，陆某林及第三人作为陆某精法定序位的继承人，对于案涉房屋也具有事实上的控制和支配权利，陆某林及第三人对案涉房屋存在客观上的管领，已经形成占有的事实状态。因此陆某精去世后，作为陆某精法定继承序位的陆某林及第三人，当然是上述房屋的管理人或者使用人，在行政程序中陆某林及第三人也多次主张权利，某执法局在作出责令限期拆除公告的过程中并未正确认定陆某林及第三人为案涉房屋的所有权人或者管理人，当属认定事实不清。

其次，某执法局作出的责令限期拆除公告存在决定内容不当、适用法律错误等情形。其一，依据《城乡规划法》第六十四条、《关于规范城乡规划行政处罚裁量权的指导意见》第四条的规定，本案中陆某林及第三人之父陆某精所翻建的房屋并未取得建设工程规划许可证，也未取得城乡规划主管部门的建设工程设计方案审查文件，亦未有用地审批手续等材料，当然不属于“尚可采取改正措施消除影响”之情形，依法可责令限期拆除。但本案中某执法局责令限期拆除的日期仅为一日，作为房屋管理控制的陆某林及第三人显然难以在责令的一日内拆除完毕，某执法局的责令期限明显不当。其二，某执法局作出“责令腾退”的决定内容并无法律根据。在案涉责令限期拆除决定公告中，某执法局所作决定适用的是《城乡规划法》第六十五条、第六十八条的规定，但综观上述条款，并没有规定行政机关在作出责令限期拆除决定时可以一并作出“责令腾退”的决定，某执法局适用《城乡规划法》第六十五条、第六十八条的规定作出“责令腾退”的决定，显然属于适用法律错误。

最后，某执法局在作出案涉责令限期拆除公告时存在程序违法之情形。行政机关履行法定职责过程中，所涉部门法律、法规、规章没有规定具体履行职责期限的，应该按照《行政诉讼法》规定的两个月期限来计算履职期限。《行政处罚法》、《城乡规划法》、《江苏省城乡规划条例》、原《江苏省行政程序规定》虽然并未对城乡规划建设事务管理过程中的行政执法行为作出具体的期限规定，但是作为法律的《行政诉讼法》第四十七条对行政机关履行法定职责的期限有明确规定。《行政诉讼法》第四十七条第一款规定：“公民、法人或者其他组织申请行政机关履行保护其人身权、财产权等合法权益的法定职责，行政机关在接到申请之日起两个月内不履行的，公民、法人或者其他组织可以向人民法院提起诉讼。法律、法规对行政机关履行职责的期限另有规定的，从其规定。”从该款规定可以看出，行政机关应依照当事人申请履行法定职责，行政机关的履职期限没有特别规定的，按照两个月来计算履职期限。这里的两个月应适用于法律、法规等对行政机关履行职责期限没有作出规定的所有情形。在实践中,行政机关履行职责的启动方式无非主动启动和被动启动两种,不管何种情形下的职责行使,对于履行职责的期限在法律上应该是统一确定或者要求一致的,这种履行职责的期限不因职责启动的方式而有所差别,这也符合法的统一性的基本要求。也就是说,在法律、法规没有作出具体规定的情况下,行政机关在履行社会管理的职责当中,没有法定或者正当事由,应当普遍遵守《行政诉讼法》规定的两个月的履职期限。又根据 2017 年《行政处罚法》第五十四条第二款的规定,行政机关有对行政处罚决定自行纠错的职责,而行政机关纠错后重新作出决定的期限,从督促行政机关自行纠错、主动化解争议的角度看,处理期限应从其主动纠错后重新起算。本案中,某执法局撤销原行政处罚决定书的日期为 2018 年 10 月 25 日,即主动纠错的日期为 2018 年 10 月 25 日,但作出案涉责令限期拆除公告的日期却为 2019 年 4 月 2 日,显然超出了上述法律规定的两个月的期限,违反了法定程序。

综上,一审法院认为某执法局所作案涉责令限期拆除公告存在认定事实不清、适用法律错误、处理期限超期、所作决定明显不当之情形,依法应当予以撤销。对于陆某林的消除影响、赔礼道歉之请求,因本案并不存在《国家赔偿法》第三条、第十七条规定的违法行为致精神损害之情形,依法不予支持。因此,判决撤销某执法局 2019 年 4 月 2 日作出的责令限期拆除公告,驳回陆某林的其他诉讼请求。

江苏省南通市中级人民法院二审认为,某执法局经上级人民政府批准集中行使城乡规划管理方面行政处罚权,某执法局依法具有作出被诉行政行为的职权,陆某林关于某执法局对案涉违法建设行为无查处职权的主张不能成立。

关于案涉房屋是否属于违法建筑物的问题。根据 2001 年 1 月 1 日施行的《江苏省土地管理条例》第三十五条第一款,1993 年 11 月 1 日起施行的《村庄和集镇规划建设管理条例》第十八条、第三十七条,1990 年 4 月 1 日起施行的《城市规划法》(已失效)第三十二条、第四十条的规定,在案涉建设行为发生的 2001 年前后,无论农村还是城市规划区,我国法律法规都规定建房应当履行相关审批手续,未经审批建房应当承担相应的法律责任。故某执法局将案涉房屋作为违法建筑予以处理并无不当。陆某林与陆某精原房屋以货币补偿的方式进行了拆迁,陆某精后购买仓库的行为与拆迁安置在法律上没有关联性,因此陆某林及第三人所主张的案涉房屋系从村集体购买的合法的安置房屋,以及仅是屋面翻修,无须办理审批手续,不应认定为违法建筑的主张不能成立。

关于被诉责令限期拆除公告中事实认定是否清楚的问题。被诉责令限期拆除公告中对于案涉建筑物的状况进行了描述、对房屋性质进行了认定,同时也对陆某林及第三人主张的与案涉房屋之间的关系予以载明,该事实认定并无不当。责令限期拆除是我国《城乡规划法》规定的针对未经许可的违法建设行为作出的处理决定,责令限期拆除的相对人也即拆除义务主体的确定是该决定的重要组成部分。通常情况下,责令限期拆除的义务主体自然是违法建设行为人,但在行为人下落不明或者死亡的情况下,建筑物的继受人、管理人或者使用人也可能成为义务主体。本案中,被诉责令限期拆除决定以公告的形式作出,意味着该决定并未以陆某林及两个第三人为房屋的管理人或者使用人而将其作为拆除义务主体。二审法院认为,根据本案实际案情,该做法并不构成违法,一审法院认为某执法局未能正确认定案涉房屋的管理人或者使用人,认定事实不清,应予纠正。理由如下:实际管理使用人并不必然是拆除义务主体。案涉房屋是由陆某林及两第三人的父亲生前所建。现实生活中,父母遗留的房产通常由其子女继承并享有所有权。原《民法总则》第一百二十四条规定自然人合法的私有财产可以依法继承,原《继承法》第三条规定遗产是公民死亡时遗留的个人合法财产。可见,公民只有对合法财产才依法享受继承权。案涉房屋系违法建筑,因此依法不能作为合法财产予以继承。限期拆除是法律规定的违法建设行为所应承担的法律责任,基于权利义务相统一原则,既然陆某林及两第三人不是法律意义上的权利人或受益人,更不是违法行为人,即使作为原行为人的子女实际占有该房屋,也不负有限期拆除该房屋的法律责任。对于行政行为事实认定方面的司法审查,只有在该事实是作出某一行政行为依法应当具备的事实要件,而行政机关认定该事实主要证据不足、认定错误的情况下,才能以事实不清认定违法。案涉违法建设行为客观存在,但行为人已死亡,在陆某林及两第三人不负有法定拆除义务的情况下,其是否是案涉房屋的管理人或者使用人的事实并不是某执法局针对案涉违法建设行为作出责令限期拆除必备的事实要件。一审法院认为某执法局未正确认定陆某林等人为房屋的所有权人或者管理人构成违法,没有法律依据,不能成立。

关于某执法局以作出责令限期拆除公告的方式对违法建筑予以处理是否合法的问题。虽然陆某林及两第三人对案涉房屋不构成合法继承,也不是拆除行为的义务主体,但根据社会生活中子女对父母生前住所自然传承、继续使用的现实状况,陆某林及两第三人应当被视为案涉房屋的实际管理、使用人,不能否认拆除行为客观上可能对陆某林及两第三人产生一定影响。因此,本案仍需关注被诉限期拆除决定以公告的形式作出而未根据上述客观实际情况向陆某林及两第三人作出是否合法,是否侵害上述人员的合法权益。首先,根据《城乡规划法》第六十四条的规定,从事违法建设行为应当依法受到相应的行政处罚。而行政处罚的对象作为行政法律责任的承担者,通常情况下应当是违法行为人。本案的违法行为人是陆某精,而陆某林及两第三人作为陆某精的子女,并不负有限期拆除该违法建设的法律责任,更不应成为被处罚人。从我国现行法律法规看,对于该情形下的违法建设行为及违法建筑如何处理,并无具体明确的操作性的规定。其次,综观案涉房屋的前后执法经过,某执法局先前曾以陆某林及第三人张某新、陆某珍为相对人作出行政处罚,陆某林及第三人即以其不是违法建设行为人等理由提起行政复议。在复议期间,该行政处罚被某执法局自行撤销。某执法局在针对案涉违法行为重新作出决定时选择责令限期拆除的方式消除违法状态,避免了建设行为人已死亡,无被处罚对象的执法困境。重新作出的责令限期拆除决定以公告的形式作出,而未直接向陆某林及第三人张某新、陆某珍作出,也避免了将上述人员确定为限期拆除的义务主体。因此,某执法局选择公告的方式也具有一定的客观原因。最后,在本案的实际执法过程中,尽管某执法局未将被诉责令限期拆除决定直接向陆某林及两第三人作出,但上述人员对被诉行为知晓,也进行了陈述、申辩,陆某林及两第三人的实体权利并未受到侵害。综上,在该方式不违反法律的强制性规定,也未明显侵害陆某林等人权利的情况下,人民法院不应对该方式的合法性轻易予以否定。

需要指出的是,尽管陆某林及两第三人不能取得房屋的所有权,但不排除对于房屋的建筑材料以及屋内物品等享有的合法权利,责令限期拆除决定势必对陆某林等造成影响,某执法局未直接向陆某林及两第三人予以送达告知有所不当。鉴于本案中某执法局未将陆某林等列为相对人,以公告形式作出并无明显不当,且未实质侵害陆某林及两第三人的合法权益,因此,上述情形可以认定为执法中的瑕疵,尚不足以影响被诉限期拆除公告的合法性。但某执法局在今后执法过程中,对于违法建设行为人已死亡情形下的执法程序应当进一步规范和完善。

关于被诉责令限期拆除公告适用法律是否正确的问题。根据《城乡规划法》第六十四条的规定,案涉房屋系违法建筑,依法属于无法采取改正措施消除影响的情形,应当限期拆除。对于限定的拆除期限,法律并未作具体规定,因此该期限的确定属于行政机关自由裁量的范围。而行政机关行使自由裁量权,只有在明显不当的情况下,才会动摇行政行为的合法性。通常情况下限定一日内拆除房屋,确实较为紧迫。但案涉违法建筑已存在多年,且面积较小、结构简单,行政机关根据实际状况作出的能在一日内完成拆除的判断并无明显不当。对于某执法局作出的“责令腾退”的决定是否违法的问题,尽管《城乡规划法》第六十四条并无责令腾退的规定,但房屋的拆除必然需要将屋内物品腾空,因此,某执法局在责令限期拆除的同时要求房屋使用人腾退,并未额外增加相对人或者利害关系人的法定义务,属于合理告知。该行为并无违反法律强制性规定的情形,也未实际侵害陆某林及两第三人合法权益,因此,一审法院认定该行为违法错误,二审法院予以纠正。

关于某执法局作出被诉责令限期拆除公告的程序是否违法的问题。某执法局对于在执法中发现的案涉违法建设行为依职权予以处理,在执法过程中听取了陆某林及两第三人的陈述、申辩意见,依法作出被诉责令限期拆除公告,执法行为并无违法之处。行政机关应当在法定期限内履行法定职责是行政执法程序方面的要求之一。虽然我国法律法规对于违法建设行为的查处期限未作明确规定,但法律适用具有一定的统一性,无论是一般法还是特别法,对于行政机关履行法定职责期限的规定,其宗旨都在于督促行政机关加强行政管理,依法及时行使职权,使行政法律关系及早稳定。我国《行政诉讼法》规定申请人在行政机关接到履职申请后两个月内不履行的,有权提起诉讼,法律法规另行规定的除外。这也就意味着,一般情况下,行政机关应当在两个月内履行职责。尽管上述规定针对依申请履职行为,但依职权和依申请只是执法启动方式有所区别,所追求的行政执法目的一致,因此,对于履行职责的期限也不应有区别。故对一审法院关于行政执法履行期限的一般原则的阐述,二审法院不予否定。但对于行政机关有无在法定期限内履行职责的审查,还应结合实际案情以及行政机关是否存在影响履职期限的正当理由等加以判断。就本案而言,因案涉违法行为人已死亡,某执法局先前作出的以陆某林等为被处罚人的行政处罚决定书被自行撤销。对于违法行为人已死亡的情形下违法建设行为作出何种形式的处理决定,法律并无明确规定。后某执法局重新以作出责令限期拆除公告的方式处理,这一决定的作出不能当然认为系先前行政处罚程序的延续而从行政处罚决定撤销之日起计算履职期限。某执法局于 2019 年 3 月 21 日张贴公告,告知有关利害关系人主张权利,听取陆某林等人的意见后于 2019 年 4 月 2 日作出被诉责令限期拆除公告,并无明显怠于履行法定职责的情形。故一审法院从行政处罚决定书撤销之日开始计算责令限期拆除的履职期限,认定被诉行政行为超过法定履职期限构成违法,缺乏法律依据,二审法院予以纠正。

综上,被诉责令限期拆除公告认定事实、适用法律、执法程序并无违法之处,一审法院所认定的被诉公告认定事实不清、适用法律错误、程序违法,二审法院予以纠正。陆某林提出的消除影响、赔礼道歉的诉讼请求不属于《国家赔偿法》规定的赔偿范围,一审法院不予支持正确,二审法院予以维持。据此,判决撤销南通经济技术开发区人民法院作出的(2019)苏 0691 行初 486 号行政判决,驳回陆某林的上诉请求。

【提炼总结】

未办理建设规划许可和用地审批等审批手续翻建房屋属于违法建设,且违法事实一直持续,行政机关有权责令限期拆除,其相对人即拆除义务主体通常情况下是违法建设行为人。在违法建设者下落不明或死亡的情形下,继承人只对合法财产依法享受继承权,因此不能继承违法建筑,不负有限期拆除违法建设的法律责任,不应成为处罚相对人。同时,不应排除继承人对于违法房屋的建筑材料以及屋内物品等享有的合法权利,行政机关对违法建筑责令限期拆除时应告知利害关系人,以公告的方式告知并无不当。

二、关于“两违”整治中的部门职责边界问题的案例

(一)农民违法占地建住宅由农业农村部门查处

案例:赵某与某区农业农村局不履行法定职责案。

案号:陕西省商洛市中级人民法院(2021)陕 10 行终 15 号。

【基本案情】

赵某与全某系邻居。2020 年 5 月 15 日，赵某以邮寄的方式向某区农业农村局邮寄《违法建筑查处申请书》，反映其邻居全某所建的四间两层砖混房屋，系无任何建房审批手续的违法建筑，要求查处。某区农业农村局收到后进行了调查，认为其目前不具备执法主体资格，于 2020 年 5 月 26 日向某某镇人民政府发出《关于建议处理某某村村民赵某举报全某违法建房调查的函》，建议其尽快拿出处理意见并做好群众疏导工作。2020 年 7 月 20 日，赵某提起行政诉讼，要求某某区农业农村局履行法定职责，对全某违法建房行为进行处理。

【裁判观点】

洛南县人民法院一审认为，根据《土地管理法》第六十七条第二款、第七十八条第一款的规定，本案中某区农业农村局作为县级以上人民政府农业农村主管部门，自 2020 年 1 月 1 日起，对涉及农村村民违法占地修建住宅事项具有查处、监管的法定职责，某区农业农村局认为其目前尚不具备执法主体资格、尚未明确其具体执法管理手段的观点于法无据。故判决责令某区农业农村局在判决生效之日起 90 日内对赵某投诉事项依法作出处理。

陕西省商洛市中级人民法院二审认为，2020 年 1 月 1 日起施行的《土地管理法》第七十八条第一款规定，农村村民未经批准或者采取欺骗手段骗取批准，非法占用土地建住宅的，由县级以上人民政府农业农村主管部门责令退还非法占用的土地，限期拆除在非法占用的土地上新建的房屋。依据该规定，2020 年 1 月 1 日以后农村宅基地上非法占地建住宅的查处工作，属于农业农村部门的法定职责。2019 年 12 月，农业农村部、自然资源部印发《关于规范农村宅基地审批管理的通知》指出“农业农村部门负责农村宅基地改革和管理工作，建立健全宅基地分配、使用、流转、违法用地查处等管理制度，完善宅基地用地标准，指导宅基地合理布局、闲置宅基地和闲置农房利用”。2021 年 1 月 14 日，陕西省农业农村厅、陕西省自然资源厅印发陕农发〔2021〕5 号《关于进一步规范农村宅基地审批管理的通知》，对农业农村部、自然资源部《关于规范农村宅基地审批管理的通知》予以转发。2021 年 1 月 27 日，商洛市农业农村局、商洛市自然资源局对陕农发〔2021〕5 号通知亦转发执行。由此可见，在农村宅基地管理方面，农业农村部门和自然资源部门的职责分工是明确的，对于农村宅基地违法用地查处职责，无论是新的法律规定，还是部门职责分工，都明确由农业农村部门负责。本案中，赵某向某区农业农村局投诉全某无审批手续违法建住宅，其时间在新土地管理法实施之后，某区农业农村局具有依法查处的法定职责，其未就赵某投诉事项作出处理，属于未履行法定职责的情形，一审法院判决由某区农业农村局履行法定职责并无不当，该判决结果正确，依法应予维持。某区农业农村局因人员机构、编制、程序等衔接不畅，政策执行不到位、无法执法等问题，属于行政机关内部具体执行的问题，并不能作为农业农村部门不履行法定职责的理由。某区农业农村局认为其只对于2020年以后的宅基地违法用地行为有查处的法定职责，目前其本身不具备执法主体资格且无明确执法程序依据，故不存在不履行法定职责行为的上诉观点，于法无据，法院不予支持。综上所述，某区农业农村局的上诉观点和理由不能成立，依法应予驳回。原判认定事实清楚，程序合法，处理结果正确，依法应予维持。因此，判决驳回上诉，维持原判。

【提炼总结】

行政机关内部具体执行的问题不能作为不履行法定职责的理由。此类问题包括但不限于人员机构、编制、程序等衔接不畅，政策执行不到位、无法执法等问题。

（二）城管部门集中行使行政处罚权后，原机关不再行使相应职权

案例：王某等8人诉某市规划局、某市执法局不履行城市规划管理法定职责案。

案号：最高人民法院（2017）最高法行申2156号。

【基本案情】

甘州市场位于甘肃省××东街，东与地区二轻公司门市部以围墙相隔。1996年，某市城乡建设委员会同意将原地区二轻工业供销公司修建商业网点，王某等8人均为该商业网点业主。2005年4月20日，新乐超市向区人民政府上报《整体租赁改造经营甘州市场的方案》。2005年7月11日，某区人民政府常务会议研究通过《关于甘州市场整体出租的报告》，将甘州市场租赁给新乐超市进行改造，租赁期限为2005年8月14日至2025年8月14日。租赁期间，新乐超市拆除大棚改造为活动板房。2008年8月2日，某区市场建设服务中心向某市规划局报

送《关于申请甘州市场整体改造规划报告》，某市规划局于8月8日作出张规函〔2008〕105号答复，认为甘州市场的改造规划方案符合《某市城市总体规划》的要求，同意按照规划中确定的“三区两楼”的格局对甘州市场进行整体改造。

2015年4月至5月，王某等8人向某市规划局、某市执法局提交《请求确认行政机关履行法定职责确认违章建筑并作出拆除决定申请书》，某市执法局于5月6日作出答复认为“14间活动板房属于新乐超市《整体租赁改造经营甘州市场的方案》中的一部分，不属于我局执法范围”。6月2日，某市规划局作出张规函〔2015〕69号答复：“在改造施工期间，市场中心没有向我局申请修建许可和上报修建性详细规划，我局也未办理其他任何修建许可手续。”2015年6月25日，王某等8人信访，要求某市执法局依法确认甘州市场东侧14间活动板房为违章建筑并作出拆除决定。某市执法局于2015年7月3日向王某等8人出具信访事项实体性受理告知书，并按原《信访条例》的规定，于2015年9月2日前办结并书面答复王某等8人。2015年8月28日，某市执法局作出张城管罚决字(2015)西第10号行政处罚决定，责令新乐超市立即改正违法行为，补办建设工程规划许可证并罚款21,970元。

另查明：2006年4月19日，甘肃省人民政府作出甘政函〔2006〕20号《关于某市开展相对集中行政处罚权工作的批复》，同意某市开展相对集中行政处罚权工作。对未取得建设工程规划许可证的违法建设案件，某市执法局具有行政处罚权。2007年12月25日，某市机构编制委员会办公室张机编办〔2007〕57号《关于市规划管理局内部增设规划监察科、市政规划科的批复》确定规划监察科的职能为负责对在建工程进行规划审批后管理和监督监察等。

王某等8人起诉称，新乐超市于2005年在甘州市场东侧修建的14间活动板房，未取得临时建设用地规划许可证、临时建设工程规划许可证，属违章建筑的事实明确。其向某市规划局、某市执法局申请要求拆除新乐超市修建的违章建筑，但某市规划局、某市执法局拒不履行法定职责，已经构成行政不作为。请求法院判令某市规划局、某市执法局履行法定职责，依法确认新乐超市在甘州市场东侧修建的14间活动板房为违章建筑，并作出拆除违章建筑的行政处罚决定。

【裁判观点】

嘉峪关市中级人民法院一审认为，甘政函〔2006〕20 号《关于某市开展相对集中行政处罚权工作的批复》和张机编办〔2007〕57 号《关于市规划管理局内部增设规划监察科、市政规划科的批复》已将某市规划局和某市执法局的职权范围予以划分，某市规划局负责在建工程规划审批后管理和监督监察；某市执法局对未取得建设工程规划许可证的违法建设案件具有行政处罚权。此案涉案活动板房因未办理修建许可手续，不属于某市规划局的管理与监督监察职责范围，王某等 8 人向某市规划局提出申请后，某市规划局进行了答复，履行了法定职责。甘州市场的改建规划虽符合区“三区两楼”的整体设计要求，但新乐超市在实施改建过程中未办理建设工程许可证，某市执法局依法对新乐超市进行行政处罚，亦履行了法定职责。因此，法院判决驳回王某等 8 人的诉讼请求。

甘肃省高级人民法院二审判决驳回上诉，维持原判。

最高人民法院再审认为，不履行法定职责是行政机关负有法律、法规、规章明确规定的行政管理职责，在公民、法人或其他组织要求其履行职责时，不予答复、拖延履行或拒绝履行的行为。王某等 8 人分别向某市规划局、某市执法局提出申请，请求行政机关履行法定职责确认新乐超市涉案 14 间板房为违章建筑并作出拆除决定。依据《城乡规划法》第九条第二款“任何单位和个人都有权向城乡规划主管部门或者其他有关部门举报或者控告违反城乡规划的行为。城乡规划主管部门或者其他有关部门对举报或者控告，应当及时受理并组织核查、处理”的规定，王某等 8 人向某市规划局、某市执法局提出的申请属于对违法建设的举报行为。因王某等 8 人是甘州市场中商业门店所有权人，其所举报要求确认的违章建设对其经营产生实际影响，故其申请行政机关确认违章建设并拆除的请求虽为举报，但申请机关对其举报事项的处理，与其有利害关系。王某等 8 人在其举报违法建设后，对行政机关的核查处理的行为具有原告主体资格。具有法定职责的行政机关对王某等 8 人所举报的行为不予核查、处理，构成不履行法定职责。

关于本案具有受理投诉及核查处理的法定职责机关的确认问题。《城乡规划法》第十一条规定：“国务院城乡规划主管部门负责全国的城乡规划管理工作。县级以上地方人民政府城乡规划主管部门负责本行政区域内的城乡规划管理工作。”根据该条规定，某市规划局为县级以上地方人民政府城乡规划主管部门，具有对某市违法建设的处罚职责。但根据2009年《行政处罚法》第十六条“国务院或者经国务院授权的省、自治区、直辖市人民政府可以决定一个行政机关行使有关行政机关的行政处罚权,但限制人身自由的行政处罚权只能由公安机关行使”的规定,国务院授权的省级政府可决定将除行政拘留以外的行政处罚权集中行使。本案中,甘肃省人民政府甘政函〔2006〕20号《关于某市开展相对集中行政处罚权工作的批复》,同意某市成立某市执法局,并行使城市规划管理方面法律、法规、规章规定的部分行政处罚权,其中包括对未取得建设工程规划许可证的违法建设案件的行政处罚权。该批复还明确行政处罚权相对集中后,原有关部门不再行使已经统一由某市执法局行使的行政处罚权。另外某市机构编制委员会办公室张机编办〔2007〕57号《关于市规划管理局内部增设规划监察科、市政规划科的批复》,确定规划监察科的职能为负责对在建工程进行规划审批后管理和监督监察等。本案中因某市规划局对城市规划管理(除在建工程)的行政处罚权已集中由某市执法局行使,故某市规划局已不再具有对未取得建设工程规划许可证的违法建设行为的行政处罚权。故具有受理王某等8人投诉并作出行政处罚职权的是某市执法局。

关于某市规划局是否构成不履行法定职责的问题。《城乡规划法》第九条第一款规定:“任何单位和个人都应当遵守经依法批准并公布的城乡规划,服从规划管理,并有权就涉及其利害关系的建设活动是否符合规划的要求向城乡规划主管部门查询。”王某等8人作为甘州市场的商业门店所有人,与甘州市场整体改造中14间板房的建设有利害关系,其向某市规划局提出的申请中要求确认该板房为违章建筑的内容,实质上是就14间板房是否属于违章建筑向某市规划局提出了查询。某市规划局收到王某等8人申请后,作出张规函〔2015〕69号答复,认定王某等8人请求的新乐超市修建的14间板房未办理修建许可证,已履行了法定职责,不构成行政不作为。

关于某市执法局是否构成行政不作为的问题。某市执法局具有对王某等8人举报违法建设行为的行政处罚权。某市执法局2015年4月在接到王某等8人举报申请后,依据某市规划局张规函〔2008〕105号答复,认定14间板房属于经规划批准的建设,向王某等8人作出不属于其执法范围的答复;2015年6月在获知举报建筑未取得建设工程规划许可证后,即在8月对新乐超市作出了行政处罚。

某市执法局已对王某等8人的违法建设的举报申请作出了处理,已履行了法定职责,不构成行政不作为。对于某市执法局对新乐超市作出的行政处罚,是其履行王某等8人举报申请作出的行政行为,该行政处罚是否合理、程序是否合法等不是本案所要审查的内容。对于王某等8人提出的某市执法局未在其信访事项实体性受理告知书规定承诺时间内向其进行书面答复的问题,经过核实,某市执法局确未依其出具的告知书,于9月2日前告知其已就王某等8人投诉作出了行政处罚,但根据王某等8人上诉及再审理由可知,王某等8人已知道某市执法局对新乐超市的违法行为作出了补办建设工程规划许可证、行政罚款的行政处罚决定。某市执法局虽未向王某等8人作出信访答复,但已履行了对违法建设查处的法定职责,未作信访答复并不影响本案的处理。

综上,裁定驳回王某等8人的再审申请。

【提炼总结】

省政府决定城管部门相对集中行使城市规划管理方面法律、法规、规章规定的部分行政处罚权后,原有关部门不再行使已经统一由城管部门行使的行政处罚权。

三、关于“一事不再罚”原则的案例

(一)同一行政机关不得对同一违法行为以同样的理由作出两次行政处罚

案例:某市自然资源局与林某责令退还非法占用土地及责令限期拆除案。

案号:黑龙江省绥化市中级人民法院(2021)黑12行终26号。

【基本案情】

林某于2010年在某市某镇某村建房时,未办理土地申请审批手续,占地面积1186.67平方米。林某持有两本土地使用证名字分别为谷某、林某峰,使用面积合计1296.25平方米。2015年9月15日,某市国土资源局(已撤销)出具情况说明,宣告谷某集体土地使用权证书无效。后某市国土资源局又以安国土资函〔2018〕17号某市国土资源局文件函告法院,林某所持的土地使用者分别为林某峰、谷某的土地权利证书予以公告撤销。某市国土资源局于2019年11月13日对原告林某作出了安自然资执告(2019)14号行政处罚告知书、安自然资执听告

(2019)14 号行政处罚听证告知书,林某申请听证,2019 年 11 月 28 日某市国土资源局举行听证,林某委托代理人刘某参加听证。2019 年 12 月 31 日某市国土资源局作出了安自然资执罚(2019)14 号行政处罚决定书。林某不服,于 2020 年 1 月 17 日向某市自然资源局申请复议。某市自然资源局于 2020 年 4 月 26 日作出绥自然资复准撤(2020)1 号准予撤回行政复议申请通知书,准予申请人撤回行政复议申请,同时行政复议终止。2020 年 6 月 28 日,林某向安达市人民法院提起行政诉讼,请求依法撤销某市自然资源局安自然资执罚(2019)14 号行政处罚决定书,诉讼费用由某市自然资源局承担。

【裁判观点】

安达市人民法院一审认为,《国土资源行政处罚办法》第二十九条第二款规定行政处罚决定书中应当包括行政处罚告知,当事人陈述、申辩或者听证的情况。本案中,某市自然资源局作出的安自然资执罚(2019)14 号行政处罚决定书违反了上述规定,法院不予支持,依法应予撤销。根据《行政诉讼法》第六十三条、第七十条的规定,判决撤销某市自然资源局作出的安自然资执罚(2019)14 号行政处罚决定书。

二审另查明,某市自然资源局认为林某未经人民政府国土资源行政主管部门批准,擅自在某屯建宅基地占集体土地的行为违反了《土地管理法》第五十九条的规定,于 2015 年 11 月 11 日作出安国土资执罚(2015)14 号行政处罚决定书,决定处罚内容如下:责令在 15 日内退还非法占用的土地,限期拆除在非法占用的土地上新建的房屋。某市自然资源局申请安达市人民法院强制执行,因送达程序不合法,安达市人民法院裁定不准予强制执行。某市自然资源局申请复议,绥化市中级人民法院裁定驳回复议申请,维持原裁定。某市自然资源局于 2019 年 12 月 31 日作出安自然资执罚(2019)14 号行政处罚决定书,决定处罚的内容与安国土资执罚(2015)14 号行政处罚决定书处罚决定内容相同。

绥化市中级人民法院二审认为,2017 年《行政处罚法》第二十四条规定:“对当事人的同一违法行为,不得给予两次以上罚款的行政处罚”。这是“一事不再罚原则”的法定含义,按照一般法律适用规则理解,“一事不再罚”也应当是指同一违法行为不能给予两次以上的相同或者类似性质的行政处罚。其目的是防止行政机关重复处理,保护行政相对人的合法权益。本案中,某市自然资源局在其作出的安国土资执罚(2015)14号行政处罚决定书未被撤销的情形下，又以同样的理由作出处罚内容相同的安自然资执罚(2019)14号行政处罚决定书，违反法律规定，应予以撤销。某市自然资源局作出〔2019〕14号行政处罚决定书前已履行了听证程序，并在处罚决定书中予以体现，原审法院以处罚决定违反《国土资源行政处罚办法》第二十九条第一款予以撤销，显属不当，法院予以纠正。但因原审判决处理决定正确，法院予以维持。综上，依照《行政诉讼法》第八十九条第一款第一项之规定，判决驳回上诉，维持原判。

【提炼总结】

对当事人的同一违法行为，不得给予两次以上罚款的行政处罚。在行政机关作出的行政处罚决定书未被撤销的情形下，其又以同样的理由作出处罚内容相同的新的行政处罚决定书，违反了“一事不再罚”原则。

(二)不同行政机关对同一违法行为不得作出两次罚款处罚

案例：某执法局申请执行某市甲子化工有限公司行政处罚非诉讼执行案。

案号：山东省东营市中级人民法院(2019)鲁05行审复2号。

【基本案情】

某市甲子化工有限公司(原名为某市枣园化工有限公司)于2009年在某区某镇工业园区建设多处房屋，房屋总建筑面积1931.29平方米，院墙长544.4米，总工程造价126.56万元，该处建筑在投资建设时没有取得有关规划许可手续，且购买至今仍未取得规划许可手续。因某市甲子化工有限公司的上述违法事实，某市国土资源局(已撤销)认为其未依法办理土地使用手续，于2010年4月18日作出东国土资罚字〔2010〕006号行政处罚决定书，决定处罚如下：(1)责令退还非法占用的土地27.19亩；(2)按每平方米10元处以罚款，共计181,268元。某市甲子化工有限公司于2010年7月1日缴纳了上述罚款。

2018年9月14日，某执法局对某市甲子化工有限公司上述违法行为作出东河综执处字〔2018〕第007号《行政处罚决定书》，决定对某市甲子化工有限公司处以罚款63,280元。某执法局于2019年6月11日向法院申请强制执行其作出的东河综执处字〔2018〕第007号行政处罚决定。

【裁判观点】

东营市河口区人民法院经审理认为,2017年《行政处罚法》第二十四条规定:“对当事人的同一个违法行为,不得给予两次以上罚款的行政处罚”。某市甲子化工有限公司于2009年在某区某镇工业园区违法占地建设多处房屋的行为,虽同时违反了《土地管理法》和《城乡规划法》的相关法律规定,但依据2017年《行政处罚法》第二十四条的规定,某市国土资源局已于2010年4月18日对其进行过罚款181268元的处罚决定,某执法局则不能因某市甲子化工有限公司的上述同一违法事实再次对其作出罚款的处罚决定。综上,依照《行政强制法》第五十八条之规定,裁定:对某执法局东河综执处字〔2018〕第007号行政处罚决定不准予强制执行。

某执法局不服一审裁定,复议称某市甲子化工有限公司提出的“一事不再罚”的理由无法律依据:一是两次处罚的作出机关不同。二是两次处罚的依据不同。某市自然资源局某分局处罚的依据是2004年《土地管理法》,而复议申请人处罚的依据是2015年《城乡规划法》。三是违法行为不同。某市甲子化工有限公司先有非法占地行为,而后又在没有使用权的土地上,未办理建设工程规划许可手续,进行房屋建设,这是两个不同的违法行为。四是罚款处罚的幅度不同。五是当事人不缴纳规划处罚罚款,无法补办规划审批手续。因对于尚可采取改正措施,当事人只有缴纳规划处罚罚款后才可补办相关规划许可手续。综上,请求撤销一审裁定,依法裁定对涉案处罚决定准予强制执行。

山东省东营市中级人民法院认为,2017年《行政处罚法》第二十四条规定:对当事人的同一个违法行为,不得给予两次以上罚款的行政处罚。某市甲子化工有限公司于2009年在某区某镇工业园区违法建设多处房屋,某市国土资源局已对该行为作出了罚款181,268元的行政处罚,某执法局再以该行为违反城乡规划法为由进行罚款处罚,属于对同一违法行为给予两次罚款的情形,显属违反“一事不再罚”的处罚原则。一审法院以此为由裁定对其申请执行的处罚决定不准予执行并无不当。综上,某执法局的复议理由不成立,对其主张,二审法院不予支持。一审法院认定事实清楚,适用法律正确,应予维持。因此,二审法院裁定驳回某执法局的复议申请。

【提炼总结】

根据《行政处罚法》第二十九条的规定,对当事人的同一个违法行为,不得给予两次以上罚款的行政处罚。行政机关对同一个违法行为作出两次罚款处罚的，违反了“一事不再罚”的处罚原则。

（三）没有进行招投标、规划、建设许可等情形下施工建设的行为系多个独立的违法行为，不存在一违法行为自然延伸而导致的多个违法行为，不构成重复评价

案例：某县住建局、某县政府与某房地产公司行政处罚案。

案号：山西省忻州市中级人民法院（2019）晋09行终51号。

【基本案情】

2012年12月27日，某县政府会议研究同意对原某焦化有限公司地块及周边棚户区实施改造开发。2013年5月8日，某县政府召开政府常务会议，原则上同意某房地产公司利用其自有土地新建扶贫移民工程。2013年6月3日某县政府批复同意某县国土资源局（已撤销）按照2004年《土地管理法》及有关政策规定办理相关手续。2013年6月10日，某县扶贫开发中心作为甲方，某房地产公司作为乙方，签订了《某县扶贫移民住宅楼购置意向协议》，由某房地产公司利用自有土地新建扶贫移民住宅楼，建成后通过专业评估机构进行建筑质量和成本价格评估，由县扶贫部门以团购方式回购，用于移民搬迁。2013年6月20日，经某县发展和改革部门发文，某房地产公司取得了案涉项目的可行性批复。

2013年6月某房地产公司开工建设。2013年6月27日，某县住建局向某房地产公司作出《停工（核查）通知书》，以某房地产公司未取得建设工程规划许可证进行违法建设，决定立案查处。2013年7月3日，某县住建局为某房地产公司颁发了《建设项目选址意见书》。2013年9月12日，某县监察局、某县工程建设领域突出问题专项治理工作领导组办公室作出处理决定，认为某房地产公司所建3号、4号楼未经建设行政主管部门规划许可进行开工建设，根据2007年《城乡规划法》第六十四条和《山西省建筑市场管理条例》第三十四条的规定，对某房地产公司处以人民币50万元的罚款，同时指出各有关部门要加大治理力度，按相关法律、法规尽快办理有关手续。2013年10月9日某房地产公司缴纳了上述罚款。案涉工程于2014年底竣工。2015年7月22日、2016年12月16日，某县住建局就案涉工程项目中产生的违法事实对县城规划实施的影响进行了专家评审，评审

结论为该项目建成现状对城市规划的实施没有实质性影响。2018 年 5 月，某某勘测有限公司对扶贫移民小区项目作出《建设工程核实测量报告书》，实测总建筑面积 28,104.79 平方米。2018 年 6 月 29 日，某某工程造价咨询有限责任公司作出《建筑安装工程预算书》，合计西山寺扶贫移民及棚户区改造工程总造价为 37,313,863.93 元。2018 年 7 月 15 日，某房地产公司书面申请某县住建局，要求核减专项治理工作领导组已处罚的违建面积 12,153.74 平方米 50 万元的罚款，认为根据《行政处罚法》相关规定，对当事人不得处以两次以上罚款的行政处罚。

2018 年 8 月 1 日，某县住建局对某房地产公司涉嫌违法建设一案予以立案，并于 8 月 3 日送达了调查通知书、8 月 6 日作了询问调查。2018 年 8 月 13 日，某县住建局作出行政处罚陈述、申辩、听证告知书。2018 年 8 月 17 日，作出行政处罚决定书，以某房地产公司进行某县扶贫移民住宅及棚户区改造工程，未取得建设工程规划许可证、未按照国家规定进行招标、未按照国家规定办理工程质量监督注册证，未向工程所在地建设行政主管部门申请领取建筑工程施工许可证，违反了《城乡规划法》《招标投标法》《工程建设项目施工招标投标办法》《建设工程质量管理条例》《建筑法》《建筑工程施工许可管理办法》的相关规定，依法决定对某房地产公司作出罚款合计人民币 3,017,308.83 元的处罚，罚款交清后，补办相关手续。上述告知书及行政处罚决定书均于 2018 年 8 月 17 日送达。2018 年 8 月 30 日，某房地产公司缴纳了上述罚款。

某房地产公司对此不服，向某县政府申请行政复议。2018 年 12 月 7 日，某县政府举行了听证。2019 年 1 月 7 日，某县政府作出复议决定，维持了某县住建局作出的行政处罚决定，同时提出指正意见，某县住建局未在补正后的陈述、申辩、听证告知书或其送达回证中说明对原告知书的文字补正，属于轻微的程序错误。该复议决定书分别于 2019 年 1 月 7 日、8 日送达双方当事人。

【裁判观点】

忻州市忻府区人民法院一审认为，某房地产公司承建的扶贫移民工程开工前只取得了建设项目选址意见书，未取得建设工程规划许可证，进而未取得施工许可以及工程质量监督管理相关手续，违反了《城乡规划法》《建筑法》《建设工程质量管理条例》的相关规定，未进行招投标，违反了《招标投标法》相关规定，某县住建局作为城乡规划主管部门具有对上述违法行为进行监督管理处罚的职权。但是,本案中,2013 年 9 月 12 日,专项治理工作领导组办公室已就某房地产公司未经建设行政主管部门规划许可进行开工建设处以 50 万元的罚款。工程建设领域突出问题专项治理工作领导组系某县委、县政府为加强全县工程建设领域突出问题专项治理工作,在当时特定的环境下成立的机构,该机构办公室设在县纪委、监察局,旨在通过查处违法违纪案件,着重解决未批先建等问题,成员单位中亦包括本案被告住建局,并且该罚款已实际履行。一事不再罚原则是行政处罚的重要原则之一,其目的在于防止重复处罚,体现过罚相当的法律原则,以保护行政相对人的合法权益。被告某县住建局同样以某房地产公司未办理建设工程规划许可证予以罚款处罚显系重复处罚。某县住建局送达告知书及处罚决定书程序违法。综上,某县住建局作出行政处罚决定认定事实不清、程序违法,某县政府所作行政复议决定事实不清。因此,判决撤销某县住建局 2018 年 8 月 17 日作出的行政处罚决定书,撤销被告某县人民政府 2019 年 1 月 7 日作出的行政复议决定书。

山西省忻州市中级人民法院二审根据上诉人上诉意见、被上诉人答辩理由以及本案事实,对相关争议分别论述。

关于 2018 年 6 月施行的招标新规是否有溯及力的问题。因招标新规系部门规章性文件,规章不溯及既往是一般规定,规章有利溯及必须满足《立法法》的规定即必须是为保护法人利益而专门作出特别规定。因 2018 年 6 月施行的招标新规未就有利溯及问题作出特别规定,故某房地产公司的就招标新规具备溯及力的答辩理由不能成立。

关于某住建局所作处罚决定中涉及的多项处罚是否构成重复评价的问题。重复评价一般指行政相对人的一个违法行为自然延伸而导致出现多个违反法律规定的情形。因房屋建设需多项行政许可,在本案中,某房地产公司在没有进行招投标、规划、建设许可等情形下施工建设的行为系多个独立的违法行为,不存在一违法行为自然延伸而导致的多个违法行为,故不构成重复评价。

关于某房地产公司未批先建的是否系某住建局不作为导致的问题。本案所涉工程的规划许可程序和建筑工程施工许可程序系《城乡规划法》和《建筑法》明确规定的法定必经程序,某县人民政府向某住建局下达的关于某县西山寺居住用地地块控制性详细规划的批复行为不属于行政许可。故政府审批部门作出许可前，某房地产公司不可以政府不作为为由施工建设。

关于送达程序是否违法的问题，某住建局、某县政府就行政处罚陈述、申辩、听证告知程序向法庭作出说明。在2018年8月13日某住建局已向某房地产公司履行陈述、申辩、听证告知程序，之所以送达回证上的日期显示陈述、申辩、听证告知书与处罚决定同于2018年8月17日送达，是因为陈述、申辩、听证告知书在8月13日送达后因存在笔误经补正后再次送达时与送达处罚决定补签在同一日。对此，法院予以采信。

关于重复处罚问题。2013年9月12日某县监察局、某县工程建设领域突出问题专项治理工作领导组办公室曾依据某房地产公司所建移民住宅小区3号、4号楼未经建设行政主管部门规划许可进行开工建设处以50万元罚款。对此，某住建局于2018年8月17日作出处罚决定时未予以考虑，构成部分重合，明显不当。为保护行政相对人合法权益，根据《行政诉讼法》第七十七条第一款的规定，行政处罚明显不当，或者其他行政行为涉及对款额的确定、认定确有错误的，人民法院可以判决变更。

综上，判决如下：撤销忻州市忻府区人民法院（2019）晋0902行初2号行政判决书判决主文第一项；维持忻州市忻府区人民法院（2019）晋0902行初2号行政判决书判决主文第二项；变更某县住建局处罚决定书的处罚金额为2517308.83元；驳回上诉人某县住建局、某县政府的其他上诉请求。

【提炼总结】

行政机关应当遵守法定程序，依据相关法律规定及“一事不再罚”等行政处罚原则作出行政处罚。在没有经过招投标、规划、建设许可等情形下进行施工建设的行为系多个独立的违法行为，不存在一违法行为自然延伸而导致的多个违法行为，处罚决定中涉及的多项行政处罚不违反“一事不再罚”原则。

四、关于强制拆除实施主体问题的案例

（一）县级以上人民政府既可责成有关部门实施强制拆除，也可以自行实施强制拆除

案例：胡某、殷某与某市政府行政强制并行政赔偿案。

案号：最高人民法院（2017）最高法行申6673号。

【基本案情】

2015 年 6 月 29 日,某市规划局作出行政处罚决定书,认定胡某未经城乡规划主管部门批准,擅自在某市猛进路与北海街交汇处搭建彩钢房(963.92 平方米),其行为违反了 2015 年《城乡规划法》第四十条的规定,依照 2015 年《城乡规划法》第六十四条及《新疆维吾尔自治区实施〈中华人民共和国城乡规划法〉办法》第五十七条的规定,对胡某违法建设作出处理决定,要求立即停止违法建设行为,在接到行政处罚决定书之日起即日内自行拆除违法建筑,恢复原貌;逾期不拆除,将依法强制拆除。某市规划局给胡某送达处罚决定书后,胡某于 2015 年 8 月 27 日向新疆生产建设兵团五家渠垦区人民法院提起行政诉讼,请求撤销某市规划局作出的行政处罚决定书并确认强拆行为违法,赔偿损失 17 万元。新疆生产建设兵团五家渠垦区人民法院于 2015 年 11 月 12 日作出(2015)五垦法行初字第 025 号行政判决,确认某市规划局拆除胡某违法搭建彩钢房(拆除了一小部分)的行政行为违法(程序违法),并驳回胡某其他诉讼请求。胡某和某市规划局均未上诉。

2016 年 5 月 31 日,某市政府作出行政强制执行决定书,限胡某于 2016 年 6 月 13 日前自行拆除违法建筑(建筑面积 961.92 平方米)。同日,某市政府给胡某送达强制执行决定书,因胡某拒绝签收,某市政府进行留置送达,并在强制拆除的彩钢房上张贴《关于对违法建筑强制拆除的公告》。2016 年 6 月 13 日,某市政府作出《关于对违法建筑强制拆除的决定》,并率相关部门工作人员对胡某、殷某的建(构)筑物实施强制拆除。因胡某、殷某对部分违法建设的彩钢房自行进行了拆除,某市政府当日没有进行强制拆除,继续让其自行拆除,将强制拆除决定留置送达后,即撤离了强制拆除现场。2016 年 8 月 30 日,某市政府又率相关部门到胡某、殷某处进行强制拆除,除将其未拆除的彩钢房、钢架大棚进行了强制拆除外,还将其在已被收回土地上种植的草莓、枸杞、葡萄等地上附着物用推土机铲除。

胡某、殷某不服,提起本案行政诉讼,请求:(1)依法确认某市政府 2016 年 8 月 29 日强行拆除其家庭农场彩钢房、钢架大棚,铲除草莓、枸杞的行政行为违法;(2)判令某市政府赔偿其各项财产损失 11,554,521 元及身体和精神损失 100 万元。另查,案涉 14.5 亩果园中胡某承包 6 亩,张某炼承包 4.5 亩,任某彬承包 4 亩,已于 2010 年 7 月被某市政府作为储备用地收回,并对相关果园承包户进行了补偿。其后，胡某、殷某仍在上述土地上进行种植。

【裁判观点】

新疆生产建设兵团第六师中级人民法院一审认为，依据2015年《城乡规划法》第六十八条的规定，县级以上人民政府可以行使责成权，而非直接行使强制执行权；被责成的行政机关才能依法行使强制执行权。故某市政府作出的行政强制拆除决定书超出其职权范围。根据《行政强制法》第三十四条至第三十八条的相关规定，行为主体均为有强制执行权的行政机关。某市政府是不具有强制执行权的行政机关，实施强制执行的行为亦已超出职权范围，应以责成方式将强制拆除执行案件统一责成特定行政机关处理，应由作出限期拆除决定的原处罚机关作为行政强制拆除的主体，并可责成其他行政机关协助执行，由被责成的行政机关依法作出强制拆除决定，并予以执行。故法院认定某市政府实施强制拆除行为违法。胡某、殷某在已被征收的土地上种植农作物，在某市政府相关部门未作出行政处罚决定、强制拆除决定的情形下，某市政府直接实施强制执行行为，其实施主体和实施程序违法。胡某、殷某在没有取得规划许可证的情况下，擅自建设建（构）筑物，违反了2015年《城乡规划法》的相关规定，属违法建（构）筑物，故其损失不属于行政赔偿范围。胡某、殷某在未征得某市政府同意下，擅自在已征收土地上种植农作物，亦属于非法种植，即使存在损失，也应当自己承担。故胡某、殷某向某市政府主张赔偿经济损失和精神损失无法律依据，不予支持。因此，法院判决：某市政府强制拆除胡某、殷某违法建（构）筑物及被征收土地上附着物的行政行为违法；驳回胡某、殷某的其他诉讼请求。胡某、殷某不服，提起上诉。

新疆维吾尔自治区高级人民法院生产建设兵团分院二审认为，关于某市政府的强制拆迁行为是否合法问题，根据2015年《城乡规划法》第六十四条的规定，违法建筑是指城市规划区内未经规划土地主管部门批准，未领取建设工程规划许可证或临时建设工程规划许可证，擅自建造的建筑物和构筑物。本案中，新疆生产建设兵团五家渠垦区人民法院作出已生效的（2015）五垦法行初字第025号行政判决，确认胡某修建彩钢房未经有关机关批准，属于违法建筑，应依法予以拆除。二审审理期间，在胡某、殷某未提交充分证据证实该建筑物系合法建筑的情况下，应认定案涉彩钢房系违法建筑。

关于胡某、殷某的家庭农场是否已被依法征收，某市政府是否已予合法合理补偿的问题。现已查明,案涉土地14.5亩中有胡某承包的6亩。101团与胡某之间的《项目用地补偿协议》是在双方真实意思表示一致的基础上签订的,合法有效。胡某、殷某承包的6亩果园于2010年7月已被征收,且胡某、殷某依据该补偿协议已于2010年7月23日领取了补偿款323,888元。据此足以认定,胡某、殷某被强制执行的6亩土地是已被某市政府依法征收并已对胡某、殷某进行了补偿的。在接受补偿后,胡某、殷某仍在已被征收补偿的土地上继续种植农作物,应属违法种植,故胡某、殷某提出被某市政府哄骗而签订《项目用地补偿协议》及其种植合法的上诉理由不能成立。原国土资源部办公厅、原农业部办公厅《关于收回国有农场农用地有关补偿问题的复函》中明确规定:“依据《土地管理法》及《土地管理法实施条例》有关规定,征收农村集体土地补偿费用包括土地补偿费、安置补助费、青苗和地上附着物补偿费;其中,土地补偿费归土地所有者即农村集体经济组织所有,安置补助费用于安置被征地农民,地上附着物和青苗补偿费归其所有者所有。”根据该复函精神,因胡某、殷某不属应给付安置补助费的人员范围,某市政府在2010年对胡某、殷某种植的土地的青苗补偿,是对胡某、殷某土地的合法合理补偿,故对胡某、殷某还需土地补偿费、安置补助费以及地上附着物补偿费的主张,因无事实和法律依据,不予支持。2015年《城乡规划法》第六十八条并没有对人民政府强制执行权的限制,《城乡规划法》和《行政强制法》中也没有规定政府享有责成权,即不具有行政强制执行权的限定。一审判决对法律条文理解不当,该判决事实上造成了对某市政府作为行政机关行政强制执行权的剥夺和限制,于法无据。因此,可以确认某市政府依法享有行政强制执行权,其作为行政强制执行主体适格。某市政府履行了强制拆迁的法定程序,并保障了胡某、殷某行使陈述、申辩权利,符合《行政强制法》第三十七条、第四十四条的规定,故某市政府于2016年8月30日对该违法建筑予以拆除的行为系强制拆除违法建筑的行为,程序合法。由此,某市政府作为具有强制执行权的行政机关,对胡某、殷某的违法建筑及其非法种植的作物依法予以强制执行,主体适格,程序合法。胡某、殷某请求确认某市政府强制拆除行为违法,依据不足,不予支持。关于胡某、殷某的赔偿请求是否有事实和法律依据的问题。根据最高人民法院《关于行政诉讼证据若干问题的规定》第五条的规定,在行政赔偿诉讼中,原告应当对被诉具体行政行为造成损害的事实提供证据。本案中,胡某、殷某提供的农林司法鉴定书,是以胡某、殷某自己指认的17亩土地上评估的附着物产量为依据，且该鉴定结果得出的价格数额并非某市政府违法行为造成的经济损失，与本案没有关联性，故不能作为赔偿依据。某市政府依法强制执行行为合法有据，胡某、殷某的被执行财产属于违法建筑，其主张的损失不属其合法权益，故不应予以补偿。胡某、殷某向某市政府主张赔偿的请求无事实和法律依据，不予支持。综上，一审判决事实清楚，但适用法律、法规错误，应当予以纠正。因此，法院判决撤销新疆生产建设兵团第六师中级人民法院（2016）兵06行初1号行政判决；确认某市政府强制拆除胡某、殷某违法建（构）筑物及被征收土地上附着物的行政行为合法；驳回胡某、殷某的诉讼请求。胡某、殷某不服，申请再审。

最高人民法院经审查查明，胡某原系农场“五七工”，2011年1月以某市人民路街道灵活就业人员身份退休，2015年度月养老金为1361元。殷某原系农场职工，2006年6月退休，2015年度月养老金为3435.39元。2016年8月29日，青湖经济开发区101团征收办公室向胡某、殷某送达《关于送达退休职工尹某山、胡某停止在已征收过土地上耕种作物的通知》，责令胡某、殷某停止耕种，退出案涉土地。

最高人民法院再审认为，本案涉及某市政府强制拆除胡某、殷某彩钢房和强制铲除其草莓、枸杞等地上附着物的行为。根据原审查明的事实，某市规划局于2015年6月29日作出行政处罚决定书，认定胡某擅自搭建彩钢房的行为违反2015年《城乡规划法》，要求其自行拆除违法建筑。胡某于2015年8月27日提起行政诉讼，请求撤销某市规划局作出的行政处罚决定书并确认强拆行为违法。新疆生产建设兵团五家渠垦区人民法院作出（2015）五垦法行初字第025号生效行政判决，确认强拆行为违法，并驳回胡某其他诉讼请求。据此，某市规划局作出的行政处罚决定书并未被法院确认违法或撤销，具有法律效力，可以作为行政强制拆除行为的依据。根据2015年《城乡规划法》第六十八条的规定，对拆违决定的执行行为可以分为县级以上人民政府的责成强拆行为和拆违实施部门实施拆违的行为。本案中，某市政府没有责成有关部门强制拆除，而是由其亲自实施了拆除行为。最高人民法院认为，某市政府既有责成权，当然也可以亲自实施，这样能够更好地协调各职能部门之间的分工协作，提高行政执法效率。某市政府在实施拆除行为前亦履行了必要的告知义务，因此，二审法院认为其强制拆除再审申请人彩钢房的行为合法并无不当。根据《国家赔偿法》第二条第一款的规定，本案中，再审申请人所搭建的彩钢房已被生效行政决定认定为违法建筑，不属于合法权益范畴，原审法院对彩钢房部分未判决赔偿并无不当。

综上，胡某、殷某的再审申请不符合《行政诉讼法》第九十一条规定的情形。最高人民法院依照《行政诉讼法》第一百零一条、2017年《民事诉讼法》第二百零四条第一款的规定，裁定驳回胡某、殷某的再审申请。

【提炼总结】

根据《城乡规划法》第六十八条的规定，对拆违决定的执行行为可以分为县级以上人民政府的责成强拆行为和拆违实施部门实施拆违的行为。县级以上人民政府既可以责成有关部门实施强拆行为，也可以自行实施强拆行为。

（二）县级以上人民政府责成有关部门实施强制拆除，是督促履责行为，不属于委托

案例：某公司与海南省某市政府行政强制拆除案。

案号：最高人民法院(2019)最高法行申4030号。

【基本案情】

2017年7月19日，某市林业局作出《林业行政处罚决定书》，以某公司未办理相关林业手续，擅自在青皮林自然保护区内建设酒店，属非法占用林地为由，责令某公司限期恢复原状并罚款73,650元。2017年7月31日，某市住建局制作《非法使用林地建设楼房的违法建筑依法强制拆除方案》（以下简称《拆除方案》）。在《拆除方案》中，某市政府副市长为总指挥部的总指挥长；某市林业局作为本次拆除的主体单位，对拆除后产生的建筑垃圾进行清运，并恢复林地原貌；某市住建局负责做好开展拆除工作；某市城监大队负责组织对非法使用林地建设的建筑物进行拆除；其他各职能部门各司其职，配合做好相关工作。该方案报经某市政府批准。2017年8月4日，某市住建局发布的《关于强制拆除非法使用林地建设楼房公告》（以下简称《拆除公告》）载明：经某市政府批准，决定于2017年8月5日对某公司非法使用林地建设的楼房等建筑物实施强制拆除。2017年8月5日，某市住建局对某公司所建楼房强制拆除。2018年1月25日，某公司以某市政府为被告提起行政诉讼，请求确认该强制拆除行为违法。

【裁判观点】

海南省第一中级人民法院一审认为，某市住建局系直接强制拆除某公司所建楼房的行政主体，其实施的行政行为对某公司的权利义务产生实际影响。而某市政府对某市住建局所制定的强拆方案作出的批复，属内部行政行为，并未对某公司的权利义务产生实际影响。因此，某公司提起行政诉讼请求确认强拆行为违法，适格被告应为某市住建局。现某公司以某市政府为被告提起行政诉讼，显属被告主体不适格。经释明，某公司不同意更换被告。因此，法院裁定驳回某公司的起诉。

海南省高级人民法院二审认为，《行政诉讼法》第二十六条第一款规定：“公民、法人或者其他组织直接向人民法院提起诉讼的，作出行政行为的行政机关是被告。”最高人民法院《关于适用〈中华人民共和国行政诉讼法〉的解释》第十九条规定：“当事人不服经上级行政机关批准的行政行为，向人民法院提起诉讼的，以在对外发生法律效力的文书上署名的机关为被告。”对外性是可诉行政行为的重要特征之一，只有直接对当事人的权利义务产生影响且对外发生法律效力的行政行为才具有可诉性。相反，内部沟通、会签意见、内部报批等在行政程序内部所作的行为，并不对外发生法律效力，不对公民、法人或者其他组织的合法权益产生影响，故不属于可诉的行政行为。与此相对应的是，适格被告不仅包括被告应当具体、明确等形式条件，而且要求具有作出被诉行政行为或者行使相关法律职责等实质条件。只有直接设定行政管理相对人权利义务或者对相对人权利义务直接产生影响的行政机关，才是适格被告。本案中，某市住建局制定《拆除方案》、发布《拆除公告》并实施强拆行为，是本案被诉强拆行为的适格被告。某公司坚持以某市政府为适格被告，缺乏事实根据和法律依据，不予支持。因此，二审法院驳回上诉，维持原判。

最高人民法院再审认为，《行政诉讼法》第二十六条第一款规定，行政诉讼的被告应当是作出行政行为的行政机关。最高人民法院《关于适用〈中华人民共和国行政诉讼法〉若干问题的解释》（已失效）第三条第一款第（三）项规定，错列被告且拒绝变更，已经立案的，人民法院应当裁定驳回原告起诉。本案中，某市住建局依据拆除方案所明确的职责，制作拆除方案、发布拆除公告、强制拆除涉案房屋，均系其以自身名义施行，一审、二审法院认为某市住建局是被诉强制拆除房屋的实施主体,并无不妥。根据《城乡规划法》第六十八条的规定,规划部门作出拆除违法建筑决定后,政府可以责成有关部门采取强制拆除措施。某市政府的协调、责成行为属于上级行政机关基于内部层级监督关系对下级行政机关作出的督促履责行为,而不是委托行为,某市政府并非作出强制拆除房屋行为的行政机关,不是本案的适格被告。某公司以某市政府存在组织、责成行为为由,将其列为被告提起本案诉讼,缺乏事实及法律依据,一审法院裁定驳回其起诉,二审对此予以维持,结果并无不当。某公司的再审申请理由不能成立,不予支持。因此,最高人民法院裁定驳回某公司的再审申请。

【提炼总结】

县级以上人民政府责成有关部门实施强制拆除,系行政机关上下级督促履责行为,县级以上人民政府并非作出强制拆除行为的行政机关,不能成为适格被告。

(三)街道办没有直接强制拆除违法建筑的职权

案例:罗某与某区人民政府、某街道办事处拆除房屋违法案。

案号:最高人民法院(2017)最高法行申1064号。

【基本案情】

罗某系某区某街道老鸦陈村村民,1992年8月3日,某区人民政府为其颁发集体土地建设用地使用证,面积为378平方米,用途为宅基地。罗某在其宅基地上建造两栋房屋,一栋7层,一栋4层,总面积为2286.493平方米。2015年5月21日老鸦陈村城中村改造正式启动,2016年3月31日,某区委办公室和某区政府办公室联合作出《关于印发某区拆迁遗留问题和违法建筑清零攻坚行动方案的通知》,要求按照属地管理的原则,各镇(街道)负责本辖区拆迁遗留问题和违法建筑“清零”工作,组织巡查、发现、制止各类违法建筑行为,依据执法部门作出的行政执法文书实施拆除。2016年5月6日,某街道办事处对罗某作出《拆除违法建筑决定书》,认为罗某建设的房屋超出规定面积215.3平方米,决定对罗某超出宅基地部分房屋予以没收并实施拆除,并于当天对罗某违法建筑进行了拆除,同时将罗某宅基地上尚未签订补偿安置协议的房屋全部拆除。罗某对强拆行为不服,提起行政诉讼。

【裁判观点】

郑州铁路运输中级法院一审判决确认某街道办事处强制拆除罗某涉案房屋及附属物的行政行为违法，驳回罗某的其他诉讼请求，责令某区人民政府与某街道办事处共同采取补救措施。

河南省高级人民法院二审认为一审行政判决认定事实清楚，适用法律正确，应予维持。因此，驳回上诉，维持原判。

最高人民法院再审认为，根据《城乡规划法》第六十五条的规定，在乡、村庄规划区内未依法取得乡村建设规划许可证或者未按照乡村建设规划许可证的规定进行建设的，由乡、镇人民政府责令停止建设、限期改正；逾期不改正的，可以拆除。本案中，某街道办事处虽然是某区政府的派出机关，可以在其职权范围内独立承担相应的法律责任，但相关法律规范并未赋予街道办事处对违法建筑予以拆除的职权，因此，某街道办事处对再审申请人的房屋予以强制拆除，属于超越职权。原审法院确认某街道办事处强制拆除再审申请人房屋及附属物的行为违法正确。

对于再审申请人主张确认某区政府行为违法的问题，由于本案中实施拆除再审申请人房屋的行政主体是某街道办事处，且没有证据表明某区政府直接参与了拆除行为，故再审申请人请求确认某区政府房屋拆除行为违法的诉讼请求没有事实依据，不予支持。但根据有关规定，某区政府是辖区内城中村改造的主体，负责组织实施本辖区内的城中村改造工作，既对涉案拆除行为负有监督管理的职责，又对城中村改造的拆迁补偿安置工作负责；在此情况下，出于实质解决纠纷的考虑，原审判令某区政府与某街道办事处共同对再审申请人的损失采取补救措施并无不当。

至于再审申请人提出的涉案房屋是否属于违法建筑的问题，由于本案被诉行为为强制拆除行为，而非对房屋是否属于违章建筑的认定，因此，再审申请人的这一请求超出了本案的审查范围，在此不予理涉，再审申请人应另寻救济途径。因此，最高人民法院驳回再审申请人罗某的再审申请。

【提炼总结】

街道办事处属于政府的派出机关，我国相关法律法规并未授权街道办事处直接强制拆除违法建筑的职权，街道办事处不能直接拆除违法建筑，但可以在其职权范围内独立承担相应的法律责任。

（四）村委会没有直接强制拆除违法建筑的职权

案例：刘某与某区人民政府房屋行政强制案。

案号：最高人民法院（2020）最高法行申5250号。

【基本案情】

2009年6月，刘某以集资建房的形式，购买某村村民陈某的自建房屋居住，刘某非该村村民，且该房屋建设未取得政府规划建设审批手续。2017年10月17日，某村党支部、村委会、某区住建局及城中村改造办公室联合作出《某村拆迁方案》，规定整村拆迁的组织领导主体是某区人民政府，监督指导主体是某区住建局及城中村改造办公室，实施主体是某村委会，刘某购买居住房屋在拆迁范围内。2018年1月12日，某村委会对刘某的房屋进行了强制拆除。刘某不服该强制拆除行为，以某区政府为被告于2018年5月15日向法院提起行政诉讼，请求确认该强制拆除行为违法。

【裁判观点】

阳泉市中级人民法院一审裁定驳回起诉，山西省高级人民法院二审裁定驳回上诉，维持原裁定。

最高人民法院再审认为，本案的审查焦点为某区政府是否为本案适格被告。最高人民法院《关于适用〈中华人民共和国行政诉讼法〉的解释》第二十条第三款规定：“没有法律、法规或者规章规定，行政机关授权其内设机构、派出机构或者其他组织行使行政职权的，属于行政诉讼法第二十六条规定的委托。当事人不服提起诉讼的，应当以该行政机关为被告。”涉案房屋是在某市某区城中村改造过程中被拆除的。某市人民政府《关于进一步规范城中村改造的若干意见》第二条规定，某区政府（管委会）负责组织改造村进行拆迁摸底、制定拆迁补偿安置方案等工作；某市建成区之内的城中村改造采取政府主导、村集体自我改造、市场运作的模式进行改造，改造收益方案确定后，某区政府（管委会）对项目进行打包，提出改造模式，报市政府审定后实施。上述意见第四条规定，某市国土部门按照程序将改造用地范围内的集体土地确定为国有土地，确权给改造后的集体经济组织，同时对城中村改造用地之外的土地进行收储征收；某市财政返还土地出让金的85%用于支付村民征收安置成本。上述意见第五条规定,某市各级政府(管委会)应加大对城中村违法建设的查处力度,凡违反规划建设和设计水平低的建筑,坚决予以拆除。《某村拆迁方案》载明某区政府为组织领导机关,某区住建局及某村改造工作领导组办公室为监督指导机关,某村委会为实施主体。某村委会、某村党支部、某区住建局及某村改造工作领导组办公室在《某村拆迁方案》上署名并加盖了公章。刘某在一审中提交了强拆现场的视频录像及报警录音等证据证明某区城中村改造工作领导组办公室及某区住建局工作人员在现场指挥强拆,一审、二审法院并未否认该证据的真实性、合法性及关联性。在最高人民法院对梁某等人诉某区政府房屋行政强制系列案件的询问中,某区政府认可某区城中村改造工作领导组办公室系其成立的机构,并承认某村城中村改造资金源于土地出让金,讨论某村城中村改造相关事宜的会议由某区住建局相关人员主持并发表意见。虽然《某村拆迁方案》中规定某村委会是实施主体,其也承认实施了拆除刘某房屋的行为,但由于其不具有强制拆除他人房屋的职权,故其实施强制拆除房屋行为应视为受行政机关的委托,相应的法律责任应由委托机关承担。一审、二审法院未结合刘某提供的视频、录音等证据,以及某村城中村改造资金来源、城中村改造后土地归属、某区政府在涉案城中村改造过程中的作用等因素进行全面审查和认定,而是基于某村委会的自认,认为某区政府不是本案适格被告,裁定驳回起诉,属于认定事实不清,适用法律错误,依法应予纠正。因此,最高人民法院指令山西省高级人民法院再审。

【提炼总结】

村委会不具有强制拆除他人房屋的职权。虽然其是实施主体,但应视为受行政机关的委托,相应的法律责任应由委托机关承担。

(五)街道办筹备组不具有独立承担法律责任的能力,应当由组建该机构的行政机关承担法律责任

案例:示范区管委会与田某及某街道办筹备组强制拆除房屋行为违法案。

案号:最高人民法院(2020)最高法行申15164号。

【基本案情】

2019年7月25日,某村支部委员会、某村民委员会对田某作出《责令退还非

法占用土地告知书》，内容为：“村内接到区土地管理部门及区综合执法部门的告知书，你非法占用的集体土地建设房屋，根据告知书要求，现责令你三日内将非法占用的集体土地交出，并拆除违法建筑物和构筑物，若三日内拒不交出土地，依据村民自治原则，某村支两委将组织拆除。”2019年8月26日，某村支部委员会、某村民委员会出具的《关于某拆除违章建筑的说明》显示，“2019年3月26日示范区召开推进棚户区改造加快城镇化进程动员大会以来，某积极响应示范区号召，组织开展整村拆迁工作……村委会于2019年7月25日下达了限期拆除违章建设通知书，但田某对村委会下达的拆除违章通知书置之不理，未按照通知要求拆除，某村两委于2019年8月11日组织人员对违章建筑进行了依法拆除”。田某不服强拆行为，提起行政诉讼。

【裁判观点】

濮阳市中级人民法院一审认为，示范区管委会庭审中出示的2019年7月25日某村支部委员会、某村民委员会《责令退还非法占用土地告知书》《关于某拆除违章建筑的说明》可以相互印证，能够证明涉案对田某房屋的强拆行为发生在棚户区改造过程中，某村民委员会组织实施拆除了田某房屋。涉案被强拆房屋位于某街道办筹备组辖区范围内，且某街道办筹备组工作人员在强拆现场，应认定涉案强拆行为是受某街道办筹备组的委托实施，应由某街道办筹备组承担强拆责任，某街道办筹备组实施强拆行为缺少法律依据，应确认违法。本案关于示范区管委会直接组织或安排实施了涉案强拆行为的证据不足，示范区管委会不是本案适格被告。综上，判决确认某市城乡一体化示范区某街道办筹备组事处筹备组强制拆除田某位于某村房屋的行政行为违法。

河南省高级人民法院二审认为：(1)本案田某被强拆的房屋位于某街道办筹备组辖区范围内，且某街道办筹备组工作人员在强拆现场，故一审认定涉案强拆行为是受某街道办筹备组的委托实施，并无不当。但某街道办筹备组作为某街道办事处的筹备机构，不具有独立承担法律责任的能力，根据最高人民法院《关于适用〈中华人民共和国行政诉讼法〉的解释》第二十条的规定，应当由组建该机构的行政机关，即示范区管理委员会承担法律责任。一审判决确认某街道办筹备组强拆行为违法，存在不当，二审法院予以纠正。(2)示范区管理委员会二审中向法院提交的统一社会信用代码证书和2019年11月6日出具的委托书均显示法定代表人为宋某，上诉人主张示范区管委会的法定代表人是郭某，缺乏事实根据。综上，上诉人的上诉理由部分成立，二审法院予以支持。一审判决认定事实清楚，但适用法律错误。因此，二审判决撤销濮阳市中级人民法院（2019）豫09行初174号行政判决，确认示范区管委会强制拆除田某位于某村房屋的行政行为违法。

最高人民法院再审认为，原审法院认定案涉强拆行为是受某街道办筹备组的委托实施有相应的事实根据。因某街道办筹备组作为某街道办事处的筹备机构不具有独立承担法律责任的能力，根据最高人民法院《关于适用〈中华人民共和国行政诉讼法〉的解释》第二十条的规定，应当由组建该机构的行政机关，即示范区管理委员会承担法律责任。由于被诉强拆行为缺乏法律依据，应确认为违法，故二审判决确认示范区管委会强制拆除田某位于某村房屋的行政行为违法，并无不当。因此，最高人民法院驳回再审申请。

【提炼总结】

街道办筹备组不具有独立承担法律责任的能力，应当由组建该机构的行政机关承担法律责任。类似机构以自己的名义作出行政行为，当事人不服提起诉讼的，应当以组建该机构的行政机关为被告。

（六）“两违”集中整治领导小组不具有独立承担法律责任的能力，委托其行使相应行政职权的行政机关应当承担法律责任

案例：黄某诉某县人民政府行政处罚案。

案号：最高人民法院（2018）最高法行申6475号。

【基本案情】

黄某与杨某于1977年9月结婚，2003年8月黄某将其户籍从某县某村迁入其夫杨某所在的某县某镇水槽社区，其户籍性质同时转为非农业户口，但其未将户口登记在其夫杨某的户籍上。杨某在水槽村已拥有面积为182.91平方米的宅基地，在水槽村征地过程中，黄某和杨某均得到了征地补偿安置。2011年5月至2011年年底，黄某和杨某在黄某父母所在村小组某县某村拆旧重建房屋一栋。为了维护城市建设管理秩序，严厉打击和有效遏制县城规划区违法用地违法建设行为，某县委、县政府成立了“两违”集中整治领导小组，下设“两违”整治办，受理

“两违”处罚。“两违”整治办认为黄某未经批准在县城规划区某村建房，于2016年11月30日对黄某作出了《“两违”处罚告知单》，并于2017年7月23日予以送达。黄某于2017年9月13日就《“两违”处罚告知单》向某县人民政府申请行政复议，并于2017年9月20日到两违办缴纳了罚款。某县人民政府于2017年9月25日对黄某作出了《不予受理行政复议申请决定》。黄某不服，诉至法院。

【裁判观点】

江西省抚州市中级人民法院一审认为，根据《最高人民法院关于执行〈中华人民共和国行政诉讼法〉若干问题的解释》（已失效）第二十条第一款以及2017年《行政处罚法》第十八条、第十九条的规定，两违办系某县人民政府组建并赋予行政管理职能但不具有独立承担法律责任能力的机构，非依法成立的管理公共事务的事业组织，黄某就两违办对其作出的《“两违”处罚告知单》提起诉讼，应当以某县人民政府为被告，故某县人民政府系本案适格被告。对某县人民政府提出两违办对黄某作出《“两违”处罚告知单》是受某县国土资源局、某县建设局（均已撤销）的委托，某县人民政府非本案适格被告的主张，法院不予支持。

最高人民法院《关于执行〈中华人民共和国行政诉讼法〉若干问题的解释》第一条第二款第六项、最高人民法院《关于适用〈中华人民共和国行政诉讼法〉若干问题的解释》（已失效）第三条第一款第（八）项规定，行政行为对公民、法人或者其他组织的权利义务不产生实际影响的，不属于人民法院行政诉讼的受案范围；已经立案的，应当裁定驳回起诉。本案中，两违办认为黄某未经批准在县城规划区某村建房，对其作出了《“两违”处罚告知单》并予以送达。之后，黄某向两违办交纳了相关费用共计人民币111,980.4元。被诉《“两违”处罚告知单》虽客观存在，但该告知单只是两违办对黄某进行处罚的一种告知行为，仅告知黄某应交纳的罚款的相关事项，并未对黄某的权利义务产生实际影响，黄某交纳了相关费用应视为其收到该告知单后的一种自动履行行为。故黄某对《“两违”处罚告知单》提起诉讼，不属于行政诉讼的受案范围，对其要求撤销两违办对其作出的《“两违”处罚告知单》的起诉，依法予以驳回。黄某在提起撤销诉讼的同时，一并向法院提起了赔偿诉讼。因黄某起诉要求撤销两违办对其作出的《“两违”处罚告知单》的起诉，不属于行政诉讼的受案范围，法院依法予以驳回，则其相应一并提起的关于返还收缴的人民币111,980.4元，及黄某按月息2%（不足一个月按一个月计算）向民间个人借贷人民币 11 万元的同期利息的起诉，亦依法予以驳回。黄某起诉提出，其拆建房屋时间已超过了 2 年的处罚期限，不应给予处罚。根据 2017 年《行政处罚法》第二十九条的规定，违法行为在 2 年内未被发现的，不再给予行政处罚，违法行为有连续或者继续状态的，从行为终了之日起计算。涉案房屋未批先建，至今亦未依法补办任何审批手续，其违法行为一直处于持续状态。故黄某该起诉理由与事实和法律不符，不予采信。综上所述，裁定驳回黄某的起诉。

二审另查明，2016 年 10 月 26 日，某县国土资源局、某县建设局共同向两违办出具《行政执法委托书》，委托两违办行使对县区所有两违情况调查摸底、下发两违处罚告知单、催缴行政收费、罚款等费用的相关职权。

江西省高级人民法院二审认为，根据最高人民法院《关于适用〈中华人民共和国行政诉讼法〉的解释》第二十条第三款的规定，两违办虽系某县人民政府组建，但两违办向黄某下发《“两违”处罚告知单》、催缴告知单所涉费用等行为均因接受了某县国土资源局、某县建设局的委托而为，黄某不服，应当以某县国土资源局、某县建设局为被告。原审认为某县人民政府为适格被告不当，应予纠正。黄某错列被告，原审法院应当指定期间责令补正或者更正，若黄某拒绝更正则可以裁定驳回其起诉。原审以本案不属于行政诉讼受案范围为由裁定驳回黄某起诉，理由表述不当。鉴于该院已作出驳回裁定，为减少当事人诉累，二审法院维持原审驳回黄某起诉的裁判结果，黄某可以某县国土资源局、某县建设局为被告另行提起行政诉讼。据此，二审法院裁定驳回上诉，维持原裁定。

最高人民法院再审认为，本案的争议焦点为，应当以某县人民政府为被告，还是以某县国土资源局、某县建设局为被告。本案因此亦无须审查黄某建房是否违法，以及《“两违”处罚告知单》是否合法等实体问题。《行政诉讼法》第二十六条第五款规定，行政机关委托的组织所作的行政行为，委托的行政机关是被告。最高人民法院《关于适用〈行政诉讼法〉的解释》第二十条第一款规定，行政机关组建并赋予行政管理职能但不具有独立承担法律责任能力的机构，以自己的名义作出行政行为，当事人不服提起诉讼的，应当以组建该机构的行政机关为被告。原审法院业已查明，2017 年 7 月 23 日，两违办向黄某送达《“两违”处罚告知单》，决定对其进行处罚。原审还查明，2016 年 10 月 26 日，某县国土资源局、某县建设局共同向两违办出具《行政执法委托书》，委托其行使对县区所有“两违”情况调查摸底、下发处罚告知单、催缴行政收费、罚款等费用的相关职权。因此，两违办向黄某送达《“两违”处罚告知单》的行为，系接受某县国土资源局、某县建设局行政委托而实施的行为，黄某对该行政处罚行为不服，应当以某县国土资源局、某县建设局为共同被告提起诉讼。黄某坚持以某县人民政府为被告，无事实和法律依据。原审法院已经向黄某释明可以某县国土资源局、某县建设局为共同被告另行提起行政诉讼，黄某坚持申请再审本案，显无法律依据。综上，裁定驳回再审申请人黄某的再审申请。

【提炼总结】

当事人对行政机关委托的组织所作出的行政行为不服的，应以委托机关为被告。

五、关于信赖利益保护原则的案例

当事人基于行政行为所产生的信赖利益应依法受到保护

案例：某公司诉某市自然资源局土地行政处罚案——最高人民法院发布涉民营企业产权和企业家合法权益保护再审典型案例之12。

案号：最高人民法院（2021）最高法行再249号。

【基本案情】

2003年4月，某市发展计划局（已撤销）批复同意某公司在涉案地块开展建设，原某市国土局也作出同意用地的预审意见，某市招商引资办还发函明确土地补偿费按某公司与镇政府协商的价格解决并要求尽快完成项目建设。2003年9月，某镇国土所（已撤销）出具“兹有某度假村全部土地已经我所协助征用。其土地使用证正在办理中，请有关部门给予办理报建手续”证明。2004年2月，某公司取得建设用地规划许可证、建设工程规划许可证、施工许可证等系列手续；某市政府也作出批复，减免报建规费，兑现招商政策。其间，某公司通过向村民、村民小组租赁或购买的方式使用涉案土地并于年底建成某茶艺馆。10月，原广东省国土资源厅复函同意涉案项目完善用地手续，但某市有关部门一直未按要求申报完善手续。2014年，某市自然资源局经立案调查后认定，某公司未取得建设用地批准手续即进行建设，属非法占用土地，决定没收建筑物和其他设施。

【裁判观点】

最高人民法院经审查认为，某公司未依法取得并完善用地审批手续，应当承担相应的法律责任。但某市政府及相关部门明知某公司用地手续不全，仍然以招商引资名义作出一系列行政许可并支持先行建设，也应承担相应的法律责任。特别是在涉案项目符合土地利用总体规划，原广东省国土资源厅已经同意完善用地手续的情况下，某市相关部门长期未推动完善用地手续，系违法用地状态长期持续的重要原因。此外，某市政府部门及项目所在村组还收取某公司支付的部分土地补偿等费用。某公司对上述政府行为已形成足够信赖，因而形成的信赖利益应予保护。某市自然资源局在10年后将非法占地责任全归责于某公司，迳行将某茶艺馆没收，显失公正，也侵害其信赖利益。2023年4月19日最高人民法院作出再审判决：撤销一审、二审判决，确认被诉处罚决定违法。判决书同时载明，鉴于某公司原审期间未提出赔偿请求，某市自然资源局主动协商采取具体补救措施或者赔偿方案；协商不成的，应及时作出赔偿决定；对赔偿决定不服的，可另行诉讼。

【提炼总结】

未取得用地审批手续进行建设应当承担相应法律责任，但在对政府原因与企业原因共同造成的非法占用土地进行处罚时，行政机关应充分考虑实际情况与各方责任大小，既要纠正非法占用土地，又要保护相对人信赖利益。

六、关于行政处罚追诉时效的案例

（一）非法占用土地的违法行为，在恢复土地原状之前，应视为具有继续状态，2年的追诉时效尚未开始计算

案例：沈某某诉某县自然资源局撤销行政处罚案——最高人民法院发布耕地保护典型行政案例之6。

案号：贵州省镇远县人民法院（2019）黔2625行初45号。

【基本案情】

沈某某未经批准于2013年9月擅自占用某县某村何家一组耕地（436.38平方米）修建房屋用于经营某农家乐。2019年8月5日，某县自然资源局执法人员对沈某某涉嫌违法占地建房现场进行核查，发现该违法行为，随即进行立案调查，

依程序收集、固定相关证据，经集体讨论后，于 2019 年 8 月 14 日作出《行政处罚告知书》，告知沈某某的违法事实、处罚依据及如对拟作出的行政处罚有异议，享有陈述、申辩及要求听证的权利，责令沈某某改正违法行为。2019 年 8 月 14 日沈某某向某县自然资源局申请举行听证会，某县自然资源局于 2019 年 8 月 20 日举行听证会，经对沈某某在听证会中提出意见不予采纳后，于 2019 年 8 月 23 日作出《行政处罚决定书》，责令沈某某退还非法占用的某县某村耕地 436.38 平方米，限期拆除在非法占用的土地上修建的建筑物和其他设施，恢复土地原状，并送达沈某某。沈某某不服，提起本案诉讼。沈某某诉称，其对涉案建筑物管理使用已长达 6 年，某县自然资源局在此期间从未对其下达任何处罚决定书，现今的处罚决定已经超过行政处罚追诉时效。

【裁判观点】

贵州省镇远县人民法院认为，根据 2004 年《土地管理法》第五条第二款、第六十六条第一款和《贵州省土地管理条例》第四条第二款之规定精神，某县自然资源局具有对其辖区内沈某某非法占用耕地建房的违法行为作出行政处罚的法定职责。根据 2004 年《土地管理法》第七十六条的规定精神，沈某某未经批准非法占用其承包的耕地修建房屋用于经营某农家乐，某县自然资源局依法履行了初步核查、立案调查、现场勘测及询问调查等法定程序，告知了沈某某相应陈述、申辩及申请听证权利，经举行听证会及决定不予采纳听证意见后，作出被诉处罚决定并送达，认定事实清楚，处罚结果符合法律规定，程序合法。

关于建房行为已经超过行政处罚法规定的追诉时效问题，法院认为，根据 2017 年《行政处罚法》第二十九条的规定精神，沈某某对非法占用土地的违法行为，在恢复原状之前，应视为具有继续状态。本案中，某县自然资源局对沈某某的违法行为从立案到作出处罚时，沈某某非法占用耕地仍然处于继续状态；某县自然资源局作出行政处罚的追诉时效，应根据 2017 年《行政处罚法》第二十九条第二款的规定，从违法行为终了之日起计算，故沈某某的该诉讼意见，理由不能成立，不予采纳。最终，贵州省镇远县人民法院一审判决驳回沈某某的诉讼请求。一审判决作出后，当事人双方在法定期限内未提起上诉，该一审判决现已生效。

【提炼总结】

根据《行政处罚法》相关规定精神，对于非法占用土地的违法行为，在恢复土地原状之前，应视为具有继续状态，行政处罚追诉时效从违法行为终了之日起计算。

（二）违法建筑违法行为处于持续状态，其行政处罚的追诉时效，从违法行为终了之日起计算

案例：张某因诉某县城市管理行政执法局责令限期拆除案。

案号：吉林省高级人民法院（2021）吉行申90号。

【基本案情】

在未经办理建设工程规划等相关审批手续的情况下，张某于2007年在某县某镇某村一社农机商店院内建设一处房屋，面积14平方米，现作为住宅使用。某县执法局经立案、调查、现场勘查、送达告知等程序，于2019年8月12日作出责令限期拆除违法建筑决定书，认定张某在某镇某村一社农机商店院内建设一处14平方米房屋，未办理任何建设审批手续，属于违法建筑；责令其3日内自行拆除违法建筑，逾期不拆除，将强制拆除。张某不服，向法院起诉。

【裁判观点】

吉林省梨树县人民法院一审判决驳回张某的诉讼请求，吉林省四平市中级人民法院二审判决驳回上诉。

吉林省高级人民法院再审认为，该院另行作出的（2020）吉行申343号生效的行政裁定书，已认定某县城市管理行政执法局负有住房和城乡建设领域法律法规规章规定的监督管理和行政处罚权，直至2019年11月9日，将该项权能移交给某县自然资源局。案涉限制拆除违法建筑决定于2019年8月12日作出，此时某县城市管理行政执法局具有在本行政区域内住房和城乡建设领域法律法规、规章制定的监督管理和行政处罚权。张某在未办理建设工程规划审批手续的情况下建设房屋，某县城市管理行政执法局按照法律规定履行立案、调查、现场勘查、送达告知等程序，听取了张某的陈述与申辩后，作出责令限期拆除违法建筑决定书，该决定合法有效。

关于处罚依据问题，行政机关作出行政处罚决定，实体处理应当适用违法行为发生时有效的法律。违法行为处于持续状态的，应当适用违法行为终了时有效的法律。本案违法建筑属于违法行为持续状态，应当适用作出行政处罚时有效的

《城乡规划法》。申请人主张案涉建筑于2007年建成,其在行为时《城乡规划法》没有施行,但建设当时适用的《城市规划法》(已失效)第三十二条规定:“在城市规划区内新建、扩建和改建建筑物、构筑物、道路、管线和其他工程设施,必须持有关批准文件向城市规划行政主管部门提出申请,由城市规划行政主管部门根据城市规划提出的规划设计要求,核发建设工程规划许可证件。建设单位或者个人在取得建设工程规划许可证件和其他有关批准文件后,方可申请办理开工手续。”案涉建筑在建设时没有办理规划审批,申请人的建设行为违法,且其在事后亦没有补办相关手续,违法行为一直处于持续状态,处罚期限应从行为终了之日起计算,故某县城市管理行政执法局的处罚未超过法定的处罚期限。

综上,裁定驳回张某的再审申请。

【提炼总结】

违法建筑在建设时没有办理规划审批,且其在事后没有补办相关手续,违法行为一直处于持续状态,行政处罚追诉时效从违法行为终了之日起计算。

(三)建房行为发生在法律实施以前,不宜认定为违法建筑

案例:某公司与某区城市管理行政执法局、某区人民政府因限期拆除违法建筑决定及行政复议决定案。

案号:上海市第二中级人民法院(2022)沪02行终60号。

【基本案情】

2000年5月30日,上海市某区某镇某村民委员会(甲方)与某公司(乙方)签订了《房屋转让协议书》,乙方以186,548元的价格购得甲方坐落于潮洞坝1号(现××路××、××号)房屋,建筑面积共计396.46平方米。该协议书中记载:“这些房屋为一九七八年甲方为发展村的经济而建造的,由于一九八四年该地区划归杨浦区,故在一九九二年川沙县做集体房屋土地使用证时无法做证,造成了资产明确的无证房屋。”2020年8月31日,某区规划和自然资源局出具执法协助书面意见,告知某城管局本案涉案房屋未查见建设工程规划许可证。2020年12月25日,某城管局至涉案房屋现场进行了检查,同日,对某公司未取得建设工程规划许可证进行建设的行为予以立案。经过调查取证,某城管局于2021年2月2日作出责令限期拆除违法建筑决定(以下简称被诉限拆决定),并于2021年2月

19 日送达某公司，之后某城管局作出责令限期拆除违法建筑公告并张贴在涉案房屋处。被诉限拆决定认定，某公司于 2000 年 5 月 30 日购得的建造于 20 世纪 70 年代现位于 × × 路 × × 号的建筑物，总建筑面积为 272.25 平方米，未取得建设工程规划许可证，违反了《城乡规划法》第四十条第一款的规定，依据《城乡规划法》第六十四条的规定，责令某公司自收到决定书之日起30 日内自行拆除上述违法建筑。某公司不服，向某区政府申请行政复议。2021 年 3 月 16 日，某区政府作出行政复议答复通知书并送达某城管局，同年 5 月 7 日，某区政府决定延长行政复议审理期限 30 日。经审理，某区政府于 2021 年 6 月 7 日作出行政复议决定，维持某城管局作出的上述被诉限拆决定。某公司不服，向法院提起行政诉讼。

【裁判观点】

上海市静安区人民法院一审认为，根据《城乡规划法》第六十四条以及上海市人民政府《关于扩大某区城市管理领域相对集中行政处罚权范围的决定》第一条、第二条第一款第九项的规定，某城管局具有作出被诉限拆决定的行政职权。某城管局依法对系争违法建筑进行立案后，对于违法建筑的相关事实进行调查核实，在法定期限内作出限拆决定并送达某公司，并在涉案房屋处予以公告，行政程序合法。涉案房屋的建造未取得建设工程规划许可证，某城管局经现场检查、询问、立案调查，依据《城乡规划法》作出被诉限拆决定，认定事实清楚，证据确凿，适用法律正确。根据 2017 年《行政复议法》第十二条第一款的规定，某区政府具有作出被诉行政复议决定的职权。某区政府作为复议机关，在收到某公司提出的行政复议申请后进行了审理，并经依法延长复议审理期限，在法定期限内作出被诉行政复议决定，其复议行为认定事实清楚、程序合法、适用法律正确。某公司认为系争建筑系合法建筑，但并未提供相应的证据予以证明，某公司在购入系争建筑时已知晓系无证建筑，且鉴于系争建筑的违法状态一直持续，违法建筑不因形成时间长而获得正当性，故对某公司的主张不予采信。某公司的诉讼请求缺乏事实证据和法律依据，法院不予支持，判决驳回某公司的诉讼请求。

二审另查明，1998 年 8 月 2 日，上海市某区某镇某村委会出具一份“产权证明书”，内容为“某区工商局：兹有某区某镇某村坐落在 × × 号 × × 号的商业用房，面积 450 平方米，现租借给上海某贸易有限公司开设粮油、食品、酒类批发和仓库使用,此营业房产权属某镇某村委会所有,有关权证手续在办理之中,望新区工商局领导予以开业登记为感”。2000 年 2 月 21 日,某区综合规划土地局某规划土地管理所出具一份“关于西沟潮洞坝房屋产权的确认”,内容为“兹有我镇某村,为发展村级经济的需要,于 1970～1978 年在西沟潮洞坝该村非耕地上建造房屋二处建筑面积为 537 平方米,现开设西沟饭店和粮油批发部。由于该地区于 1984 年属杨浦区管辖,1990 年在川沙县农村集体产权做证时未能做证。某村多次到杨浦区有关部门,要求做产权证,均无落实,造成了现在无法出示产权证的被动局面。现因申请门牌号和办理有关手续的需要,我所特此证实,上述二处房屋产权确属某村委会所有”。某村委会于 2000 年 5 月 30 日在该文书上写明“上述粮油批发部房屋,建筑面积为 396.46 平方米,自 2000 年 4 月 1 日起产权由某村委会转让给上海某贸易有限公司”,并加盖村委会公章。

2002 年 3 月 20 日,因莱阳路拓宽项目,某公司与某区交通建设发展有限公司签订《非居住房屋拆迁协议》,某公司将坐落于某区某街道潮洞坝 1 号位于道路工程建设红线范围内的房屋交由某区交通建设发展有限公司拆除后,由其一次性补偿某公司 199,500 元,但协议未明确红线范围内的拆除面积。

上海市第二中级人民法院二审认为,某城管局具有作出被诉责令限期拆除违法建筑决定的行政职权。本案争议焦点是,某城管局认定某某公司于 2000 年购得的建造于 20 世纪 70 年代的潮洞坝 1 号(现××路××、××号)的建筑物(总面积 272.25 平方米)系违法建筑,事实是否清楚、证据是否充分。某城管局认定涉案房屋系违法建筑的理由和依据是,某公司未取得建设工程规划许可证,违反了《城乡规划法》第四十条第一款的规定。二审法院认为,判断建房行为是否合法应以房屋建造时的法律规定为基准。根据法不溯及既往的原则,基于法的安定性以及信赖利益保护原则,法律不应该对实施之前存在的行为进行规范。现实中,存在不少建筑先于乡村规划、城市规划而建,即先有建筑后有规划。在法律法规颁布实施之前建设的房屋,由于不存在相关部门核发建设工程规划许可证等规定,不宜以未取得许可证为由认定为违法建筑。1982 年 2 月 13 日,国务院发布《村镇建房用地管理条例》(已失效),在此之前,并无对农村建房申请、审查、批准等手续的规定。之后,《城市规划条例》(已失效)、《土地管理法》、《城市规划法》(已失效)、《村庄和集镇规划建设管理条例》、《城乡规划法》等法律法规陆续发布，房屋建造的规划、审批制度逐渐完善。

本案中，某镇某村委会出具的“产权证明书”、某区综合规划土地局某规划土地管理所出具的“关于西沟潮洞坝房屋产权的确认书”、房屋转让协议书等证据证明，涉案房屋系由当地村委会于20世纪70年代建造，且某公司于2000年合法购得涉案房屋并支付对价，后由于行政区划的变更，涉案房屋无法申请办理或者补办房屋土地使用权证。鉴于涉案房屋建造时尚无建设规划管理方面的法律规定，现某城管局以某公司未取得建设工程规划许可证为由认定涉案房屋系违法建筑，属于认定事实不清、证据不足。此外，2002年3月20日，某公司与某区交通建设发展有限公司签订的《非居住房屋拆迁协议》，将涉案房屋位于道路工程建设红线范围内的房屋拆除，而被拆迁房屋并未被认定为违法建筑，某公司据此获得了一次性补偿款19万余元，但协议未明确红线范围内的拆除面积。某城管局未查清涉案房屋在2002年拆迁之后的拆建情况，而径行认定现存的272.25平方米房屋均为违法建筑，亦属认定事实不清、证据不足。某城管局依据《城乡规划法》的规定作出被诉限拆决定，适用法律错误。

综上，法院判决如下：撤销上海市静安区人民法院（2021）沪0106行初662号行政判决；撤销上海市某区城市管理行政执法局于2021年2月2日作出的责令限期拆除违法建筑决定；撤销上海市某区人民政府于2021年6月7日作出的行政复议决定。

【提炼总结】

建房行为是否合法应以房屋建造时的法律规定为基准。根据法不溯及既往的原则，法律不应该对实施之前存在的行为进行规范。在法律法规颁布实施之前建设的房屋，由于不存在申请建设工程规划许可证等规定，不应以未办理相关手续而认定为违法建筑。

（四）违法行为发生在新法实施以前，具体行政行为作出在新法施行以后的，实体上从旧规定，程序上从新规定

案例：某公司与某县资源局、某县政府不服行政处罚决定及行政复议决定案。

案号：安徽省亳州市中级人民法院（2020）皖16行终169号。

【基本案情】

2016 年 5 月 1 日、5 月 3 日某公司分别与某县某镇某 1 村村民委员会、某 2 村村民委员会签订《农村土地承包经营权流转合同》,某公司因经营需要使用某 1 村土地 219.95 亩、某 2 村土地 310.08 亩,约定土地用途为从事现代农业种植,使用期限为 2016 年 6 月 1 日至 2024 年 10 月 31 日。

2019 年 11 月 15 日,某县资源局接到上级交办的某公司非法占用土地造成耕地大量破坏线索,于 2019 年 11 月 18 日立案,调查询问原告、证人及某镇某 1 村和某 2 村民委员会,并通过某县土地勘测规划室现场勘测测绘、现场拍照及亳自然资规函〔2019〕576 号破坏耕地的鉴定意见,认定某公司于 2016 年 7 月未办理用地审批手续的情况下占用某县某镇某 1 村、某 2 村集体农用地建设休闲垂钓、水上乐园等非农化娱乐设施,占地面积为 13,978.35 平方米(20.968 亩,其中耕地 16.465 亩,建筑物和水泥硬化占地面积 14.176 亩),共造成 14.176 亩耕地(基本农田)种植条件严重破坏。某公司的行为构成非法占用土地。国土资源局于 2020 年 1 月 15 日作出行政处罚决定,决定处罚如下:(1)责令某公司退还非法占用的 13,978.35 平方米(20.968 亩)土地,限期拆除在非法占用的土地上新建的 11,640.15 平方米(17.46 亩)建筑物和其他设施,恢复土地原状;(2)对某公司非法占用的土地按每平方米 30 元的标准处以罚款,合计 419,350.5 元。某公司不服该行政处罚决定,向某县政府申请行政复议,某县政府于 2020 年 4 月 21 日作出行政复议决定,维持了某县资源局作出的行政处罚决定。

【裁判观点】

安徽省蒙城县人民法院一审判决驳回某公司的诉讼请求。

二审另查明,2016 年 10 月 9 日,某县发展和改革委员会制作蒙发改产业〔2016〕197 号关于某公司生态园建设项目备案的通知,某公司报来关于生态园建设项目符合备案条件,同意备案,按项目建设的规定办理相关事宜。

安徽省亳州市中级人民法院二审认为,本案争议的焦点是:(1)本案行政处罚决定和行政复议决定是否违反法定程序;(2)原审判决是否正确。

某公司建设的生态园虽符合国家产业政策并已备案,但某公司并未按照要求办理相关建设手续,某县资源局已经举证证明某公司未办理用地审批手续在某镇某 1 村、某 2 村集体农用地建设休闲垂钓、水上乐园等非农化娱乐设施,存在非法占地行为，其认定事实清楚。在程序方面，某县资源局举证证明其接到上级交办线索后，依法制作《违法线索登记表》，对涉案项目进行现场勘测、调查及案件会审，依法告知当事人陈述、申辩权、申请听证权，作出行政处罚决定书并送达，其符合《国土资源行政处罚办法》及《国土资源违法行为查处工作规程》（已失效）规定，程序合法。适用法律方面，某公司庭审诉称，某县资源局作出行政处罚时认为某公司违反2004年《土地管理法》第四十三条的规定；此法条已经废除，故该处罚决定应予撤销。最高人民法院《关于审理行政案件适用法律规范问题的座谈会纪要》释明，根据行政审判中的普遍认识和做法，行政相对人的行为发生在新法实施以前，具体行政行为作出在新法施行以后，人民法院审查具体行政行为的合法性时，实体问题适用旧法规定，程序问题适用新法规定。但下列情况除外：（1）法律、法规或规章另有规定的；（2）适用新法对保护行政相对人的合法权益更为有利的；（3）按照具体行政行为的性质应当使用新法的实体规定的。据此，关于行政相对人的行为发生在新法实施以前，具体行政行为作出在新法施行以后的法律适用问题，适用从旧兼从轻的原则。根据2020年1月1日实施的《土地管理法》，本案中，某县资源局于2020年1月15日作出行政处罚决定书；但某公司未经批准建设休闲垂钓、水上乐园等非农化娱乐设施的行为发生在2016年，某县资源局适用2004年《土地管理法》并无不当。因此，判决驳回上诉，维持原判。

【提炼总结】

当事人虽然通过土地流转合同获得土地经营权，但其未办理用地审批等相关手续，擅自改变土地用途进行建设，属于非法占地。当事人违法行为发生在新法实施以前，行政机关作出行政行为在新法施行以后的，根据从旧兼从轻的法律适用原则，行政机关对当事人应根据相应年份的《土地管理法》处罚标准进行处置。

（五）处罚应适用旧法，但适用新法没有加重处罚的，没有再审必要

案例：柯某诉某区执法局规划行政处罚案。

案号：广西壮族自治区高级人民法院（2020）桂行申106号。

【基本案情】

柯某申请再审称：2019年7月22日，某区执法局作出《责令限期拆除决定

书》,认定申请人未取得建设工程规划许可证即建设房屋的行为,违反了《城乡规划法》第四十条第一款的规定,责令申请人限期拆除房屋。该处罚认定事实不清、适用法律错误,应予撤销。理由如下:(1)涉案房屋建于1981~1985年,当时没有法律规定农村建房需要取得建设工程规划许可证。而申请人提供的1988年宅基地使用证、1995年某市郊区建筑执照、2000年集体土地建设用地使用证均证明涉案建筑包括在上述3本书证当中,说明该建筑已获得有效审批,属合法建筑。(2)涉案房屋于1985年建成,当时的《城乡规划法》系2008年开始施行。某区执法局适用该法作出限期拆除决定违反了法不溯及既往的原则。(3)某区执法局在调查过程及作出处罚决定后的送达方式违法,已对申请人的权利产生实质影响,原审法院应撤销某区执法局作出的限期拆除决定,而不是依据《行政诉讼法》第七十四条第一款第二项的规定仅确认该行政处罚违法。故请求再审撤销一审、二审判决,改判撤销限期拆除决定。

【裁判观点】

广西壮族自治区高级人民法院经审查认为:关于柯某建设涉案建筑物是否合法的问题,依据1982年2月13日施行的《村镇建房用地管理条例》第五条第一款,1983年6月4日施行的《城镇个人建造住宅管理办法》第三条第二款、第六条第二款,1984年1月5日施行的《城市规划条例》第三十一条、第三十二条,1987年1月1日施行的《土地管理法》第三十八条第一款以及1990年4月1日施行的《城市规划法》第三十一条、第三十二条之规定可知,从1982年2月13日起,任何组织和个人在村镇进行各项建设,必须取得有权机关批准,否则即违法。本案中,柯某没有提供已获批准建设涉案房屋的手续,其提供的1988年宅基地使用证、1995年某市郊区建筑执照、2000年集体土地建设用地使用证登记内容与涉案建筑物不相符。柯某关于涉案建筑包括在上述3本书证当中的理由不能成立。因此,某区执法局认定柯某违法建设房屋的行为有事实和法律依据。

关于柯某提出涉案建筑于1985年建成使用,适用《城乡规划法》违反法无溯及既往原则的问题。2017年《行政处罚法》第二十九条第二款规定,违法行为有连续或者继续状态的,从行为终了之日起计算。全国人大常委会法工委办公室《对关于违反规划许可、工程建设强制性标准建设、设计违法行为追诉时效有关问题的意见》(法工办发〔2012〕20 号)认为:“违反规划许可、工程建设强制性标准进行建设、设计、施工,因其带来的建设工程质量安全隐患和违反城乡规划的事实始终存在,应当认定其行为有继续状态,根据《行政处罚法》第二十九条的规定,行政处罚追诉时效应当自行为终了之日起计算。”可见,对于非法占用土地、违反规划许可等违法建设的建筑物,并不因其存续时间长就认可其合法。柯某建设涉案房屋的事实违反当时的法律法规规定,该违法行为处于继续状态,给予处罚未超过追诉时效,但根据程序从新、实体从旧的处罚原则,适用当时的法律法规规定给予处罚更为合适。但是,按照当时法律法规规定,其处罚结果也是拆除违法建筑并退出侵占的土地,适用 2008 年 1 月 1 日起施行的《城乡规划法》进行处罚,并没有加重对柯某违法建设行为的处罚,没有再审本案的必要。

此外,柳州市中级人民法院判决查明某区执法局采取留置送达方式存在程序轻微违法。但从柯某已到某区执法局处提交相关材料及在法定期限内向法院起诉可知,送达程序轻微违法未对柯某依法享有的听证、陈述、申辩等重要程序性权利产生实质损害,柳州市中级人民法院判决确认某区执法局作出的限期拆除决定违法并无不当。

综上,裁定驳回柯某的再审申请。

【提炼总结】

对于非法占用土地、违反规划许可等违法建设的建筑物,并不因其存续时间长就认定其合法。该违法行为处于继续状态,给予处罚未超过追诉时效,根据程序从新、实体从旧的处罚原则,适用当时的法律法规规定给予处罚更为合适。但适用新法没有加重处罚的,没有再审必要。

七、关于非法转让行为的案例

(一)非法转让非持续性行为,一经转让即已终结,2 年处罚时效开始计算

案例:某县自然资源局与刘某土地行政处罚案。

案号:陕西省商洛市中级人民法院(2020)陕 10 行终 23 号。

【基本案情】

刘某系某县某街道办事处某组村民。2003 年 7 月 29 日,某组将位于某路西

侧的一块面积为1.698亩的梯形滩涂地的使用权以竞标形式转让给刘某，转让价为59,430元，同时签订《滩涂地使用权长期转让协议》。2016年8月18日，刘某将上述土地以39万元转让给李某，并签订《滩涂地转租协议》，载明承包用途为堆放建筑材料，协议签订后土地租金39万元一次性付清。上述协议签订后，李某于2017年10月开始动工，在取得的涉案土地上修建活动板房。2019年6月20日，某县扫黑办向某县自然资源局转交《线索核查交办单》，该交办单载明：中央扫黑除恶第12督导组在陕西督导期间，接群众举报李某民（刘某之丈夫）土地违法线索。2019年6月25日，某县自然资源局对刘某将涉案土地转让给李某一事进行立案调查。2019年7月29日，某县自然资源局作出行政处罚决定，决定没收刘某非法转让土地的违法所得39万元，并处罚款39,000元。刘某不服，遂提起行政诉讼。

另查明，2019年8月2日某县自然资源局还对李某作出《行政处罚决定书》，责令李某15日内退还非法占用的土地，没收李某在非法转让土地上新建的建筑物和其他设施，并处罚款33,960元。该处罚决定送达后，李某未申请复议，亦未提起行政诉讼，该处罚决定已经生效。

【裁判观点】

洛南县人民法院一审认为，根据《土地管理法》第二条第三款、《农村土地承包法》第三十八条的规定，农民集体土地使用权不得出让、转让或出租用于非农业建设，同时，集体土地使用权的转让需具备法律强制规定的流程及条件，而刘某名为出租实质系一次性转让集体土地使用权，其未经法定程序擅自将竞拍而来的集体土地使用权转让给李某，且非农业用途，刘某的转让行为显属非法转让土地。但2017年《行政处罚法》第二十九条规定：“违法行为在二年内未被发现的，不再给予行政处罚。法律另有规定的除外。前款规定的期限，从违法行为发生之日起计算；违法行为有连续或者继续状态的，从行为终了之日起计算。”全国人大常委会法工委《〈关于提请明确对行政处罚追诉时效“二年未被发现”认定问题的函〉的研究意见》中明确，群众举报后被认定属实的，发现时效以举报时间为准。刘某将涉案土地非法转让给李某的行为发生在2016年8月18日，某县自然资源局在2019年6月20日接到某县扫黑办转交的李某民土地违法线索，于2019年6月25日立案调查，经调查后认为刘某将其从本组竞拍而来的土地非法转让给李某,并于2019年7月29日对刘某作出处罚。上述事实可见,无论是按照群众举报土地违法线索的时间,还是按照某县自然资源局立案调查时间,均是在违法转让土地行为发生两年后才发现违法线索,依法应不再给予处罚。故某县自然资源局作出的行政处罚决定,明显超过两年处罚时效,不符合2017年《行政处罚法》第二十九条规定,违反法定程序,依法应予撤销。因此,法院判决撤销某县自然资源局行政处罚决定。

陕西省商洛市中级人民法院二审认为,关于刘某非法转让土地的行为事实是否清楚、认定是否正确的问题。2016年8月18日,刘某将受让的土地以39万元转让给李某,并签订《滩涂地转租协议》,载明承包用途为堆放建筑材料。该转让行为未履行相应的法定程序,且改变了土地用途,违反了《土地管理法》《农村土地承包法》相关规定,属于“以其他形式非法转让土地”,一审法院对其非法转让土地的认定正确,应予支持。

关于某县自然资源局对于刘某的行政处罚是否超出了规定处罚时效的问题。2017年《行政处罚法》第二十九条规定:“违法行为在二年内未被发现的,不再给予行政处罚。法律另有规定的除外。前款规定的期限,从违法行为发生之日起计算;违法行为有连续或者继续状态的,从行为终了之日起计算。”本案中,2016年8月18日,刘某与李某签订《滩涂地转租协议》,2016年8月19日李某兑付39万元租金,该转让行为至此已经终结。如果该转让行为构成违法,某县自然资源局应在2018年8月19日之前做出行政处罚。而某县自然资源局在2019年6月20日接到某县扫黑办转交的李某民土地违法线索,于2019年6月25日对刘某非法转让土地行为立案调查,明显超过法律规定的2年处罚时效,故其2019年7月29日对刘某作出的《行政处罚决定书》不符合法律规定,依法应予撤销。一审法院判决正确,应予支持。

因此,法院判决驳回上诉,维持原判。

【提炼总结】

当事人未经法定程序擅自转让集体土地使用权,且非农业用途,属于非法转让土地行为。非法转让土地行为非持续性行为,转让款、土地一经交付,转让行为已经终结,2年处罚时效开始计算。

(二)非法转让土地行为以完成土地登记时间为起算点,计算2年处罚时效

案例:某乡卫生院与某县国土资源局(已撤销)、某县人民政府土地行政处罚案。

案号:河南省周口市中级人民法院(2019)豫16行终132号。

【基本案情】

2009年5月6日,某乡卫生院作为甲方与张某作为乙方签订租赁合同,双方约定:甲方坑塘一片,位于某乡卫生院西侧,东西长41.5米,南北长69米,甲方将此坑塘租赁给乙方建房及其他商业使用。租赁期限为20年,到期后再自动延续20年。租金每年1500元,乙方一次性交清租金60,000元,该坑塘及归乙方所有。乙方可自由使用该片坑塘,并且自由对坑塘进行投资开发,填土、建房,甲方不得以任何理由干涉。2018年年初,张某在此处开始建房。

2018年9月20日,某县国土资源局进行立案,进行了实地调查,对现场进行了拍照。2018年8月1日,该局对张某下达了《责令停止违法行为通知书》,并于2018年8月2日向某县观堂镇人民政府抄告,对有关人员进行了调查询问,收集了土地租赁合同,制作现场勘测笔录、规划认定书、土地利用总体规划图、地类认定书、调查报告、听证笔录等证据。该局根据以上事实、性质、情节和相关证据,认为某乡卫生院已构成非法转让土地行为,并进行了听证。土地行政部门拟予以处罚,并告知某乡卫生院享有陈述和申辩权利。2018年10月26日,该局根据2004年《土地管理法》第七十三条和2014年《土地管理法实施条例》第三十八条以及河南省国土资源厅《关于印发行政处罚裁量标准和内部制约制度的通知》有关规定,对某乡卫生院作出行政处罚决定。某乡卫生院不服此处罚决定,向某县人民政府提出行政复议,某县人民政府于2019年1月24日作出维持该行政处罚决定的行政复议决定。某乡卫生院不服,遂提起诉讼。

【裁判观点】

郸城县人民法院一审认为,某乡卫生院作为某县国土资源局行政处罚决定的当事人(违法行为单位),对行政处罚决定不服,在法定期限内,可以自己的名义向人民法院提起行政诉讼。根据《土地管理法》及《行政复议法》的相关规定,某

县国土资源局对本行政区域内违反土地管理的行为人某乡卫生院给予土地行政处罚，依法享有职权，且未超过处罚时效。某县人民政府对其工作部门作出的行政行为具有受理申请复议的职责。

某乡卫生院于2009年5月6日与张某签订租赁合同，擅自将某县某乡(镇)卫生院西侧建设用地2018平方米非法转让，其行为违反了2004年《土地管理法》第二条的规定。某县国土资源局根据2004年《土地管理法》第七十三条和2014年《土地管理法实施条例》第三十八条以及《河南省国土资源厅关于印发行政处罚裁量标准和内部制约制度的通知》的有关规定，对某乡卫生院作出行政处罚，事实清楚，证据充分，适用法律正确。

某县国土资源局接受上级交办案件后，依法采取受理和立案、调查和处理、告知和听证等、决定和送达等程序，并作出行政处罚决定，办案程序合法。某县人民政府按照行政复议程序，受理上诉人的行政复议申请，根据《行政复议法》的规定作出行政复议决定书，其作出程序符合法律规定。因此，判决驳回某乡卫生院的诉讼请求。

河南省周口市中级人民法院二审认为：(1)某乡卫生院未依法进行土地登记，却将其实际占用的坑塘进行转让牟利，这正是其违法转让土地的表现形式之一，显然不能成为其逃脱处罚的正当理由。(2)租赁土地通常理解应当是短期、临时使用并且不能建设永久性建筑物，如果长期进行占有使用并建设房屋，则应当认定为对土地的转让。本案中，虽然某乡卫生院与案外人张某的签订的协议名称为土地租赁合同，但从该合同的主要内容看，土地租赁期限为20年，到期后再自动延续20年，且允许建房，其显然属于以土地租赁为名进行的土地转让行为。(3)认定违法转让土地行为完成，应当以土地已经完成登记为准，在此过程中土地违法行为一直是持续存在的。某乡卫生院在2009年转让土地，直到目前该土地并未进行土地登记，其违法状态一直是持续的，某县国土资源局在2018年发现后进行处罚并不超过两年的处罚时效。因此，驳回上诉，维持原判。

【提炼总结】

以长期占有使用并建设房屋为目的租赁土地，应当认定为对土地的转让。认定违法转让土地行为完成，应当以土地已经完成登记为准，在此过程中土地违法行为一直是持续存在的，两年处罚时效尚未开始计算。

注意点提示

笔者认为，对于非法转让行为的行政处罚追诉时效，基于法律的谦抑性原则和格外谨慎、有利于当事人的原则，不能因行政机关的不作为加重相对人的责任，其违法转让行为的追诉时效应以转让款、土地交付完成时间为起算点。

（三）将耕地用于非农建设和将未取得规划审批手续的建筑物进行转让的，合同无效

案例：某线业公司与某印刷包装公司项目转让合同纠纷案。

案号：北京市高级人民法院（2020）京民申3118号。

【基本案情】

2016年3月16日，某线业公司（甲方）与某印刷包装公司（乙方）签订《转让合同》，双方约定转让某区某镇土地，面积共计19.5亩，建筑物及相应设施等约10,000平方米（上述17.5亩土地出让使用权益、2亩土地租赁使用权益、建筑物及相应设施等为合同的转让内容）。2016年11月8日至2017年4月10日，某印刷包装公司陆续按约向某线业公司支付转让款，某线业公司亦依约向某印刷包装公司交付涉案场地。一审庭审中，某线业公司认可涉案场地上建筑物并没有相关建设审批手续。2019年7月8日，北京市规划和自然资源委员会通州分局向法院出具关于《某线业公司的协助查询通知书》的复函，载明：根据附图中标注地块的大致范围和位置，经与最新土地利用现状数据核对，该地块土地利用现状包括耕地和城镇村及工矿用地。

【裁判观点】

北京市通州区人民法院一审认为，本案主要涉及两个方面的问题。一是合同的效力问题，二是双方诉求是否合理。关于双方合同效力问题，法院认为双方签订的《转让合同》为无效合同，具体理由如下：（1）根据双方签订的合同，双方合同中转让有两部分内容，一是土地使用权，二是地上建筑物，某印刷包装公司受让标的物用途为工业用途。（2）某印刷包装公司出让的土地中有部分为耕地。2004年《土地管理法》第四条第一款规定“国家实行土地用途管制制度”，第十二条规定“依法改变土地权属和用途的，应当办理土地变更登记手续”。依照上述规定，

结合本案事实，双方签订的《转让合同》中有部分是耕地，某线业公司在耕地上建设建筑物并将土地和建筑物转让某印刷包装公司且为工业用途，此举违反了我国现行法律有关土地用途管理的强制性规定，应予宣告无效。(3)根据2004年《土地管理法》第四十三条的规定，任何单位和个人进行建设，需要使用土地的，必须依法申请使用国有土地。《城乡规划法》第四十条第一、二款规定：“在城市、镇规划区内进行建筑物、构筑物、道路、管线和其他工程建设的，建设单位或者个人应当向城市、县人民政府城乡规划主管部门或者省、自治区、直辖市人民政府确定的镇人民政府申请办理建设工程规划许可证。申请办理建设工程规划许可证，应当提交使用土地的有关证明文件、建设工程设计方案等材料。需要建设单位编制修建性详细规划的建设项目，还应当提交修建性详细规划。对符合控制性详细规划和规划条件的，由城市、县人民政府城乡规划主管部门或者省、自治区、直辖市人民政府确定的镇人民政府核发建设工程规划许可证。”最高人民法院《关于审理城镇房屋租赁合同纠纷案件具体应用法律若干问题的解释》第二条规定，出租人就未取得建设工程规划许可证或者未按照建设工程规划许可证的规定建设的房屋，与承租人订立的租赁合同无效。某线业公司转让的建筑物系在某镇政府出让的工业用地上和某线业公司从村委会承租的农村集体土地上建造，未取得相应的审批规划手续，故某线业公司和某印刷包装公司签订的《转让合同》违反了法律的强制性规定，应属无效。

诉争合同被确认无效后，双方权利义务即进入善后处置程序，因此取得的财产利益应当返还或折价补偿，并依据过错原则确定相应损失责任。本案中，双方对于法院依法释明的合同存在无效的意见不予认同，双方均坚持合同有效的主张。鉴于双方相关诉讼请求均系基于各自对于诉争合同有效的判断和请求解除诉争合同的请求权衍生，在合同被确认无效后均不存在相应请求的合理性基础，故双方的诉讼请求，可在合同效力宣告确定后另行解决。

因此，法院判决确认某线业公司与某印刷包装公司之间的《转让合同》无效，驳回某线业公司的诉讼请求，驳回某印刷包装公司的反诉请求。

北京市第三中级人民法院二审判决驳回上诉，维持原判。

北京市高级人民法院再审认为，根据某线业公司和某印刷包装公司签订的《转让合同》，某印刷包装公司受让的标的物内容包括土地使用权和地上建筑物，用途为工业用途。在本案一审阶段,一审法院曾就涉案土地的用途请北京市规划和自然资源委员会通州分局协助查询,根据该单位的复函可知,涉案土地包括耕地和城镇村及工矿用地,某线业公司在耕地上建设建筑物并将土地和建筑物一并转让某印刷包装公司用于工业用途,改变了土地用途,违反了《土地管理法》的强制性规定。根据查明事实,某线业公司转让的建筑物未取得审批规划手续,亦违反了法律的强制性规定。涉案《转让合同》违反国家强制性法律规定,应属无效。某线业公司关于涉案《转让合同》应属有效或部分有效的主张,一审、二审法院不予支持,并无不当。法院依法认定合同无效和相关主管部门依法对违法行为进行行政处理,两者分属不同的法律关系,并行不悖。综上,一审、二审法院依据查明的事实,所作处理并无不当,某线业公司申请再审的理由不能成立。因此,驳回某线业公司的再审申请。

【提炼总结】

当事人合同约定转让耕地及地上的建筑物且为工业用途,擅自改变了土地用途,转让的建筑物亦未取得审批规划手续,均违反了法律的强制性规定,转让合同属于无效合同。

(四)流转符合土地利用总体规划和城乡规划并已依法取得农村集体建设用地使用权的集体经营性建设用地及地上已建成的不动产,不违反法律禁止性规定,转让协议合法有效

案例:某技术开发部诉某区政府履行征收补偿法定职责案。

案号:最高人民法院(2018)最高法行申1995号。

【基本案情】

某技术开发部提交的1990年7月20日《上海县土地使用权申请登记表》载明:某县某乡某村委会(办公室)单位性质为“集体”,土地权属为“集体”,土地用途为“村事业”,申报面积为880平方米(合1.32亩)。1990年12月27日,原上海县人民政府同意核发土地使用证。2000年4月18日,甲方某村委会与乙方某阀门厂签订的《房地产权转让合同》载明:甲方转让办公用地使用权土地约1.32亩(880平方米),两幢楼房分别约为392平方米、288平方米及场地、附属用房等固定建筑物产权给乙方,乙方支付人民币40万元;另有甲方未征用在使用的

2 亩非耕地由乙方申请，甲方按每亩 6 万元包办征用手续齐全；甲方负责办理房地产权证过户手续，并对支付方式及期限、房地产权转让过户手续及征地手续完成期限等作出约定。2002 年 10 月 17 日，某村委会和某某阀门厂签订《补充协议书》，就上述转让合同及 2001 年 4 月 13 日签订《代补充合同》中增加的 4.5 亩土地费用作出调整。

某区房屋土地管理局 2002 年 5 月 31 日作出《行政处罚决定书》，载明：申某公司于 2001 年 4 月未经市、区人民政府依法批准，非法占用土地 4585 平方米建造某某阀门厂厂房，决定罚款 41,265 元。2003 年 7 月 21 日，某区规划管理局核发《建设用地规划许可证》，载明：用地单位为申某公司，用地项目名称为某阀门厂，用地位置为某镇某村五、六队，用地面积 5152 平方米。2003 年 8 月 22 日，某区政府作出《关于同意某镇上海申某有限公司违法用地、擅自建造“某阀门厂”申请补办土地使用手续的通知》，载明：用地计划已经沪府土用〔2003〕45 号文批准某区 2002 年度第 104 号批次农用地转用，同意使用土地 4585 平方米（折 0.4585 公顷）。2003 年 9 月 17 日，某区政府核发《建设用地批准书》，载明：批准用地面积 4585 平方米，土地所有权性质“集体”，土地取得方式“使用”，土地用途“工业”。

2004 年 12 月 29 日甲方申某公司（某村委员会）与乙方某阀门厂（研究所）签订《协议书》，主要内容包括：“……二、关于二幢办公楼和 1.32 亩土地的产权过户手续，及新增加土地（五十年使用权）和新建、改建房屋的产权证书由甲方负责继续办理。在有关证书未办好期间，乙方应实际拥有对上述房屋和土地的全部权利（相当于已有产权证书的全部权利）。如遇市政或商业拆迁，甲方应负责乙方享受到全部的政策性拆迁费。三、甲方同意乙方在厂区内新建 1296 平方米的车间……五、按上述三项合同标的，乙方应支付给甲方的总费用还缺少 70 万元整，乙方在 2004 年年底支付 30 万元，2005 年年底再支付 14 万元，其余 26 万元在有关证书办齐后半年内付清，如遇拆迁，甲方有权在拆迁费中先予扣留。”2005 年 3 月 28 日，申某公司和某阀门厂签订《〈协议书〉修改条款》，将上述《协议书》第三条修改为：甲方同意乙方在厂区内新建简易辅助用房约 1300 平方米，并同意乙方将原某村二幢办公楼房改建为企业职工住房。

2011 年 11 月 22 日上海市人民政府发布《关于批准某区人民政府 2011 年第

二十五批次建设项目农用地转用、征收土地的通知》，其附件《某区 2011 年度第 25 批次建设项目土地明细表》载明：某镇莲花路西南潮浜南地块储备项目（环保整治返征地），被用地单位为申某公司（2003 - 409）建设用地计 4585 平方米，某村委会建设用地计 829.4 平方米，土地属性均为集体土地。2011 年 12 月 21 日，某区政府发布《征收土地方案公告》。2012 年 2 月 9 日某村委会、申某公司向某阀门厂发出通知，告知某阀门厂需整体拆迁。2012 年 4 月 6 日，受某科学园区某镇开发办公室委托的上海申价房地产评估有限公司出具《房屋动拆迁补偿估价报告》。后因未能与某技术开发部达成补偿安置协议，相关行政机关不再认可某技术开发部为被征收人和被补偿人，转而与某村委会及村属企业申某公司洽谈、协商补偿安置事宜。

2013 年 5 月 16 日，某技术开发部的涉案房屋被拆除。另查明，某阀门厂于 2007 年变更登记为某技术开发部。

【裁判观点】

上海市第一中级人民法院一审认为本案不属于行政诉讼受案范围，不符合法律规定的起诉条件，裁定对某技术开发部的起诉不予立案。上海市高级人民法院二审裁定驳回上诉，维持一审裁定。

最高人民法院再审认为：本案中，某技术开发部与某村委会于 2000 年 4 月签订协议，由某技术开发部自某村委会处受让 1.32 亩集体建设用地使用权、两幢楼房及附属设施等地上建筑物产权，并约定由某村委会负责办理房地产权过户手续。某技术开发部与某村委会、申某公司还分别于 2002 年、2004 年及 2005 年签订相关协议，就增加的集体土地使用权及相应费用作出约定，还约定某村委会及申某公司均认可某技术开发部拥有对涉案房屋和土地相当于产权证书的相应物权。上述协议是否合法有效，直接影响某技术开发部能否成为适格的被征收人，同时影响其是否享有补偿安置的请求权。

首先，原上海县人民政府 1990 年 12 月 27 日核发的《上海县土地使用权申请登记表》记载，本案协议转让的是某村委会所属的集体经营性建设用地上已经建成的不动产，而非宅基地和耕地，因此并不违反《土地管理法》相关禁止性规定。其次，结合某技术开发部与某村委会、申某公司续签的系列协议、某区相关部门对申某公司未经批准非法占地建造某阀门厂作出处罚决定后批准补办土地使用手续并核发建设用地批准书等情形，根据 2004 年《土地管理法》第四条、第十一条的规定，涉案协议所转让的土地已经取得建设用地使用权。再次，涉案的建设用地使用权可以依法转让。2004 年《土地管理法》第六十三条规定，农民集体所有的土地的使用权不得出让、转让或者出租用于非农业建设；但是，符合土地利用总体规划并依法取得建设用地的企业，因破产、兼并等情形使土地使用权依法发生转移的除外。由此可见，我国法律允许集体建设用地在特定的情况下依法转移。最后，涉案集体土地使用权转让符合改革方向。参照 2010 年上海市《关于开展农村集体建设用地流转试点工作的若干意见》第六条规定，凡符合土地利用总体规划和城乡规划、依法取得的农村集体建设用地使用权，原则上均可流转。该意见第七条规定，依法取得的农村集体建设用地，可以用于工业、商业、旅游业、服务业等经营性项目。

综合上述法律、地方性法规及规范性文件等规定可知，涉案不动产转让协议以及之后签订的相关协议并不违法，转让协议合法有效。某技术开发部未按约定取得建设用地使用权证和房屋所有权证，系某村委会未及时履行协议约定所致。双方在系列协议中均约定由某村委会负责办理房地产权过户手续，某村委会在约定中认可某技术开发部拥有对涉案房屋和土地的全部权利，如遇拆迁，某村委会负责某技术开发部享受全部的政策性拆迁费。因此，由于案涉房地产长期以来一直由某技术开发部实际占有、使用并经许可自建了部分房屋，相关转让协议等也已经明确约定其拥有全部权利，因而某技术开发部是适格的被征收人和补偿安置对象。

某技术开发部的再审申请符合《行政诉讼法》第九十一条第一项规定的情形，因此，裁定本案由最高人民法院提审；提审期间，中止原裁定的执行。

【提炼总结】

流转符合土地利用总体规划和城乡规划并已依法取得农村集体建设用地使用权的集体经营性建设用地及地上已建成的不动产不违反法律禁止性规定，转让协议合法有效。合同约定受让人拥有转让房屋和土地的全部权利，享受全部的政策性拆迁费的，受让人是适格的被征收人和补偿安置对象。

(五)集体经营性建设用地未经法定程序约定出让并签订合同书的,违反法律强制性规定,该合同无效

案例:闫某与某村委会、某镇政府买卖合同纠纷案。

案号:北京市第三中级人民法院(2020)京03民终13077号。

【基本案情】

2000年4月28日,出售方某村委会(甲方)与购买方某县某镇经济联合公司(以下简称经济公司)(乙方)签订合同书,载明合同标的物为甲方所属的某县华光毛衣厂甬道西侧,北院墙往南63.65米,西院墙往东45.24米场地的使用权及场地上附属的建筑物的所有权(正房两排,共26间;西厢房4间;锅炉房1座;警卫室1间;西北处耳房1间;院北车棚1排;厕所2间)。合同标的物售价为9万元。

2000年4月30日,出售方经济公司(甲方)与购买方闫某(乙方)签订合同书,载明合同标的物及售价:甲方具有的×夏利轿车一辆,售价3万元;甲方所属的位于某村华光毛衣厂院内的办公用房31间,场地2880平米,售价9万元;甲方所属的平谷县建筑工程总公司第一工程处(夏各庄镇第二建筑队)408,527元的资产。另载明交付方式及双方的权利和义务:乙方以承担甲方所属的平谷县建筑工程总公司第一工程处(夏各庄第二建筑队)的债务717,459.80元的方式,享有上述甲方标的物的所有权和场地的使用权;乙方负责平谷县建筑工程总公司第一工程处(夏各庄第二建筑队)在内蒙古锡林浩特在建工程等,解决该企业转制前所有的遗留问题。

在审理过程中,一审法院到北京市市场监督管理局平谷分局调查经济公司的工商登记材料,被回复无该公司的工商登记材料。2001年12月27日,中共某县委、某县人民政府批准《某县某镇体制改革方案》,该方案载明按照政企分开的原则,撤销某镇经济联合总公司,将其行政管理职能交由镇政府承担。现某镇政府自愿承担经济公司的权利义务,其他当事人均无异议。经查询工商登记材料,北京市某县华光毛织厂,成立于1987年8月20日,属某村委会投资设立的集体所有制企业,于1998年11月19日被吊销营业执照。审理过程中,一审法院组织各方当事人到北京市规划和自然资源委员会平谷分局调查,经各方当事人现场指认,该局答复:涉案土地属集体土地所有权,所有权人为北京市平谷区某镇某村经济合作社,未申请集体建设用地使用权登记,未颁发集体建设用地使用权证;涉案

房屋未进行权属登记，未申请、未取得相应规划许可；2004 年实施的平谷区土地利用总体规划显示涉案土地为一般农地，2019 年的分区规划显示该土地为村庄建设用地。

某村委会向法院起诉请求确认与经济公司签订的合同书无效。在审理过程中，一审法院组织双方当事人进行协商、调解，但各方终未达成一致意见。

【裁判观点】

北京市平谷区人民法院一审认为，根据原《合同法》第五十二条的规定，违反法律、行政法规的强制性规定的，合同无效。根据《土地管理法》的相关规定，国家实行土地用途管制制度，使用土地的单位和个人必须严格按照土地利用总体规划确定的用途使用土地，集体经营性建设用地出让、出租等，应当经本集体经济组织成员的村民会议 2/3 以上成员或者 2/3 以上村民代表的同意。本案中，某村委会与经济公司签订的合同书并未经由法定程序，应属无效。综上，法院判决确认某村委会与经济公司于 2000 年 4 月 28 日签订的合同书无效。闫某不服，提起上诉，请求撤销一审判决，依法改判驳回某村委会的诉讼请求。

北京市第三中级人民法院二审认为：综合当事人诉辩意见及本案查明事实，本案争议焦点系某村委会与经济公司于 2000 年 4 月 28 日签订的合同书是否有效。闫某上诉主张某村委会作为民事主体对外签订合同系村民自治组织内部事务，不能约束合同相对方，涉案合同应认定有效。对此二审法院认为，根据原《合同法》第五十二条规定，违反法律、行政法规的强制性规定的，合同无效。《土地管理法》第四条规定，国家实行土地用途管制制度，使用土地的单位和个人必须严格按照土地利用总体规划确定的用途使用土地。《土地管理法》第六十三条第一、二款规定：“土地利用总体规划、城乡规划确定为工业、商业等经营性用途，并经依法登记的集体经营性建设用地，土地所有权人可以通过出让、出租等方式交由单位或者个人使用，并应当签订书面合同，载明土地界址、面积、动工期限、使用期限、土地用途、规划条件和双方其他权利义务。前款规定的集体经营性建设用地出让、出租等，应当经本集体经济组织成员的村民会议三分之二以上成员或者三分之二以上村民代表的同意。”本案中，某村委会与经济公司未经法定程序约定出让涉案土地并签订合同书，违反法律的强制性规定，该合同书应认定为无效。故闫某的上诉意见缺乏法律依据，不予采信。综上所述，二审法院判决驳回上诉，维持原判。

【提炼总结】

集体经营性建设用地出让、出租等，应当经本集体经济组织成员的村民会议2/3以上成员或者2/3以上村民代表的同意。未经法定程序约定出让土地并签订合同的，违反法律强制性规定，该合同无效。

八、关于责令类行政行为定性问题的案例

关于责令类行政行为定性问题，司法实践中不同法院有不同观点，笔者在此列举分析，以供参考。

（一）责令停止违法行为属于行政命令

案例：伍某诉某市人民政府行政复议案——安徽省高级人民法院发布2018年行政诉讼十大典型案例之3。

案号：安徽省安庆市中级人民法院（2017）皖08行初42号。

【基本案情】

2016年6月24日，某市城管局向伍某下达责令停止违法行为通知，认定其在某市光明巷11号无规划许可擅自搭建钢构，违反了《城乡规划法》第六十四条的规定，责令其限期改正违法行为并停止建设，补办规划许可手续，同时告知其逾期不停止违法行为或不补办手续的，该局将依法给予行政处罚。伍某不服，于2016年6月29日向某市人民政府申请行政复议。某市人民政府认为，责令停止违法行为通知不是最终行政决定，只是具体行政行为作出前的一项程序，不属于行政复议范围，遂于2017年3月3日作出行政复议决定，驳回伍某的行政复议申请。伍某不服该复议决定，遂提起行政诉讼，请求撤销某市人民政府该行政复议决定，判令某市人民政府对其复议申请事项作出实体处理决定。

【裁判观点】

安庆市中级人民法院审理认为，本案的争议焦点是：（1）某市人民政府是否依法履行了行政复议法定职责。（2）某市城管局作出的责令停止违法行为是否属于行政复议范围。

关于某市人民政府是否依法履行了行政复议法定职责的问题。某市人民政

府根据法院生效判决，作出《行政复议决定书》，已经对伍某的行政复议申请作出了处理决定，履行了行政复议法定职责，伍某认为某市人民政府未履行法定职责没有事实和法律依据。另外，伍某在庭审中还提出某市人民政府未在法定期限内作出行政复议决定，根据查明的事实，法院于2016年12月28日当庭宣判后，某市人民政府于2017年3月3日作出行政复议决定，并于同年3月7日依法送达当事人，并未超过2009年《行政复议法》第三十一条第一款规定的一般行政复议案件60日的法定办理期限。

关于某市城管局作出的责令停止违法行为是否属于行政复议范围的问题。责令停止违法行为本质上属于行政命令中的禁令，即行政机关依法要求行政相对人不为一定行为的意思表示。责令停止违法行为一经作出便为行政相对人设定了义务，不论该行政命令是否合法，若行政相对人不执行行政机关的命令，就会产生行政处罚或者行政强制执行的后果。因此，责令停止违法行为是行政执法过程中的一种独立的行政行为。如果行政相对人实施的合法行为被行政主体错误实施了责令停止的命令，就会导致相对人的合法权益受到侵害。因此，为保障行政命令功能的正确行使，应赋予行政相对人法律救济的途径。本案中，某市城管局作出的责令停止违法行为通知，为伍某这一特定相对人设定了停止建设并限期改正的义务。同时，根据查明的事实，某市城管局在作出上述责令停止违法行为通知后，一直未对伍某作出后续处理决定。由此可见，涉诉的责令停止违法行为通知已对伍某的权利义务产生了实际影响。因此，根据2009年《行政复议法》第六条第十一项的规定，该通知属于行政复议范围，复议机关应对其合法性进行审查。

综上，判决如下：(1)撤销某市人民政府作出的桐府复〔2017〕第03号行政复议决定；(2)责令某市人民政府于判决生效后的法定期限内对伍某提出的行政复议申请重新作出复议决定。

【提炼总结】

责令停止违法行为是让违法行为停滞于查获时的状态，责令相对人不作为的具体行政行为，属于责令改正的范畴，是行政命令。行政机关为相对人设定停止建设并限期改正的义务，且一直未作出后续处理决定，对当事人的权利义务产生了实际影响，属于行政复议范围。

（二）《城乡规划法》中的“责令限期拆除”不属于行政处罚

案例：李某永等四人及李某椿诉某县建设局房屋行政强制案。

案号：江西省高级人民法院（2020）赣行申556号。

【基本案情】

2017年7月29日某县城市管理综合执法局接到线索到现场检查后找到李某永进行调查，李某永在调查材料中承认其于2003年在向村级、镇政府申请建房未能审批下来的情况下，擅自在某县某镇某村前塘擅自建房。2017年7月30日某县建设局委托执法的综合执法局对李某永下达了《责令停止违法（章）行为通知书》，要求其停止违法建设，并自行拆除违建建筑。2017年8月1日，正式立案后形成处理意见。2017年8月14日，对李某永下达了《责令限期拆除事先告知书》，告知其拟作出限期7日内自行拆除的决定，并告知其有陈述和申辩的权利。2017年8月16日李某永就事先告知书提出申辩，综合执法局也对该申辩进行了答复。2018年8月10日针对李某永在某镇某村前塘未经审批擅自施工建设，严重违反了2015年《城乡规划法》第二条、第九条、第十一条、第六十四条及《江西省城乡规划条例》第七十一条的规定，根据《城乡规划法》第六十四条和《江西省城乡规划条例》第七十一条及《行政强制法》第四十四条的规定，对李某永作出了限期7日内自行拆除的决定，并于2018年8月18日前履行该决定。李某永不服，遂向泰和县人民法院提起行政诉讼。

2018年10月，泰和县人民法院作出判决，以某县建设局在作出处理决定时并未对应拆除房屋的权利人和面积进行核实清楚，属事实不清，可认定为主要证据不足，撤销了某县建设局于2018年8月10日对李某永作出的责令限期拆除决定。判决生效后，某县建设局于2019年2月对房屋权利人进行了核实，认定涉案房屋权利人为李某椿、李某永及兄弟户，面积为1278.01平方米。

2019年3月15日，某县建设局向李某椿、李某永及兄弟户下达了《责令限期拆除事先告知书》，告知其拟作出限期7日内自行拆除的决定，并告知其有陈述和申辩的权利。2019年3月21日，针对李某椿、李某永及兄弟户在某镇某村前塘未经审批擅自施工建设，严重违反了《城乡规划法》第二条、第九条、第十一条、第六十四条及《江西省城乡规划条例》第七十一条的规定，根据《城乡规划法》第六十四条和《江西省城乡规划条例》第七十一条及《行政强制法》第四十四条的规定，对李某椿、李某永及兄弟户作出了限期自行拆除的决定，并于2019年3月28日前履行该决定。2019年4月1日，某县建设局向李某椿、李某永及兄弟户下达了《责令限期拆除执行催告书》，载明“违法用地面积1278.01平方米上所有违法建筑(构)物”，依照《行政强制法》第三十五条、第三十六条的规定，限收到催告书之日起7日内履行拆除决定，并告知了陈述和申辩权利。2019年4月13日，李某椿、李某永等人以其房屋并非违法建筑向某县建设局提交了申辩意见。2019年4月17日，李某椿、李某永等人不服某县建设局2019年3月21日作出的责令限期拆除决定，提起行政诉讼。

【裁判观点】

泰和县人民法院一审认为，依据法律规定，行政机关应当严格依照相关法律的规定行使行政职权。某县建设局作为城市建设审批和管理部门，对辖区内的违法建筑有权依法进行查处、进行行政处罚，并且有权依据相关法律规定进行强制拆除。本案中，某县建设局发现李某永等4人及李某椿所修建的房屋没有办理相关建房手续，认为该修建房屋的行为违法，并依照相关程序对李某永等4人作出了行政处理决定。某县建设局虽在作出处理决定时对应拆除房屋的权利人和面积进行了核实，但其作出决定的主要依据仍是建立在对李某永为权利人的基础上，针对权利人主体发生变化的情况，未对所有涉及权利人的情况及相关事实，进行全面、客观地调查和收集证据，据实作出处理。并且经核实的情况，如房屋四至、面积等李某永等4人及李某椿未予确认，仍存在争议，某县建设局据此作出责令限期拆除决定，属事实不清，可认定为主要证据不足，故某县建设局作出的具体行政行为应予撤销。因此，判决撤销某县建设局于2019年3月21日对李某永等4人及李某椿作出的责令限期拆除决定。

二审另查明，李某椿于2019年8月30日因病去世。

江西省吉安市中级人民法院二审认为，根据《城市规划法》(已失效)第四十条的规定，本案中，李某永等4人及李某椿所建涉案房屋在某县城市规划区内，李某永等4人及李某椿共同出资、占用承包耕地、在未取得建设工程规划许可证的情况下建房，属于违法行为。根据《城乡规划法》第六十四条、《江西省城乡规划条例》第七十一条的规定，由于涉案房屋压占了某县城城市总体规划(2001年至

2020年)中的道路建设用地,李某永等4人无法采取改正措施消除规划影响,故某县建设局责令其限期拆除涉案房屋,符合法律规定。由于李某永等4人的违建事实一直处于继续状态,故某县建设局适用《城乡规划法》及《江西省城乡规划条例》的相关规定作出被诉限期拆除决定,并无不当。同时,李某永等4人及李某椿未经批准占用耕地建房,亦违反了《土地管理法》及《土地管理法实施条例》的相关规定,涉案房屋也应予以拆除。涉案房屋系李某永等4人及李某椿共同所建,违建事实客观存在,某县建设局也已查清涉案违建面积,原判以某县建设局未核实各权利人的违建四至、面积等为由,撤销某县建设局作出的责令限期拆除决定,没有法律依据。因此,判决撤销泰和县人民法院(2019)赣0826行初36号行政判决;驳回李某永等4人的诉讼请求。

江西省高级人民法院再审认为,本案的争议焦点为被申请人是否有权作出被诉行政行为及其认定事实是否清楚、适用法律是否正确、程序是否合法。

关于被申请人是否有权作出被诉行政行为及其认定事实是否清楚、适用法律是否正确的问题。根据2015年《城乡规划法》第六十四条的规定,未取得建设工程规划许可证或者未按照建设工程规划许可证的规定进行建设的,由县级以上地方人民政府城乡规划主管部门责令停止建设;尚可采取改正措施消除对规划实施的影响的,限期改正,处建设工程造价5%以上10%以下的罚款;无法采取改正措施消除影响的,限期拆除,不能拆除的,没收实物或者违法收入,可以并处建设工程造价10%以下的罚款。本案中,案涉房屋系城市规划区内未取得建设工程规划许可证的房屋,且案涉房屋一直处于承办某县华永塑料袋厂并正常生产运营的持续状态,被申请人作为某县城乡规划主管部门,在经现场检查、询问,查明了建设案涉房屋的行为人,并委托有资质的机构进行了测量,确认了案涉房屋的地理位置及占地面积,认定案涉房屋压占了某县城市总体规划(2001年至2020年)中的道路建设用地且无法采取改正措施消除规划影响的基础上,依据《城乡规划法》《江西省城乡规划条例》《行政强制法》的有关规定,作出被诉责令限期拆除决定,系依法行使其法定职权且认定事实清楚、适用法律正确。再审申请人以案涉房屋处于村庄规划区内为由主张被申请人没有作出被诉行政行为的职权且认定事实和适用法律错误,该主张缺乏事实和法律依据,再审法院不予支持。

关于再审申请人主张被诉行政行为程序违法的问题。国务院原法制办《关于“责令限期拆除”是否属于行政处罚行为的请示的复函》(国法秘研函〔2012〕665号)明确,2007年《城乡规划法》第六十四条规定的限期拆除、第六十八条规定的责令限期拆除不应当理解为行政处罚行为。按照上述规定,被申请人依据2015年《城乡规划法》第六十四条等规定作出被诉责令限期拆除决定不应理解为行政处罚行为,再审申请人以被申请人违反了《行政处罚法》有关陈述申辩权利、听证权利等规定为由,主张被申请人作出被诉行政行为的程序违法,于法无据。根据原审查明的事实,被申请人在作出被诉行政行为前,履行了催告程序,依法告知了再审申请人依法享有相关权利,在再审申请人提交陈述申辩意见后,被申请人亦未执行被诉行政行为。因此,再审申请人提出的被诉行政行为程序违法的再审申请理由,亦无事实和法律依据,该再审申请理由不能成立。因此,裁定驳回再审申请。

【提炼总结】

根据国务院原法制办《关于“责令限期拆除”是否属于行政处罚行为的请示的复函》,《城乡规划法》第六十四条、第六十八条规定的限期拆除不属于行政处罚行为,当事人不能主张行政机关责令限期拆除的行为违反《行政处罚法》。

(三)《城乡规划法》中的“责令限期拆除”属于行政命令

案例:某公司诉某市城乡规划局(已撤销)、某省住建厅规划管理案。

案号:河南省郑州市中级人民法院(2018)豫01行终822号。

【基本案情】

2005年7月15日,某公司取得(2005)郑城规规管许字0138号建设用地规划许可证,用地项目名称为经济适用房,用地位置为未来路西,城北路南,用地面积21,429.55平方米。2009年1月14日,某公司取得郑规地字第410100200919×××号建设用地规划许可证,用地项目名称为住宅,用地位置为城北路南,未来路西,用地面积2624.99平方米。2010年2月10日,某公司取得郑国用(2010)第0060号国有土地使用权证,坐落在未来大道西、城北路南,地类(用途)为城镇住宅,使用权类型为划拨,使用权面积为21,951.6平方米。2015年4月,某公司在前述土地范围内投资建设两栋高层建筑物,目前两栋建筑物均已经主体结顶。

2016年8月1日,市城乡规划局以某公司违法建设为案由立案调查。某市城乡规划监察支队对涉案建设行为进行了查处，该支队有市城乡规划局出具的行政执法委托书，委托期限自2016年1月1日起至2017年12月31日。2016年8月22日，市城乡规划局办案人作出调查终结报告，以某公司未经批准，于2015年4月在未来路西侧、福元路南侧，擅自建设两栋框架结构楼房，目前两栋框架结构楼房已封顶。两栋框架结构楼房建筑面积合计87,415.52平方米，地下车库建筑面积12,093.62平方米。上述行为违反2009年《郑州市城乡规划管理条例》第三十六条，依据2009年《郑州市城乡规划管理条例》第六十五条第一款第二项，建议没收处罚，大队负责人签字确认。2016年12月15日，市城乡规划局向某公司送达了《行政处罚听证告知书》、《行政处罚事先告知书》，告知依据2009年《郑州市城乡规划管理条例》第六十五条第一款第二项，拟对某公司作出限3日内拆除完毕的行政处罚。某公司向市城乡规划局提出申辩意见书并提出了听证申请，2016年12月29日，市城乡规划局对本案进行了听证。2017年9月7日，市城乡规划局作出《限期拆除决定书》，认定某公司于2015年4月在未来路西侧、福元路南侧，未取得建设工程规划许可证，擅自建设的两栋框架结构楼房（建筑面积87,415.52平方米），不符合《郑州市城乡规划管理条例》第四十条的规定，根据《郑州市城乡规划管理条例》第七十三条第一款第二项的规定，责令某公司在收到本决定书之日起3日内自行拆除。2017年9月14日，该《限期拆除决定书》送达某公司，送达人为陈某一人。某公司不服该《限期拆除决定书》，向省住建厅提出行政复议。省住建厅于2017年9月22日向市规划局发出《行政复议答复通知书》，2017年9月28日，市城乡规划局提交了答辩状，2017年11月8日，省住建厅作出《延期审理通知书》，决定延期30日。2017年12月12日，省住建厅作出《行政复议决定书》，省住建厅认为市城乡规划局作出的《限期拆除决定书》，认定事实清楚，适用依据正确，程序合法，决定维持《限期拆除决定书》。某公司不服该行政复议决定，提起行政诉讼。

【裁判观点】

河南省郑州市管城回族区人民法院一审判决撤销某市城乡规划局于2017年9月7日作出的《限期拆除决定书》；撤销某省住房和城乡建设厅于2017年12月12日作出的《行政复议决定书》。

郑州市中级人民法院二审认为：（1）关于某市城乡规划局作出的限期拆除决

定的法律属性如何界定的问题。正确认定限期拆除决定的法律属性，才能确定法律适用和行政程序的选择。在本案中，明确适格被告的问题，亦和限期拆除决定的法律属性有关。限期拆除决定既不是行政强制，也不是行政处罚，而应当属于行政命令范畴。首先，《行政强制法》第二条第二款规定：“行政强制措施是指行政机关在行政管理过程中，为制止违法行为、防止证据损毁、避免危害发生、控制危险扩大等情形，依法对公民的人身自由实施暂时性限制，或者对公民、法人或者其他组织的财物实施暂时性控制的行为。”根据该规定，可知城乡规划法意义上的“责令限期拆除”不是对违法建筑实施的“暂时性控制”的中间行为，而是可以发生强制执行的终局性行政行为，不符合行政强制措施的法律特征。《行政强制法》第二条第三款规定，行政强制执行，是指行政机关或者行政机关申请人民法院，对不履行行政决定的公民、法人或者其他组织，依法强制履行义务的行为。首先，由于《行政强制法》第四十四条规定的强制拆除违法建筑针对的是当事人在法定期限内不申请复议或者提起行政诉讼又不拆除的情况，因此，强制拆除行为对应的基础行为应当是责令限期拆除决定，强制执行决定必须依据行政决定作出，所以责令限期拆除与强制执行之间是基础行政行为与执行行为的关系，责令限期拆除决定不是行政强制执行。其次，责令限期拆除也不是行政处罚，惩罚性是行政处罚的典型特点之一，是通过给违法相对人合法的权利或者权益造成损害来达到惩罚的目的。但责令限期拆除是限期恢复到违法前的状态，本身并不具有惩戒性。行政机关责令当事人限期拆除违法建筑物或者构筑物，目的是恢复城市规划管理至原有的合法状态，行政相对人并未在人身或者财产方面受到任何制裁，该责任形式属于公法上的恢复原状，不具有行政处罚惩罚性的特征，故责令限期拆除不属于行政处罚。最后，责令限期拆除的法律属性应当是行政命令，《环境行政处罚办法》（已失效）第十二条规定：“根据环境保护法律、行政法规和部门规章，责令改正或者限期改正违法行为的行政命令的具体形式有：……（六）责令限期拆除……”该条第二款同时规定，根据最高人民法院关于行政行为种类和规范行政案件案由的规定，行政命令不属行政处罚。行政命令不适用行政处罚程序的规定。责令类行政行为以行政命令的形式体现，不具有制裁性。违法建筑物只有在符合法律规定并采取补救措施的情况下才能合法化，否则违法状态始终存在，消除违法状态本身不是一种惩戒，而是恢复原有的法律秩序，责令限期拆除的目的恰恰不是惩戒行为人，而是对违法建筑物的一种处置，这种处置是通过向相对人发出一定的行政命令实现的。据此，责令限期拆除应界定为行政命令行为。

(2)关于某市城乡规划局是否本案适格被告的问题。市规划局称行政处罚权已经划转到某市城市管理委员会，因此某市城市管理委员会才是本案适格被告。如前所述，限期拆除决定属于行政命令，并非市规划局所称的行政处罚，该部分职权并未划转到某市城市管理委员会，故某市城乡规划局仍是本案适格的被告。

(3)关于本案被诉的《限期拆除决定书》及省住建厅作出的被诉复议决定是否合法的问题。一是要审查行政行为是否符合程序要件，本案中，某市城乡规划局以行政处罚的程序作出行政命令决定，属于程序违法。二是要审查行政行为是否符合实体要件，本案中，某公司在未取得建设工程规划许可证的情况下施工建设两栋高层建筑物，对该违法行为应当给予何种处理，某市城乡规划局据以作出行政处理决定的法律依据是《郑州市城乡规划管理条例》第四十条和第七十三条的规定，根据上述规定，无法采取改正措施消除对规划实施影响的，限期拆除。也就是说，对未取得建设工程规划许可证或者未按照建设工程规划许可证规定进行建设的，在无法采取改正措施消除对规划实施的影响的情况下，才能够限期拆除，而是否属于无法采取改正措施消除对规划实施的影响的情形，上诉人市规划局应承担举证责任。但本案中，市规划局未提供证据证明涉案建筑物是否存在无法采取其他改正措施消除其对规划实施的影响的情形，据此作出的限期拆除决定，主要证据不足。综上，市规划局作出的《限期拆除决定书》主要证据不足，程序违法，依法应予撤销。省住建厅在市规划局作出的限期拆除决定证据不足、程序违法的情况下，作出维持《限期拆除决定书》的复议决定，该复议决定依法应予撤销。

综上，法院判决驳回上诉，维持原判。

【提炼总结】

责令限期拆除应当属于行政命令范畴。责令限期拆除不是行政处罚，责令限期拆除是限期恢复到违法前的状态，本身并不具有惩戒性，不具有行政处罚惩罚性的特征。根据《环境行政处罚办法》(已失效)第十二条第一款第六项的规定，根据环境保护法律、行政法规和部门规章，责令改正或者限期改正违法行为的行政命令的具体形式包括责令限期拆除。

注意点提示

笔者不认同郑州市中级人民法院“责令限期拆除”属于行政命令的观点，原因有二：一是限期拆除某公司已建成的两栋楼房，对相对人权益造成了减损，具有惩戒性，符合行政处罚的特征；二是法院援引的《环境行政处罚办法》已被2023年7月1日实施的《生态环境行政处罚办法》废止，根据《生态环境行政处罚办法》第八条的规定：“根据法律、行政法规，生态环境行政处罚的种类包括：……（五）责令限期拆除……”据此，笔者认为在现行规定下，责令限期拆除应界定为行政处罚。

（四）《城乡规划法》中的“责令限期拆除”属于行政处罚

1. 案例一：某公司与区执法局、市执法局城管行政强制执行决定、行政复议案。

案号：浙江省高级人民法院（2019）浙行再27号。

【基本案情】

某公司于2005年向某房地产集团有限公司购买某区毓兰华庭12幢28号的房屋，购买时该房东南侧已建有平台。2006年8月前，某公司在平台搭建玻璃用房。区执法局接到市长公开电话转办单后，于2016年8月3日到现场进行勘查，发现某公司在平台上搭建了玻璃用房，8月5日即发函给区规划局要求进行规划认定，8月8日，区规划局函复称：某公司未向其申请办理该事项规划手续，也未对该事项进行审批。2016年8月10日，区执法局向某公司送达的《接受调查处理通知书》，要求某公司于8月11日到该局接受询问调查，8月12日，向某公司送达绍越行执府山告〔2016〕2号的《限期拆除告知书》，并告知某公司有陈述和申辩权利，某公司于8月15日提交申请书，8月19日区执法局向某公司送达《责令限期拆除违法建筑决定书》，要求某公司于8月26日前自行拆除违法建筑，某公司于9月9日向某区人民政府申请行政复议，复议机关于12月5日作出维持的复议决定。2016年10月9日，区执法局履行催告义务，并告知相关陈述和申辩权利，某公司未在法定期限内提出陈述和申辩，也未及时履行催告中的义务。2017年5月9日，区执法局向某公司送达《行政强制执行决定书》，某公司于5月

10日向市执法局申请行政复议，市执法局审理后于7月6日作出复议决定，维持区执法局于2017年5月9日作出的《行政强制执行决定书》。某公司不服《行政强制执行决定书》及绍市综执复决字〔2017〕6号行政复议决定书，提起行政诉讼，请求人民法院予以撤销。

【裁判观点】

嵊州市人民法院一审判决撤销区执法局于2017年5月9日作出的《行政强制执行决定书》；责令区执法局在法定期限内重新作出行政行为；撤销市政执法局的绍市综执复决字〔2017〕6号行政复议决定书。绍兴市中级人民法院二审判决驳回上诉，维持原判。

再审另查明：本案二审结束后，区执法局于2019年4月3日作出的绍越综执〔2019〕罚字第479号《行政处罚决定书》，载明："2004年，被处罚人某公司未经城乡规划行政主管部门审批同意，擅自在某区环城西路毓兰华庭12幢28号南侧上、下层平台搭建用房，上层面积为49.76平方米，层高2.25米，下层面积为42.48平方米，层高1.5米，合计面积92.24平方米……第三方资质单位某建工设计研究院有限公司对绍兴毓兰华庭12幢28号结构情况进行实体检测后出具的《浙江省建设工程检测报告》认为建议可不进行拆除处理。属《浙江省城乡规划条例》第五十九条中不能拆除的，没收实物或者违法收入，并处建设工程造价百分之五以上百分之十以下的罚款的情形……根据《浙江省城乡规划条例》第五十九条第一款的规定，作出以下行政处罚决定：没收位于某区环城西路毓兰华庭12幢28号南侧上、上层平台违法建筑的违法收入，合计人民币120529元，并处建设工程造价百分之十的罚款，计人民币1995.5元……"某公司已缴纳前述行政处罚决定中的款项。

浙江省高级人民法院再审认为：本案审查对象是以复议决定形式体现的行政强制执行决定。根据《行政强制法》第五条、第三十五条、第三十七条、第四十四条的规定，有行政强制执行权的部门强制拆除违法建筑应当事先予以公告，并在法定申请行政复议和提起行政诉讼的期限届满后实施；实施强制拆除前，应当发出催告履行通知书，要求当事人在合理的期限内自行拆除。本案中，案涉《行政强制执行决定书》援引了《城乡规划法》第四十条、第六十四条和《行政强制法》第三十七条、第四十四条，却未载明区执法局有权进行强制执行的依据。区执法局于2016年10月9日向某公司送达《行政处罚催告书》,但此时尚在案涉《责令限期拆除违法建筑决定书》告知的行政复议和行政诉讼期限内,依法行政机关不能启动强制执行程序。催告属于《行政强制法》“行政机关强制执行程序”中第一节“一般程序”中规定的程序,也应受《行政强制法》第四十四条对拆除违法建筑物期限的限制。另行政机关也未提供证据证明其依法进行了公告,限期当事人自行拆除。综上,二审判决认为行政机关未正确履行《行政强制法》规定的程序,并无不当。

对于某公司在某区环城西路毓兰华庭12幢28号南侧平台搭建的总面积为92.24平方米的玻璃用房,区执法局于2016年8月19日作出《责令限期拆除违法建筑决定书》,区执法局于2019年4月3日作出绍越综执〔2019〕罚字第479号《行政处罚决定书》,分别根据《城乡规划法》第六十四条和《浙江省城乡规划条例》第五十九条第一款对某公司作出处罚决定,这两个条款的内容基本相同。《责令限期拆除违法建筑决定书》认为涉案玻璃用房属于“无法采取改正措施消除影响”的情形,故责令限期拆除,而《行政处罚决定书》则认为涉案玻璃用房经第三方资质单位检测属于“无法采取改正措施消除影响,不能拆除”的情形,故决定没收违法所得并处罚款。基于行政处罚中“一事不再罚”的原则,即对违法行为人的同一个违法行为,不得以同一事实和同一依据给予两个以上的处罚,本案中后一个行政处罚决定事实上已经取代了前一个责令限期拆除决定。在再审法院开庭审理时,申请人某市综合行政执法局称2016年8月19日的《责令限期拆除违法建筑决定书》既是行政决定,又是行政强制执行决定,但不是行政处罚决定,该《责令限期拆除违法建筑决定书》与绍越综执〔2019〕罚字第479号《行政处罚决定书》并行不悖。经审查,《行政强制法》第二条第三款规定:行政强制执行是指行政机关或者行政机关申请人民法院,对不履行行政决定的公民、法人或者其他组织,依法强制履行义务的行为;第三十五条规定:行政机关作出强制执行决定前,应当事先书面催告当事人履行义务;第三十七条第一款规定:当事人经催告后无正当理由逾期仍不履行行政决定的,行政机关可以作出强制执行决定。某市综合行政执法局称案涉《责令限期拆除违法建筑决定书》既是行政决定,又是行政强制执行决定,与前述法律规定不符。《城乡规划法》第六十四条“责令限期拆除”规定在“法律责任”这一章,是行政执法机关对行政相对人违反城乡规划管理的违法行为作出的最终处理，具有制裁性和惩罚性。行政相对人不寻求行政或司法救济，将面临强制执行的法律后果，故“责令限期拆除”符合行政处罚的基本特征。在案证据还证明，在案涉《责令限期拆除违法建筑决定书》作出之前送达给被申请人的《限期拆除告知书》（绍越行执府山告〔2016〕2 号）载明，该告知依据 2009 年《行政处罚法》第三十一条、第三十二条作出；在案涉《责令限期拆除违法建筑决定书》作出之后送达给被申请人的催告书的名称亦是《行政处罚催告书》。综上，某区城市管理行政执法局于 2016 年 8 月 19 日作出《责令限期拆除违法建筑决定书》，系行政处罚决定，而某区综合行政执法局于 2017 年 5 月 9 日作出《行政强制执行决定书》，系为执行前述行政处罚决定而作出的行政强制执行决定。在案涉《责令限期拆除违法建筑决定书》已经被取代的情况下，案涉《行政强制执行决定书》已无执行依据。事实上，某区综合行政执法局根据本案二审判决的指引，在重新作出的绍越综执〔2019〕罚字第 479 号《行政处罚决定书》中，对认定被申请人是否“加层”搭建的事实、法律适用及最终处罚结果都做了调整。特别是绍越综执〔2019〕罚字第 479 号《行政处罚决定书》载明，涉案玻璃用房经第三方资质单位检测属于“无法采取改正措施消除影响，不能拆除”的情形。而《城乡规划法》第六十四条规定，“……不能拆除的，没收实物或者违法收入，可以并处建设工程造价百分之十以下的罚款”。在此情况下，某市综合行政执法局和某区综合行政执法局在再审法院开庭时仍坚持称涉案玻璃用房属于必须拆除的范围，没有事实和法律依据。

综上，在某区综合行政执法局已经作出新的行政处罚决定且该处罚决定已执行完毕的情况下，申请人某市综合行政执法局要求再审的诉请，已不具有必须通过法院审理并作出判决予以解决的必要性和实效性。即便申请人在一审、二审阶段具备诉的利益，但申请再审阶段出现新的法律事实，导致申请人丧失诉的利益，则申请人申请本案再审亦不具有再审利益。因此，再审法院裁定终结本案再审程序。

【提炼总结】

行政机关实施行政强制执行应当遵守《行政强制法》规定的相关法定程序。《城乡规划法》“责令限期拆除”规定在“法律责任”这一章，是行政执法机关对行政相对人违反城乡规划管理的违法行为作出的最终处理，具有制裁性和惩罚性。行政相对人不寻求行政或司法救济，将面临强制执行的法律后果，故“责令限期拆除”符合行政处罚的基本特征，因此行政机关应当依据行政处罚法相关规定作出责令限期拆除。

2. 案例二：莫某诉某市政府、某区政府、某区城管局强制拆除房屋及行政赔偿案。

案号：最高人民法院(2018)最高法行申6740号。

【基本案情】

本案所涉被拆除的某市某路房屋共三层，分为地下一层及地上两层。1990年3月24日，原某市郊区某镇建设办公室向莫某核发了准建证，批准莫某××化工厂围墙外××队土地建设红砖结构二层房屋，面积为34.51平方米。1998年11月11日，原某市土地管理局郊区分局某土地管理所向“莫某忠”核发了建设(住宅)用地许可证，批准用地面积为42.8平方米。

2013年2月19日，某区城管局作出《综合执法检查通知书》并张贴于本案所涉被拆除房屋外墙，通知莫某在收到该通知之日起3日内携带相关材料到某区城管局处接受调查询问，听取处理意见。同年3月22日，某区城管综合执法局向莫某送达了《限期拆除告知书》并张贴于本案所涉被拆除房屋外墙，称因莫某建设涉案房屋的行为违反《城乡规划法》第四十条的规定，构成违法建设，根据该法第六十四条的规定，拟对上述建设行为作出限期拆除违法建(构)筑物的决定，告知莫某在收到上述告知书之日起3日内向某区城管综合执法局提出陈述和申辩意见，逾期视为放弃陈述和申辩的权利。同年4月22日，某区城管综合执法局向莫某送达了《限期拆除决定书》并张贴于本案所涉被拆除房屋外墙及入户门，载明依据《城乡规划法》第六十四条和《南宁市城市管理相对集中行政处罚实施办法》第五条的规定，作出如下处理决定：责令莫某自接到该决定书之日起3日内自行拆除涉案房屋。同年8月20日，某区城管局作出《限期自行拆除搬离告知书》，称因所使用的建(构)筑物的建设未经规划部门批准，属于违法建设，规划监察部门已根据《城乡规划法》的规定按程序对该违法建设行为进行了制止，但该户在期限内拒不接受处理，现相关法律程序已走完，并已报请上级同意进入依法强制拆除程序，告知该户于同年8月22日上午7时前自行拆除并及时搬离，逾期不自行拆除搬离的，政府将组织强制拆除。同年8月22日，某区城管局对本案所涉房屋进行了强制拆除。莫某对该强制拆除行为不服，诉至法院。

【裁判要旨】

最高人民法院经审查认为，关于某区城管局对涉案房屋实施的强制拆除行为是否违法的问题。某区城管局主张，其通过《南宁市城市管理相对集中行政处罚实施办法》第四条、第五条的规定，获得行使对未经规划部门许可的违法建设行为的行政处罚权和相应的行政强制措施，其据此对涉案房屋采取强制拆除措施，符合法律规定。但某区城管局的此种认识，显然是混淆了对行政强制措施和行政强制执行的理解。行政强制措施是指在行政处罚决定作出前，行政机关采取的强制手段，通常是为了迅速查处违法行为而作出的临时性处置；而行政强制执行是在行政处罚决定作出后，为执行该行政处罚所采取的强制手段，二者具有显著区别。本案中，某区城管局于 2013 年 4 月 22 日向莫某送达《限期拆除决定书》，该决定属于行政处罚决定，而 2013 年 8 月 22 日作出的强制拆除行为，则是属于为执行上述行政处罚决定而实施的行政强制执行行为。因此，本案被诉的强制拆除行为并非某区城管局所称的行政处罚或者行政强制措施，而是属于行政处罚决定作出后的行政强制执行。根据《行政强制法》第十三条第一款和《城乡规划法》第六十八条的规定，某区城管局并无实施本案行政强制执行行为的职权。一审、二审法院确认某区城管局实施的强制拆除行为属于违法行为，适用法律正确，本院予以支持。

【提炼总结】

法院明确限期拆除决定属于行政处罚，行政强制措施是指在行政处罚决定作出前，行政机关采取的强制手段，通常是为了迅速查处违法行为而作出的临时性处置；而行政强制执行是在行政处罚决定作出后，为执行该行政处罚所采取的强制手段。

注意点提示

关于责令限期拆除行为的法律性质，虽然有部分裁判观点认为责令限期拆除行为不属于行政处罚，但是结合 2020 年最高人民法院印发的《关于行政案件案由的暂行规定》对“责令限期拆除”的分类与最高人民法院及地方司法实践倾向，笔者认为，“责令限期拆除”的性质定性为行政处罚更为合理。

九、关于行政机关查处违法建筑法定程序的案例

（一）未经法定程序认定为违法建筑不得拆除

案例：黄某与某县政府、某市政府房屋强制拆除及行政复议案。

案号：最高人民法院（2020）最高法行申13943号。

【基本案情】

案涉房屋系2010年黄某从蒋某处购买并一直居住。2018年9月17日，某县蔬菜产业园打非拆违指挥部发布了《关于某县蔬菜产业园“打非拆违”的通告》，该通告主要内容如下：根据相关法律法规的规定，对县蔬菜产业园区（原围堤湖蓄洪垸）内非法违规建筑予以拆除。该通告公布了“打非拆违”范围及相关事项，称从2018年9月17日起到10月15日，对范围内自行拆除非法违规建筑的户主（企业主），予以奖补，逾期不拆者将依法处置。黄某居住案涉房屋在此范围。黄某在通告期限内未签约，未自行拆除房屋，也未获得相关补偿款。2019年5月31日，某县政府组织相关职能部门对案涉房屋进行了强制拆除。

黄某不服某县政府实施的“打非拆违”行为及强拆其房屋的行为，于2019年6月24日向某市政府提出行政复议申请。因案情复杂，经行政复议机关负责人批准，某市政府延长审理期限30日。之后某市政府经审查并经领导审批，于9月15日作出《行政复议决定书》，决定维持某县政府拆除黄某房屋的决定。黄某不服，提起诉讼。

【裁判观点】

常德市中级人民法院一审认为：第一，关于黄某请求确认某县政府实施的“打非拆违”具体行政行为违法。根据《行政诉讼法》第四十九条第三项、第四项及《最高人民法院关于行政诉讼证据若干问题的规定》第四条第一款的规定，本案中，黄某提出的该项诉讼请求不明，不能确定其所诉的具体是某县政府的什么行政行为。从黄某提交的证据材料来看，案涉《关于某县蔬菜产业园“打非拆违”的通告》系某县蔬菜产业园打非拆违指挥部发布，该指挥部与某县政府有何关系，没有证据材料证实，且该通告仅仅是对围堤湖蓄洪垸“打非拆违”的一种告知，对当事人的权利义务并未产生实际影响的程序性行为，根据《最高人民法院关于适用〈中华人民共和国行政诉讼法〉的解释》第一条第二款第十项的规定，不

属于行政诉讼的受案范围。综上,对黄某该项诉讼请求应裁定驳回起诉。

第二,关于本案原告及被告主体资格问题。根据《行政诉讼法》第二十五条第一款的规定,黄某购买案涉房屋后,一直实际居住、使用案涉房屋,故黄某与某县政府强制拆除其房屋的行为有利害关系,符合提起行政诉讼的原告主体资格。根据《行政诉讼法》第二十六条第一款及第二款的规定,黄某对拆除房屋的行为及维持复议决定提起诉讼,某县政府和某市政府是本案适格的被告。

第三,某县政府强制拆除黄某案涉房屋不符合法律法规的规定。

(1)某县政府为加快建设具有当地特色的蔬菜产业园,将其划定为园区范围内的涉案房屋予以强制拆除,没有法律依据。某县政府称案涉房屋系非法违规的建筑,但未提供相关的证据材料,对该主张不予支持。

(2)某县政府强制拆除案涉房屋的程序违法。根据《行政强制法》第三十五条、第三十六条、第三十七条的规定,某县政府在进行强制拆除涉案房屋前既未作出行政处罚决定,也未履行催告程序、保障当事人陈述和申辩权利、对当事人作出强制执行决定,属程序违法。

第四,某市政府作为法定复议机关,在收到复议申请后予以立案受理,向某县政府送达了行政复议答辩通知书,后又向双方送达了延期审理通知书,对复议请求进行审查后作出复议决定书并依法送达,程序并无不当。但其对某县政府的违法强制拆除案涉房屋行为予以维持,属认定事实不清,适用法律不当,应予撤销。

因此,法院判决撤销某市政府于 2019 年 9 月 15 日作出的行政复议决定;确认某县政府于 2019 年 5 月 31 日强制拆除黄某所居住的位于某县的房屋违法;驳回黄某的其他诉讼请求。

湖南省高级人民法院二审判决驳回上诉,维持原判。

最高人民法院再审认为,某县政府以拆除违法建筑的名义强制拆除黄某的涉案房屋,但未能提供涉案房屋已被认定为违法建筑的证据。某县政府在强制拆除涉案房屋过程中,也未严格依照《行政强制法》的规定,向黄某作出行政处罚决定和强制执行决定,听取黄某的陈述和申辩、进行催告等。某市政府复议维持某县政府的强制拆除行为,属于认定事实不清,适用法律错误。一审、二审判决撤销某市政府的复议决定,确认某县政府的强制拆除行为违法,符合法律规定。黄某因强制拆除造成财产损失,有权申请行政赔偿。黄某主张的再审事由不能成立,不应予以支持。综上，裁定驳回再审申请人黄某的再审申请。

【提炼总结】

行政机关强制拆除违法建筑前应先按照法定程序对违法建筑进行认定，依法履行催告和公告程序、保障当事人陈述、申辩和救济权利，对当事人作出行政处罚决定及强制执行决定。

（二）违法建筑的认定应考虑历史遗留问题

案例：蔡某诉某区政府规划行政复议案。

案号：北京市高级人民法院（2019）京行终1911号。

【基本案情】

蔡某福于1998年6月3日向某村党支部村委会提交《房基地申请》，写明因居住困难申请房基地一处。2001年2月23日，蔡某福取得了某村村民委员会盖章并“经村民代表讨论同意”的《宅基地申请表》，同意蔡某福在南北13.33米、东西13米范围内建房。另据证人陈述，“涉案建筑由时任某县某镇土建办公室负责人王某组织某村委班子成员进行了现场测量、放线”。

2018年5月18日，某镇政府作出《限期拆除决定》，认定蔡某在某村北约815平方米的砖混彩钢结构房屋，未取得乡村建设规划许可证或临时乡村建设规划许可证，违反了2009年《北京市城乡规划条例》第二十三条的规定，依据《城乡规划法》第六十五条的规定，责令蔡某于10日拆除涉案建筑。之后该建筑被强制拆除。另外，据蔡某陈述，其收到涉案限期拆除决定后，已经自行拆除宅基地房屋以外的其他违法建设。

2018年7月9日，某区政府收到蔡某通过邮寄方式提交的行政复议申请及相关复议材料，请求撤销某镇政府作出的涉案限期拆除决定。某区政府受理蔡某的申请后，于同年7月13日通知某镇政府进行答复。后某镇政府提交了行政复议答复，并附《案件协查通知单》和原市规土委出具的《规划复函》，该复函称涉案建筑未依法取得乡村建设许可证。

2018年8月20日，某区政府作出《行政复议决定书》，某区政府复议认为：某镇政府在未进行充分调查确认涉案地上建筑权属的情况下以蔡某为主体作出涉案限期拆除决定，属于主要事实不清，证据不足。某镇政府未在作出涉案限期拆除决定前告知蔡某依法享有陈述和申辩的权利,未对蔡某或其家人进行调查,不符合正当程序原则,某镇政府的执法程序违法。鉴于涉案建筑已拆除,某区政府对涉案限期拆除决定已无可撤销内容,故确认某镇政府对蔡某作出的涉案限期拆除决定违法。蔡某不服,向法院提起行政诉讼,请求撤销被诉复议决定并责令其重新核查后作出行政复议决定。

【裁判观点】

北京市第四中级人民法院一审认为,本案的争议焦点在于被诉复议决定确认某镇政府作出的涉案限期拆除决定是否合法。对此需要区分违法建设的认定和作出涉案限期拆除决定的程序两个问题。关于涉案限期拆除决定的行政程序问题。根据《城乡规划法》第六十五条,2009 年《北京市城乡规划条例》第四十一条、第六十八条,2011 年《北京市禁止违法建设若干规定》第十五条第一款第一项的规定,某镇政府具有查处辖区内乡村违法建设的法定职权。国务院《全面推进依法行政实施纲要》规定,行政机关要严格按照法定程序行使权力、履行职责。行政机关作出对行政管理相对人、利害关系人不利的行政决定之前,应当告知行政管理相对人、利害关系人,并给予其陈述和申辩的机会。在行政复议程序中,因某镇政府未能证明其作出涉案限期拆除决定之前,听取了蔡某的陈述申辩或者进行了相应的调查,不符合正当程序原则,故依法确认某镇政府违反法定程序。

关于违法建设的认定问题。认定违法建设的核心在于是否取得合法的建设审批手续和产权证书,可以说具有合法建设手续,取得合法产权证书或者规范许可的建筑物都不属于违法建设,但并不意味着只要是没有取得合法建设手续和产权证书的建设都属于违法建设。参考《关于房屋所有权登记工作中对违章建筑处理的原则意见》(已失效)的精神,对于因历史和规划等原因建设使用至今的房屋,没有审批手续未取得产权证书的,并非一概属于违法建设。关于农村建房的审批问题,《村镇建房用地管理条例》(已失效)第十四条规定,农村社员,回乡落户的离休、退休、退职职工和军人,回乡定居的华侨,建房需要宅基地的,应向所在生产队申请,经社员大会讨论通过,生产大队审核同意,报公社管理委员会批准;确实需要占用耕地、园地的,必须报经县级人民政府批准。批准后,由批准机关发给宅基地使用证明。当时有效的《北京市人民政府关于加强农村村民建房用地管理若干规定》(已失效)第八条规定,村民建房,占用原有宅基地、村内空闲地或其他非耕地的,报乡人民政府批准,并报区、县土地管理机关备案;占用耕地的,经乡人民政府同意,区、县土地管理机关审核,报区、县人民政府批准。本案中,蔡某于2001年取得了某村村民委员会关于宅基地建房的同意,且时任北京市某县某镇土建办公室负责人王某组织某村委班子成员进行了现场测量、放线。另外,法院调取的户籍登记与蔡某提交的《房基地申请》也能印证蔡某户籍于1998年12月6日即迁入该址并向该村村委会申请宅基地的事实。另外,一审法院也注意到,蔡某于2013年作为韩庄中路11号宅基地的被拆迁人,已经进行了拆迁补偿安置的事实,故对涉案建筑的建房申请,是否已经报送并能够取得乡镇人民政府的审批,或者在当时因其他原因并未建立普遍建房审批制度等,均需要进一步调查核实。现有证据表明,某镇政府在涉案限期拆除决定之前,并未听取蔡某的陈述申辩或者就此进行了调查处理,故其仅凭《规划复函》即认定涉案建筑属于违法建设的主要证据不足。综上,被诉复议决定在没有其他证据印证的情况下亦认定涉案建筑属于违法建设,进而支持某镇政府关于涉案建筑属于违法建设的主张,亦属于主要证据不足,一审法院应予纠正。

一审法院注意到涉案限期拆除决定认定蔡某在某村北有约815平方米的砖混彩钢结构房屋属于违法建设,该面积明显超过了《宅基地申请表》所记载的面积。某区政府在行政程序中,应当注意违法建设与宅基地房屋的区分处理问题,如不能区分处理的应当一并处理。同时需要指出的是,一审法院撤销被诉复议决定并不意味着一审法院认定涉案建筑不是违法建设。相反,对于任何未经规划主管部门批准,擅自修建违法建设的行为均应受到制止,利用违章建设谋求法外利益更应受到制裁。否则极易助长他人效仿,增加社会行政管理的难度和成本。同样,对于依法应当拆除的违法建设,行政机关不依法定程序即采取强制措施的行为亦不能得到支持,否则法律规定的行政程序将没有意义。

综上,蔡某请求撤销被诉复议决定的诉讼请求成立,一审法院予以支持。某区政府应在斟酌本案案情的基础上,针对蔡某的行政复议申请重新作出行政复议决定。因此,法院判决撤销被诉复议决定并责令某区政府于判决生效之日起60日内针对蔡某提出的复议申请重新作出处理。

二审庭审期间,某区政府陈述某村其他村民也未颁发过宅基地使用证。对于涉案建筑土地的性质，某区政府先陈述属临时占地，后称某镇政府出具的情况说明显示，涉案建筑土地现状为村庄，规划用途为城镇建设用地，并称庭后核实，但未予回复。蔡某对此不予认可，称涉案建筑所占土地是村庄的集体土地，属闲置用地，后村庄被列入拆迁范围，才变更了土地性质。

北京市高级人民法院二审认为，行政机关作出行政行为应当事实认定清楚、证据确实充分。针对涉案建筑是否应被认定为违法建设这一焦点问题，某区政府所作被诉复议决定援引《城乡规划法》第六十五条及2009年《北京市城乡规划条例》第二十三条的规定，认定涉案建筑未依法取得乡村建设规划许可证，应认定为违法建设。村民住宅、乡村基础设施等应取得乡村建设规划许可，但结合本市农村土地使用现状、历史遗留及政策原因等情况，对于未取得乡村建设规划许可的建筑不应一概认定为违法建设并责令限期拆除。2011年《北京市禁止违法建设若干规定》第二十八条亦有关于符合村庄规划等规定、已经建成的村民住宅、乡村基础设施、公益设施可以责令限期改正，完善有关行政管理手续的规定。本案中，某镇政府仅以《规划复函》即认定涉案建筑属于违法建设，并责令限期拆除，并未结合涉案建筑的年代、是否为本村村民自用、是否具有可区分处理等可责令限期改正的因素进行充分调查核实，某区政府虽主张在复议过程中进行了全面、充分的审查，但其提交的证据亦仅包含《案件协查通知单》和《规划复函》以及相关程序性证据，且就土地性质等情况无法陈述清楚，故被诉复议决定关于涉案建筑属于违法建设的认定亦属事实认定不清、证据不足，有进一步调查、核实的必要，一审法院判决撤销被诉复议决定并限期针对蔡某的行政复议申请重新处理并无不当。因此，判决驳回上诉，维持一审判决。

【提炼总结】

建设村民住宅、乡村基础设施等建筑物的应先取得乡村建设规划许可，但行政机关在进行违法建筑认定时，应查清是否办理了建房申请、是否已经报送并取得乡镇人民政府的审批、当时是否因其他原因并未建立普遍建房审批制度等，结合本地土地使用现状、历史遗留及政策原因等情况综合考虑，不应对未取得乡村建设规划许可的一概认定为违法建设并责令限期拆除，对可补办相关手续的，应当责令限期改正。

（三）行政机关应查清事实，依法作出行政处罚

案例：某县国土资源局向法院申请强制执行对某某农业公司的行政处罚决定案。

案号：贵州省毕节市中级人民法院（2017）黔05行审复33号。

【基本案情】

某某农业公司未经批准，于2015年4月在某县某村非法占用土地4198平方米修建游泳池及附属设施，某县国土资源局（已撤销）认为其违反了2004年《土地管理法》第二条、第四十三条、第四十四条的规定，于2016年3月28日作出《行政处罚决定书》并送达。某某农业公司逾期未履行退还非法占用的土地、限期15日内拆除在非法占用土地上修建的游泳池及其附属设施的处罚内容。为此，某县国土资源局向法院申请强制执行。

大方县人民法院2016年12月8日作出（2016）黔0521行审65号行政裁定，对某县国土资源局申请执行的《行政处罚决定书》，裁定不准予强制执行。某县国土资源局不服该裁定，向毕节市中级人民法院申请复议，法院于2017年3月31日作出（2017）黔05行审复16号行政裁定，撤销大方县人民法院（2016）黔0521行审65号行政裁定，发回大方县人民法院重新审查。

【裁判观点】

大方县人民法院认为：某某农业公司非法占用土地4198平方米修建游泳池及附属设施的行为，违反了2004年《土地管理法》第二条、第四十三条、第四十四条的规定。某县国土资源局针对其违法行为，作出《行政处罚决定书》，责令其退还非法占用的土地、限期15日内拆除在非法占用土地上修建的游泳池及其附属设施的行政处罚。但在对该公司进行处罚时，实体上存在土地来源不清且与实际占地四至范围不一致，申请执行拆除附属设施的具体面积、结构等具体事实不清，即该公司财产状况不清的问题；且该公司在被处罚后又在该土地上新建建筑物，涉及新的违法问题，《行政处罚决定书》已不具备执行条件，应不予以执行。程序上存在未按照《国土资源行政处罚办法》第二十七条的规定制作和送达《行政处罚告知书》、违法案件审理记录参会人员签名不全、未提供当事人的意见等情况。某县国土资源局的处罚行为事实不清、证据不足，程序违法，因此，裁定对某县国

土资源局的《行政处罚决定书》,不准予强制执行。某县国土资源局不服,向毕节市中级人民法院申请复议。

毕节市中级人民法院经审查认为,某某农业公司未取得合法的用地手续,占用土地修建游泳池及附属设施的行为客观存在,违反了2004年《土地管理法》第二条、第四十三条、第四十四条的规定。某县国土资源局于2016年3月28日作出《行政处罚决定书》:责令其退还非法占用的土地、限期15日内拆除在非法占用土地上修建的游泳池及其附属设施。某某农业公司未履行《行政处罚决定书》处罚内容,某县国土资源局向大方县人民法院提起“强制执行申请书”,申请执行《行政处罚决定书》的处罚内容。某县国土资源局对某某农业公司处罚时,存在土地来源不清,认定占用的面积与实际占地面积四至范围不一致,违法用地上的建筑物构筑物等情况不清,且在《行政处罚决定书》作出后,某某农业公司又在违法占地上修建了建筑物,违法用地上的建筑物某县国土资源局没有查清楚违法用地上的违法建筑;某县国土资源局在处罚程序上未按照《国土资源行政处罚办法》第二十七条规定未将《行政处罚告知书》送达被处罚人,违法案件审理记录参会人员签名不全,未按《国土资源行政处罚办法》第三十七条第一款第三项的规定,提供当事人的意见,某县国土资源局未提供被处罚人的意见。综上,某县国土资源局的处罚行为事实不清、证据不足,程序违法。大方县人民法院行政裁定认定事实清楚,适用法律正确,审查程序合法,应予以维持。某县国土资源局的复议申请理由无事实和法律依据,二审院不予支持。据此,裁定驳回某县国土资源局的复议申请,维持大方县人民法院行政裁定。

【提炼总结】

行政机关对违法占用土地行为进行处罚时应当在查清违法事实的基础上,按法定程序对违法事实予以查处,过程中要听取当事人的意见,保障其陈述、申辩权,作行政处罚决定时应事实认定清楚、证据充分、程序合法、适用法律正确才能作为申请法院执行的依据。

(四)重大执法决定应进行法制审核

案例:毛某1与某市自然资源局行政处罚决定案。

案号:湖南省湘潭市中级人民法院(2020)湘03行终125号。

【基本案情】

毛某1与案外人毛某2、毛某3系兄弟关系。毛某1在某市房屋与毛某2所建房屋共墙。1992年5月28日，某乡人民政府为毛某1颁发《某市某乡建房用地许可证》，批准用地面积为17.9平方米，砖木结构一栋两层，并载明未经批准，再不能扩建。2010年8月16日，某市人民政府颁发《集体土地建设用地使用证》，载明：土地使用权人为毛某1，房屋用途为农村宅基地，房屋坐落在某市，使用权面积为96平方米。2010年8月31日，某市原房产管理局颁发《房屋所有权证》，载明：房屋所有权人为毛某1，房屋坐落某市，建筑面积为189.27平方米。

2017年11月20日，毛某1以全部拆除重建为由申请农村宅基地建房。某景区管理部在申请表“四邻意见”上加盖公章，但未签署意见。村民组负责人在该表上签署“该户系我组集体经济组织成员，建房位置权属清楚，使用权由我组确定给该建房户使用，选址无异议”的意见。村委会在该申请表上签署“该户在籍农业人口数属实，在我村范围无其他宅基地，承诺不会发生一户多宅的情况，同意该户建房”的意见，并加盖了村委会公章。某市公安局某派出所在该申请表上签署“经湖南省人口系统查询，某村长冲组9号户成员有毛某1、庞某、毛某2、毛某3共肆人”的意见，加盖了派出所公章，但毛某1的农村宅基地建房申请未获得其他部门的审批。2018年2月5日、11月14日，毛某1、毛某2、毛某3共向某乡人民政府缴纳美丽乡村建设自筹款30,000元。2019年3月，毛某1未经批准擅自拆除原宅基地上房屋重建房屋。

2019年3月12日，某市自然资源局向毛某1发出《接受调查通知书》，通知毛某1在2019年3月15日前携带有关材料去该局接受调查。2019年3月20日，某市自然资源局向毛某1发出《责令停止违法行为通知书》，认定毛某1未经相关部门批准擅自占用某市某乡某村长冲组集体土地建房，占地面积为204.09平方米；责令毛某1立即停止上述违法行为，限期15日内拆除在非法占用的土地上新建的建(构)筑物。2019年4月，某市自然资源局申请湖南省有色地质勘查局二总队对毛某1、毛某2建设的房屋进行勘测定界，经勘测，毛某1、毛某2建设的房屋面积为410.79平方米，其中毛某1在建的建筑物面积为204.09平方米。2019年6月25日，某市自然资源局作出《行政处罚告知书》，并告知毛某1有陈述、申辩和申请听证的权利。毛某1在收到该告知书后未提出申述、申辩意见，也未申请听证。2019 年 7 月 17 日，某市自然资源局作出《行政处罚决定书》，认定毛某 1 于 2019 年 3 月未经批准擅自修建的集体土地上建房（占地面积 204.09 平方米，占用地类为宅基地）的行为，违反了 2004 年《土地管理法》第六十二条第三款的规定，根据该法第七十七条的规定，决定责令毛某 1 退还非法占用的土地，限期 15 日内拆除在非法占用的 204.09 平方米土地上新建的建（构）筑物；并告知当事人不服该处罚决定可以提起行政复议或行政诉讼的救济途径。毛某 1 不服该行政处罚决定，向人民法院提起行政诉讼。

【裁判观点】

湘潭市雨湖区人民法院一审认为，人民法院审理行政案件应对行政行为是否合法进行审查。本案重点要审查的是：某市自然资源局以毛某 1 未批先建在集体土地上建房作出《行政处罚决定》责令毛某 1 退还非法占用的土地并限期拆除，其事实认定是否清楚，适用法律是否正确，程序是否合法。根据 2004 年《土地管理法》第六十二条第三款、第七十七条的规定，毛某 1 为了配合美丽乡村建设对房屋进行修缮改造，但是在改造过程中，未依法办理批准手续重建房屋，又超出原有宅基地的用地面积，某市自然资源局依据上述法律的规定，对毛某 1 作出的《行政处罚决定书》事实认定清楚，程序合法，适用法律正确。毛某 1 认为其房屋在修缮改造中因自然灾害倒塌而被迫重建，但其房屋倒塌不是其未批新建、扩建的法定理由，其诉讼主张依法不能成立，一审法院依法不予支持。据此，判决驳回毛某 1 的诉讼请求。

湘潭市中级人民法院二审认为：（1）2017 年《行政处罚法》第三十八条第二款、第三款规定，“对情节复杂或者重大违法行为给予较重的行政处罚，行政机关的负责人应当集体讨论决定。在行政机关负责人作出决定之前，应当由从事行政处罚决定审核的人员进行审核。行政机关中初次从事行政处罚决定审核的人员，应当通过国家统一法律职业资格考试取得法律职业资格”。本案中，涉案行政处罚决定的内容是责令退还非法占用土地，限期拆除非法占用土地上新建的（建）构筑物，涉及上诉人重大财产权益，属于较重的行政处罚，应当经过集体讨论才能决定实施。被上诉人未提交证据证实本案所涉行政处罚经过集体讨论决定；且在作出行政处罚决定之前，从事审核的汤某系初次从事行政处罚决定审核的人员，未通过国家统一法律职业资格考试取得法律职业资格，不具有对行政处罚决定审核资格。根据《国土资源行政处罚办法》第三十二条的规定,被上诉人进行调查取证的时间至其作出行政处罚决定,明显超过法定的处理期限,且被上诉人未向二审法院提交立案行政文书、延长期限批准文书等证据予以证实,违反法律规定。故而被上诉人作出的涉案行政处罚决定,违反法定程序。

(2)根据 2017 年《行政处罚法》第四十二条、2004 年《国土资源听证规定》第十二条及第十九条的规定,被上诉人在涉及自然资源行政执法过程中,应当举行听证有依职权和依申请两种情形。被上诉人某市自然资源局作出的涉案行政处罚决定,并不符合上述两种应当举行听证的情形,且被上诉人为了充分保障上诉人的合法权益,在行政处罚告知书中,明确告知了上诉人享有申请听证的权利,被上诉人的听证告知行为,并无不当。上诉人毛某 1 认为应当制作行政处罚听证告知书,没有依据,二审法院不予支持。

(3)行政法上的比例原则,是指行政权力所采取的措施与其所达到目的之间必须合比例或相称。具体讲,要求行政主体执行职务时,面对多种可能选择之处置,应就方法与目的的关系权衡更有利者而为之;该原则是从“价值取向”上来规范行政权力与其所采取的措施之间的比例关系的。其中包含了最少侵害原则,即行政主体实施行政行为不能超越实现行政目的的必要程度,也就是说,行政主体在实施行政行为时,有多种可供选择的手段可以达到行政目的,行政主体应该尽可能采取对相对人损害最小的手段。我国土地管理法律法规针对农村村民未经批准擅自占用集体土地建房的行为作出禁止性规定的目的,旨在为了强化土地管理,保护和合理利用土地,促进社会经济的可持续发展。本案中,上诉人毛某 1 为了配合美丽乡村建设对房屋进行修缮改造,其向某市某乡人民政府申请在原宅基地全部拆除重建房,所在村民小组、某市某乡某村民委员会、某市公安局某派出所进行了审核盖章,虽然上诉人拆旧建房未取得有权机关的审批,也超出原有宅基地的用地面积,但上诉人的建房申请审批手续已在进行中,有权机关至诉讼时未对上诉人的申请作出是否同意建房的决定。上诉人作为本村的常住农业户籍人口,在没有其他宅基地的情况下,在原宅基地上拆旧重新建房,符合“一户一宅”的建房条件。上诉人在收到责令停止违法行为通知后,在已投入较大建房成本的情况下,已按被上诉人的要求停止建设。此种情形下,被上诉人应考虑上诉人的实际情况,在维护法律尊严的前提下,区别对待,采取相应的补救措施。被上诉人直接作出责令退还非法占用土地,限期拆除房屋的处罚决定,与土地管理法律法规的立法目的不相符,亦违反了行政比例原则,处罚明显不当。

因此,判决如下:(1)撤销湖南省湘潭市雨湖区人民法院(2020)湘0302行初21号行政判决;(2)撤销被上诉人某市自然资源局作出的《行政处罚决定书》;(3)责令被上诉人某市自然资源局在本判决生效之日起60日内依法重新作出处理。

【提炼总结】

针对责令退还非法占用土地,限期拆除非法占用土地上新建的(建)构筑物,涉及行政相对人重大财产权益,属于较重的行政处罚,应当经过集体讨论才能决定实施,并且在行政机关负责人作出决定之前,应当由从事行政处罚决定法制审核的人员进行法制审核。同时,处罚行政机关作出行政行为应符合比例原则,其手段不能超越实现行政目的的必要程度,行政机关应考虑当事人具体实际情况,在可采取相应的补救措施的情况下,作出适当的处罚。

(五)行政机关集体讨论案件处理决定

案例:某市自然资源和规划局与蒋某土地行政处罚案。

案号:安徽省高级人民法院(2020)皖行申552号。

【基本案情】

蒋某系山区农民。2014年年初,蒋某未经林业及土地管理部门批准,占用某村210平方米土地(含林地87.5平方米)建起了住宅。2014年9月25日,某县林业局作出无林罚字[2014]17号《林业行政处罚决定书》,对蒋某作出责令限期(3个月)内恢复原状并处非法改变用途林地每平方米10元的罚款,罚款计人民币875元。

之后蒋某书面向所在村及镇林业站申请宅基地建房,2014年12月5日,某镇人民政府批复请林业站审核后按程序办,2014年12月16日某县国土资源局某国土资源所(已撤销)在蒋某“使用林地申请表”备注栏签署“同意林业局置换方案”并加盖了该所印章。2014年12月30日,某县林业局作出了《使用林地审核同意书》,同意蒋某占用林地88平方米用于自建住房,同时请某县某镇人民政府督促蒋某户及时去土地主管部门办理相关建房使用宅基地手续,但蒋某未办理相关审批手续。

接群众举报后，某县国土资源局（已撤销）于2015年4月1日依据2004年《土地管理法》第五十九条、第六十二条的规定，作出了无国土处字[2015]02号行政处罚决定，责令蒋某退还非法占用的210平方米土地，限期拆除在非法占用的土地上新建的房屋131平方米，蒋某不服向人民法院提起行政诉讼。

案经芜湖市中级人民法院审理认为，蒋某因需增加农村宅基地，经某县林业局审批，获得88平方米集体林地使用权后，向县国土部门办理农村住户建房相关手续，符合法律规定。县国土部门在对蒋某建房手续未作审批情况下即作出处罚，依据不足，且明显不当，于是判决撤销了某县国土资源局无国土处字[2015]02号行政处罚决定，并责令其依法重新作出处理。终审判决生效后的2017年1月23日，某县国土资源局作出无国土资[2017]17号《关于撤销某国土资源所错误意见及盖章行为的决定》，认定某国土资源所在蒋某提交的“使用林地申请表”备注栏签署“同意林业局置换方案”并加盖了该所印章行为违反相关规定，撤销了该行为，确认该盖章行为无效，并将该文件向原告送达。2017年8月16日，某县国土资源局书面告知了蒋某再次申请宅基地建房不符合条件，对其在某村占用林地建房申请不予受理，2017年11月1日对蒋某重新作了行政处罚告知。2017年11月20日某县国土资源局作出无国土资处字[2017]75号行政处罚决定。认定蒋某在未办理相关用地手续的情况下，于2014年5月非法占用某村土地210平方米建房。依据2004年《土地管理法》第二条第三款、第六十二条第三款的规定，责令原告退还非法占用的土地，限期15日内自行拆除在非法占用的土地上新建的房屋。蒋某遂向某县人民政府申请复议，某县人民政府于2018年9月25日作出无政复决字[2018]2号行政复议决定，维持了某县国土资源局作出的无国土处字[2017]75号行政处罚决定，蒋某仍不服，因而成讼。

【裁判观点】

安徽省无为市人民法院一审认为，2010年《安徽省林地保护管理条例》第三十五条规定，山区农民建住宅需要占用集体林地的，由所在地县级人民政府林业行政主管部门审核同意后，依法办理用地审批手续。原国家林业局《占用征用林地审核审批管理办法》第十七条规定，农村居民按照规定标准修建自用住宅需要占用林地的，应当以行政村为单位编制规划，落实地块，按照年度向县级人民政府林业主管部门提出申请,经过县级人民政府林业主管部门依法审查,在逐级报省、自治区和直辖市人民政府林业主管部门审核同意后,由行政村依照有关土地管理的法律、法规办理用地审批手续。蒋某申请建房需占用林地,应当遵守上述法律法规及规章的规定。蒋某虽经某县林业局审核同意使用林地 88 平方米建住宅,但并未办理相关审批手续,属于非法占用林地建房。2004 年《土地管理法》第四十四条第一款规定,建设占用土地,涉及农用地转为建设用地的,应当办理农用地转用审批手续。该法第六十二条第一款规定,农村村民一户只能拥有一处宅基地,其宅基地面积不能超过省、自治区、直辖市规定的标准;该条第三款规定,农村村民住宅用地,经乡(镇)人民政府审核,由县级人民政府批准;其中,涉及占用农用地的,依照本法第四十四条的规定办理审批手续。蒋某未经审批,占用农用地新建住宅,其行为明显违反《土地管理法》的规定,同时,蒋某有一处宅基地,其再次申请宅基地不符合上述法律、法规的规定,某县国土资源局对蒋某告知,其再次申请宅基地不予受理,是正确的。该告知决定同时也纠正了被终审法院判决撤销的原行政处罚程序中存在的问题,否定了蒋某认为某县国土资源局“以同一事实和理由作出与原行政行为基本相同的行政行为”的事实。2004 年《土地管理法》第七十七条规定,农村村民未经批准或者采取欺骗手段骗取批准,非法占用土地建住宅的,由县级以上人民政府土地行政主管部门责令退还非法占用的土地,限期拆除在非法占用的土地上新建的房屋。某县国土资源局在调查、处理原告蒋某非法占用土地案件中,根据原告蒋某的违法占地事实,依据法律规定作出无国土资处字[2017]75 号行政处罚决定,事实清楚,适用法律、法规正确,程序合法,一审法院予以支持。某县人民政府依照《行政复议法》的程序规定,在法定期限内作出受理通知,提交答辩通知,审理查明事实后作出无政复决字[2018]2 号《行政复议决定书》,维持了某县国土资源局的处罚决定,程序合法,适用法律正确,一审法院予以支持。综上所述,蒋某认为其家庭人口多,应当给予其新批宅基地建房及某县国土资源局以同一事实和理由作出与原行政行为基本相同的行政行为违反行政诉讼法规定的事实与理由不能成立。因此,判决驳回蒋某的诉讼请求。

再查明,原某县人民政府已经于 2019 年 12 月 26 日更名为某市人民政府,原某县各级机构整体更名为某市工作机构。

芜湖市中级人民法院二审认为,2017 年《行政处罚法》第三十八条第二款规定，对情节复杂或者重大违法行为给予较重的行政处罚，行政机关的负责人应当集体讨论决定。本案行政处罚决定系在法院 2016 年判决撤销原处罚决定情形下，由某市自然资源和规划局（原某县国土资源局）重新作出，属情节复杂，偏远山区农民的建房资金投入大，限期拆除房屋属较重的行政处罚，故该处罚作出前依法应当经过行政机关负责人集体讨论决定，但本案中，某市自然资源和规划局未提交证据证明处罚决定作出前经过了集体讨论，故案涉行政处罚决定的作出违反了法定程序，依法应予撤销。某市人民政府复议过程中未发现该程序违法之处，作出的维持决定，亦应予撤销。综上，蒋某的有关上诉理由部分成立，二审法院予以支持。原审适用法律不当，二审法院予以纠正。据此，依照《行政诉讼法》第七十条第三项、第八十九条第一款第二项之规定，判决如下：(1)撤销安徽省无为市人民法院(2019)皖 0225 行初 91 号行政判决；(2)撤销某市自然资源和规划局 2017 年 11 月 20 日作出的无国土资处字〔2017〕75 号《行政处罚决定书》；(3)撤销某市人民政府 2018 年 9 月 25 日作出的无政复决字〔2018〕2 号《行政复议决定书》。

安徽省高级人民法院再审认为：2017 年《行政处罚法》第三十八条第二款规定：对情节复杂或者重大违法行为给予较重的行政处罚，行政机关的负责人应当集体讨论决定。本案中，案涉行政处罚系某市自然资源局在芜湖市中级人民法院于 2016 年作出判决撤销原处罚决定情形下重新作出的，该行政处罚涉及偏远山区农民的建房资金投入大，限期拆除房屋，属于对情节复杂或者重大违法行为给予较重的行政处罚，某市自然资源局的负责人依法应当集体讨论决定。但是，某市自然资源局未提交证据证明处罚决定作出前经过了集体讨论，原审判决认为某市自然资源局作出案涉行政处罚决定违反了法定程序，判决予以撤销案涉行政处罚并无不当，某市人民政府作出的复议决定，同时予以撤销。某自然资源局申请再审中提交的集体讨论的材料依法不应认定为新证据，该局认为作出涉案行政处罚前，已进行集体讨论，再审法院不予支持。二审判决认为《关于撤销某国土资源所错误意见及盖章行为的决定》不具有合法性，对该份证据证明效力不予认定亦无不当。

综上，某市自然资源局的再审申请不符合《行政诉讼法》第九十一条规定的情形。依照最高人民法院《关于适用〈中华人民共和国行政诉讼法〉的解释》第一百一十六条第二款的规定，裁定驳回某市自然资源和规划局的再审申请。

【提炼总结】

行政机关对行政相对人作出限期拆除的行政处罚，属于对情节复杂或者重大违法行为给予较重的行政处罚，行政机关的负责人应经集体讨论决定该行政处罚。

（六）限期拆除决定作出前应组织听证

案例：某建筑公司诉某市住房和城乡建设局（原某市住房和城乡规划建设委员会，以下简称某市住建委）规划行政处罚案。

案号：广西壮族自治区高级人民法院（2019）桂行申355号。

【基本案情】

2017年7月13日，某市规划建设监察支队在巡查金港大道东段发现某销售店面涉嫌未取得建设工程规划许可证擅自进行建筑物建设。经查实，此建筑物属某建筑公司所有。次日，某市住建委对某建筑公司涉嫌违法建设行为进行立案调查。经调查，某建筑公司所建设的建筑物地块位于某市某镇北环路（现金港大道）东段南侧，某建筑公司于2003年3月办理了国有土地使用证，土地使用面积为2261.32平方米。某建筑公司在未取得建设工程规划许可证的情况下，分别于1996年7月、1998年9月建成两间钢架结构房屋、一间二层砖混结构房屋，总建筑物面积为2036.26平方米。2017年10月24日，某市住建委向某建筑公司送达了2号告知书，告知某建筑公司作出行政处理决定的事实、理由及依据，同时告知某建筑公司依法享有陈述、申辩及听证的权利。某建筑公司于2017年10月25日向某市住建委提交听证申请，某市住建委告知某建筑公司本案情形不适用听证程序，将不组织听证，某建筑公司可以进行陈述申辩。在期限内，某建筑公司未提出陈述和申辩。2017年11月2日，某市住建委作出2号处理决定，责令某建筑公司自收到2号处理决定之日起3日内自行拆除位于某市某镇北环路（现金港大道）东段南侧违法搭建的建筑物，并于同日送达某建筑公司。

【裁判观点】

贵港市港北区人民法院一审认为，某建筑公司未取得建设工程规划许可证，擅自建设建筑物的违法事实，有现场检查（勘验）笔录、土地使用证以及某建筑公司自认等证据证实。某市住建委据此依据2015年《城乡规划法》第四十条、第六十四条、《广西壮族自治区实施〈中华人民共和国城乡规划法〉办法》第三十一条、第五十八条认定上述建筑物系违法建筑,并作出责令某建筑公司限期拆除建筑物的处理决定,事实清楚,证据充分,适用依据正确。某市住建委在2号告知书中告知某建筑公司享有陈述申辩和听证的权利,某建筑公司在指定期限内申请听证,因无相关法律法规明确规定本案限期拆除行为是必须组织听证的情形,某市住建委已在某建筑公司提出听证申请时告知了本案不适用听证,其仍依法享有陈述和申辩的权利,即某建筑公司的陈述申辩权利没有因此受到影响和减损,此后某建筑公司未提出陈述和申辩是其自主处分权利的体现,非因某市住建委不组织听证所致。据此,某市住建委未组织听证不构成违反法定程序,某建筑公司以某市住建委未组织听证为由主张2号处理决定程序违法,不予支持。综上,判决驳回某某建筑公司的诉讼请求。

二审另查明,根据某市住建委一审提供的《同济大道(金港大道至江北大道段)建设用地规划界限图》,某建筑公司持有的国有土地使用证项下的土地已于2011年4月13日全部被规划作为城市道路建设用地,涉案建筑物已于2017年11月2日被相关行政部门强制拆除并用于某市同济大道道路通行使用。

贵港市中级人民法院二审认为:关于2号处理决定未经听证程序是否合法问题。2017年《行政处罚法》第四十二条第一款规定,行政机关作出责令停产停业、吊销许可证或者执照、较大数额罚款等行政处罚决定之前,应当告知当事人有要求举行听证的权利;当事人要求听证的,行政机关应当组织听证。设立听证制度的目的,是要求行政机关在作出对行政相对人合法权益产生重大影响的决定前,由行政机关告知行政相对人具有的听证权利,让行政相对人通过公开、合理的程序提供证据、提出陈述和申辩意见,以便行政机关在接纳证据、充分听取意见的基础上作出合法、适当的行政决定,避免行政决定给行政相对人带来不利或者不公正的影响,从而实现行政管理公开、公正的价值目标。从该条规定所列举的必须经听证程序才能作出行政处罚的类型看,均具有对当事人财产予以剥夺、利益减损的特点,明显区别于行政强制措施具有的,对当事人财产进行限制、管控、约束等不得处分处置的特点,故根据听证制度设置的目的,对该条中“等”字的理解,可认为凡是涉及对当事人重大权益的剥夺、减损的行政处罚、决定,当事人要求听证的，均应当举行听证，否则构成行政程序违法。本案中，从2号处理决定的实质内容看，行政行为的主文是责令某建筑公司拆除涉案违法建筑物，所责令拆除的涉案建筑物面积为两千多平方米，应当认定属于减损当事人特别重大物权权益的行政处罚行为，属于当事人要求听证、行政机关必须举行听证才能作出行政处罚决定的情形，但某市住建委在接到要求听证的申请后，没有依法召开听证会让某建筑公司充分行使举证、陈述、申辩的权利，其作出的2号处理决定应属程序违法。鉴于涉案建筑物被认定属于违法建筑的事实清楚，证据充分，责令限期拆除依据充足，且2号处理决定责令拆除涉案违法建筑，是为了城市道路建设的公共利益需要，撤销该行政行为将造成社会公共利益的重大损害，故，依法确认2号处理决定违法但不予撤销。因此，法院判决撤销一审判决；确认某市住建委作出2号处理决定行政行为违法。

广西壮族自治区高级人民法院再审认为：根据一审、二审查明的事实，涉案建筑物位于某市某镇北环路（现金港大道）东段南侧，属于某市城市规划区范围内，依法应当取得建设工程规划许可证方可建设。因此，在某建筑公司不能提供涉案房屋的建设工程规划许可证等合法手续的情况下，其关于涉案建筑物属合法建筑的主张没有事实根据和法律依据，不能成立。

2017年《行政处罚法》第四十二条第一款第一句规定，行政机关作出责令停产停业、吊销许可证或者执照、较大数额罚款等行政处罚决定之前，应当告知当事人有要求举行听证的权利；当事人要求听证的，行政机关应当组织听证。2017年《行政处罚法》第四十二条第一款第一句的“等”应当理解为除法律列举的“责令停产停业、吊销许可证或者执照、较大数额罚款”之外的其他与上述3种行政处罚程度相当的行政处罚。本案中，拆除涉案违法建筑物使得某建筑公司直接减少的财产价值达到“较大数额罚款”的数额标准，应当给予某建筑公司听证的权利。某市住建委在接到某建筑公司要求听证的申请后，没有依法召开听证会就作出2号处理决定，二审判决认定2号处理决定程序违法并无不当。2号处理决定在违反法定程序的情况下本应撤销，但根据《行政诉讼法》第七十四条第二款第一项“行政行为有下列情形之一，不需要撤销或者判决履行的，人民法院判决确认违法：（一）行政行为违法，但不具有可撤销内容的”的规定，涉案建筑物已于2017年11月2日被强制拆除，2号处理决定已不具有可撤销内容，二审判决确认2号处理决定违法但不予撤销并无不当。综上,法院裁定驳回某建筑公司的再审申请。

【提炼总结】

当事人未取得建设工程规划许可等合法手续进行建设的,行政机关有权对其作出限期拆除决定。涉及对当事人重大权益的剥夺、减损的行政处罚、决定,当事人要求听证的,行政机关应当举行听证。因此,行政机关强制拆除违法建筑使当事人直接减少的财产价值达到“较大数额罚款”的数额标准的,也应当给予当事人听证的权利。

(七)行政机关应告知当事人行政复议及行政诉讼权利

案例:于某、侯某与某县政府行政强制案。

案号:最高人民法院(2021)最高法行申817号。

【基本案情】

2005年7月2日,案外人吕某向某村民委员会缴纳土地补偿费10,000元、管理费10,000元后,取得某村九社公路东侧的宅基地使用权,该地块原为村集体废弃地。同年,吕某向某县某镇城建管理部门缴纳建筑占道费1320元、基础设施配套费2400元,向某县某镇自然资源管理部门缴纳了土地管理费440元。之后,吕某建成12米×30米房基础,未进行其他施工。2012年,吕某去世。2014年8月5日,案外人赵某(吕某妻子)与于某(某村八组村民)、侯某(其他村村民)签订《房基地所有权转让协议》,于某、侯某以160,000元的价格购买了吕某取得的房基地使用权及已建12米×30米房基础。在未经规划主管部门审批的情况下,于某、侯某于2015年开始建设房屋,截至2019年9月,建成混合结构楼房(总面积1080平方米、主体框架竣工、封顶、未砌间墙)。

某县水利局举报,水利局引入松平管线工程从某村通过,经过案涉建筑。2019年9月20日,某县自然资源局经询问、勘验检查,于当日下达《责令改正通知书》,限期3日内自行拆除擅自建设的三层楼。2019年9月27日,某县城市规划管理部门针对某县城市管理行政执法局的《征询意见函》,出具《情况说明》,载明:“依据《镇总体规划(2015—2030)》,于某和侯某在某镇某村九社建设的楼房,位于规划区范围内,经查阅我处档案,未查询到于某和侯某上述建筑规划审批档案。”经询问、立案、调查、集体讨论,告知陈述、申辩权利,某县自然资源局于2019年12月2日作出《限期自行拆除违法建筑决定书》,认定案涉建筑(三层楼房,地上两层,地下一层,面积1080平方米),属违法建筑,责令于某、侯某自接到决定书之日起3日内自行拆除违法建筑,并于同日进行了送达。但是该决定书未交待复议及诉讼权利。

2019年12月6日,某县自然资源局作出了《限期拆除违法建筑催告书》,限于某、侯某自收到催告之日起3日内自行拆除违法建筑,并告知二人依法享有陈述权和申辩权,且于当日送达于某、侯某并张贴在案涉建筑上。于某、侯某于2019年12月9日进行了陈述、申辩。2019年12月13日,某县政府作出了《强制拆除违法建筑决定书》即本案被诉行政行为,该决定书于当日送达于某、侯某并张贴在案涉建筑上。该决定书交代了于某和侯某具有复议权利与诉讼权利,且行政处罚在复议及诉讼期间不停止执行。2019年12月16日,某县政府授权某县城市管理行政执法局负责案涉建筑的强制拆除工作。某县城市管理行政执法局于次日强制拆除案涉建筑。

于某、侯某认为,吕某在《城乡规划法》于2008年1月1日实施以前,已经在村镇办理了相关用地及建设手续,其二人是在原基础上继续施工,故建筑不属于违法建筑;同时案涉房屋属于2005年开始建设,2015年完成建设,行政处罚于2019年作出,超出《行政处罚法》规定的两年期限,故提起行政诉讼,要求确认某县人民政府于2019年12月13日作出的《强制拆除违法建筑决定书》违法。

本案行政行为作出前,某县国土局与规划局已经合并为自然资源局。

【裁判观点】

吉林省四平市中级人民法院一审认为,《城乡规划法》第六十四条规定:“未取得建设工程规划许可证或者未按照建设工程规划许可证的规定进行建设的,由县级以上地方人民政府城乡规划主管部门责令停止建设;尚可采取改正措施消除对规划实施的影响的,限期改正,处建设工程造价百分之五以上百分之十以下的罚款;无法采取改正措施消除影响的,限期拆除,不能拆除的,没收实物或者违法收入,可以并处建设工程造价百分之十以下的罚款。”《行政强制法》第三十五条规定:“行政机关作出强制执行决定前,应当事先催告当事人履行义务。催告应当以书面形式作出,并载明下列事项:(一)履行义务的期限;(二)履行义务的方式;(三)涉及金钱给付的,应当有明确的金额和给付方式;(四)当事人依法享有的陈述权和申辩权。”第三十七条第一款规定:“经催告,当事人逾期仍不履行行政决定,且无正当理由的,行政机关可以作出强制执行决定。”本案中,于某、侯某未经规划职能部门批准,在某县某镇某村九社建设了三层混合结构楼房。某县自然资源局经询问、勘验检查、下达《责令改正通知书》、立案、调查、集体讨论等法定程序,已认定于某、侯某未经批准建设的三层楼房为违法建筑,并作出了《限期自行拆除违法建筑决定书》,于某、侯某未在决定书规定的期限内对违法建筑自行拆除。之后某县自然资源局向于某、侯某发出了催告书,于某、侯某经催告后仍未拆除违法建筑,某县政府据此作出强制拆除决定并送达,证据充分,程序合法,符合法律规定。

关于于某、侯某主张案涉楼房不属于违法建筑的问题。于某、侯某二人认为其建筑土地是他人转让所得,原使用人已缴纳了相关费用,符合当时的有关规定,二人承接了上述权利,所以自建房屋合法。但经审查,二原告受让的建筑按其提交的《房基地所有权转让协议》,仅为房基地使用权及已建12米×30米房基础,二原告自述案涉楼房是2015年开始在原基础上继续施工建设的。某县城市规划管理部门出具的《情况说明》,载明案涉楼房位于某县某镇总体规划范围内,并未取得建筑规划审批,而《城乡规划法》于2008年1月1日开始实施。故而某县自然资源局认定案涉三层楼房始建于2015年,并适用《城乡规划法》作为行政处罚依据并无不当,某县政府适用《城乡规划法》作为强制拆除决定的依据亦无不当。此外,某县自然资源局作出行政处罚决定时,案涉违法建筑处于连续违法状态,并不存在超过处罚时效问题。另外,据某县政府陈述及村委会证明,引入松管线平工程经由案涉违法建筑,本案涉及公共利益,案涉违法建筑属于未申请办理建设工程规划许可证等审批手续,且属于无法采取改正措施消除对规划实施影响的情形,虽然行政机关在强制拆除行为中存在瑕疵,但并不影响本案强拆决定的法律效力。

综上,某县政府作出案涉强拆决定,事实清楚、证据充分,程序合法,适用法律正确。因此,法院判决驳回于某、侯某的诉讼请求。

吉林省高级人民法院二审认为,《行政强制法》第四十四条是对违法建筑物、构筑物、设施强制拆除的专门规定。行政诉讼不停止执行原则，是行政复议法和行政诉讼法规定的基本原则，在通常情况下，行政机关依法享有自行强制执行权的，并不因为当事人申请行政复议、提起行政诉讼而停止被诉具体行政行为的执行，但是依据《行政强制法》第四十四条的规定，城乡规划部门依法作出限期拆除的决定后，当事人在法定期间内不申请行政复议或者提起行政诉讼，是行政机关可以依法强制拆除的前提，这是《行政强制法》为行政机关实施违法建筑强制拆除行为设定的特别程序。本案中，某县政府于 2019 年 12 月 2 日作出的《限期自行拆除违法建筑决定书》未交代行政相对人的复议及诉讼权利，并于 2019 年 12 月 13 日作出了《强制拆除违法建筑决定书》，即在案涉建筑是否属于违建问题上，没有赋予当事人复议和诉讼的救济期间，明显违反上述法律规定。关于案涉建筑是否属于违法建筑、是否具有合法利益，应属于违法建筑认定案件或者行政赔偿案件当中审查范畴，本案不予审查。

综上所述，原审判决认定事实清楚，但适用法律错误，应予改判。因此，判决撤销吉林省四平市中级人民法院(2020)吉 03 行初 1 号行政判决；确认某县人民政府于 2019 年 12 月 13 日作出的《强制拆除违法建筑决定书》违法。

最高人民法院再审认为，《行政强制法》第四十四条规定：“对违法的建筑物、构筑物、设施等需要强制拆除的，应当由行政机关予以公告，限期当事人自行拆除。当事人在法定期限内不申请行政复议或者提起行政诉讼，又不拆除的，行政机关可以依法强制拆除。”本案中，某县自然资源局于 2019 年 12 月 2 日作出案涉《限期自行拆除违法建筑决定书》并未交代复议及诉讼权利，之后某县政府于 2019 年 12 月 13 日作出案涉《强制拆除违法建筑决定书》。二审法院据此认定，某县政府没有就案涉建筑性质认定问题赋予当事人救济期间，违反法律规定，并无不当。故而某县政府的再审申请不符合《行政诉讼法》第九十一条规定的情形。因此，裁定驳回某县人民政府的再审申请。

【提炼总结】

根据《行政强制法》第四十四条的规定，城乡规划部门依法作出限期拆除的决定后，当事人在法定期间内不申请行政复议或者提起行政诉讼，是行政机关可以依法强制拆除的前提，这是《行政强制法》为行政机关实施违法建筑强制拆除行为设定的特别程序。

(八)行政机关未作出限期拆除行政处罚决定直接强制拆除的程序违法

案例:许某诉某区政府、某区国土分局(已撤销)、某区城管执法局及一审被告、二审被上诉人某街道办行政强制拆除及行政赔偿案。

案号:最高人民法院(2018)最高法行申4882号。

【基本案情】

2012年11月20日,湖南省人民政府根据原国土资源部国土资函(2008)418号批复,向某市国土资源局(已撤销)作出《农用地转用、土地征收审批单》,批准征收某区某镇某村集体土地23.8365公顷。许某位于某社区的房屋,在本次征收红线范围内。该房屋建筑面积216.48平方米,个人建房用地许可证为望国土字第024924号,建房许可证的签发时间为1993年9月10日,批准的建房面积为130平方米。2014年9月19日,某区政府发布(2014)第024号《征收土地方案公告》,并在某社区张贴。2014年8月6日,某城北投资有限公司出具《住房保障承诺书》,承诺对此次被征收土地的农民,在某范围内予以安置。之后,某区国土分局发布(2014)第024号《征地补偿安置方案征求意见公告》和(2015)第004号《征地补偿安置方案实施公告》,并送达某社区,公告内容包括征地范围、补偿标准、腾地期限及申请听证权利义务等。2015年4月16日,某区征地拆迁事务所向许某送达《告知书》,明确其被征收房屋的结构、面积、补偿项目及数额,并告知如有异议可到该所进行核对;若对补偿标准有争议,可依法申请裁决。2015年4月22日,某区国土分局向许某送达长国土资开腾告字(2015)115号《限期腾地告知书》,认定许某户房屋建筑总面积216.48平方米(其中,合法建筑面积216.48平方米),依据《长沙市征地补偿安置条例》和《长沙市征地补偿实施办法》规定的补偿标准,许某户各项补偿费用合计360,007.74元,同时告知许某,拟对其作出限期腾地决定。2015年4月29日,某区国土分局作出长国土资开腾(2015)115号《限期腾地决定书》(以下简称115号腾地决定),责令许某户在接到限期腾地决定书之日起10日内,到某区国土分局征地拆迁事务所办理有关手续,并腾出土地;逾期不履行,将申请人民法院强制执行。许某未按照征收补偿方案的规定腾地,某区国土分局将其补偿款予以专户储存,许某不服,提起行政诉讼,请求撤销115号腾地决定。2015年8月24日,某办以许某祥、许某、王某平涉案房屋属于违法建筑为由,组织人员对许某祥、许某、王某平房屋实施强制拆除。许某认为涉案强制拆除行为系某区政府、某区国土分局、某区城管执法局、某办共同实施,并提起本案行政诉讼,请求确认上述四机关强拆其房屋行为违法;赔偿房屋及物品损失 2,830,057.21 元;赔偿误工费、精神损失费 60 万元。

此外,许某曾对某区国土分局限期腾地决定提起诉讼,某区人民法院经审理作出(2015)开行初字第 00161 号行政判决,驳回许某的诉讼请求。许某不服,提起上诉。2016 年 12 月 16 日,长沙市中级人民法院作出(2015)长中行征终字第 00197 号行政判决,认为某区国土分局作出的 115 号腾地决定与长开土资函字(2015)第 32 号《关于许某祥、许某、王某平用地国土专业意见的复函》,对许某等人的房屋建筑合法性及土地性质认定相互矛盾,对许某的房屋处理程序须在房屋合法性和土地性质确认后才能确定,115 号腾地决定认定事实不清,证据不足,适用法律错误,判决撤销一审判决,撤销 115 号腾地决定。

另外,本案一审中,某街道办提供两份复函,一份是某区国土分局的长开土资函字(2015)第 32 号《关于许某祥、许某、王某平用地国土专业意见的复函》和某市城乡规划部门的长规开鉴字(2015)第 117 号《关于某村某组许某祥户房屋规划专业意见的复函》,该两份复函分别为:某区国土分局向某市城市管理和行政执法局某区执法大队出具标注作出时间为 2015 年 1 月 28 日的长开土资函字(2015)第 32 号《关于许某祥、许某、王某平用地国土专业意见的复函》,主要内容为:经核查某区执法大队提供的申请及资料,证实许某祥户、许某户、王某平户于 2000 年后在某村大坝组建设占地面积 546.12 平方米砖混结构的房屋作为住房使用。虽然许某祥于 1993 年 12 月经某县人民政府批准,取得望国土字第 023174 号《个人建房用地许可证》,同意用地面积 285 平方米;许某于 1993 年 9 月经望城县人民政府批准,取得望国土字第 024924 号《个人建房用地许可证》,同意用地面积 130 平方米;王某平于 1993 年 12 月经某县人民政府批准,取得望国土字第 016697 号《个人建房用地许可证》,同意用地面积 63 平方米,但上述许可违反 1999 年 1 月 1 日实施的《土地管理法》第二条、第四十三条、第六十二条的规定。鉴于许某祥、许某、王某平建房在 1999 年 1 月 1 日之后,某区国土分局认为,该户建筑物占用土地的行为属于非法占用土地的行为。另一份是某市城乡规划部门向某区城市管理综合执法大队出具标注作出时间为 2015 年 6 月 19 日的长规开鉴字(2015)第117号《关于某村某组许某祥户房屋规划专业意见的复函》,主要内容:根据某区执法大队提供的申请及资料证实,许某祥、许某、王某平户于2000年在某村某组建设一栋两层砖混结构房屋,底层建筑面积546.12平方米,总建筑面积878.22平方米。经查,该户建设上述建筑物,属于非法占地,且未取得建设工程规划许可,属于违法建设,且无法采取改正措施消除影响。以上两份复函均注明“此函为政府行政执法部门内部行文”。

【裁判观点】

长沙市中级人民法院一审认为,某街道办对许某房屋实施强制拆除,应当提供证据证明行政强制拆除行为的合法性。许某亦需证明其起诉符合法定条件,应当提供证据证明某区政府、某区国土分局、某区城管执法局、某街道办存在强制拆除其房屋的事实。上述四机关在答辩和庭审中,均辩称其不是被诉强制拆除行为的实施主体,且本案强制拆除行为主体系某街道办,许某在庭审中亦认可,拆除现场的政府工作人员为某街道办工作人员。现有证据证明,实施强制拆除行为的主体系某街道办。许某起诉某区政府、某区国土分局、某区城管执法局没有事实根据,应予驳回。根据《城乡规划法》第六十四条,2004年《土地管理法》第七十六条、第七十七条、第八十三条的规定,对非法占用土地和非法建设行为有查处职权的主体系县级以上人民政府国土部门和城乡规划主管部门。即便许某的房屋系违法建筑,某街道办作为某区政府的派出机关,亦无作出限期拆除决定和实施强制拆除的法定职权,故某街道办强制拆除许某的房屋没有法律依据。鉴于许某的房屋已被拆除,本案中被诉的强制拆除行为不具有可撤销内容,依法应当确认强制拆除行为违法。对于许某提出赔偿拆除房屋损失的诉讼请求,因其房屋是否属于合法建筑,房屋所在的土地性质尚不明了,涉案房屋的价值尚难确定,本案不宜对许某房屋的损失作出认定和处理,许某可在相关事实确定以后,另行主张权利。对于许某提出的对屋内物品要求赔偿的诉讼请求,鉴于许某只提供受损失的物品清单,未提供确切的证据证实其屋内物品损失,本案中对该请求不予处理,许某可在房屋合法性及房屋价值确定以后另行主张权利。对于许某要求误工费以及精神损害的赔偿请求,没有依据,不予支持。根据《行政诉讼法》第四十九条、第七十四条第二款第一项的规定,判决:(1)驳回许某对某区政府、某区国土分局、某区城管执法局的起诉;(2)确认某街道办拆除许某房屋的行为违法;(3)驳回许某要求对误工费、停产停业损失、精神损失进行赔偿的诉讼请求。许某不服，提起上诉。二审期间，许某申请增加诉讼请求，要求某区政府、某区国土分局、某区城管执法局、某街道办共同赔偿 2,830,057.21 元本金及两年的利息损失 268,855.44 元。

湖南省高级人民法院二审认为，拆除许某房屋的行为由某街道办组织实施，但某街道办不具有对非法占用土地、建房事项的强制执行职权，强制拆除行为违法。针对许某对某街道办提出的赔偿请求，一审只就误工费及精神损害赔偿请求作出判决，对房屋及物品损失却以涉案房屋价值难以确定，许某可以另行主张为由不予处理，这一点没有法律依据，且事实不清。许某二审期间增加的赔偿请求，不属于二审审查范围。依照《行政诉讼法》第八十九条第一款第（一）（三）项的规定，判决：(1)维持一审判决的第 1、2 项；(2)撤销一审判决的第 3 项；(3)对许某请求某街道办行政赔偿部分发回长沙市中级人民法院重审。

最高人民法院再审认为，《行政诉讼法》第二十六条第一款规定，公民、法人或者其他组织直接向人民法院提起诉讼的，作出行政行为的行政机关是被告。《最高人民法院关于适用〈中华人民共和国行政诉讼法〉若干问题的解释》（已失效）第三条规定第一款第三项规定，原告所起诉的被告不适格，人民法院应当告知原告变更被告，原告拒绝变更的，裁定驳回起诉。本案中，对许某的房屋实施强制拆除行为的是某街道办，某街道办是本案的适格被告。没有证据证明某区政府、某区城管执法局和某区国土分局实施了强制拆除行为，上述三机关不是本案适格被告。经释明许某拒绝变更被告，一审、二审驳回许某对上述三机关的起诉，事实清楚，适用法律法规正确，审判程序合法。许某主张上述三机关与某办共同实施强制拆除行为，缺乏证据佐证，再审法院不予支持。

《行政强制法》第十三条规定，行政强制执行由法律设定。法律没有规定行政机关强制执行的，作出行政决定的行政机关应当申请人民法院强制执行。第四十四条规定，对违法的建筑物、构筑物、设施等需要强制拆除的，应当由行政机关予以公告，限期当事人自行拆除。当事人在法定期限内不申请行政复议或者提起行政诉讼，又不拆除的，行政机关可以依法强制拆除。也就是说，对于违法建筑的强制拆除，必须由法律授权享有强制执行权的国家机关实施；实施强制拆除前，行政机关作出限期拆除违法建筑的行政处罚决定，并予以公告；行政处罚决定指定的合理期限内,被处罚人不自行拆除的,在对限期拆除违法建筑行政处罚行为申请行政复议、提起行政诉讼的法定期限届满后,行政机关可以依法自行强制执行或者申请人民法院强制执行。本案中,没有证据证明在实施强制拆除行为之前,有权对违法占地、违法建筑行使行政处罚权的土地管理部门或者城乡规划部门已经对许某作出限期拆除违法建筑的行政处罚决定,也没有证据证明某区政府根据《城乡规划法》第六十八条规定责成某街道办实施强制拆除行为。某街道办实施被诉强制拆除行为,缺少作为强制拆除执行依据的行政处罚决定,未经公告程序,没有强制执行的法定职权。该行政强制执行行为事实不清、主要证据不足,违反法定程序,超越职权。鉴于被诉强制拆除行为属于事实行为,并无可撤销内容,一审、二审判决确认该行为违法,符合《行政诉讼法》第七十四条第二款第一项的规定。许某申请再审,请求撤销该项判决,没有事实和法律根据,再审法院不予支持。至于许某的行政赔偿诉讼请求,二审判决已发回长沙市中级人民法院重审,许某可在重审程序中主张权利,予以解决。请求再审没有实际意义,本案不予再审。许某还主张一审、二审超审限作出裁判,审判程序违法。但是,根据《行政诉讼法》第九十一条第五项的规定,违反法律规定的诉讼程序,可能影响公正审判的,才构成再审的充分理由,仅以审判程序违法为由申请再审,理由不能成立。因此,驳回许某的再审申请。

【提炼总结】

对于违法建筑的强制拆除,必须由法律授权享有强制执行权的国家机关实施;实施强制拆除前,行政机关应当作出限期拆除违法建筑的行政处罚决定,并予以公告。被处罚人在指定的合理期限内不自行拆除的,在对限期拆除违法建筑行政处罚行为申请行政复议、提起行政诉讼的法定期限届满后,行政机关可以依法自行强制执行或者申请人民法院强制执行。街道办没有直接强制拆除违法建筑的职权。

(九)第三人要求政府履行拆违职责应以作出限期拆除决定为前置条件

案例:高某等人诉某市政府履行法定职责案。

案号:最高人民法院(2019)最高法行申8509号。

【基本案情】

高某等53人自述系某区市府大路356号的居民,位于某区某路某号的"沈阳职工之家”大楼遮挡其房屋的正常采光。高某等53人认为该大楼系违章建筑，多次向有关单位投诉要求强拆该违章建筑，均未得到答复。2018年3月26日，高某等53人将某市政府诉至沈阳市中级人民法院，要求判令某市政府履行法定职责，限期依法强制拆除违法建筑“沈阳职工之家”大楼。

【裁判观点】

沈阳市中级人民法院一审认为，《城乡规划法》第六十四条规定，未取得建设工程规划许可证或者未按照建设工程规划许可证的规定进行建设的，由县级以上地方人民政府城乡规划主管部门责令停止建设。第六十八条规定，城乡规划主管部门作出责令停止建设或者限期拆除的决定后，当事人不停止建设或者逾期不拆除的，建设工程所在地县级以上地方人民政府可以责成有关部门采取查封施工现场、强制拆除等措施。本案中，因高某等53人未能提供合法有效的证据证明相关城乡规划主管部门作出责令停止建设或者限期拆除的决定后，当事人不停止建设或者逾期不拆除的事实存在，故对高某等53人请求判令被告依法履职的主张，应予以驳回。综上，依据《行政诉讼法》第四十九条第一款第三项之规定，裁定驳回高某等53人起诉。

辽宁省高级人民法院二审裁定驳回上诉，维持原裁定。

最高人民法院再审认为，《城乡规划法》第六十八条规定：“城乡规划主管部门作出责令停止建设或者限期拆除的决定后，当事人不停止建设或者逾期不拆除的，建设工程所在地县级以上地方人民政府可以责成有关部门采取查封施工现场、强制拆除等措施。”据此可知，县级以上地方人民政府具有履行责成有关部门采取强制拆除等措施的法定职责，但履行该职责的条件有二，一是城乡规划主管部门作出责令停止建设或者限期拆除的决定，二是相对人拒不停止建设或者逾期不拆除。本案中，原审法院查明，高某等人认为“沈阳职工之家”系违章建筑，多次向有关单位投诉要求强制拆除，均未得到答复。高某等人要求某市政府履行强制拆除的职责，但未提供证据证明城乡规划主管部门作出责令停止建设或者限期拆除的决定，故其请求没有事实依据。一审法院裁定驳回起诉，二审法院予以维持，并无不当。因此，再审法院裁定驳回再审申请。

【提炼总结】

行政机关作出责令停止建设或者限期拆除的决定后，当事人不停止建设或者逾期不拆除的，县级以上地方人民政府才能履行责成有关部门采取强制拆除的法定职责。

（十）行政机关不能为了追求执法效率和效果，对违法建筑的拆除适用代履行

案例：邓某诉某市城市管理局强制拆除房屋及行政赔偿案。

案号：江苏省南通市中级人民法院（2021）苏06行终124号。

【基本案情】

2011年邓某未经规划审批在某市某镇河南中路团结闸南侧搭建亭棚一座，用作古玩、工艺品销售。亭棚系彩钢棚结构，位于城镇规划区范围内，面积约13平方米。2020年4月1日，某市创建全国文明城市指挥部办公室、某市严格管控违法建设工作领导小组办公室发布《关于开展城区亭棚全面整治的通告》，对城区亭棚进行全面整治，以加强城市管理，提升城市形象，消除影响交通安全因素。通告明确了整治范围、时间以及内容等。同日，某市城市管理局向某市自然资源局、某市行政审批局发出《关于对五处亭棚相关信息的协助调查函》，请求协助调查案涉亭棚在内的5处亭棚是否应当取得建设工程规划许可证、能否采取改正措施消除对规划实施的影响，若能改正，该采取何种措施。2020年4月7日，某市城市管理局对案涉亭棚进行了现场拍照取证、制作了现场检查笔录并对南城区街道办工作人员姚某、吴某进行调查询问。2020年4月9日，某市行政审批局作出答复称，自2015年11月至2020年4月，未对5处建筑物发出过建设工程行政许可手续，亦未受理过许可申请。2020年4月10日，某市自然资源局作出答复称，未查询到五处建筑物的相关许可材料，5处建筑物与原规划不符，不可以采取改正措施消除对规划实施的影响。2020年4月14日，某市城市管理局向邓某发出《限期拆除违法建设告知书》，告知邓某搭建案涉建筑物行为涉嫌违反《城乡规划法》，拟对邓某作出责令限期自行拆除的决定，邓某有权在指定期限内至指定地点进行陈述和申辩。告知书当日向邓某送达，邓某拒签。2020年4月22日，某市城市管理局对邓某作出《限期拆除违法建设决定书》，责令邓某在2020年4月24日17时前自行拆除案涉违法建设，并告知了复议和诉讼的权利，决定书当日张贴于亭棚门上。2020年4月25日，某市城市管理局向邓某作出《代为拆除违法建

设催告书》，要求邓某限期拆除案涉违法建设，逾期仍不拆除且无正当理由的，将代为拆除或委托第三人代为拆除，所需费用由当事人承担，催告书当日张贴于亭棚门上。2020 年 4 月 29 日，某市城市管理局对邓某作出《代为拆除违法建设决定书》，决定自 2020 年 4 月 30 日起委托有关单位代为履行拆除义务，要求邓某在代为拆除前自行将违法建设内的人员和物品搬离，代履行费用据实决算后由邓某承担，并告知了复议和诉讼的权利。决定书当日向邓某直接送达，邓某拒签。2020 年 5 月 8 日，某市城市管理局向邓某作出《履行代为拆除违法建设决定催告书》，要求邓某在 2020 年 5 月 12 日前自行拆除违法建设，逾期未拆除的将实施代履行。催告书当日向邓某直接送达，邓某拒签。2020 年 7 月 30 日，某市城市管理局组织相关人员对案涉亭棚予以拆除，实施拆除前，工人将亭棚内物品搬出，公证人员对上述过程进行了证据保全。2020 年 10 月 28 日，邓某向法院提起诉讼。

【裁判观点】

南通经济技术开发区人民法院一审判决确认某市城市管理局 2020 年 7 月 30 日强制拆除邓某位于某市某镇河南中路团结闸南侧亭棚的行为违法；驳回邓某要求恢复原状的诉讼请求。

二审法院根据一审判决所采信的证据，补充认定以下事实：某市城市管理局作出的《限期拆除违法建设决定书》中载明：如不服该决定，可在接到该决定书之日起 60 日内向市人民政府或市城市管理综合行政执法局申请复议，也可在接到该决定书之日起 6 个月内直接向南通经济技术开发区人民法院提起诉讼。逾期不履行该决定的，相应机关将依法组织强制拆除。

江苏省南通市中级人民法院二审认为，根据各方当事人的诉辩意见，本案二审的争议焦点集中体现在两个方面：一是被诉行政强制执行行为适用法律是否正确，即能否适用代履行的方式对案涉亭棚进行强制拆除。二是邓某要求恢复原状的诉讼请求能否得到支持。

关于被诉行政强制执行行为适用法律是否正确的问题。从本案查明的事实来看，案涉亭棚的搭建未经规划审批，不具有合法性，某市城市管理局将案涉亭棚纳入整治范围，并无不当。但是，行政机关实施行政强制拆除行为应当严格遵守法律的明确规定，不得进行选择性适用。《行政强制法》第三十五条、第三十六条、第三十七条对行政强制执行程序作出了一般规定，包括履行书面催告、听取陈述和申辩、作出强制执行决定并付诸实施等,这些规定是行政机关实施行政强制执行行为时所应遵循的基本规则。与此同时,《行政强制法》第四十四条对违法建筑物、构筑物、设施等的强制拆除程序作出了特别规定,即应当由行政机关予以公告,限期当事人自行拆除。当事人在法定期限内不申请行政复议或者提起行政诉讼,又不拆除的,行政机关可以依法强制拆除。可见,行政机关自行实施强制拆除行为应当符合以下条件:一是行政机关具有法律赋予的行政强制执行权;二是行政机关作出了能够作为行政强制执行行为依据的行政决定;三是满足其他因素,主要指作出限期自行拆除的公告,当事人对作为行政强制执行依据的行政决定在法定期限内不申请行政复议或者提起行政诉讼又不拆除。需要强调的是,《行政强制法》之所以规定应当在法定救济期限届满之后方可实施行政强制拆除行为,主要是因为强制拆除建筑物、构筑物和设施,往往具有不可逆转性,对当事人权益会产生重大影响,需要充分保障当事人救济权的行使。如果作为行政强制执行依据的行政决定不具有合法性,过早地付诸实施将可能造成难以挽回的损失,从而使得救济程序的设计失去了保障意义。因此,行政机关应当在行政决定法定救济期限届满并发生法律效力后实施行政强制执行行为。

本案中,某市城市管理局作为享有行政执法权的行政机关,依法具有强制执行权。某市城市管理局在拆除案涉亭棚前,按照《行政强制法》第三十五条、第三十六条、第三十七条的规定,分别履行了书面告知、催告等程序。某市城市管理局于2020年4月22日作出《限期拆除违法建设决定书》并予以送达,决定书明确载明,“如不服本决定,可在接到本决定书之日起六十日内向市人民政府或市城市管理综合行政执法局申请复议,也可在接到本决定书之日起六个月内直接向南通经济技术开发区人民法院提起诉讼。逾期不履行本决定的,本机关将依法组织强制拆除”。被诉强制拆除行为发生于2020年7月30日,此时限期拆除决定尚在法定救济期限之内。

显而易见,基于以上分析,应当认定被诉行政强制执行行为违反了《行政强制法》第四十四条的规定,一审法院适用确认违法判决并无不当。但是,一审判决认为某市城市管理局未履行公告程序,构成程序违法。对此,二审法院认为,公告程序的最终目的在于使不特定的社会公众知晓限期拆除决定。本案中,某市城市管理局在对案涉亭棚的查处过程中,已多次催告邓某履行拆除义务,并将《限期拆除违法建设决定书》及催告书张贴于亭棚所在位置，因案涉亭棚位于城市道路的一侧，已经产生了广而告之的效果。一审判决对公告程序的理解过于机械，二审法院应予以纠正。

《行政强制法》第五十条规定，行政机关依法作出要求当事人履行排除妨碍、恢复原状等义务的行政决定，当事人逾期不履行，经催告仍不履行，其后果已经或者将危害交通安全、造成环境污染或者破坏自然资源的，行政机关可以代履行，或者委托没有利害关系的第三人代履行。某市城市管理局据此主张其通过代履行方式拆除案涉亭棚适用法律正确，二审法院认为这是对法律条文的不当理解，不应采纳。主要理由如下：

首先，对建筑物、构筑物、设施的强制拆除原则上必须遵守《行政强制法》第四十四条的特别规定，行政机关不得随意突破，更不应当为了追求所谓的效率和效果而对此视而不见。

其次，代履行具有严格的适用条件，一般并不适用于对建筑物、构筑物、设施的强制拆除。代履行通常不具有强制性，只有在当事人怠于履行应负义务的情形下，行政机关才可以选择代履行的方式。此外，适用代履行方式还应以当事人不履行义务可能会导致迫在眉前的危害为前提。案涉亭棚早在 2011 年便存在于案涉地点，某市城市管理局在未提交任何证据的情形下，认定本案符合适用代履行的条件，明显强词夺理，不能成立。

最后，立法目的不应被无视。是否符合立法目的，是对法律适用产生分歧时作出判断和取舍需要考虑的一个重要因素，有悖立法目的的选择不应得到支持。对于建筑物、构筑物、设施的拆除，行政机关倘若不加区分地适用《行政强制法》第五十条实施代履行，将会导致第四十四条所确立的特别规则被架空，立法目的被抛弃，这严重违反法律适用的基本要求。

依法行政是行政执法的基本原则，不仅要求行政机关的执法动机与执法目的合法，还要求执法行为应当符合形式法治及实质法治的基本内涵。在公民权利意识日益增强的当下，对行政机关的行政执法活动也提出了更高期待。行政机关在执法过程中，更应牢固树立权利保障意识，将公民权利作为权力行使时所应恪守的边界，切实维护公民、法人和其他组织所享有的程序性及实体性权利。当事人存在违法行为不应成为行政机关忽视权利保障的正当理由。尤其是在法律基于对公民权利的特殊保护已经作出特别规定的情形下，行政机关在理解和适用时更应准确把握立法本意，防止作出避重就轻甚至绕道而行的不当选择，如此才能保障法律法规得到全面正确的实施，确保行政权始终在法治的轨道上运行。结合到本案，尽管邓某存在违法行为，行政机关仍应充分保障邓某依法所享有的程序性权利，而不应以执法动机合法而规避对法定规则的适用。

综上，法院判决驳回上诉，维持原判。

【提炼总结】

代履行是在当事人怠于履行应负义务的情形下，行政机关可选择代履行的方式。代履行的适用应当严格遵守相关规定，应以当事人不履行义务可能会导致迫在眼前的危害为前提，且仅限于拖延履行的后果将危害交通安全、造成环境污染或者破坏自然资源的情形，行政机关不能为了追求所谓的效率和效果，对于违法建筑的拆除适用代履行。未经规划审批进行建设的属于违法建筑，行政执法机关对其依法具有强制执行权，但应当严格遵守《行政强制法》等相关程序规定。

（十一）当事人对限期拆除决定申请行政复议期间行政机关不得实施强拆

案例：裘某与某县政府、某县综合行政执法局、某街道办城建行政强制案。

案号：最高人民法院（2018）最高法行申 8305 号。

【基本案情】

裘某居住的某县某街道三间一层楼房在拆迁改造范围内。2017 年 5 月 18 日，某县城市管理行政执法局作出调查询问通知书，要求裘某于 2017 年 5 月 19 日上午到该局新区中队接受调查询问。同年 5 月 28 日，某县城市管理行政执法局作出行政处罚决定书，责令裘某自决定书送达之日起 3 日内自行拆除未取得建设工程规划许可证，擅自建设的三间一层房屋。同年 5 月 31 日，某县城市管理行政执法局作出履行行政决定催告书，要求裘某在收到催告书之日起 3 日内履行上述处罚决定确定的义务。同年 6 月 2 日，某县城市管理行政执法局作出公告，责令裘某在公告之日起 3 日内自行拆除违法建筑，逾期未自行拆除的，将依法强制拆除。同年 6 月 5 日，某县人民政府受理裘某对行政处罚决定提出的行政复议。同年 6 月 12 日，被告某县城市管理行政执法局强制拆除了涉案三间一层楼房，裘某不服,提起诉讼。另查明,某县城市管理行政执法局于2018年3月11日更名为某县综合行政执法局。

【裁判观点】

台州市中级人民法院一审判决驳回裘某对某县人民政府、某街道办的起诉;确认某县城市管理行政执法局2017年6月12日实施强制拆除裘某房屋的行政行为违法。浙江省高级人民法院二审判决驳回上诉。

最高人民法院再审认为,根据原某县城市管理行政执法局在一审中提供的行政处罚决定书、催告书、公告等证据能够证明裘某所诉的强制拆除其居住的某县某街道三间一层楼房的行为系由原某县城市管理行政执法局实施。裘某以某县政府、某街道办有工作人员在拆除现场为由,主张该两被申请人参与了强制拆除涉案房屋,但某县政府、某街道办对此予以否认,裘某亦未提供其他相关证据,故裘某在本案中以某县政府、某街道办作为被告,缺乏事实和法律依据,应当驳回其对于某县政府、某街道办的起诉。关于被诉强制拆除行为的合法性问题,《城乡规划法》第六十八条规定,城乡规划主管部门作出责令停止建设或者限期拆除的决定后,当事人不停止建设或者逾期不拆除的,建设工程所在地县级以上地方人民政府可以责成有关部门采取查封施工现场、强制拆除等措施。《行政强制法》第四十四条规定,对违法的建筑物、构筑物、设施等需要强制拆除的,应当由行政机关予以公告,限期当事人自行拆除。当事人在法定期限内不申请行政复议或者提起行政诉讼,又不拆除的,行政机关可以依法强制拆除。《行政强制法》另规定了行政强制执行需履行的各项法定程序。本案中,裘某已就原某县城市管理行政执法局作出的涉案限期拆除行政处罚决定提起了行政复议,且复议机关已受理。原某县城市管理行政执法局在裘某已经提起行政复议的情况下实施强制拆除行为,与上述规定不符,且原某县城市管理行政执法局在没有经过某县政府责成其实施强制拆除的情形下予以强制拆除,亦未严格履行行政强制法规定的各项法定程序,不符合上述法律规定。因此,原某县城市管理行政执法局实施的强制拆除涉案房屋的行为违反法律规定,因涉案房屋已被拆除,被诉行为不具有可撤销内容,应当确认其行为违法。综上,一审法院判决驳回裘某对某县政府、某街道办的起诉;确认原某县城市管理行政执法局2017年6月12日实施强制拆除裘某房屋的行政行为违法,二审法院判决驳回上诉,维持一审判决,并无不当。因此,驳回裘某再审申请。

【提炼总结】

执法机关应严格履行《行政强制法》第四十四条的规定，对违法的建筑物、构筑物、设施等需要强制拆除的，应当由行政机关予以公告，限期当事人自行拆除。当事人在法定期限内不申请行政复议或者提起行政诉讼，又不拆除的，行政机关可以依法强制拆除。当事人对行政处罚决定提起了行政复议，且复议机关已受理，复议期间强制拆除，属程序违法。

（十二）强制拆除不得在法定节假日或夜间实施

案例：某轴承仪器厂、某视觉创意产业园、某市行政执法局、某市政府强制拆除决定、强制拆除行为及行政复议决定案。

案号：最高人民法院（2017）最高法行申 6988 号。

【基本案情】

某轴承仪器厂、某视觉创意产业园于 2012 年 9 月 27 日以书面合作协议的方式明确了合作关系，创意产业园利用轴承仪器厂的旧厂房进行改扩建，合作创建某视觉方舟文化科技创意产业园项目，该项目于 2012 年取得由某区建设开发管理办公室、规划建设部门、国土主管部门、环境主管部门、安全生产管理部门出具审查意见的《企业投资项目备案联系单》，某区发展和改革局于 2012 年 11 月 12 日作出《关于某轴承仪器厂旧厂房改造项目备案的函》，但项目改扩建工程未取得建设工程规划许可证。

某市行政执法局于 2012 年 10 月 30 日作出《违章通知书》，要求轴承仪器厂到行政执法局接受处理，并于 2012 年 10 月 31 日进行了现场检查且作出《责令停止建设决定书》，责令轴承仪器厂立即停止建设，于 2012 年 11 月 2 日作出《责令限期拆除决定书》，责令轴承仪器厂在 2012 年 11 月 17 日前将违法建筑物、构筑物和其他设施无偿拆除，于 2013 年 3 月 20 日作出《催告书》，再次责令轴承仪器厂于 2013 年 3 月 28 日 24 时前自行拆除，某区执法局于 2013 年 3 月 28 日作出《行政处罚决定书》，对轴承仪器厂处以罚款 101，187.2 元并要求其到区规划建设局补办建设工程规划许可证，某市行政执法局于 2013 年 3 月 30 日向轴承仪器厂作出《强制拆除决定书》，决定于 2013 年 4 月 1 日至 5 日强制拆除此建筑物（构筑物或其他设施),某区执法局于2013年4月2日作出《撤销行政处罚决定书》,撤销该局于2013年3月28日作出的大高执法罚决字[2013]204号《行政处罚决定书》;某市行政执法局于2013年4月5日至9日期间委托建筑物拆除工程有限公司强制拆除案涉建筑物、构筑物或其他设施,区公证处对某市行政执法局的行政行为进行了保全证据公证。某轴承仪器厂、某视觉创意产业园因不服某市行政执法局作出的《强制拆除决定书》于2013年5月15日向市政府申请行政复议,市政府于2013年8月30日作出行政复议决定维持了某市行政执法局作出的强制拆除决定。某轴承仪器厂、某视觉创意产业园对复议决定不服,提起诉讼。

【裁判观点】

大连海事法院一审认为,依据2014年修正的《行政诉讼法》第二十五条第一款之规定,创意产业园与轴承仪器厂系合作关系,与被诉行政行为有利害关系,具有诉讼主体资格。依据最高人民法院《关于执行〈中华人民共和国行政诉讼法〉若干问题的解释》(已失效)第四十五条的规定,某轴承仪器厂、某视觉创意产业园在庭审中提出的请求确认《违章通知书》《责令停止建设决定书》《责令限期拆除决定书》《催告书》等文书违法,因未举证证明其有正当理由,一审法院不予审理。某市行政执法局既未释明临时建设的法律定义或特征属性,也未提供认定案涉建筑物系临时建设的法律依据,仅以案涉建筑物未取得建设工程规划许可证即认定案涉建筑物属未经批准的临时建设,依据明显不足。因某市行政执法局认定案涉建筑物属未经批准的临时建设依据明显不足,其适用2007年《城乡规划法》第六十六条“建设单位或者个人有下列行为之一的,由所在地城市、县人民政府城乡规划主管部门责令限期拆除,可以并处临时建设工程造价一倍以下的罚款:(一)未经批准进行临时建设的……”的规定作出《强制拆除决定书》明显适用法律不当。此外,某市行政执法局于2013年3月30日作出的《强制拆除决定书》中已明确告知轴承仪器厂“如不服本决定,可自收到本决定书之日起六十日内向市人民政府申请复议,也可以在三个月内向西岗区人民法院提起行政诉讼”,但其在告知的复议、起诉期限尚未届满即于2013年4月5日至9日期间实施了强制拆除行为,程序明显违法。

关于市政府作出的行政复议决定,因某市行政执法局作出的行政行为存在事实认定依据不足、适用法律不当、程序违法等情形,市政府作出的行政复议决定缺乏依据。

综上，一审法院判决确认某市行政执法局作出的大执法拆决字[2013]2462号《强制拆除决定书》及强制拆除行政行为违法；撤销市人民政府作出的大政行复字(2013)第33号《行政复议决定书》。

辽宁省高级人民法院二审认为，轴承仪器厂在取得某区发展和改革局作出的《关于某轴承仪器厂旧厂房改造项目备案的函》，某视觉方舟文化科技创意产业园项目取得规划建设、国土、环境保护、安全生产等部门联合签发的《高新园区企业投资项目备案联系单》之后，在尚未取得建设工程规划许可的情况下，先行进行建设，存在未批先建的违法事实，相关行政管理机关应当对其给予相应的行政处罚。但由于创意产业园项目进行了上述项目审批，规划审批手续处于办理之中，创意产业园项目能否满足规划条件最终取得建设工程规划等许可尚处于不确定状态，停止建设，等待规划部门最终结论后再作出处罚，既能维护法律的尊严，又可减少创意产业园项目的损失，创造良好的营商环境。以某轴承仪器厂擅自在厂房楼顶加层设置临时建设为由作出大执法拆决字[2013]2462号《强制拆除决定书》，缺乏事实和法律依据，应当予以撤销。

关于强制拆除决定是否违反《行政强制法》第四十四条及是否存在法定节假日实施强制拆除行为行政程序违法的问题。本案某市行政执法局在作出《强制拆除决定书》之前，已于2012年11月2日作出《责令限期拆除决定书》，责令轴承仪器厂在2012年11月17日前将违法建筑物、构筑物和其他设施无偿拆除，并交待了申请行政复议和诉讼的权利及期限。《强制拆除决定书》是基于轴承仪器厂不履行自行拆除义务，而决定由某市行政执法局强制拆除的，该决定没有对某轴承仪器厂设定新的义务。2013年3月30日某市行政执法局作出《强制拆除决定书》时，某轴承仪器厂对《责令限期拆除决定书》申请复议或诉讼的期限已经届满，某市行政执法局于2013年4月5日至9日期间实施强制拆除行为没有违反《行政强制法》第四十四条的规定。原审法院以“复议、起诉期限尚未届满，即实施强制拆除行为”为由，认定强制拆除行为程序违法，法律依据不充分，依法应予纠正。另外，2013年4月4日是清明节、4月5日至4月6日是公休日(4月7日公休日调整至4月5日)，根据国务院《全国年节及纪念日放假办法》的规定，法定节假日不包含公休日。某市行政执法局在2013年4月5日至2013年4月9日期间实施强制拆除行为虽然不违反《行政强制法》第四十三条第一款“行政机关不得在夜间或者法定节假日实施行政强制执行。但是,情况紧急的除外”的规定,但清明节与公休日连休3天形成小长假,某市行政执法局在小长假期间实施强制拆除行为违反了日常生活法则,也不利创建文明执法形象。实施强制拆除行为程序不当。

关于市政府是否应当追加为被告的问题。某轴承仪器厂、某创意产业园提起本案诉讼的时间早于2015年5月1日,根据最高人民法院《关于适用〈中华人民共和国行政诉讼法〉若干问题的解释》(已失效)第二十六条第二款“依照修改前的行政诉讼法已经完成的程序事项,仍然有效”的规定,本案应当依照2014年修正前的《行政诉讼法》第二十五条第二款“经复议的案件,复议机关决定维持原具体行政行为的,作出原具体行政行为的行政机关是被告”的规定确定本案适格被告,原审法院在二审法院指定管辖后,将市政府追加为被告不当,应予以纠正。原审法院适用2014年《行政诉讼法》第七十四条第二款的规定,判决确认《强制拆除决定书》及强制拆除行政行为违法,系因强制拆除决定已经执行完毕,撤销已经没有实际意义。根据最高人民法院《关于执行〈中华人民共和国行政诉讼法〉若干问题的解释》第五十三条第一款“复议决定维持原具体行政行为的,人民法院判决撤销原具体行政行为,复议决定自然失效”的规定,本案《强制拆除决定书》及强制拆除行政行为被确认违法后,市政府作出的行政复议决定也自然失效。

二审法院判决维持大连海事法院(2015)大海行初字第14号行政判决第1项,即确认被告某市行政执法局作出的大执法拆决字[2013]2462号《强制拆除决定书》及强制拆除行政行为违法;撤销大连海事法院(2015)大海行初字第14号行政判决第2项,即撤销被告市人民政府作出的大政行复字(2013)第33号《行政复议决定书》。

最高人民法院再审认为,《城乡规划法》第六十八条规定:“城乡规划主管部门作出责令停止建设或者限期拆除的决定后,当事人不停止建设或者逾期不拆除的,建设工程所在地县级以上地方人民政府可以责成有关部门采取查封施工现场、强制拆除等措施。”国务院原法制办公室国法函〔1999〕97号《关于在辽宁省大连市开展城市管理综合执法试点工作的复函》第二条第一项规定,集中行使行政处罚权的行政机关的具体职责是:“行使规划管理方面法律、法规、规章规定的行政处罚权,强制拆除不符合城市容貌标准的违法建筑物或者设施。”市政府大政[2000]66号《大连市城市管理综合执法规定》第五条第一项规定:“城市管理综合执法机构具有下列职责:(一)行使规划和建设用地管理方面法律、法规、规章规定的行政处罚权,强制拆除不符合城市规划和市容标准的违法建筑物、构筑物(含临时建设)或设施。”根据上述规定,某市城管执法局作为城市管理综合执法机构,具有作出强制拆除决定及实施强制拆除的法定职权。

某市城管执法局依据《城乡规划法》第四十四条、第六十六条关于临时建设的规定,作出大执法拆决字[2013]2462号《强制拆除决定书》,认定案涉旧厂房改扩建工程为临时建设,决定强制拆除,缺乏事实依据,适用法律错误。某轴承仪器厂旧厂房改扩建工程未办理建设工程规划许可证即开工建设,应当予以相应的行政处罚,但该改扩建工程是否符合规划条件,如不符合规划条件能否采取改正措施消除对规划实施的影响,未经城乡规划主管部门作出认定。某市城管执法局对案涉旧厂房改扩建工程按照临时建设予以强制拆除,缺乏事实依据,适用法律错误。

《城乡规划法》第六十四条规定:“未取得建设工程规划许可证或者未按照建设工程规划许可证的规定进行建设的,由县级以上地方人民政府城乡规划主管部门责令停止建设;尚可采取改正措施消除对规划实施的影响的,限期改正,处建设工程造价百分之五以上百分之十以下的罚款;无法采取改正措施消除影响的,限期拆除,不能拆除的,没收实物或者违法收入,可以并处建设工程造价百分之十以下的罚款。”根据上述规定,对于未取得建设工程规划许可证或者未按照建设工程规划许可证的规定进行建设的,实施限期改正、限期拆除的行政处罚,应当由县级以上地方人民政府城乡规划主管部门根据建设工程能否采取改正措施消除对规划实施的影响的具体情况决定。本案中,某轴承仪器厂旧厂房改扩建工程未办理建设工程规划许可证即开工建设,应当予以相应的行政处罚,但该改扩建工程是否符合规划条件,如不符合规划条件能否采取改正措施消除对规划实施的影响,未经城乡规划主管部门作出认定。某市城管执法局对案涉旧厂房改扩建工程按照临时建设予以强制拆除,缺乏事实依据,适用法律错误。

《行政强制法》第四十三条第一款规定:“行政机关不得在夜间或者法定节假

日实施行政强制执行。但是，情况紧急的除外。”该条并未明确规定公休日禁止行政强制执行，但究其立法目的是防止行政强制执行过于扰民，保障当事人正常的生活休息权利，故行政强制执行一般应当在正常工作时间进行。根据国务院《全国年节及纪念日放假办法》规定，法定节假日不包含公休日，但对于法定节假日与公休日连休形成小长假的情形，行政机关在此期间实施行政强制执行，不仅侵害当事人的休息权，亦违反行政强制法的立法本意，属程序违法，应予禁止。国务院办公厅《关于 2013 年部分节假日安排的通知》[国办发明电(2012)33 号]规定：“三、清明节：4 月 4 日至 6 日放假调休，共 3 天。4 月 7 日(星期日)上班。”2013 年 4 月 4 日是清明节，4 月 5 日、6 日为公休日(4 月 7 日公休日调至 4 月 5 日)，与 4 月 4 日清明节连休形成小长假。因此，大连城管执法局 2013 年 4 月 5 日至 9 日在清明节放假期间对某轴承仪器厂旧厂房改扩建工程实施强制拆除，且非情况紧急的情形，违反行政强制法的规定，程序违法。二审认定为程序不当，再审法院予以指正。

综上，法院裁定驳回某市行政执法局的再审申请。

【提炼总结】

《行政强制法》第四十三条第一款规定：“行政机关不得在夜间或者法定节假日实施行政强制执行。但是，情况紧急的除外。”根据国务院《全国年节及纪念日放假办法》的规定，法定节假日不包含公休日，但对于法定节假日与公休日连休形成小长假的情形，行政机关在此期间实施行政强制执行，不仅侵害当事人的休息权，亦违反行政强制法的立法本意，属程序违法，应予禁止。

(十三)行政机关不得超范围实施强制拆除

案例：赵某因诉某区政府城建行政强制案。

案号：最高人民法院(2016)最高法行申 3330 号。

【基本案情】

原某区城管局于 2012 年 10 月 10 日作出苏平城法罚决字〔12〕第 9013 号行政处罚决定书(以下简称《9013 号处罚决定》)，认定张某于 2012 年 3 月在某浜 15 号有未取得建设工程规划许可证进行建设的违法行为，违反了 2010 年《苏州市城乡规划条例》第二十六条第一款的规定，遂依据 2010 年《苏州市城乡规划条例》第四十一条第一款的规定,限期其15日内自行拆除。张某未对《9013号处罚决定》申请行政复议及提起行政诉讼,亦未履行拆除义务。2013年11月12日,某区政府作出姑府强催字〔2013〕第0003号行政强制执行催告书(以下简称《3号催告书》),催告张某收到上述催告书之日起10日内,自行拆除某浜15号未经规划批准的违法建筑。上述催告书于2014年2月12日送达张某,同时,某区政府将上述事项进行了公告。因张某未履行拆除义务,某区政府于2014年2月27日作出姑府强决〔2014〕1号行政强制执行决定书(以下简称《1号强制执行决定》),要求张某自决定书送达之日起15日内,自行履行《9013号处罚决定》规定的拆除义务,逾期未履行的,将对某浜15号的违法建筑实施强制拆除。上述决定书于2014年2月28日向张某送达,但张某仍未履行拆除义务,亦未对《1号强制执行决定》申请行政复议或提起行政诉讼。2014年8月31日,某区政府组织有关部门对某浜15号的违法建筑实施拆除,但因张某阻碍执行人员执行,当日执行工作无法进行。

赵某居住于某浜16号,系张某邻居。赵某认为张某在某浜15号搭建的违法建筑严重影响了其正常生活,在张某未履行《9013号处罚决定》所规定的自行拆除义务的情况下,某区政府一直未履行拆除该违法建筑的法定职责,属行政不作为,遂提起诉讼。

另查明,2015年2月3日,某区政府对某浜15号违法建筑组织实施了强制执行,拆除了某浜15号的二楼建筑。

【裁判观点】

苏州市中级人民法院一审认为,根据《城乡规划法》第六十八条的规定,城乡规划主管部门作出责令停止建设或者限期拆除的决定后,当事人不停止建设或者逾期不拆除的,建设工程所在地县级以上地方人民政府可以责成有关部门采取查封施工现场、强制拆除等措施。本案中,原某区城管局于2012年10月10日对第三人张某在某浜15号进行违法建设一事作出了《9013号处罚决定》,但第三人未在处罚决定规定的期限内履行拆除义务,某区政府对某浜15号违法建筑组织实施强制拆除,系其应当履行的法定职责。

2013年11月12日,某区政府作出《3号催告书》,催告第三人自行拆除涉案违法建筑,同时某区政府将拆除违法建筑事宜进行了公告。2014年2月27日某区政府作出《1号强制执行决定》,并于次日向第三人进行送达。2014年8月31日,某区政府组织有关部门对某浜15号违法建筑实施强制拆除,但因第三人阻碍执行,某区政府暂停了此次强制执行。2015年2月3日,某区政府再次组织强制执行,拆除了某浜15号二楼建筑。赵某对某区政府于2015年2月3日履行拆除职责的事实并无异议,但赵某认为,整个某浜15号的建筑均是违法建筑,应予全部拆除,某区政府未能完全履行职责。

第三人于2012年3月翻建某浜15号房屋时,未取得建设工程规划许可证,即使翻建前第三人对某浜15号房屋有合法的房屋所有权证,但翻建后该处房屋的面积、结构已发生改变,《9013号处罚决定》对第三人该违法行为已作出认定,要求第三人拆除上述违法建筑。因此,某浜15号整体建筑均系强制执行的对象,某区政府在强制执行时,应将该建筑拆除至第三人进行违法建设前的状态。但根据本案查明事实,某区政府在对某浜15号强制执行后仍有部分违法建筑未拆除,因此某区政府该拆除违法建筑的行政职责并未履行完毕。赵某认为某区政府未完全履行职责的理由成立,依法予以采纳。虽然某区政府辩称,与某浜15号房屋紧邻的房屋均系旧房,如果简单拆除两侧山墙会影响到周边建筑的安全,将楼板全部拆除则该处房屋将不再具备房屋功能,但某区政府上述理由并不影响其继续履行职责,某区政府应制定安全可行的强制执行方案,以适当的方式将其拆除违法建筑的职责履行到位。

因此,一审法院判决某区政府于判决生效之日起6个月内继续履行拆除某浜15号违法建筑的行政职责。

江苏省高级人民法院二审认为,依据《城乡规划法》第四十条、第六十八条的规定,本案中原某区城管局于2012年10月10日作出《9013号处罚决定》,同时告知了张某法定的救济途径和期限。张某在法定期限内,既未对《9013号处罚决定》申请行政复议也未提起行政诉讼,亦未履行拆除义务,《9013号处罚决定》已经产生相应的法律效力。2012年10月经批准,成立苏州市某区后,某区政府负有责成有关部门强制拆除涉案违法建设的法定职责。虽然某区政府依法履行了催告程序,但至2014年11月赵某提起本案诉讼之日止,某区政府仍未依法履行法定职责。在一审审理期间,某区政府强制拆除了某浜15号的二楼建筑。依照2014年《行政诉讼法》第七十四条第二款第二项的规定,某区政府未及时履行法定职责的行为应当被确认违法。

《城乡规划法》第六十四条对已建成的违法建筑，以是否可采取改造措施消除对规划实施的影响为标准，分别规定了不同的处理方式。《行政强制法》第五条规定，行政强制的设定和实施，应当适当。采取非强制手段可以达到行政管理目的的，不得设定和实施行政强制。张某持有的国有土地使用权证和房屋所有权证可以证明，其对某浜15号原有一层房屋具有合法权益。2012年3月，张某在未取得建设工程规划许可的情形下，自行在原址落地翻建某浜15号建筑，将原有平房翻建为两层楼房。针对本案的具体案情，结合《城乡规划法》与《行政强制法》确立的适当原则，行政机关在采取强制措施，实现纠正违法建设行为行政管理目的时，应当区分违法建设行为的具体情形；在存在选择不同执法方式的情形下，应当采用对相对人权益损害最小的方式，做到执行的结果与执行的目的合理得当。因此，根据张某违法行为的社会危害程度，某区政府在执行《9013号处罚决定》的过程中，强制拆除了某浜15号二楼的超高违建部分已经足以实现纠正违法行为的目的。

针对某浜15号现存建筑的实际状况，不论是判令某区政府继续履行拆除违法建筑职责，还是按照赵某的主张拆除某浜15号现存的建筑使之恢复原状，均会导致张某合法利益遭受不必要的损害和社会财富的浪费，亦与《城乡规划法》规定的对违法建筑区分情况作出处理和《行政强制法》确立的适当原则不符。故而一审判决某区政府继续履行拆除苏州市某浜15号违法建筑法定职责与相关法律规定相悖，依法应予纠正。

综上，法院判决：(1)撤销江苏省苏州市中级人民法院(2014)苏中行初字第00051号行政判决；(2)确认某区人民政府未及时履行拆除涉案违法建筑行为违法。

最高人民法院再审认为，根据《行政强制法》第五条的规定，行政强制的设定和实施，应当适当。采取非强制手段可以达到行政管理目的的，不得设定和实施行政强制。《城乡规划法》第六十四条对已建成的违法建筑，以是否可采取改正措施消除对规划实施的影响为标准，分别规定了不同的处理方式。本案中，张某持有的国有土地使用权证和房屋所有权证可以证明，其对某浜15号原有一层房屋具有合法权益。2012年3月，张某在未取得建设工程规划许可的情形下，自行在原址落地翻建某浜15号建筑，将原有平房翻建为两层楼房。针对本案的具体案情，结合《城乡规划法》与《行政强制法》确立的适当原则，行政机关在采取强制措施，实现纠正违法建设行为行政管理目的时，应当区分违法建设行为的具体情形，做到执行的结果与执行的目的合理得当。根据本案中张某违法行为的社会危害程度，某区政府在执行《9013号处罚决定》的过程中，强制拆除了某浜15号二楼的超高违建部分已经能够实现纠正违法行为的目的。因此，二审法院判决撤销一审判决并确认某区人民政府未及时履行拆除涉案违法建筑行为违法并无不当。赵某的再审申请理据不足，依法不予支持。因此，法院裁定驳回再审申请。

【提炼总结】

行政机关对违法建筑实施强制拆除是为了纠正违法行为，应当根据违法建设行为的具体情形，做到执行的结果与执行的目的合理得当，行政机关不得超范围实施强制拆除。

（十四）强制拆除中行政机关应妥善保护当事人合法财产

案例：陈某与某县政府、某县城管局强制拆除行为违法及行政赔偿案。

案号：最高人民法院(2018)最高法行申952号。

【基本案情】

2011年，陈某在某县环城南路旁工业园区建设有临时建筑，其中一大一小两个临时厂棚，建筑面积86平方米，另有其他一些附属设施。2014年某县城管局工作人员巡查发现陈某涉嫌违法建房。某县城乡规划局认定，该建筑位某县县城总体规划的规划区范围内，属违法建设行为。2014年7月10日某县城管局作出行政处罚告知书，限陈某在7日内自行拆除涉案违规临时建筑，并清理好现场，在该告知书中某县城管局已告知陈某其具有陈述、申辩及申请听证权。2014年7月15日某县城管局将该告知书送达陈某。某县城管局经过现场勘查、调查询问，认定陈某临时建筑未办理规划许可手续，擅自建设，违反《城乡规划法》第四十条的相关规定，遂于2014年9月12日作出行政处罚决定书，限陈某在收到决定书7日内自行拆除涉案违法临时厂棚，并清理好现场。在该决定书中某县城管局已告知陈某其具有申请行政复议权及诉权，并于2014年9月29日将该决定书用挂号信邮寄送达陈某。2015 年 1 月 8 日某县城管局作出履行行政处罚决定催告书，催告陈某在 10 日内自行拆除涉案违规临时建筑，并清理好现场，并告知陈某其具有陈述、申辩权。2015 年 1 月 15 日某县城管局将该催告书当面送达陈某。2015 年 1 月 22 日某县城管局作出强制拆除决定书，决定于 2015 年 1 月 26 日起对陈选全依法强制拆除涉案违法临时厂棚，并告知陈某有申请复议和提起诉讼的权利，并于 2015 年 1 月 23 日将该决定书当面送达陈某。2015 年 1 月 22 日，针对涉案违法临时厂棚某县城管局作出关于强制拆除违法建筑的公告，并于次日将公告送达陈某并张贴。

2015 年 2 月 5 日某县城管局对陈某的临时厂房进行财物登记，并进行公证。财产清点为：木材若干根，桶 4 个，床 1 铺，油罐 1 个，凳子 2 张，被子 1 床，楼梯 1 张，塑料袋 1 个，粗木材 2 板，碎木材 1 堆。2015 年 10 月 12 日某县城管局作出搬移财物通知书，限陈某两日内将违法建筑内的私人财物清理、搬移，否则造成的后果自行负责，当日送达该通知书。

某县政府制定《关于依法对玉屏村陈某的违法建筑实施行政强制拆除的行动方案》。在该方案中，明确：经某县政府研究决定于 2015 年 10 月 14 日对陈某的涉案违法建设实施强制拆除，并成立强制拆除工作专项领导小组，某县城管局等部门的工作人员 200 人参与涉案强制拆除行动。2015 年 10 月 14 日 17 时，某县政府组某县城管局等部门工作人员强制拆除涉案违法临时厂棚及附属设施，拆除后，所有建筑材料均被留在现场。

2016 年 9 月 5 日，陈某提起诉讼，请求确认某县政府某县城管局强制拆除其临时厂棚及附属设施的行政行为违法，赔偿各项损失 193，307 元［（1）养殖场的损失 84，070 元，包括桶、脸盆、农具、蚊帐、被等生活、生产用品损失 2700 元，土鸡、土狗、养殖场、围墙、河沙、水泥、木材、钢材等损失；（2）养鸡场扩建损失 109，237 元，包括水管、电线、电表等损失 3895 元，建筑材料、人工费等损失］。2017 年 2 月 20 日，经郴州市中级人民法院释明，陈某撤回某县城管局的起诉。

【裁判观点】

郴州市中级人民法院一审判决准许陈某撤回某县城管局的起诉，驳回陈某请求确认某县政府强制拆除其临时厂棚及附属设施的行政行为违法的诉讼请求，由某县政府赔偿陈某损失6595元,驳回陈某的其他诉讼请求。陈某不服一审判决,提起上诉。

湖南省高级人民法院二审认为,2011年8月3日湖南省人民政府发布湘政函[2011]94号《湖南省人民政府关于某县开展相对集中行政处罚权工作的批复》,肯定某县集中行使行政处罚权的行政机关某县城管局,其职权包括行使城乡规划管理方面法律、法规、规章规定的部分行政处罚权。陈某的临时厂棚没有依法申请办理建设工程规划手续,经过规划部门认定,该建筑物属违法建设,应当责令限期拆除某县城管局据此作出行政处罚决定主体合法某县城管局作出行政处罚决定后,陈某逾期没有自行拆除其违章建筑,某县城管局催告,仍未自行拆除某县城管局依法作出强制拆除决定,并由某县政府组某县城管局等部门工作人员依法对陈某的违法建筑进行强制拆除。某县政府对陈某违法建筑强制拆除的行政行为证据确凿,适用法律、法规正确,程序合法。

依据《行政诉讼法》第三十八条第二款的规定,违章建筑强制拆除前,某县政府与陈某没有办理财物交接手续,某县政府也没有进行相应的证据保全,故陈某主张的合理范围内的损失,某县政府无法提供证据予以否定的应予支持。某县政府未能提供证据否定陈某所列清单的下列物品的存在,一审根据公平、公正及符合常理原则,判令某县政府对陈某生活、生产用品及水管、电线电表等损失酌情赔偿并无不当。陈某提出的其他损失,不属于行政赔偿范围。陈某在一审既然某县城管局列为当事人,法院就应该保障当事人的各项权利,包括参加庭审、举证、质证等,因此某县城管局参加庭审、举证、质证等并不违反法定程序。某县政府在一审时即表明其与某县城管局提交的证据一致,某县城管局提交的证据为准,故陈某主张某县政府在一审没有提交证明其行政行为合法的证据,与客观事实不符。因此,判决驳回上诉,维持一审判决。

最高人民法院再审认为:程序合法是行政法的基本原则之一,行政机关作出任何行政行为,均应按照相应的法定程序进行,即使行政相对人违法在先,行政机关纠正违法行为也应当严格按照法定程序履行职责。根据《行政强制法》第五条的规定,行政强制的实施应当适当,该法第四章对行政机关实施强制拆除行为应当遵循的法定程序做了明确、具体的规定,行政机关拆除违法建筑应当严格依照相关规定进行。强制拆除的对象是违法建筑本身,但组成建筑物的建筑材料及建筑内的物品属于当事人的合法财产。当事人因违法建筑所负的法律责任,不应当涉及其合法的私有财产。

虽然《城乡规划法》《行政强制法》均未对行政强制执行的具体实施程序作出明确规定,但是参照《行政强制法》第三章关于行政强制措施实施程序的规定,结合《行政诉讼法》第三十八条第二款关于行政赔偿案件中因被告原因导致原告无法举证时由被告承担举证责任的精神,行政机关对违法建筑实施强制拆除的,手段、方式必须科学、适中,不得以野蛮方式实施强制拆除。对于建筑物内的物品,行政机关应当采用公证、见证等方式,进行清点造册、制作现场笔录、妥善保管并及时移交。如行政机关未依法履行上述程序,造成当事人合法财产损失的,则该强制拆除行为应予确认违法。本案中,涉案建筑位于县城总体规划的规划区范围内某县城管局认定该临时建筑未办理规划许可手续,依法作出行政处罚决定,陈某逾期没有自行拆除,所以某县城管局作出强制拆除决定,之后由某县政府组某县城管局等部门对违法建筑强制拆除。上述程序符合《城乡规划法》《行政强制法》的相关规定,程序并无不当。但是,某县政府在组织实施强制拆除过程中,针对建筑物内的财产,既未与陈某办理财物交接手续,亦未清点建筑物内的财产或进行相应的证据保全。某县政府实施强制拆除的行为,不符合法定程序,应予确认违法。一审、二审判决对此部分事实予以认定,但判决驳回陈某请求判决确认某县政府强制拆除其临时厂棚及附属设施的行政行为违法的诉讼请求,适用法律不当,再审法院予以指正。一审、二审判决虽未确认强制拆除行为违法,但已判决某县政府对陈某合法财产的损失予以赔偿,陈某的赔偿请求已经过实体审理并作出相应裁判。鉴于案涉建筑已经被拆除,事实上已经无法恢复,陈某的合法权益只能通过赔偿途径予以解决。即使再审法院对违法诉讼请求的判决方式错误提起再审,其结果仍然是确认强制拆除行为违法后判决予以相应赔偿,徒增诉累,浪费司法资源。一审、二审判决有关强制拆除行为合法性的诉讼请求虽然在适用法律上存在错误,但本案已无进行再审的必要性,原审该项裁判结果应予维持。

根据《行政强制法》第八条第一款的规定,公民、法人或者其他组织因行政机关违法实施行政强制受到损害的,依法有权要求赔偿。《国家赔偿法》第四条第四项则规定,行政机关及其工作人员违法行使行政职权造成财产损害的,受害人有取得赔偿的权利。当事人请求行政赔偿,只有在合法权益受到损害时,才能够获得行政赔偿;没有合法权益可保护的,将不能获得行政赔偿。本案中,陈某被拆除的建筑物属于违法建筑,且被拆除后的所有建筑材料均留在原地,陈某亦未提交证据证明存在相应建筑材料损失的证据,故一审、二审对陈某提出的建筑材料损失及建设建筑物的人工费等赔偿请求不予支持,依法有据,再审法院予以支持。《行政诉讼法》第三十八条第二款规定:“在行政赔偿、补偿的案件中,原告应当对行政行为造成的损害提供证据。因被告的原因导致原告无法举证的,由被告承担举证责任。”本案中,某县政府在强制拆除过程中,本应依法妥善处置并保全证据,以证明其在强制拆除过程中已尽慎重、妥善之注意义务,对陈某所建违法建筑物中的合法财产已予清空并妥善处理,但某县政府未能提供任何相关证据,未尽到举证责任。由于某县政府的违法强制拆除,陈某未能提供证据证明建筑内财产损失,基于公平原则,应适用上述法律规定,由某县政府承担举证不能的不利后果并负相应的赔偿责任。一审、二审判决结合案件实际和陈某的诉求,采用酌定方式,支持陈某生活、生产用品损失及水管、电线、电表等损失,客观公正,已充分保护陈某的合法财产损失。本案二审系 2017 年 8 月 16 日受理,并于 2017 年 10 月 13 日审结,并未超出法定的审理期限,陈某主张一审、二审审判程序违法的主张,缺乏事实根据,再审法院不予采纳。因此,驳回陈某的再审申请。

【提炼总结】

行政机关应严格按照法定程序实施强制拆除,对于建筑物内的物品,应当采用公证、见证等方式,进行清点造册、制作现场笔录、妥善保管并及时移交。组成建筑物的建筑材料及建筑内的物品属于当事人的合法财产,因行政机关的违法强制拆除,导致相对人财产损失的,行政机关应承担相应的赔偿责任。

(十五)限期拆除决定被确认违法后的强制拆除行为亦属违法

案例:吕某、洪某与某区政府、某市执法局行政强制案。

案号:最高人民法院(2019)最高法行申 924 号。

【基本案情】

2017 年 5 月 13 日,某市执法局对吕某搭建的位于某村东南处的建筑物进行现场检查(勘验),初步查明吕某未取得建设工程规划许可证,擅自于 2009 年在上述位置搭建四处砖木结构和一处简易结构建筑，均为一层，总建筑面积1279.99平方米。

2017年5月15日，某市执法局某区分局请某市规划局某区分局（已核销）核查确认上述建筑物是否经过规划部门审批同意以及是否属于尚可采取改正措施消除对规划实施的影响的情形。同日，某市规划局某区分局回函答复称，吕某搭建的四处砖木结构和一处简易结构建筑的建设行为未经规划部门审批，依据《浙江省城乡规划条例》第五十九条的规定，该行为属于无法采取改正措施消除对规划实施的影响的行为。

2017年5月19日，某市执法局作出《告知书》，告知申请人其搭建上述建筑物的行为已构成违法，且属于无法采取改正措施消除对规划实施的影响的行为，拟对其作出责令限期拆除的决定，并告知相关陈述、申辩以及要求听证的权利。上述《告知书》于作出当日向吕某送达。

2017年5月23日，某市执法局作出《责令限期拆除决定书》，并告知申请行政复议和提起行政诉讼的权利和期限。2017年6月5日，某区政府向某街道办事处发函，责成某街道办事处对涉案违法建筑依法予以强制拆除，并于同年6月16日作出《催告书》，催告吕某于该催告书送达之日起3日内自行拆除违法搭建的建筑物，如无正当理由逾期不履行拆除义务的，某区政府将依法予以强制拆除，并告知其陈述、申辩的权利。

因吕某逾期仍未拆除，某区政府于2017年6月21日作出《强制拆除决定书》，决定于2017年6月23日强制拆除吕某擅自在某村东南处搭建的违法建筑物，请其于2017年6月22日前搬离违法建筑内财物，并于强制拆除时到场，同时告知相应申请行政复议和提起行政诉讼的权利和期限。该决定书于作出当日向吕某送达并张贴强制拆除公告。同年6月30日，涉案建筑物被强制拆除，拆除时洪某到场。吕某、洪某不服该强制拆除行为，于2017年7月21日提起行政诉讼。

另查明，因吕某不服某市执法局作出的《责令限期拆除决定书》，于2017年6月20日向市人民政府申请行政复议，市人民政府经审理认为上述决定书送达程序违法，于同年9月15日作出《行政复议决定书》，确认某市执法局作出的《责令限期拆除决定书》违法。《行政复议决定书》送达后，各方在法定期限内均未对该决定书提起行政诉讼。

【裁判观点】

衢州市中级人民法院一审判决驳回原告吕某、洪某对某市执法局的起诉;确认某区人民政府强制拆除原告吕某、洪某搭建的位于某村东南处建筑物的行为违法。

浙江省高级人民法院二审认为,关于被诉强制拆除行为是否合法的问题。根据《城乡规划法》第四十条第一款、第六十四条、第六十八条的规定,本案上诉人吕某在未取得建设工程规划许可证的情况下擅自搭建涉案建筑物的行为违反上述法律规定,依法应当予以拆除。上诉人主张涉案建筑物用地性质为设施农用地,无须办理规划许可,涉案建筑物系合法建筑,但未提供设施农用地审批手续予以证明,且该主张与涉案建筑物被拆除前上诉人出租给他人用于家具生产的事实不符。吕某关于涉案建筑物不属于影响城市规划必须强制拆除情形的主张,缺乏证据证实,且与市规划局某区分局复函中的认定不符。但根据《城乡规划法》第六十四条、第六十八条的规定,城乡规划主管部门作出责令限期拆除的决定系县级以上地方人民政府责成有关部门采取强制拆除措施的前置程序。本案中,吕某在未取得建设工程规划许可证的情况下搭建涉案建筑物,且经某市规划局某区分局核实后认定属于无法采取改正措施消除对规划实施的影响的行为,某市执法局虽已作出《责令限期拆除决定书》,但该决定书已因送达程序违法被市人民政府在行政复议程序中确认违法,某区政府在前置程序违法的情况下,强制拆除涉案建筑物亦属违法。据此,原审判决驳回上诉人对某市执法局的起诉,确认某区政府涉案强拆行为违法,并无不当。因此,判决驳回上诉,维持原判。

最高人民法院再审认为:在一审、二审已经以程序违法为由确认案涉强制拆除行为违法后,吕某、洪某仍然向再审法院申请再审,目的在于确认该强制拆除行为在实体上违法并要求确认某执法局参与强制拆除行为,故本案应围绕案涉建筑物是否属于违章建筑、某区政府的职责范围以及某执法局是否系适格被告等问题进行审查。

第一,关于吕某、洪某提出的案涉用地系用于养殖的设施农用地,无须审批,不属于违章建筑的意见。经审查,原国土资源部、原农业部《关于完善设施农用地管理有关问题的通知》(已失效)规定,农业设施的建设与用地由经营者提出申请，乡镇政府申报，县级政府审核同意。设施农用地审核同意后，乡镇政府具体监督设施建设和用地协议的实施。设施用地不得改变土地用途，禁止擅自或变相将设施农用地用于其他非农建设。对于未经审核同意的设施农用地，要依法依规进行处理。从一审、二审审理情况看，吕某、洪某并未提供案涉建筑经过县级政府审核同意的材料，且从查明的情况看，案涉建筑在拆除前出租给他人用于家具生产，并非用于养殖，故其提出的该项主张缺乏依据，不能成立。

第二，《城乡规划法》第六十八条规定，城乡规划主管部门作出责令停止建设或者限期拆除的决定后，当事人不停止建设或者逾期不拆除的，建设工程所在地县级以上地方人民政府可以责成有关部门采取查封施工现场、强制拆除等措施。本案中，某执法局初步查明案涉建筑未取得建设工程规划许可证后，请衢州市规划局某区分局核查确认案涉建筑是否经过规划部门许可以及是否属于尚可采取改正措施消除影响的情形。衢州市规划局某区分局回函称，案涉建筑未经规划部门审批，依据《浙江省城乡规划条例》第五十九条的规定，该行为属于无法采取改正措施消除影响的行为。之后某执法局先后作出《告知书》和《责令限期拆除决定书》，要求吕某、洪某自行拆除，因吕某、洪某没有自行拆除，某区政府具有责成有关部门进行拆除的法定职责。

第三，本案中，某区政府向某街道办发函，责成某街道办对涉案违法建筑依法予以强制拆除，结合某区政府作出的《催告书》和《强制拆除决定书》，一审、二审法院认定涉案强拆行为的主体为某区政府，并无不当。吕某、洪某仅以拆除当天某执法局指派工作人员到场为由，主张某执法局与某区政府同为本案被诉强制拆除行为的实施主体，而未提供某执法局实际参与强拆的证据。吕某、洪某的上述主张缺乏事实与法律依据，不予支持。

第四，根据《城乡规划法》第六十八条的规定，城乡规划主管部门作出责令限期拆除的决定系县级以上地方人民政府责成有关部门限期拆除的前置程序。某执法局作出的《责令限期拆除决定书》因送达程序违法被某市人民政府在复议程序中确认违法后，某区政府以此为据作出的强制拆除行为亦属违法，一审、二审对此节的认定正确。

综上，再审法院裁定驳回再审申请人吕某、洪某的再审申请。

【提炼总结】

城乡规划主管部门作出责令限期拆除的决定系县级以上人民政府责成有关部门限期拆除的前置程序。限期拆除决定被确认违法后，政府以此为据作出的强制拆除行为亦属违法。

（十六）在国有土地上房屋征收过程中，行政机关不能以拆违代替拆迁

案例：周某1诉某县人民政府、某县自然资源局强制拆除房屋案。

案号：江西省高级人民法院(2021)赣行终120号。

【基本案情】

周某1及案外人周某2在位于某县共同拥有一栋房屋，该房屋办理了《建设用地规划许可证》及《建设工程规划许可证》。2017年12月20日，某县人民政府作出《县人民政府关于一江两岸棚户区（城中村）改造项目二期（城北片区）国有土地上房屋征收决定的公告》，决定对该项目规划红线范围内的国有土地上的建筑物、构筑物及附属物实施征收，并附规划红线图及补偿安置方案，案涉房屋在该项目征收范围内。2019年2月11日，某县人民政府作出《县人民政府房屋征收补偿决定书》，决定对案涉房屋实施征收，并载明补偿事宜。

2019年10月9日，某县自然资源局以周某1及案外人周某2私自搭建房屋，没有建房审批手续，属违法建筑为由予以立案处理；同日，某县自然资源局向周某1及案外人周某2作出《行政处罚听证告知书》。某县自然资源局于2019年10月10日作出案件调查终结报告，处理意见为“依据《城乡规划法》第三章第六十四条的规定建议对当事人作出限期拆除违法建筑的行政处罚”；于2019年10月12日向周某1及案外人周某2作出《限期拆除通知书》并送达，认定周某1及案外人周某2在某县的构筑物，因未取得建设工程规划许可证，属违法建筑，责令二人于2019年10月15日前自行拆除；于2019年10月15日向周某1及案外人周某2发出《催告书》并送达，催告二人在收到催告书后两日内自行拆除该违法建筑；于2019年10月17日向周某1及案外人周某2作出《强制拆除决定书》，决定对二人位于某县未批先建的构筑物予以强制拆除，并于同日作出《关于强制拆除违法建筑的公告》。2019年10月22日上午，某县自然资源局对案涉房屋予以强制拆除。

【裁判观点】

上饶市中级人民法院一审判决确认某县人民政府、某县自然资源局于2019年10月22日拆除周某1位于某县房屋的行为违法。

江西省高级人民法院二审认为,《行政诉讼法》第二十六条第一款规定,公民、法人或者其他组织直接向人民法院提起诉讼的,作出行政行为的行政机关是被告。《国有土地上房屋征收与补偿条例》第四条第一款规定,市、县级人民政府负责本行政区域的房屋征收与补偿工作;第二十八条第一款规定,被征收人在法定期限内不申请行政复议或者不提起行政诉讼,在补偿决定规定的期限内又不搬迁的,由作出房屋征收决定的市、县级人民政府依法申请人民法院强制执行。根据上述规定,在国有土地上房屋征收过程中,被征收人在法定期限内不申请行政复议或者不提起行政诉讼,在补偿决定规定的期限内又不搬迁的,由作出房屋征收决定的市、县级人民政府依法申请人民法院强制执行。本案中,某县人民政府作为征收主体,本应充分保障被征收人的合法权益,但为了避开法定的征收实施程序、加快征收进程,“以拆违代替拆迁”,在被征收人周某1已就某县人民政府作出的补偿决定提起行政诉讼的情况下,仍批准某县自然资源局作出《关于强制拆除违法建筑的公告》《强制拆除决定书》,并由某县自然资源局实施了案涉强拆行为。案涉强拆行为系某县人民政府在征收过程中未依法履行其征收补偿的法定职责而批准、并由某县自然资源局实施,应视为该府与某县自然资源局共同作出了案涉强拆行为,某县人民政府、某县自然资源局为本案的适格被告。某县人民政府批准案涉强拆活动的行为违反行政正当性原则,且某县自然资源局作出的《限期拆除通知书》《强制拆除决定书》已被人民法院生效判决所撤销,某县人民政府、某县自然资源局作出的强制拆除周某1案涉房屋的行为没有事实及法律依据,应确认违法。因此,法院判决驳回上诉,维持原判。

【提炼总结】

人民政府作出征收补偿决定后,应对被征收人的房屋进行补偿。被征收人在法定期限内不申请行政复议或者不提起行政诉讼,在补偿决定规定的期限内又不搬迁的,由作出房屋征收决定的市、县级人民政府依法申请人民法院强制执行。人民政府不能为了避开法定的征收实施程序、加快征收进程,“以拆违代替拆迁”,对征收范围内的房屋直接实施强制拆除。

（十七）在集体土地征收过程中，行政机关不能以拆违代替征拆

案例：权某与某区自然资源局（原某区城乡规划局）、某区人民政府行政强制拆除案。

案号：河南省高级人民法院（2019）豫行终3062号。

【基本案情】

权某系某区某村村民，在某村拥有一处333.31平方米的宅基地，在该宅基地上建有约330平方米楼房一座。因洛阳石化1800万吨/年炼油扩能改造项目用地，自2010年起，某区人民政府开始组织实施拆迁工程，双方对安置补偿问题未达成一致意见，一直未签订《安置补偿协议》。2014年5月23日，河南省人民政府作出《关于洛阳市某区2013年度第二批城市建设用地的批复》，涉及某村集体耕地7.6256公顷，集体建设用地5.9978公顷，共计13.6234公顷，权某的宅基地在该批复范围之内。

2019年1月1日，原某区城乡规划局对权某的房屋进行了现场检查（勘验），并作出案件终结调查报告。2019年1月2日作出洛吉城规责拆通字（2019）第003号《责令限期拆除违法建筑通知书》主要内容为：2018年12月17日，某区规划局对权某在某区某村3组的宅基地上擅自进行房屋建设，涉嫌存在违法建筑一案进行立案调查；经调查，该房屋未经城乡规划主管部门批准，未办理《建设工程规划许可证》，违反了《城乡规划法》第四十条的规定，构成违法；根据《城乡规划法》第六十四条的规定，限权某于2019年1月10日前将违法建筑拆除完毕；逾期不拆除，某区规划局将依法强制执行。2019年1月17日，权某的房屋被拆除。权某对此不服，向法院提起诉讼，请求确认某区人民政府、原某区城乡规划局的拆除权某位于某区某村紫阳路西4排2号房屋的行为违法。

另查明，关于洛吉城规责拆通字（2019）第003号《责令限期拆除违法建筑通知书》，权某以原某区城乡规划局为被告向洛阳铁路运输法院提起诉讼。郑州铁路运输中级法院于2019年6月21日作出（2019）豫71行终140号行政判决，撤销该《责令限期拆除违法建筑通知书》。一审过程中，根据《区机构改革方案》的规定，某区城乡规划局不再保留，其城乡规划职能归属新组建的某区自然资源局。

【裁判观点】

洛阳市中级人民法院一审判决确认某区政府、某区自然资源局强制拆除权某位于某区某村紫阳路西4排2号房屋的行为违法。

河南省高级人民法院二审认为，权某的涉案房屋在某区人民政府组织实施征收某村集体土地过程中被以“违法建筑”名义强制拆除，结合本案的具体情况，应依法认定某区政府和某区自然资源局共同参与了涉案强拆行为，并对强拆行为负有共同责任。首先，根据2004年《土地管理法》第四十六条第一款的规定，国家征收土地的，依照法定程序批准后，由县级以上地方人民政府予以公告并组织实施。某区人民政府作为征收某村集体土地的法定职权机关，对征收工作负有组织实施职责。虽然集体土地征收工作是由多环节、多阶段行政行为完成，但根据《土地管理法》和《土地管理法实施条例》，同级土地行政主管部门是具体实施征收工作的法定职权部门，一审、二审时某区人民政府并未提供证据证明相关法定职权部门参与了具体征收实施工作，按照职权法定和职权不得让渡的行政原则，应认定某区政府是涉案集体土地征收工作的法定责任主体，对征收过程中的行政行为和法律后果负有整体上的责任。其次，在集体土地征收过程中，不排除相关职权部门依法对违法建筑物、构筑物等作出调查、处理，但该项工作至少应在地上附属物权属调查、登记、确认工作阶段完成，以确保被征收人的合法财产权益在安置补偿工作开始后得到及时、公平、合理的补偿。具体到本案，原某区城乡规划局是在权某不同意签订安置补偿协议，也不同意搬迁的情况下作出涉案《限期拆除违法建筑通知书》，其目的是拆除房屋，腾出土地，与规范规划实施的执法管理目标显然无关，但却与某区人民政府征收涉案集体土地的行政目标殊途同归，因此，权某的涉案房屋在征收过程中被以“违法建筑”名义强制拆除主要是为了配合完成某区政府的涉案集体土地征收工作，且在该《限期拆除违法建筑通知书》被法院生效判决撤销后，强制拆除权某房屋的行为也不具有合法依据。再次，根据《土地管理法》和《土地管理法实施条例》，集体土地征收过程中，征收实施部门未与被征收人达成安置补偿协议的，仍应在依法履行对被征收人作出补偿、责令交出土地等程序后，申请人民法院强制执行。结合上述论述情况，权某是否签订安置补偿协议，并不是实施涉案强制拆除行为的合法根据。最后，二上诉人均认可某区自然资源局具体实施了强制拆除权某涉案房屋的行为，但如前所述，实施该拆除行为的目的是配合完成某区政府的征收工作，拆除后果也是某区人民政府所要达成的行政管理目标。综合考量二上诉人在拆除权某涉案房屋中的职权和作用，应认定二上诉人共同实施了涉诉强拆行为，并对强拆行为负有共同责任。因二上诉人拆除权某的涉案房屋明显缺乏合法依据和事实根据，且不具有可撤销内容，依法应确认违法。一审判决确认某区人民政府和某区自然资源局强制拆除权某的涉案房屋行为违法，事实清楚，适用法律正确，再审法院予以维持。二上诉人的上诉理由均不能成立，本院对其上诉请求不予支持。因此，判决驳回上诉，维持一审判决。

【提炼总结】

人民政府在集体土地征收中应当组织相关职能部门对地上建筑是否违法进行调查并作出相应补偿决定，征收实施部门未与被征收人达成安置补偿协议的，仍应在依法履行对被征收人作出补偿、责令交出土地等程序后，申请人民法院强制执行，而不能以违法建筑为由实施强制拆除。

十、关于拆违的行政赔偿案例

（一）信访不影响行政赔偿起诉期限计算

案例：侯某与某市人民政府行政赔偿案。

案号：最高人民法院（2018）最高法行赔申 109 号。

【基本案情】

2004 年 10 月 14 日，侯某与某县某村委会签订了租地合同，租地面积 5.6117 亩，租地期限为 30 年，自 2004 年 10 月 15 日至 2034 年 10 月 14 日止。2005 年秋季，侯某开始动工建厂房，2006 年年底开始生产。2007 年 7 月 10 日，某市人民政府派出机构某经济开发区管理委员会下达停工通知，导致侯某的企业停产破产。2009 年 7 月 20 日，某市人民政府对侯某企业的围墙、大门、金刚车棚等进行了强拆。侯某认为某市人民政府要求其停工的行为违法，该行为给自己造成巨大经济损失，于 2015 年 7 月 1 日提起行政诉讼，请求某市人民政府赔偿侯某各项经济损失共计 350 万元。

【裁判观点】

洛阳市中级人民法院一审裁定驳回侯某的起诉。

河南省高级人民法院二审认为，公民、法人或其他组织认为行政机关作出的行政行为侵犯其合法权益要求行政赔偿的，起诉期限自行政行为或侵权发生之日起最长不超过两年。本案中，涉案停工通知的作出时间是2007年7月10日，并于同日将停工通知送达给侯某，侯某在一审庭审中也明确表示其于2007年7月10日收到了停工通知，而侯某建筑物实际拆除的时间是2009年7月20日；故不管从哪个时间点起算，侯某于2015年7月1日提起本案诉讼均已超过法定起诉期限；在此期间，侯某虽然通过信访方式寻求解决问题，但信访行为不是扣除起诉期限的正当事由，一审法院据此裁定驳回其起诉并无不当。侯某的上诉理由不能成立，二审法院裁定驳回上诉，维持原裁定。

最高人民法院经审查认为，侯某申请再审主张，根据2008年6月《市机构编制委员会办公室关于某经济开发区内设机构的批复》，2007年某市人民政府派出机构某经济开发区管理委员会还是未经授权的行政组织，故其2007年7月10日下达停工通知是非法无效的，该起诉并未超期。但本案系其以某市人民政府为被告提起的诉讼，侯某该项主张没有事实根据和法律依据，再审法院不予支持。

《国家赔偿法》第三十九条第一款规定，赔偿请求人请求国家赔偿的时效为两年，自其知道或者应当知道国家机关及其工作人员行使职权时的行为侵犯其人身权、财产权之日起计算，但被羁押等限制人身自由期间不计算在内。在申请行政复议或者提起行政诉讼时一并提出赔偿请求的，适用行政复议法、行政诉讼法有关时效的规定。第十三条第一款第一句规定，赔偿义务机关应当自收到申请之日起两个月内，作出是否赔偿的决定。第十四条第一款规定，赔偿义务机关在规定期限内未作出是否赔偿的决定，赔偿请求人可以自期限届满之日起3个月内，向人民法院提起诉讼。根据《国家赔偿法》上述规定，除被羁押等限制人身自由情形外，赔偿请求人单独提起行政赔偿诉讼，即使其在国家赔偿法规定的2年时效期间最后一日始申请赔偿义务机关先行处理，其起诉期限最长为2年零5个月，自其知道或者应当知道国家机关及其工作人员行使职权时的行为侵犯其人身权、财产权之日起计算；如果赔偿请求人在提起行政诉讼的同时一并提出行政赔偿请求的，则根据1997年最高人民法院《关于审理行政赔偿案件若干问题的规定》（已失效）第二十三条第一款的规定，公民、法人或者其他组织在提起行政诉讼的同时一并提出行政赔偿请求的，其起诉期限按照行政诉讼起诉期限的规定执行”，应适用最高人民法院《关于执行〈中华人民共和国行政诉讼法〉若干问题的解释》（已失效）第四十一条第一款“行政机关作出具体行政行为时，未告知公民、法人或者其他组织诉权或者起诉期限的，起诉期限从公民、法人或者其他组织知道或者应当知道诉权或者起诉期限之日起计算，但从知道或者应当知道具体行政行为内容之日起最长不得超过2年”的规定。

根据上述分析，赔偿请求人单独提起行政赔偿诉讼的起诉期限最长为2年5个月，在提起行政诉讼的同时一并提出行政赔偿请求的，起诉期限为2年。本案侯某在一审庭审中明确表示其于2007年7月10日收到被诉停工通知，其也认可建筑物实际拆除时间为2009年7月20日，侯某于2015年7月1日提起本案诉讼，均已超过上述分析的法定起诉期限。侯某主张因信访耽误的时间，不属于其自身原因，应在起诉期限中扣除，再审法院认为该申请再审理由不成立。《行政诉讼法》第四十八条第一款规定，公民、法人或者其他组织因不可抗力或者其他不属于其自身的原因耽误起诉期限的，被耽误的时间不计算在起诉期限内。该款规定的因不可抗力或者其他不属于其自身的原因耽误起诉期限，是指基于地震、洪水等自然灾害耽误的期间，或者基于对相关国家机关的信赖，等待其就相关争议事项进行处理的期间。仅是当事人单方向有关部门申诉信访而耽误的期间，属于当事人自身放弃通过行政诉讼解决争议而耽误起诉期限的情形，不属于上述法定的应予扣除期间。本案超过起诉期限，系侯某自身原因所致，一审法院裁定驳回起诉、二审法院驳回上诉，均无不当。因此，驳回侯某再审申请。

【提炼总结】

《行政诉讼法》第四十八条第一款规定，公民、法人或者其他组织因不可抗力或者其他不属于其自身的原因耽误起诉期限的，被耽误的时间不计算在起诉期限内。信访行为属于当事人自身放弃通过行政诉讼解决争议而耽误起诉期限的情形，不属于法定的应予扣除期间。

（二）未被确认违法又未告知起诉期限的当事人提起行政赔偿的，起诉期限应当自其知道或应当知道起诉期限之日起算

案例：马某诉某镇人民政府行政赔偿案。

案号：北京市顺义区人民法院（2022）京0113行赔初14号。

【基本案情】

马某诉称:为响应国家大力发展养殖业的号召,1993 年其与某镇某村签订书面租赁合同,承租某村鱼塘 124 亩(水面 110 亩)用于水产养殖,合同约定租期一年,期满后续签,至 1997 年,双方又续签了合同。1998 年以后,因各种原因某村未与原告签订书面合同,但原告一直实际经营所承租鱼塘,且某村从未提出异议,根据《合同法》(已失效)相关规定,租赁期限届满,承租人继续使用租赁物,出租人没有提出异议的,原租赁合同继续有效。同时,2003 年因建设高尔夫球场占用原告鱼塘,占用方向原告支付赔偿金 2 万余元,亦可证明原告与某村存在鱼塘租赁关系。原告于 1993 年至 1997 年间在鱼塘周围建造房屋 65 间,铁棚子 6 间,以便管理和经营鱼塘使用。上述房屋建造时及后续使用中,被告及某村均未阻拦原告或告知原告上述房屋属于违法建筑,且原告建设上述房屋均在 2008 年《城乡规划法》实施之前。2010 年,被告以拆除私搭乱建为由,拆除了原告的房屋 1012 平方米。被告的拆除行为于法无据,且给原告造成了巨大损失,故起诉,请求法院判决被告赔偿原告各项损失共计 1,705,600 元。

【裁判观点】

北京市顺义区人民法院认为,《国家赔偿法》第九条第二款规定:赔偿请求人要求赔偿,应当先向赔偿义务机关提出,也可以在申请行政复议或者提起行政诉讼时一并提出。第三十九条第一款规定:赔偿请求人请求国家赔偿的时效为两年,自其知道或者应当知道国家机关及其工作人员行使职权时的行为侵犯其人身权、财产权之日起计算,但被羁押等限制人身自由期间不计算在内。在申请行政复议或者提起行政诉讼时一并提出赔偿请求的,适用行政复议法、行政诉讼法有关时效的规定。最高人民法院《关于审理行政赔偿案件若干问题的规定》第十三条第一款规定:行政行为未被确认为违法,公民、法人或者其他组织提起行政赔偿诉讼的,人民法院应当视为提起行政诉讼时一并提起行政赔偿诉讼。《行政诉讼法》第四十六条第一款规定:公民、法人或者其他组织直接向人民法院提起诉讼的,应当自知道或者应当知道作出行政行为之日起 6 个月内提出。法律另有规定的除外。最高人民法院《关于适用〈中华人民共和国行政诉讼法〉的解释》第六十四条第一款规定:行政机关作出行政行为时,未告知公民、法人或者其他组织起诉期限的,起诉期限从公民、法人或者其他组织知道或者应当知道起诉期限之日起计算,但从知道或者应当知道行政行为内容之日起最长不得超过一年。本案中,原告所称被告于2010年强制拆除其1012平方米房屋的行为未被有权机关确认为违法,故原告提起本案之诉视为提起行政诉讼时一并提起行政赔偿诉讼,应当适用《行政诉讼法》有关起诉期限的规定。根据原告自述,被告于2010年强制拆除其房屋时,其本人当时在现场,即其在2010年就已经知道了被告强制拆除其房屋的事实。根据上述法律及司法解释的规定,原告应在知道上述事实之日起1年之内提起行政诉讼。现原告于2022年才向法院提起涉案之诉,其起诉时已经超过上述法律规定的起诉期限,且没有正当理由,故对其起诉应予驳回。因此,法院裁定驳回原告马某的起诉。

【提炼总结】

行政行为未被确认为违法,当事人提起行政赔偿诉讼的,人民法院应当视为提起行政诉讼时一并提起行政赔偿诉讼,适用《行政诉讼法》有关起诉期限的规定。行政机关作出行政行为时,未告知公民、法人或者其他组织起诉期限的,起诉期限从公民、法人或者其他组织知道或者应当知道起诉期限之日起计算,但从知道或者应当知道行政行为内容之日起最长不得超过1年。

(三)赔偿诉讼中损失的举证责任分配

案例:毕某与某区人民政府强制拆除及行政赔偿案。

案号:最高人民法院(2018)最高法行申1056号、黑龙江省高级人民法院(2019)黑行再13号。

【基本案情】

毕某为某区某街21号3单元1层1号房屋承租人,案涉拆除部分为该房屋门斗。2013年12月9日,某市国土资源局某区分局(已撤销)向某区城市管理行政执法局出具《查询回复证明》,内容为对某街地段征收工程项目内7户住宅土地档案查询,毕某等3户无登记信息。2013年12月16日,市城乡规划局某区分局向某区城市管理行政执法局出具《查档情况说明》,内容为根据名单及地址查阅规划审批档案,未查到毕某等7人的规划审批档案存档。

2013年12月17日,某区人民政府作出《限期拆除公告》,内容为:经查,在某区某街地段征收重点工程项目内7处建筑物、构筑物(详见违法建筑物、构筑物明细表）未经相关部门审批，依据《城乡规划法》的规定，请违法建筑物、构筑物所有人在2013年12月20日17时前自行拆除，逾期不拆除的，区政府将组织相关部门依法强制拆除。公告所列违法建筑物、构筑物所有人以外的利害关系人，可以在2013年12月20日前进行陈述、申辩、举证，逾期视为放弃。

2014年1月21日，某街地段工程项目指挥部制作《某街地段工程项目拆除违建房屋实施方案》，内容为：根据《城乡规划法》的有关规定和某区人民政府（2013年12月17日）发布的《限期拆除公告》精神，为加快推进某街地段工程项目改造工作，特制定本方案。工作任务为拆除某街地段工程项目范围内的2处违建房屋，参加单位包括某区棚改办、征收办、执法局等十余个部门，同时对工作程序和工作要求也作了规定。

2014年1月22日，某区人民政府组织区棚改办、征收办、执法局、公安分局等多部门将毕某所建门斗强制拆除。毕某不服，诉讼至哈尔滨市中级人民法院，请求确认某区人民政府强制拆除封闭阳台行为违法，并要求某区人民政府返还从毕某家中拿走的财物（庭审中毕某明确要求返还的财物具体为一块重约8公斤的玉石、8万余元现金和3条德国牧羊犬）。

【裁判观点】

哈尔滨市中级人民法院一审认为，该案争议焦点是某区人民政府强制拆除毕某房屋行为是否合法，以及毕某的行政赔偿请求是否应予支持。

第一，关于强制拆除行为合法性。《城乡规划法》第六十八条规定，城乡规划主管部门作出责令停止建设或者限期拆除的决定后，当事人不停止建设或者逾期不拆除的，建设工程所在地县级以上地方人民政府可以责成有关部门采取查封施工现场、强制拆除等措施。在强制拆除毕某房屋过程中，并没有城乡规划主管部门对其作出限期拆除决定，某区人民政府拆除程序违反上述法律规定。某区人民政府虽然于2013年12月17日作出《限期拆除公告》，但未依法向毕某送达相关文书，该强制拆除行为在程序上存在瑕疵。

根据《行政强制法》第三十四条、第三十五条、第三十六条、第三十七条的规定，行政机关依法作出行政决定后，当事人在行政机关决定的期限内不履行义务的，具有行政强制执行权的行政机关应当履行催告义务，并充分听取当事人的意见，当事人经催告逾期仍不履行行政决定且无正当理由的，行政机关方可作出强制执行决定。《行政强制法》第三十八条规定，催告书、行政强制执行决定书应当直接送达当事人。《行政强制法》第四十四条还规定，对违法的建筑物、构筑物、设施等需要强制拆除的，应当由行政机关予以公告，限期当事人自行拆除；当事人在法定期限内不申请行政复议或者提起行政诉讼，又不拆除的，行政机关可以依法强制拆除。某区政府在实施强制拆除毕某所建门斗过程中，没有按照上述法定程序实施，其行政行为程序违法。

第二，关于行政赔偿。虽然某区人民政府强制拆除行为的程序违法，但毕某向一审法院提交的证据不能证实某区人民政府实施强制拆除过程中给其造成财产损失，要求某区政府返还玉石、8 万余元现金和 3 条德国牧羊犬的诉讼请求，证据不足，一审法院不予支持。

综上，某区人民政府强制拆除毕某房屋的行政行为程序违法，但不具有可撤销内容，依法应当确认违法；毕某要求某区人民政府赔偿损失的诉讼主张证据不足，该院不予支持。根据《行政诉讼法》第七十四条第二款第一项、最高人民法院《关于审理行政赔偿案件若干问题的规定》（已失效）第三十三条的规定，判决确认某区人民政府于 2014 年 1 月 22 日强制拆除毕某房屋的行政行为违法，驳回毕某的其他诉讼请求。

黑龙江省高级人民法院二审判决驳回上诉，维持一审判决。

另查明：黑龙江省高级人民法院再审庭审过程中某区人民政府承认在对案涉门斗强拆过程中，将毕某室内两条大型犬带离，但未举证证明两条大型犬的具体下落。

最高人民法院再审认为，某区人民政府对案涉门斗实施强制拆除前，未经城乡规划主管部门作出限期拆除决定，未履行催告义务及听取毕某的申辩和陈述，未作出行政强制执行决定，违反《行政强制法》的规定，构成程序违法，一审、二审判决确认该强制拆除行为违法并无不当，最高人民法院予以支持。最高人民法院《关于行政诉讼证据若干问题的规定》第五条规定，在行政赔偿诉讼中，原告应当对被诉具体行政行为造成损害的事实提供证据。《行政诉讼法》第三十八条第二款规定，在行政赔偿、补偿的案件中，原告应当对行政行为造成的损害提供证据；因被告的原因导致原告无法举证的，由被告承担举证责任。根据上述规定，在行政赔偿诉讼中，原告认为行政行为侵犯其合法权益并造成了损害，应当对损害事实提供相应的证据，承担举证责任；但因被告的原因导致原告无法就损害情况举证的，应当适用举证责任倒置原则，由被告就该损害情况承担举证责任。本案中，某区人民政府对案涉门斗违法实施强制拆除，客观上导致毕某无法对与门斗相连的室内物品损失情况举证，应当适用举证责任倒置原则，由某区政府就毕某主张的室内物品损失情况不存在承担举证责任。毕某在一审中提供了证人证言、照片等相关证据，用以初步证明其主张的室内物品损失情况，某区人民政府对此未予举证，应由其承担不利法律后果。一审、二审判决在认定某区人民政府对案涉门斗实施强拆违法的同时，未适用举证责任倒置原则来判断毕某主张的室内物品损失的事实，适用法律错误。在最高人民法院组织询问中，某区人民政府承认在对案涉门斗强拆过程中，将毕某室内两条狗带离，但不清楚两条狗的最终下落。一审、二审判决对该事实未予认定，属认定事实不清。因此，一审、二审以毕某主张室内物品损失的证据不足为由，判决驳回毕某该项诉讼请求错误，应予纠正。毕某的再审申请，最高人民法院予以支持。

综上，毕某的再审申请符合《行政诉讼法》第九十一条规定的情形。依照《行政诉讼法》第九十二条第二款的规定，裁定指令黑龙江省高级人民法院再审本案。

黑龙江省高级人民法院再审认为，某区人民政府对案涉门斗实施强制拆除前，未按照《行政强制法》的相关规定，依法履行催告、公告及送达等法定程序，亦未听取当事人的意见，其强制拆除行为程序违法，原审判决确认某区人民政府于2014年1月22日强制拆除行政行为违法正确，最高人民法院予以维持。某区人民政府违法强制拆除行为给毕某造成的财产损害，某区人民政府依法应当承担赔偿责任。本案争议的焦点为：毕某主张的一块8公斤重玉石、8万元现金、3条德国牧羊犬损失是否应当由某区政府承担返还或赔偿责任的问题。

（1）关于毕某主张的玉石及现金损失是否成立的问题。

依据最高人民法院《关于行政诉讼证据若干问题的规定》第五条及《行政诉讼法》第三十八条第二款的规定，在行政赔偿诉讼中，原告认为行政行为侵犯其合法权益并造成了损害，应当对损害事实提供相应的证据，承担举证责任；但因被告的原因导致原告无法就损害情况举证，应当适用举证责任倒置原则，由被告就损害情况承担举证责任。本案中，某区人民政府对案涉门斗违法实施强制拆除，客观上导致毕某无法对与门斗相连的室内物品损失情况举证，应当适用举证责任倒置原则。毕某提供的拆除现场照片、医院病例、银行流水等证据，可初步证明某区人民政府实施强制拆除行为导致其损失的存在。从上述证据看，毕某称其存在8万元现金的损失并不违反常理。关于玉石损失的问题，虽毕某对玉石的品种及价值没有明确表述，但黑龙江省高级人民法院考虑到关于玉石的品种及价值的认定属于专业性较强的问题，且毕某称玉石是其父亲留下来的，并非购买的，故黑龙江省高级人民法院认为毕某对玉石的品种及价值没有明确表述不违反日常生活常理。某区人民政府否认毕某主张的玉石损失存在，按照举证责任倒置原则依法应当对毕某主张的该项损失不存在承担举证责任。在原审及本次审理过程中，某区人民政府未能举证证明毕某主张的玉石损失不存在，应由其承担相应的法律后果。某区人民政府应当赔偿毕某人民币8万元及利息损失，迟延给付利息自2014年1月22日强制拆除案涉门斗之日起，按照中国人民银行同期存款基准利率计算，至赔偿金全部履行完毕之日止；某区人民政府应当返还毕某主张的8公斤重玉石一块，如不能返还应当作出赔偿决定。

（2）关于毕某主张的三条德国牧羊犬损失是否成立的问题。

在最高人民法院询问及黑龙江省高级人民法院庭审过程中，某区人民政府均承认在对案涉门斗强拆过程中，将毕某室内两条大型犬带离，但某区人民政府未提供对两条大型犬进行了如何处置的证据，而毕某始终主张某区人民政府带离3条德国牧羊犬，并提供了3条犬照片、犬档案及毕某儿子毕某龙的专业训练证书等初步证据，某区政府否认带离的是3条大型犬，但其未能提供证据予以支持其主张。按照举证责任倒置原则，应当认定某区人民政府在违法拆除过程中造成毕某3条德国牧羊犬损失成立，某区人民政府依法应当承担返还责任，如不能返还应当针对该项损失作出赔偿决定。

综上，原审判决确认某区政府于2014年1月22日强制拆除行政行为违法正确，黑龙江省高级人民法院予以维持。原审判决以证据不足为由驳回毕某主张室内财物损失的诉讼请求错误，黑龙江省高级人民法院予以纠正。原审判决认定事实不清，适用法律错误，依法应予撤销。毕某主张的一块8公斤重玉石、8万元现金、3条德国牧羊犬损失成立，其请求应予支持。依照《行政诉讼法》第七十三条、最高人民法院《关于适用〈中华人民共和国行政诉讼法〉的解释》第一百二十二条，以及《国家赔偿法》第四条第四项、第三十二条的规定，判决如下：撤销黑龙江省高级人民法院（2016）黑行终235号行政判决、撤销哈尔滨市中级人民法院（2015）哈行初字第9号行政判决第2项；维持哈尔滨市中级人民法院（2015）哈行初字第9号行政判决第1项；某区人民政府赔偿毕某人民币8万元，迟延给付利息自2014年1月22日起，按照中国人民银行同期存款基准利率计算，至赔偿金全部履行完毕之日止；责令某区人民政府立即返还毕某主张的一块8公斤重玉石，如不能返还应自本判决生效之日起90日内针对毕某主张的一块8公斤重玉石损失作出赔偿决定；责令某区人民政府立即返还毕某主张的3条德国牧羊犬，如不能返还应自本判决生效之日起90日内针对毕某主张的3条德国牧羊犬损失作出赔偿决定；一审、二审案件受理费100元，由被申请人某区人民政府承担。

【提炼总结】

在实施强制拆除时，行政机关理应对违建内存放的物品妥善保管并登记。当事人主张强拆行为造成损失，要求行政机关进行赔偿的，应当就室内物品情况承担初步证明责任，因行政机关使得当事人无法举证的，由行政机关承担举证责任，行政机关未能举证证明当事人主张损失不存在的，应由其承担相应的法律后果。

（四）强制拆除程序违法的赔偿范围

案例：张某虎与某镇政府行政赔偿案。

案号：最高人民法院（2018）最高法行申5832号。

【基本案情】

2002年，某区人民政府因道路建设需要，拆除了张某虎及其父亲张某云等6户的房屋，对被拆迁人地上附着物进行了补偿后重新安置宅基地异地重建于某区杜庄小区（在2011年拆除），张某虎及其父亲应得到两块宅基地，但张某虎及其父亲当时只在杜庄小区建设了一处房屋，使用了一块宅基地。2004年11月7日，双庄居委会及双庄居委会张某组出具证明一份给张某虎，证明因政府小城镇建设需要，张某虎的房屋被拆除做绿化建设用地，将张某虎的宅基地安置在张某虎本人的小园田，作为补偿，由双庄居委会负责将张某组路南小汪塘填平留作张某虎的小园田。2004年始，张某虎先后在其小园田里建设了砖木一级结构建筑物104.49平方米、砖混四级结构建筑物76.16平方米、简易一级结构建筑物19.85

平方米、简易二级结构建筑物3.48平方米。该房屋至被拆除时未取得建设用地使用权证和房屋所有权证，也未取得规划部门审批手续。

2011年11月7日，江苏省人民政府作出苏政地（2011）482号《关于某区2011年度第6批次城市建设用地的批复》，对某区2011年度第6批次城市建设用地作出批复，同意将某镇靳塘居委会0.0100公顷集体农用地转为建设用地并征收为国有，同时将某镇白堡居委会、靳塘居委会、双庄居委会等25.0507公顷集体建设用地征收为国有。2011年11月16日宿迁市国土资源网对宿城区2011年第6批次征收土地进行公告，后由某镇政府组织实施该地块的土地征收补偿安置工作。2013年8月14日，某镇政府发布《宿迁国际汽车城商住配套项目范围内房屋征收补偿与安置方案》规定：对房屋的补偿参照《宿迁市市区国有土地上房屋征收评估技术细则》的规定，对征收范围内的房屋按照市场价进行评估，依据评估结果进行补偿；对无宅基地使用证的图显住房根据结构按重置价补偿；对无合法产权证明并在2003年航拍图上未显示的被征收房屋，根据结构给予不超过200元/平方米的残值补助；临时抢建的违章建筑一律不予补偿。合法面积的认定依据房屋所有权登记证书或2003年航拍图上标明的未登记合法产权房屋，以及取得区级以上规划部门审批手续的房屋。后经核实，因宿迁市2003年航拍图拍摄范围未包括某镇辖区，该补偿与安置方案所称的“2003年航拍图”实为参照2003年谷歌地图。张某虎涉案房屋位于该征收土地范围之内，因张某虎与某镇政府就房屋补偿安置未达成一致意见，2014年4月28日晚，某镇政府组织人员强制拆除了张某虎的房屋，拆除时造成张某虎室内物品、房屋四周树木及蔬菜损毁。对该拆除行为，张某虎提起行政诉讼，要求确认某镇政府强制拆除其房屋的行为违法，某区人民法院于2014年7月29日作出（2014）宿城行初字第00010号行政判决书，确认某镇政府强制拆除张某虎房屋行为违法。某镇政府不服，上诉于宿迁市中级人民法院，后又撤回上诉，宿迁市中级人民法院于2014年9月11日作出（2014）宿中行终字第00048号行政裁定书，裁定准予某镇政府撤回上诉。2014年10月30日，张某虎向某镇政府邮寄《国家赔偿申请书》，要求某镇政府将涉案房屋恢复原状，并赔偿室内物品损失和其他损失18万元，某镇政府未在法定期限内作出赔偿决定。2015年1月5日，张某虎向法院提起行政赔偿诉讼，请求将涉案房屋恢复原状，如不能恢复原状按照合法建筑市场价予以赔偿，并赔偿因强制拆除造成室内财产、房屋周围树木、蔬菜等损失及其他损失。

另查明，根据《宿迁市城市总体规划（2003—2020）》，宿迁市中心城市规划区为2108平方公里，宿迁市国际汽车城区域属于城市规划范围。一审诉讼中，宿迁中院委托江苏金宁达房地产土地评估有限公司对涉案房屋以2014年9月11日为时点、以某镇政府提供并经法院核实的《某区房屋测量勘察表》记载的房屋基本情况为依据，按照重置价进行了评估，价值为149,929元。

【裁判观点】

宿迁市中级人民法院一审判决：（1）某镇政府赔偿张某虎被拆房屋损失149,929元、室内物品损失50,000元、树木损失13,000元，蔬菜损失200元，合计213,129元，于判决生效之日起20日内履行完毕；（2）驳回张某虎其他诉讼请求。江苏省高级人民法院二审判决驳回上诉，维持原判。

最高人民法院再审认为，（1）张某虎要求将涉案房屋恢复原状是否具有法律依据。《国家赔偿法》第三十二条规定，国家赔偿以支付赔偿金为主要方式。能够返还财产或者恢复原状的，予以返还财产或者恢复原状。根据原审已查明的事实，江苏省人民政府于2011年11月7日作出苏政地（2011）482号《关于某区2011年度第6批次城市建设用地的批复》，同意对包括涉案土地在内的集体土地征收。2011年11月16日宿迁市国土资源网对宿城区2011年第6批次征收土地进行公告，后由某镇政府组织实施该地块的土地征收补偿安置工作，故涉案土地已被征收为国有。同时，涉案土地在2003年已被纳入城市规划区内，故在城市规划区内新建、扩建和改建建筑物、构筑物等行为应当遵守《城市规划法》（已失效）第三十二条、《城乡规划法》第四十条等相关规定，办理建设工程规划许可证件及其他有关批准手续。本案中，张某虎所在的双庄居委会及下属张某组出具证明，证实张某虎原有房屋因政府小城镇建设需要于2002年被拆除，作为补偿，双庄村委会及下属张某组同意将张某虎的宅基地安置在张某虎的小园田。张某虎于2004年开始在城市规划区内建设房屋，未办理相应的规划审批手续，所建房屋使用的土地亦未按照2004年《土地管理法》第六十二条第三款的规定，取得合法的土地使用权证，故涉案房屋属于违法建筑。《城市规划法》（已失效）第四十条、《城乡规划法》第六十四条均明确规定，对于未取得建设工程规划许可证或者未按照建设工程规划许可证的规定进行建设的，无法采取改正措施消除影响的，限期拆除，不能拆除的，没收实物或者违法收入，可并处罚款。因此，张某虎要求将涉案房屋恢复原状无法律依据，且客观不能。

（2）涉案房屋应如何定性及赔偿范围的确定。如前所述，涉案房屋属于违法建筑。但对于违法建筑的形成，应当要综合考量建设年代、建设原因以及建设者的过错等因素。本案中，张某虎虽提供了20世纪90年代颁发的房屋宅基地使用权证及拆迁补偿协议，但上述证据仅能证明张某虎2002年被拆除的房屋为合法房屋。根据原审查明的事实，涉案房屋系2004年重新建造，并非1982年2月13日实施的《村镇建房用地管理条例》（已失效）之前在农村村庄和集镇建设使用至今的房屋，也非1987年1月1日《土地管理法》实施之前在城市范围建设适用至今的房屋，因此涉案房屋并不属于历史原因造成手续不全的无证房屋，另外，张某虎建设涉案房屋未经用地审批及规划审批存在过错。但应当考虑，张某虎建设涉案房屋与2002年其合法房屋被拆除有一定联系，且房屋建成后已居住多年，某镇政府的强制拆除违法行为确实给张某虎造成了一定的损失。因此，一审法院基于上述考虑，判决由某镇政府对张某虎房屋损失按照重置价承担赔偿责任，即赔偿张某虎建设该房屋的建筑材料和人工费用并无不当。对涉案房屋的重置价，一审法院委托有资质的评估公司对涉案房屋评估，以生效法律文书确认强制拆除行为违法时间作为评估时点，以《某区房屋测量勘察表》记载的房屋基本情况为依据，按照重置价进行了评估，价值为149,929元。该评估程序合法，其评估的价值可以作为确定房屋损失的依据。

关于张某虎主张的室内财产损失、树木、蔬菜损失的数额。一审法院根据张某虎提供的室内财产损失清单，结合当地居民的生活状况，酌情认定其室内财产损失为50,000元，蔬菜损失200元，树木损失13,000元，并无不当。关于张某虎主张的房租费、律师代理费、精神损失费及其他损失，因涉案房屋不属于合法建筑，张某虎主张房租费无法律依据，且其提供的证据也不能证实其实际支出的房租费用；对其主张的律师费用，不属于国家赔偿的法定范围；对其再审申请中主张的精神损失费，因本案系某镇政府侵犯张某虎的财产权提起行政赔偿之诉，不符合《国家赔偿法》第三十五条规定，故其所提出该项的请求无法律依据。综上，一审、二审判决某镇政府赔偿张某虎213,129元，裁判结果恰当。

应当指出，2002年张某虎原有房屋被拆除，某镇政府在给予张某虎安置补偿时未充分保障张某虎的合法安置权益，导致涉案房屋建设时缺少用地、规划审批手续。张某虎可对上述损失另行提起赔偿诉讼，且其因本次诉讼所耽误的时间不应计入起诉期限。

综上，张某虎的再审申请不符合《行政诉讼法》第九十一条规定的情形。依照最高人民法院《关于适用〈中华人民共和国行政诉讼法〉的解释》第一百一十六条第二款的规定，裁定驳回再审申请。

【提炼总结】

《国家赔偿法》规定，侵犯公民、法人和其他组织的财产权造成其他损害的，按照直接损失给予赔偿。对房屋损失参照重置价赔偿有一定合理性，因强拆违法建筑造成的房租费、律师代理费、精神损失费不属于赔偿范围。

（五）强制拆除方式不当导致的赔偿

案例：于某与某区政府强制拆除并赔偿案。

案号：最高人民法院（2019）最高法行申4038号。

【基本案情】

2012年5月5日，某区政府发布《关于依法整治破坏森林资源非法占用林地活动的通告》，告知凡在辖区林地范围内，公民、法人或者其他组织未经区政府林业主管部门审核同意，擅自毁林进行建设的建筑物、构筑物，均属非法占用林地的违法行为，限违法占地者于2012年5月5日至15日自行拆除违法建筑，恢复林地原貌，逾期不拆，政府依法强制拆除。于某位于某区亮房子的房屋在上述通告限拆范围内，2012年8月8日，某区政府依据《行政强制法》第三十五条、第三十六条、第三十七条、第四十四条的规定作出《催告书》，限违建房主七日内自行拆除违法建筑，如在规定期限内自行拆除，区政府将根据违建房屋面积予以适当费用补助，逾期拒不自行拆除的，政府将依法强制拆除，且无任何费用补助。于某没有在规定期限内自行拆除其房屋，某区政府于2012年8月23日作出16号行政强制执行决定书，决定自于某接到该决定书之日起3日后，区政府将组织相关部门对其所建造的违法建筑实施强制拆除，但某区政府并未提供证据证明该决定书已向于某送达。某区政府于2013年5月强制拆除了于某的房屋。于某认为某区政府的强制拆除行为违法并给其造成了损失，故诉至法院。

另查明，于某被拆除的房屋没有建设审批手续，亦未办理房屋权属登记。于某述称该房屋建筑面积120平方米，系2008年以2万～3万元价格从他人处购买，购买后其本人又花费2万～3万元进行了修缮。某区政府在庭审中陈述，强制拆除于某房屋时，对其室内物品进行了公证保全，在公证保全的物品清单中记载被拆除房屋内物品有白柜子1个、电饭锅1个、桌子1张、凳子1张、被褥1套、水缸1个、木柜1个、水盆1个、床垫1个和地板革1块。于某对房屋内的以上物品予以认可，但表示不限于以上物品。案件审理过程中，该院组织双方当事人到上述物品的封存现场，在公证人员的参加下对以上物品进行清点，上述物品中的水盆缺失，其余物品均在现场但有折旧，清点后上述物品已交付于某。

【裁判观点】

葫芦岛市中级人民法院一审判决：(1)确认某区政府于2013年5月对于某位于某区亮房子未经审批的房屋实施的强制拆除行为违法；(2)被告某区政府于判决生效之日起15日内赔偿于某被拆房屋建筑材料损失3万元；(3)被告某区政府于本判决生效之日起15日内赔偿于某被拆房屋内生活用品丢失及折旧损失2000元；(4)驳回于某的其他赔偿请求。

辽宁省高级人民法院二审认为，双方当事人在询问程序中均明确表示对一审判决第1项即确认被诉强制拆除行为违法的判项无异议，故一审判决第一项正确，一审法院予以确认。于某对一审判决第2、3、4项均提出异议，故本案的焦点问题是一审判决确定的各项赔偿数额是否正确。

《行政强制法》第五条、第八条规定，行政强制的实施应当适当。公民、法人或者其他组织因行政机关违法实施行政强制受到损害的，依法有权要求赔偿。《国家赔偿法》第四条第(四)项规定，行政机关及其工作人员违法行使行政职权造成财产损害的，受害人有取得赔偿的权利。据此，行政机关对违法建筑物、构筑物实施强制拆除时，手段、方式必须科学、适中；而当事人只有在合法权益受到损害时，才能够获得行政赔偿；没有合法权益可保护的，不能获得行政赔偿。因强制拆除手段、方式不当，造成当事人在正常强制拆除情形下可回收、利用的废旧建筑材料灭失的，这部分损失属于当事人的合法财产权益，依法应当予以行政赔偿。本案中，于某被强制拆除的房屋既没有取得房屋所有权证，也没有办理任何建设审批手续，其在一审庭审中自述2005年其原有4间房屋动迁补偿后，于2008年花费2万~3万元从他人处购买涉案房屋，又花费2万~3万元进行翻建，故于某被强制拆除的房屋属于违法建筑，不属于合法权益的范畴。于某因建设违法建筑支付的人工费、正常拆除造成建筑材料及附属设施价值贬损等，属于其为建设违法建筑支出的成本，不属于依法应予以赔偿的合法利益。但是，某区政府采取不适当的手段和方式强行将于某建设的房屋予以拆除，造成违法建筑中原本通过合理的、正确的拆除方式，能够拆卸下来的废旧建筑材料等物品灭失，这部分损失属于于某的合法权益，依法应予赔偿。于某要求按照刺山村棚户区改造中无照房的补偿标准即每平方米1800元赔偿房屋损失21.6万元的主张缺乏事实根据和法律依据，一审法院根据于某主张的房屋面积、购买及修缮的时间、价格，并结合某区政府提供的拆除现场录像资料所反映的房屋实际情况，酌定某区政府赔偿于某房屋建筑材料损失3万元符合客观实际，并无不当。

《国家赔偿法》第三十六条第（三）（四）（八）项规定，侵犯公民、法人和其他组织的财产权造成损害的，按照下列规定处理：应当返还的财产损坏的，能够恢复原状的恢复原状，不能恢复原状的，按照损害程度给付相应的赔偿金；应当返还的财产灭失的，给付相应的赔偿金。对财产权造成其他损害的，按照直接损失给予赔偿。一审法院已经组织双方当事人到封存现场，并在公证人员的见证下对保全的物品进行了清点、返还。一审法院针对水盆丢失以及保全的生活用品均有折旧的实际情况，酌定某区政府赔偿于某物品损失2000元符合客观实际，亦无不当。

《行政诉讼法》第三十八条第二款规定，在行政赔偿、补偿的案件中，原告应当对行政行为造成的损害提供证据。因被告的原因导致原告无法举证的，由被告承担举证责任。本案中，某区政府已经向法院提供拆除现场的录像资料证明被拆除房屋内并没有于某主张的紫砂壶，于某虽称将紫砂壶放置于炕洞内，但未能提供有效证据予以证明，且该主张本身亦不符合常理，一审法院对其提出的赔偿紫砂壶灭失造成的损失500万元予以驳回并无不当。因一审判决第一项仅对某区政府强制拆除于某未经审批的房屋的行为违法，并无证据证明某区政府在强制拆除于某房屋的同时对其主张的树莓和香椿树进行了强制铲除，故于某主张某区政府赔偿其托盘树莓和香椿树的损失共计90万元没有事实根据，一审法院不予支持正确。现有证据亦不能证明于某房屋院内存在水井及养鱼池并连同房屋一并被强制拆除的事实，故于某主张某区政府赔偿其水井和养鱼池损失共计6万元亦无事实根据，一审法院不予支持正确。于某主张的为进行诉讼所支付的差旅费1万元因不属于强制拆除行为造成的直接损失，故不属于行政赔偿的范围，一审法院予以驳回符合法律规定，亦无不当。因此，二审法院驳回上诉。

最高人民法院再审认为：《行政强制法》第八条规定，公民、法人或者其他组织因行政机关违法实施行政强制受到损害的，依法有权要求赔偿。《国家赔偿法》第二条第一款规定，国家机关和国家机关工作人员行使职权，有本法规定的侵犯公民、法人和其他组织合法权益的情形，造成损害的，受害人有依照本法取得国家赔偿的权利。据此，行政机关对违法建筑物、构筑物实施强制拆除时，当事人只有合法权益受到损害才能够获得行政赔偿；没有合法权益可保护的，不能获得行政赔偿。因强制拆除手段、方式不当，造成当事人在正常强制拆除情形下可回收、利用的废旧建筑材料灭失的，属于当事人的合法财产权益，依法应当予以行政赔偿。本案中，于某被强制拆除的房屋既未取得房屋所有权证，也未办理任何建设审批手续，属于违法建筑。某区政府未依法履行催告、作出强制执行决定并向于某合法送达等程序，即实施了涉案强制拆除行为，违反法定程序。故而某区政府应对违法强拆行为造成于某合法权益损失的部分予以赔偿。原审认定某区政府强拆行为违法，并判决某区政府赔偿于某被拆房屋建筑材料的成本价值，并无不当。在涉案房屋已被拆除，无法通过评估鉴定方式确定建筑材料合理价值的情况下，原审法院根据于某主张的该房屋建筑面积、购买及修缮的时间和价格以及现场录像资料，酌定该房屋建筑材料成本价，无不当之处。

《国家赔偿法》第三十六条第（三）（四）（八）项规定，侵犯公民、法人和其他组织的财产权造成损害的，按照下列规定处理：应当返还的财产损坏的，能够恢复原状的恢复原状，不能恢复原状的，按照损害程度给付相应的赔偿金；应当返还的财产灭失的，给付相应的赔偿金。对财产权造成其他损害的，按照直接损失给予赔偿。原审组织双方当事人到封存现场，并在公证人员的见证下对保全的物品进行了清点、返还，并针对水盆丢失以及保全的生活用品均有折旧的实际情况，酌定某区政府赔偿于某物品损失，亦符合客观实际。

《行政诉讼法》第三十八条第二款规定，在行政赔偿、补偿的案件中，原告应当对行政行为造成的损害提供证据。因被告的原因导致原告无法举证的，由被告承担举证责任。于某主张其拥有紫砂壶，但在某区政府向法院提供拆除现场的录像资料证明被拆除房屋内并没有该紫砂壶，于某亦未能提供有效证据证明该紫砂壶未在被拆除房屋内的情况下，一审法院未支持其关于赔偿紫砂壶灭失造成损失500万元的主张，并无不当。于某主张某区政府赔偿其树莓和香椿树的损失，但未提供证据证明某区政府在强制拆除于某房屋的同时对其主张的托盘树莓和香椿树进行了强制铲除，故原审法院未支持其该项主张正确。在本案现有证据亦不能证明于某房屋院内存在水井及养鱼池并连同房屋一并被强制拆除的事实的情况下，原审法院未支持其赔偿水井和养鱼池损失的诉讼请求，亦无不当。

综上，再审法院裁定驳回再审申请人于某的再审申请。

【提炼总结】

行政机关对违法建筑物、构筑物实施强制拆除时，当事人只有合法权益受到损害才能够获得行政赔偿。因强制拆除手段、方式不当，造成当事人在正常强制拆除情形下可回收、利用的废旧建筑材料灭失的，属于当事人的合法财产权益，依法应当予以行政赔偿。

（六）停产停业损失不属于违法强拆赔偿范围

案例：张某与某区执法局、某街道办、某市自然资源和规划局（原某市国土局、原某市规划局）、某区环保局、某区政府及第三人某区安监局城建行政赔偿案。

案号：最高人民法院（2019）最高法行赔申182号。

【基本案情】

涉案建筑物位于某市某区某街道办张家牌××，尚未办理相关产权手续，其用地、建设行为均未经法定部门审批。2014年9月25日、2014年10月13日，某市国土局（已撤销）、某区执法局、某区环保局两次作出《关于违法建筑限期拆除的联合通知》并在涉案建筑物门口张贴，要求张某在规定的期限内自行拆除涉案建筑物。2014年11月10日，某市国土局某区分局、某区执法局、某区环保局向张某发出《催告拆除违法建筑的通知》，认为张某未在规定期限内履行自行拆除违法建筑的义务，催告张某在2014年11月20日前腾空并自行拆除涉案违法建筑，逾期将实施强制拆除。张某不服《催告拆除违法建筑的通知》，于2014年11月20日向龙湾区人民法院提起行政诉讼。2015年2月15日，龙湾区人民法院判决确认某市国土局、某区执法局、某区环保局对张某作出的《催告拆除违法建筑的通知》违法。2014 年 11 月 21 日，某区执法局拆除涉案建筑物大门。2014 年 11 月 28 日和 12 月 8 日，在张某尚有若干机器设备及原料、产品、木模具没有搬离的情况下，某市国土局、某区执法局、某街道办组织人员强制拆除了上述建筑物。拆除过程中部分机器设备及产品（螺丝）、加工件、木模具、木桌被埋压，现机器设备及产品、加工件已部分生锈。经评估，上述物品被埋压日的市场价值为 1,104,824 元（其中机器设备 383,236 元、木模具 21,000 元、木桌 269 元、螺丝 549,119 元、冷镦机加工件 151,200 元），挖掘日的市场价值为 453,320 元（其中机器设备 84,686 元、木模具 0 元、木桌 0 元、螺丝 324,386 元、冷镦机加工件 44,248 元）。张某不服上述强制拆除行为，诉至温州市中级人民法院要求确认违法并赔偿损失。2016 年 5 月 4 日，温州市中级人民法院作出（2015）浙温行初字第 415 号行政判决，驳回张某对某区政府、某区环保局的起诉，并确认某市国土局、某区执法局、某街道办于 2014 年 11 月 28 日和 12 月 8 日强制拆除涉案建筑物的行为违法。张某不服，上诉至浙江省高级人民法院。2016 年 8 月 23 日，浙江省高级人民法院作出“驳回上诉，维持原判”的终审判决。另查明，2016 年 11 月 10 日，原“某市某区城市管理与行政执法局”更名为“某市某区综合行政执法局”，负责某区全区综合行政执法和城市管理工作，包括城乡规划管理方面的行政处罚及相关行政监督检查、行政强制等职权。

【裁判观点】

温州市中级人民法院一审认为：

1. 最高人民法院《关于执行〈中华人民共和国行政诉讼法〉若干问题的解释》（已失效）第一条第二款规定，公民、法人或者其他组织对下列行为不服提起诉讼的，不属于人民法院行政诉讼的受案范围……对公民、法人或者其他组织权利义务不产生实际影响的行为，不属于人民法院的受案范围。一般情况下，行政强制实施行为在行政强制拆除决定规定的范围内执行，不会对当事人权利义务造成影响，不具有可诉性。但本案不存在行政强制拆除决定，涉案强制拆除行为已经对张某的权利义务产生实际影响，张某要求赔偿因该强制行为造成的损失，属于人民法院的受案范围。某市国土局、某区执法局、某区环保局、某区政府主张本案不属行政诉讼的受案范围，缺乏事实和法律依据，一审法院不予支持。

2. 本案证据无法证实某区政府、某区环保局有组织或参与实施涉案强制拆除行为。张某要求确认某区政府、某区环保局作出涉案强制拆除行为违法的起诉，已被一审法院(2015)浙温行初字第415号行政判决予以驳回。故而张某起诉要求某区政府、某区环保局赔偿因涉案强拆行为违法所造成的损失，一审法院予以驳回。

3.《国家赔偿法》第二条第一款规定，国家机关和国家机关工作人员行使职权，有本法规定的侵犯公民、法人和其他组织合法权益的情形，造成损害的，受害人有依照本法取得国家赔偿的权利。涉案强拆行为事实不清、程序违法，已被一审法院(2015)浙温行初字第415号行政判决确认违法(具体理由见该案判决书)，张某依法有权申请国家赔偿。但根据上述法律，公民、法人和其他组织的合法权益受到损害是获得国家赔偿的前提，张某被拆除的建筑物未经合法审批，依法不应获得赔偿，张某要求被告赔偿涉案建筑物被拆除的损失，一审法院不予支持。张某申请对涉案建筑物的建造成本予以评估，不具有必要性，一审法院不予准许。

4. 根据《国家赔偿法》第三十六条第八项的规定，侵犯公民、法人和其他组织的财产权造成其他损害的，按照直接损失给予赔偿。张某主张拆除前搬迁设备、产品的费用以及拆除后预期营业收入损失、工人及本人因无法工作造成的误工费损失和生活支出损失、设备安装调试费用损失、图纸设计费用损失、专利申报投资损失等，均不属涉案拆除行为造成的直接损失，对该项赔偿请求，一审法院不予支持。

5. 张某主张的埋压物损失主要包括电脑、电器、衣物、家具、餐具等生活用品、广告牌及机器设备、木模具、产品、加工件的损失。除两张木桌外，本案没有证据证明拆除时建筑物内存在电脑、电器、衣物、其他家具、餐具等生活用品及广告牌，张某也未提供相应的证据证实。故而张某主张的该部分损失，除木桌损失269元外，一审法院均不予支持。由于螺丝、加工件等产品本身属于金属制品，在拆除过程中不会损坏，上述物品的损失主要因生锈所致，如果张某在拆除后及时清理，就不会导致上述物品生锈。因此，螺丝、冷镦机加工件等产品因生锈产生的损失系张某自身处理不当所扩大的损失，其要求赔偿，一审法院不予支持。至于张某主张的被埋压物事后被盗的损失，缺乏证据证实，且也系张某事后未及时清理所致，故一审法院对其主张不予支持。但在拆除建筑物过程中,可能造成若干包装袋破裂导致上述物品散失,故一审法院酌情认定原告的损失为1万元。对于张某要求赔偿因机器设备生锈、木模具腐烂导致的损失,一审法院同样不予支持,但在拆除建筑物过程中,可能造成机器设备、木模具损坏,张某要求赔偿这部分损失,一审法院予以支持。鉴于某区执法局已经在此前责令张某限期拆除涉案建筑物并于2014年11月21日强制拆除其厂门,故张某应当知晓该建筑物即将被拆除,张某没有及时搬离是造成上述物品损坏的原因之一,也应承担部分责任。故一审法院酌情认定某市国土局、某街道办、某区执法局对机器设备、木模具的319,550元损失(机器设备及木模具埋压日市场价值—机器设备及木模具挖掘日市场价值)承担60%的责任,即对191,730元的损失承担赔偿责任。

综上所述,某市国土局、某街道办、某区执法局应对涉案强拆行为造成张某的201,999元承担赔偿责任。因此,法院判决:(1)驳回张某对某区人民政府、某区环境保护局的起诉;(2)某市国土资源局、某区综合行政执法局、某街道办事处于判决生效之日起10日内,赔偿张某财产损失201,999元,并互负连带责任;(3)驳回张某的其他诉讼请求。案件受理费依法免收,评估费22,000元由某市国土局、某区执法局、某街道办共同承担。

浙江省高级人民法院二审认为,《国家赔偿法》第二条第一款规定,国家机关和国家机关工作人员行使职权,有本法规定的侵犯公民、法人和其他组织合法权益的情形,造成损害的,受害人有依照本法取得国家赔偿的权利。本案中,人民法院生效判决已确认某市国土局、某区执法局、某街道办作出的涉案强制拆除行为违法,故上述三行政机关是本案的赔偿义务机关。一审法院判决某市国土局、某区执法局、某街道办对张某的相关财产损失依法予以赔偿,并无不当。本案的争议焦点在于如何确定具体赔偿项目、标准及金额,具体包括以下三个问题:第一,建筑物损失赔偿问题;第二,埋压物损失赔偿问题;第三,其他损失赔偿问题。

1. 关于建筑物损失赔偿问题。

《国家赔偿法》第二条第一款规定,国家机关和国家机关工作人员行使职权,有本法规定的侵犯公民、法人和其他组织合法权益的情形,造成损害的,受害人有依照本法取得国家赔偿的权利。因此,获得国家赔偿的前提是公民、法人和其他组织的合法权益受到侵害造成损失。本案中,张某不能提供建设涉案建筑物的合法手续，故其请求对涉案建筑物给予国家赔偿没有法律依据，一审法院未支持张某对涉案建筑物的国家赔偿请求，于法有据。至于建筑材料的损失，张某亦负有举证责任，但其并未提供相应的证据材料。因此，上述赔偿请求二审法院不予支持。

2. 关于埋压物损失赔偿问题。

一审审理期间，一审法院委托瑞安瑞阳资产评估有限公司对涉案埋压物进行评估。2017 年 4 月 12 日，瑞安瑞阳资产评估有限公司就埋压物埋压日的市场价值出具瑞评报（2017）016 号《资产评估报告书》。2017 年 9 月 30 日，瑞安瑞阳资产评估有限公司就埋压物挖掘日的市场价值出具瑞评报（2017）061 号《资产评估报告书》，二审询问中，各方当事人对 2017 年 2 月 22 日在现场盘点表上签字的事实均予以认可。二审法院认为，上述《资产评估报告书》系根据现场盘点表作出，可以作为确定涉案埋压物损失金额的依据。某区执法局和某街道办认为上述《资产评估报告书》不能作为本案赔偿依据的理由不能成立。

2013 年《浙江省违法建筑处置规定》第十八条规定，违法建筑当事人未在强制拆除公告载明的期限内搬离违法建筑内财物的，城乡规划主管部门或者乡（镇）人民政府应当在公证机构公证或者无利害关系的第三方见证下，将财物登记造册，并运送他处存放，通知当事人领取。本案中，张某在涉案建筑物内的机器设备、行车、螺丝等动产是其合法财产，受法律保护。某市国土局、某区执法局、某街道办对涉案建筑物进行拆除时，未对建筑物内财产依法进行处置并保全证据，而是直接拆除建筑物导致相关财产被埋压。对此造成的损失，某市国土局、某区执法局、某街道办应当承担赔偿责任。一审法院认为涉案建筑内的螺丝、加工件等因强拆被埋压不会造成损失，并判决不予赔偿，没有事实和法律根据，二审法院予以纠正。

最高人民法院《关于审理行政赔偿案件若干问题的规定》第三十二条规定，原告在行政赔偿诉讼中对自己的主张承担举证责任。被告有权提供不予赔偿或者减少赔偿数额方面的证据。本案中，涉案物品被埋压系某市国土局、某区执法局、某街道办未依法履行搬离职责所致，应当承担主要责任。张某在已提前知晓涉案建筑将被拆除的情况下，没有提前搬离涉案建筑物内的物品；在房屋拆除后既未保全证据又未采取措施保护现场减少损失，而是放任埋压物生锈、损坏，故张某对埋压物的损失亦应当承担部分责任。《国家赔偿法》第三十六条第(三)项规定,侵犯公民、法人和其他组织的财产权造成其他损害的,按下列规定处理:应当返还的财产损坏的,能够恢复原状的恢复原状,不能恢复原状的,按照损害程度给付相应的赔偿金。因涉案埋压物在挖掘日仍具有市场价值,故涉案埋压物的损失金额应为埋压日评估值1,104,824元与挖掘日评估值453,320元之差,共计651,504元。二审法院认为,某市国土局、某区执法局、某街道办应对张某埋压物的损失金额承担80%的责任,即埋压物赔偿金额共计521,203.2元。

3. 其他损失赔偿问题。

《国家赔偿法》第三十六条第(八)项规定,侵犯公民、法人和其他组织的财产权造成其他损害的,按照直接损失给予赔偿。本案中,张某提出的产品制造图纸设计、发明专利、停产停业、误工费、搬迁费等损失,均不属于直接损失,且未提供证据证明,原审判决不予赔偿正确。

因此,法院判决维持温州市中级人民法院(2015)浙温行赔初字第9号行政赔偿判决第1、3项,即驳回张某对某区政府、某区环保局的起诉及驳回张某的其他诉讼请求;撤销温州市中级人民法院(2015)浙温行赔初字第9号行政赔偿判决第二项,即某市国土局、某区执法局、某街道办于一审判决生效之日起十日内,赔偿张某财产损失201,999元,并互负连带责任;某市国土局、某区执法局、某街道办于本判决生效之日起10日内赔偿张某财产损失人民币521,203.2元,并互负连带赔偿责任。

最高人民法院再审认为,某市自然资源和规划局(原某市国土资源局)、某区执法局、某街道办于2014年11月28日和12月8日强制拆除涉案建筑物的行为已被法院生效判决确认违法,对张某合法财产的直接损失,某市自然资源和规划局、某区执法局、某街道办应当予以赔偿。关于行政赔偿部分,本案的争议焦点为:(1)被拆除建筑物是否应予赔偿;(2)被埋压物品损失的数额及责任承担比例;(3)张某主张的停产停业损失、误工费、税费等其他损失是否应予赔偿。

(1)关于被拆除建筑物是否应予赔偿的问题。《国家赔偿法》第二条第一款规定,国家机关和国家机关工作人员行使职权,有本法规定的侵犯公民、法人和其他组织合法权益的情形,造成损害的,受害人有依照本法取得国家赔偿的权利。1997年最高人民法院《关于审理行政赔偿案件若干问题的规定》(已失效)第三十三条规定，被告的具体行政行为违法但尚未对原告合法权益造成损害的，或者原告的请求没有事实根据或法律根据的，人民法院应当判决驳回原告的赔偿请求。故国家赔偿的范围应当是受害人的合法权益。本案中，涉案建筑物的建设未经有权机关审批，未取得规划许可证、房屋所有权证等证件，根据《城乡规划法》的规定，属于违法建筑，一审、二审法院据此认为被拆除建筑物并非国家赔偿的范围，并无不当。

（2）关于被埋压物品损失的数额及责任承担比例问题。被诉拆除行为造成张某的机器设备、木模具、木桌、螺丝、冷镦机加工件等被埋，上述物品均为张某的合法财产，一审审理期间，法院委托瑞安瑞阳资产评估有限公司对涉案埋压物进行评估。2017 年 4 月 12 日，瑞安瑞阳资产评估有限公司就埋压物埋压日的市场价值出具瑞评报（2017）016 号《资产评估报告书》。2017 年 9 月 30 日，瑞安瑞阳资产评估有限公司就埋压物挖掘日的市场价值出具瑞评报（2017）061 号《资产评估报告书》。二审询问中，各方当事人对 2017 年 2 月 22 日在现场盘点表上签字的事实均予以认可。上述《资产评估报告书》系根据现场盘点表作出，一审、二审法院据此确定涉案埋压物损失金额，并无不当。根据评估结论，前述物品扣除残值后损失数额为 65.1504 万元，该损失与被诉拆除行为具有因果关系，系物品损失的主要原因，故实施拆除行为的某区执法局、某街道办、某市自然资源和规划局应当承担主要责任。张某在房屋拆除后没有采取措施对被埋物品进行处理，导致上述物品在被埋压后至被挖掘期间损失进一步扩大，其对扩大的损失应当承担责任。综合考虑各方当事人的过错程度，以及上述物品被掩埋的时间、物品的损害程度，二审法院认为某区执法局、某街道办、某市自然资源和规划局应对张某被埋压物的损失金额承担 80% 的责任，并无不当。根据评估结果，涉案埋压物的损失金额应为埋压日评估值 110.4824 万元与挖掘日评估值 45.332 万元之差，共计 65.1504 万元，二审法院据此确定被埋压物损失赔偿金额共计 52.12032 万元，亦并无不当。

（3）关于张某主张的停产停业损失、误工费、税费等其他损失是否应予赔偿的问题。根据《国家赔偿法》第三十六条的规定，侵犯公民、法人和其他组织的财产权造成其他损害的，按照直接损失给予赔偿。本案中，因涉案建筑物为违法建筑，张某主张的停产停业损失并非对其合法收益造成的损失，且停产停业损失、误工费、税费等均不是被诉拆除行为造成的直接损失,不属于国家赔偿的范围,一审、二审法院对张某的该项赔偿主张不予支持,并无不当。

综上,裁定驳回再审申请人张某的再审申请。

【提炼总结】

国家赔偿的范围是受害人的合法权益,违法建筑不属于赔偿范围,但行政机关实施强制拆除对当事人合法权益造成损失的应当承担相应责任。停产停业损失、误工费、税费等均不是强制拆除行为造成的直接损失,不属于国家赔偿的范围。当事人在房屋拆除后没有采取措施导致损失进一步扩大的,对扩大的损失应当自行承担责任。

十一、关于以罚代批的案例

(一)行为人已经缴纳罚款但未补办手续的违法建筑,并不当然属于合法建筑

案例:吴某与某市人民政府房屋拆迁行政确认案。

案号:最高人民法院(2020)最高法行申2615号。

【基本案情】

吴某系林场职工,属非农家庭户。1995年8月,吴某申请将坐落于某市某区九里256号房屋改建。经申请,其于1995年8月15日获批用地82.4平方米,并取得建设用地规划许可证,许可建2层,南边挑阳台1.2米,建筑面积164.8平方米。同月25日得到原某市城乡建设委员会开工通知。在建设过程中,土地行政部门发现吴某少批多占违法行为,经处理后于1996年4月25日补办国有土地使用证,证载用地面积87.53平方米。后吴某擅自加建第三层、第四层。1999年2月10日原某市城乡建设委员会对吴某的违法行为进行处罚,经监测加建面积190.19平方米,按每平方米80元的标准计罚款人民币15,215元。同月24日吴某足额缴纳罚款,但加建层未取得产权证书。

因某市图书馆迁建项目需要,2016年5月24日,某市某区人民政府发布公告,对吴某所有的案涉房产所在区块进行征收。2016年7月22日,某市人民政府成立的由相关部门工作人员组成的房屋征收监测认定工作小组参照《某市人民政府关于印发某市区农村村民建房审批暂行办法的通知》的规定,对包括吴某

案涉房产在内的有争议房产的面积、用途、商业用房等作出监测、认定，认定吴某案涉房产一至三层为住宅，第四层为保留使用，并予以公告。2016 年 8 月 10 日，吴某在保留对第四层产权认定通过诉讼解决的情况下，与土地征收部门达成产权调换协议。2016 年 11 月 2 日，吴某向法院提起行政诉讼，要求撤销某市人民政府所作的关于吴某案涉房产第四层产权认定并重新作出。案经审理，吴某系非农村居民，且其建房使用的土地性质记载系国有土地，但某市人民政府房屋征收监测认定工作小组据以作出认定结果的法律依据系《某市人民政府关于印发某市区农村村民建房审批暂行办法的通知》的规定，依据不足，故一审法院撤销该认定并责令某市人民政府对吴某擅自加建的经处罚未登记的第四层房产重新作出认定。嗣后，某市人民政府的监测认定工作小组向吴某送达了举证通知书，告知其应当提供有关材料。2018 年 1 月 25 日，某市城乡规划局（已撤销）向某市人民政府土地和房屋征收工作办公室出具了《关于要求明确吴某户房屋是否符合补办规划确认手续的函》的反馈意见，载明涉案房屋所在地已安排为某市图书馆项目用地，不可能再作其他项目或个人建房用地；根据《某市区查处历史遗留违法建设和违法用地若干规定》第十五条的规定，不再办理规划确认相关手续。同年 3 月 7 日，某市人民政府的监测认定工作小组公示认定结果：根据某市规划局关于吴某户房屋规划确认意见，该房屋第四层不符合补办规划确认手续，结合该户审批及处罚情况，认定第四层房屋建筑面积 95.09 平方米为保留使用。吴某收到该认定结果后，仍不服，提起行政诉讼。

【裁判观点】

丽水市中级人民法院一审认为，《国有土地上房屋征收与补偿条例》第二十四条第二款规定，市、县级人民政府作出房屋征收决定前，应当组织有关部门依法对征收范围内未经登记的建筑进行调查、认定和处理。对认定为合法建筑和未超过批准期限的临时建筑的，应当给予补偿；对认定为违法建筑和超过批准期限的临时建筑的，不予补偿。依据上述规定，被告成立的房屋征收监测认定工作小组有权对原告擅自加建的经处罚后未登记的案涉房产第三层、第四层建筑进行调查、认定和处理。本案原告吴某虽于 1999 年因未批加建第三、四层建筑受到罚款处罚，但其后并未通过规划确认等行为完善审批手续，案涉房产在被征收时仍无合法产权凭证，在性质上不能等同于合法建筑。由于案涉房屋已经纳入征收范围,不能办理规划确认手续,其能否被认定为合法建筑,尚缺乏法律、法规、规章及规范性文件的规定。在此前提下,被告结合城市规划及此前本地类似建筑被征收的处置原则,对原告三层以下(含三层)建筑认定为合法住宅,第四层为保留使用,无明显不当。被告在本案中所作认定的依据,遵循了此前对类似房屋在征收时的一贯做法,属于行政机关在行政活动中就特定事项在一定时期内以相同方式反复处理而形成的行政惯例,具有一定合理性,予以认可。原告主张被告行为违法,在本案审理过程中,原审法院亦准许原告补充提交类似建筑第四层被认定为合法建筑的案例,以证明被告所作的认定不符合其行政惯例从而使原告承受不公平待遇,但直至本案审结前,原告仍未能提供。综上,原告诉请撤销被诉行政行为理由尚不充分,不予支持。依照《行政诉讼法》第六十九条的规定,判决驳回原告吴某的诉讼请求。

浙江省高级人民法院二审判决驳回上诉。

最高人民法院再审认为:本案争议焦点在于某市政府作出的被诉认定结果是否合法。根据《国有土地上房屋征收与补偿条例》第二十四条第二款的规定,某市政府对未经登记的案涉被征收房屋第四层建筑具有调查、认定和处理的职权依据。根据原审法院查明的事实,案涉房屋第三、四层建筑系吴某未经批准加建,于1999年2月经行政机关处理,处以罚款,但此后并未补办规划审批手续,亦未进行产权登记。经函询规划行政主管部门案涉房屋是否符合补办规划确认手续,规划部门的反馈意见为不再办理规划确认相关手续。吴某主张其案涉房屋第四层建筑已经行政处罚,应当认定为合法建筑的理由,依据不足,不应予支持。鉴于相关法律、法规及地方规范性文件并未对城镇个人建房层次作出具体规定,某市政府根据案涉房屋第三、四层建筑的建设、处罚材料,结合城市规划及当地类似建筑被征收处置认定原则,确认未经批准加建的第三层建筑为合法住宅,同时认定第四层建筑为保留使用,已经保障了吴某的征收补偿合法权益,并无不当;一审、二审法院判决驳回吴某的诉讼请求及上诉,亦无不当,因此,裁定驳回再审申请。

【提炼总结】

未经审批擅自加建的建筑虽然已予以罚款处理,但并未补办过规划审批手续,也未取得合法产权凭证,因此不属于合法建筑。为保护人相对人的利益,根据相关规定,可认定违法建筑保留使用。

（二）违法建筑缴纳罚款后，房屋征收时不能按合法建筑进行补偿

案例：顾某与某区管委会补偿决定、某管委会行政复议案。

案号：最高人民法院（2019）最高法行申3499号。

【基本案情】

顾某持有某林业局为其颁发的职工住房使用证，房屋建筑面积54平方米，位于西区文明路8栋1号，同时还持有延州国用（2012）第242606×××号土地使用权证，使用权类型为租赁，使用权面积为230.88平方米，取得价格为0万元。2009年10月，顾某因建设66平方米车库及车库二层房屋被某区综合执法大队处以3000元罚款，后未办理相关产权手续。

吉林省人民政府吉政发〔2005〕19号文件和吉政发〔2006〕30号文件规定，某管委会为省政府直属机构，由省政府授权对相关区域按开发区模式进行管理。某管委会有权编制管辖区域内的总体规划和经济、社会发展计划，经批准后组织实施。负责管辖区域内的土地规划、征用、开发工作的管理。某管委会经济发展局作出的长管经函〔2016〕51号文件，将某区山丹小区棚户区及旧城区改造一期项目补充列入2016年度国民经济和社会发展计划中。延边朝鲜族自治州延州政函〔2011〕51号文件和吉林省人民政府吉政函〔2007〕141号文件，同意将该项目在内的土地利用纳入总体规划。

某管委会于2016年9月29日作出《关于某区山丹小区棚户区及旧城区改造一期项目房屋征收规划意见的函》，认定该项目符合由政府依照《城乡规划法》有关规定组织实施的对危房集中、基础设施落后等地段进行旧城区改建的需要，确需征收。该项目符合某区规划总体要求，同意按规划用地范围实施房屋征收。某区国土资源局（已撤销）作出的《关于某区山丹小区棚户区及旧城区改造一期项目征收范围情况说明》认定，依据规划范围图，经核实该项目符合安图县二道某镇（2006—2020年）土地利用总体规划。某管委会于2016年8月28日召开会议，研究案涉该区域项目房屋征收事宜，并作出《某区管委会专题会议纪要》。某区管委会财政局于2016年10月21日作出该项目征收补偿安置资金专户存款证明，该项目征收补偿资金已足额到位。某区管委会制定的《某区山丹小区棚户区及旧城区改造一期项目国有土地上房屋征收补偿方案（征求意见稿）》，于2016

年10月13日向社会公开征求意见,经修订后于2017年3月16日对最终确定的《补偿方案》予以公示,对被征收人针对方案提出的意见和建议进行归纳并予以答复,同时对征求意见稿中的第七条进行了修改。被告某区管委会于2016年12月20日对该项目作出社会稳定风险评估报告,于2017年3月23日在征收范围内公示了某区管函〔2017〕26号《某区山丹小区棚户区及旧城区改造一期项目国有土地上房屋征收决定的公告》。远大评估公司于2017年4月30日对顾某作出《某区国有土地上范围征收补偿分户评估报告》并向顾某送达,顾某对评估报告提出复估申请,其间,远大评估公司经多次复核修正作出复估报告,并向顾某送达,主要内容为:面积54平方米房屋,房屋评估金额为164,268元,附属物评估金额为206,668元,装修评估金额为63,081元,搬迁费2100元,评估金额合计436,117元。征收部门分别于2017年5月27日、6月12日、6月14日与顾某进行谈话,顾某提出的要求是:原地回迁两个70平方米到80平方米的三层以下住宅楼,不交差价款,或者货币补偿120万元。

某区管委会于2017年6月30日作出《补偿决定》,主要内容有:对被征收人补偿方式实行货币补偿或房屋产权调换。(1)货币补偿。房屋建筑面积为54平方米,房屋评估单价为每平方米3042元。因此,征收部门一次性支付给被征收人房屋征收补偿费金额为164,268元;装修补偿金额为63,081元;附属物补偿金额为206,668元;搬运费补偿金额为2100.00元,补偿金额合计人民币436,117元。(2)产权调换。54平方米的房屋,产权调换房屋的地点在该项目回迁区,按照“征一补一”的原则回迁住宅房屋,回迁房屋与被征收房屋的相差面积按征收方案规定的价格多退少补,房屋分配方式按征收方案的规定选定。另外,装修补偿金额为63,081元;附属物补偿金额为206,668元,搬运费补偿金额为2100元,补偿金额合计人民币271,849元。(3)如有其他无证房屋,由相关部门进行认定,征收部门根据认定结果另行补偿或不予补偿;如有漏项,由评估公司现场勘查评估后另行补偿。

另查明,2017年12月16日,针对于某春、顾某等被征收人提出评估报告中房屋面积认定错误、装修补偿存在漏项、附属物测量错误等主张,按照一审法院的要求,某区管委会房屋征收经办中心工作人员霍某带领远大评估公司两名评估人员胡某、李某及测绘人员、社区工作人员到上述被征收房屋处进行了实地踏查复核。

经复核查明以下内容:顾某提出主屋内的“小房子”应认定为房屋、评估报告存在10.3平方米建筑物遗漏。经实地探查,顾某称主屋内“小房子”应认定为房屋的问题,经实际核查“小房子”内无水电设施;该10.3平方米建筑物为评估报告附属物估价结果明细表中砖木1(面积为80.50平方米)的一部分,并未遗漏。顾某对其上述主张未能提供证据予以证明。

【裁判观点】

延边朝鲜族自治州中级人民法院一审判决驳回顾某的诉讼请求。

吉林省高级人民法院二审认为:

1.关于评估程序的合法性问题。根据相关规定,房地产价格评估机构由被征收人协商选定;协商不成的,通过多数决定、随机选定等方式确定,具体办法由省、自治区、直辖市制定。房地产价格评估机构由被征收人在规定时间内协商选定;在规定时间内协商不成的,由房屋征收部门通过组织被征收人按照少数服从多数的原则投票决定,或者采取摇号、抽签等随机方式确定。具体办法由省、自治区、直辖市制定。本案中房地产价格评估机构由某区管委会直接组织被征收人投票确定,虽然缺少被征收人协商环节,但按照少数服从多数原则投票确定房地产价格评估机构,亦能体现多数被征收人的意见。某区管委会根据多数被征收人的意见,选定远大评估公司作为本案征收补偿行为的评估单位,选定评估机构的主要程序合法。

对于顾某提出的评估师未到现场勘查、评估报告中评估师签字造假的问题,一审庭审中参与案涉项目评估的远大评估公司的评估师到庭,就评估有关事实接受询问,明确表示其参与了现场勘查,评估报告中的签字是其本人所签,并对评估报告中本人签名字体不完全一致的情况进行了解释说明。在评估师本人到庭对上述问题作出合理解释说明,顾某又未提供其他证据证明的情形下,原审法院对其主张不予支持并无不当。

2.关于无照房屋性质认定及补偿问题。《补偿方案》规定,无籍房屋由规划部门按照相关规定进行调查、认定和处理。2005年1月1日前建设的无籍房屋,对于主房前接后搭的附属房屋(和主房联通一体,改造为厨房、餐厅、客厅等)视为增加主房面积。对具有独立使用功能的(独立房屋,不包括主房的前接后搭,墙高2.2米以上,墙厚24厘米以上,有保暖设施且水、电齐全),为同一宗土地范围内且属本人唯一住宅的,能够在签约期限内签约的,参照有照住宅房屋安置补偿。2005 年 1 月 1 日以后建设的无籍房屋,由相关部门进行调查、认定和处理。征收补偿方案的规定,与法律规定不冲突,应当认定为合法有效。

本案中,经某区管委会复核,顾某 10.3 平方米仓房被包含在评估报告附属物估价结果明细表的砖木 1 中,并未遗漏,该仓房因不属于增加主房面积的"前接后搭",某区管委会按照附属物予以评估补偿,符合《补偿方案》的规定。关于顾某于 2007 年在其院内建设的二层建筑及主房后侧建设的厨房 17 平方米,《补偿方案》中明确,2005 年 1 月 1 日以后建设无籍房不能参照有照住宅补偿或视为增加主房面积的情形。2009 年,顾某在其院内建设的二层建筑因未履行相关建设手续,亦未取得相关产权证明,已被某区综合执法大队予以行政处罚。房屋因未取得许可被行政处罚,是行政机关确认了该建筑为违法建筑,并不会赋予建筑合法性,故顾某关于"以罚代批"的主张没有法律依据。

3. 关于复议决定的合法性问题。某管委会于 2017 年 9 月 22 日作出的长管复决字〔2017〕35 号行政复议决定,维持某区管委会作出的池北管房征补〔2017〕108 号《补偿决定》,认定事实清楚,适用法律正确,程序合法。

综上,二审法院最终判决驳回上诉。

最高人民法院再审认为:本案的争议焦点是某区管委会是否具有作出《补偿决定》的法定职权以及《补偿决定》和《复议决定》的合法性。

首先,关于某区管委会是否具有作出《补偿决定》的法定职权的问题。《国有土地上房屋征收与补偿条例》第四条第一款规定,市、县级人民政府负责本行政区域的房屋征收与补偿工作。吉政发〔2006〕30 号文件第一条第三项规定,某管委会下设池西、池北、池南三个经济管理区,具有相当于县级政府的行政管理职能和权限,故某区管委会依法具有作出《补偿决定》的法定职权。吉林省机构编制委员会文件吉编发〔2013〕39 号《关于印发某管委会及所属事业单位"三定"规定的通知》并未否定某区管委会具有县级人民政府的职权,因此,再审申请人有关某区管委会没有作出《补偿决定》职权的主张,于法无据,不能成立。

其次,关于《补偿决定》的合法性问题。(1)《补偿方案》的合法性问题。《国有土地上房屋征收与补偿条例》第十条规定,房屋征收部门拟定征收补偿方案,报市、县级人民政府。市、县级人民政府应当组织有关部门对征收补偿方案进行论证并予以公布,征求公众意见。征求意见期限不得少于30日。第十一条规定,市、县级人民政府应当将征求意见情况和根据公众意见修改的情况及时公布。因旧城区改建需要征收房屋,多数被征收人认为征收补偿方案不符合该条例规定的,市、县级人民政府应当组织由被征收人和公众代表参加的听证会,并根据听证会情况修改方案。本案中,2016年10月13日,某区管委会制定《某区山丹小区棚户区及旧城改造一期项目国有土地上房屋征收补偿方案(征求意见稿)》并公示,向社会公开征求意见,征求意见期限为2016年10月13日至2016年11月13日。2017年3月16日,某区管委会作出并公示了《某区管委会关于征求意见情况的公示》,对被征收人针对方案提出的意见和建议进行归纳并予以答复,并对征求意见稿中的第七条进行了修改。因本案不存在多数被征收人认为征收补偿方案不符合《国有土地上房屋征收与补偿条例》规定的情况,故某区管委会未召开听证会符合相关规定。综上,可以认定案涉《补偿方案》的制定程序符合法律法规规定。另外,根据《国有土地上房屋征收与补偿条例》的规定,制定和发布征收补偿方案系行政法规赋予征收行政机关的法定职权,征收部门有权在不违反上位法规定的征收补偿原则的前提下,在制定征收补偿方案的内容时可以根据各地具体情况,并结合多数被征收人的意见对征收补偿方案作出具体规定。本案中,某区管委会结合多数被征收人的意见、当地经济发展、项目规划设计及被征收房屋的具体情况等制定的《补偿方案》未违反《国有土地上征收与补偿条例》的相关规定,并无不当。再审申请人主张《补偿方案》对无籍房、临时商业用房、住改商等规定均应有相关法律规定,否则应视为违法等主张,于法无据,不予支持。(2)选定评估机构及评估程序的合法性问题。《国有土地上房屋征收与补偿条例》第二十条第一款规定,房地产价格评估机构由被征收人协商选定;协商不成的,通过多数决定、随机选定等方式确定,具体办法由省、自治区、直辖市制定。本案中选定的评估机构已获得多数被征收人同意,确定其为房地产价格评估机构,选择程序并不违反法律法规的规定。至于再审申请人提出估价师未参与实地勘察、评估师签名系作假等问题,案涉项目评估师已在一审庭审中对上述问题作出了合理解释,故对再审申请人主张选定评估机构及评估程序不合法,不予支持。(3)关于再审申请人主张其10.3平方米仓房应按合法建筑予以补偿的问题。因该仓房因不属于增加主房面积的“前接后搭”,故某区管委会按照附属物予以评估补偿,符合《补偿方案》的规定。关于再审申请人主张其57平方米房屋和66平方米车库已缴纳罚款,应认定为合法建筑并给予补偿的问题,再审法院认为,上述建筑已被行政机关确认为违法建筑,而缴纳行政罚款本身不会导致上述建筑转变为合法建筑,再审申请人主张按照有照房屋进行补偿安置于法无据。

再次,关于再审申请人220.5平方米建筑物认定和处理等问题。因《补偿决定》中载明“如有其他无证房屋,由相关部门进行认定,征收部门根据认定结果另行补偿或不予补偿;如有漏项,由评估公司现场勘查评估后另行补偿”。因此,再审申请人的上述主张不属于本案审查范畴。

最后,关于《复议决定》合法性问题。《补偿决定》认定事实清楚,程序合法,某管委会经复议后予以维持,符合法律规定。因此,对再审申请人提出撤销《复议决定》的主张不予支持。

综上,再审法院裁定驳回再审申请。

【提炼总结】

已被行政机关确认为违法建筑的房屋不会因为已缴纳行政罚款转变为合法建筑,对此房屋进行征收的,不能按照合法建筑标准补偿。

十二、关于违建物回购行为效力的案例

(一)认可回购行为效力

案例:覃某尚、黄某与某县政府撤销土地批准行政处理行为案。

案号:最高人民法院(2018)最高法行再201号。

【基本案情】

覃某尚与黄某系夫妻;覃某尚与覃某收系兄弟;覃某收与陆某林系夫妻。1989年4月12日,覃某尚以2500元的价格,购买杨某、黎某夫妇位于某县水泥厂宿舍区前右侧的一块面积87.98平方米的农村建设用地。1989年7月21日,黄某又以1240元的价格购买某县某镇大挽村那黑屯的一块面积47.65平方米的集体土地。由于覃某尚夫妇的户籍不在当地,按政策不能建房。经与覃某收夫妇口头协商,以陆某林的名义向某镇人民政府申请土地使用和建房手续。1989年2月28日,某镇政府作出同政字(1989)3号《关于覃某任要求使用空闲地建住宅的批复》(以下简称3号建房批复),同意陆某林的申请。1989年2月,覃某尚夫妇

在上述土地上建两开间二层楼房，覃某收在第二层基础上建第三层，后进建有两户的厨房。

1991 年 7 月 5 日，某县清查干部职工建私房领导小组办公室作出乐清办(1991)9 号《关于覃某收同志建私房的处理意见》，主要内容：(1)鉴于覃某收的家属是城镇非农业人口，符合建房条件，认可其楼房占地 77.9 平方米中 60 平方米的使用面积，其超面积 17.9 平方米提请县政府没收作价处理给本人。(2)超面积的伙房占地 26.99 平方米和 24.14 平方米的空闲地，由县土地局作拆房退地处理。(3)对认可的 60 平方米，由县建委按建筑面积每平方米 4 元收取城市配套费。1991 年 11 月 24 日，某县政府作出乐政发(1991)75 号文《关于对覃某收同志建私房问题的处理决定》(以下简称 75 号决定)，主要内容：①覃某收以其妻陆某林名义申请建房，只经过某镇政府批准，属越权审批，批文无效。②鉴于覃某收的家属是城镇非农业人口，符合条件建房，当时的越权审批，责任在某镇政府，所以认可 60 平方米的占地使用面积，但要补办手续，并按规定交清各种税费，对超出 60 平方米以外所建的房屋作没收处理，由县财政局依法执行。1991 年 11 月 29 日，覃某收向某县建委缴纳城市配套费 480 元。1991 年 12 月 3 日，某县财政局作出乐财农税字(1991)第 39 号《关于收缴没收房屋款的通知》(以下简称 39 号通知)，主要内容：根据 75 号决定，覃某收建私房被没收的 69.03 平方米土地评估价为每平方米正房 104.72 元，伙房 31 元，按每平方米价值的 60% 计算，合计上缴金额为 3178.16 元，请接到通知后 15 日内一次性将款交到财政局。1991 年 12 月 20 日，覃某收向某县财政局缴纳根据 75 号决定对超面积的 69.03 平方米作没收处理后作价返还给其本人的款项 2958.16 元，收款收据还注明：该款项已扣除在土地局交的 220 元。

1992 年 4 月 15 日，某县政府作出乐政发(1992)27 号《关于撤销对覃某收同志建私房问题处理决定的通知》，认为覃某收建私房的处理权应由县土地管理部门行使，决定撤销 75 号决定。因认为杨某鸾申请得到批准的土地、转让给覃某尚的土地，与陆某林申请建房的土地，属于同一块土地，陆某林申请使用和建房行为，属于非法占地行为，某镇政府要求某县土地管理部门撤销某镇政府批准给陆某林的建房申请。2007 年 6 月 20 日，某镇政府作出通知撤销 3 号建房批复，同年又以 75 号决定已经认定 3 号批复无效为由撤销该通知。之后，覃某尚与覃某收两家对涉案土地发生权属纠纷。2008 年 5 月,覃某尚申请确权,2008 年 8 月,某县国土局(已撤销)作出不予受理决定。经行政复议,某市国土局(已撤销)维持不予受理决定。

2008 年,某县国土局进行土地调查,发现并认定覃某尚夫妇取得土地属于非法买卖土地,违反《土地管理法》。2009 年 5 月 28 日,覃某尚夫妇向某县政府提交《关于要求督促某县国土局给予补办宅基地手续的报告》。2009 年 6 月 12 日,某县领导在县领导接访日接待覃某尚,听取其反映的问题并作出指示。2009 年 9 月 17 日,覃某尚夫妇向某县国土局缴纳非法买卖土地的罚款 1870 元。2010 年 1 月 4 日,覃某尚夫妇又缴纳违法占地罚款 14,203.17 元。2010 年 7 月 30 日,某县国土局作出乐国土执罚(2010)88 号行政处罚决定(以下简称 88 号处罚决定),认定覃某尚夫妇购买两块涉案土地并建房的行为违反法律规定,决定没收其在非法购买的 135.63 平方米土地上新建的二层建筑物和其他设施,并处以转让价 3470 元 50% 的罚款,共计 1870 元。覃某收夫妇不服,申请行政复议。2010 年 11 月 3 日,某县政府作出乐政复决字(2010)5 号行政复议决定(以下简称 5 号复议决定),认定 88 号处罚决定适用法律错误,决定撤销该行政处罚决定,并责令某县国土局重新作出行政行为。覃某尚夫妇不服,提起行政诉讼,请求撤销 5 号复议决定。2011 年 8 月 1 日,百色市右江区人民法院作出(2011)右行初字第 16 号行政判决,认定覃某尚夫妇与杨某鸾夫妇签订转让协议,属于非法买卖土地的行为,5 号复议决定虽然认定覃某尚夫妇取得土地的行为属于非法占用土地不妥,但复议结论正确,遂判决驳回覃某尚夫妇的诉讼请求。覃某尚夫妇不服,提起上诉。2011 年 12 月 19 日,百色市中级人民法院作出(2011)百中行终字第 56 号行政判决,认定某县国土局认定覃某尚夫妇非法买卖土地是正确的,但 88 号处罚决定适用法律错误,处罚不当,5 号复议决定撤销该处罚决定正确,判决驳回上诉,维持原判。

2014 年 7 月 17 日,某县国土局作出乐国土资执罚(2014)29 号行政处罚决定(以下简称 29 号处罚决定),认定覃某尚夫妇买卖土地的行为违反《土地管理法》的规定,决定没收覃某尚夫妇在购买土地上新建的建筑物和其他设施,并处罚款 1870 元,覃某尚夫妇原交罚款 1870 元可以抵交。2015 年 1 月 12 日,某县国土局向某县政府递交《关于覃某尚黄某非法转让土地案件后续问题的请示》,主要内容为:覃某尚夫妇非法买卖土地行为已经行政处罚,并在法定期限内交清罚款。对没收的地上附着物,拟按39号通知的规定,按当时评定估价每平方米104.72元收取房屋没收折价款14,203.17元后,办理国有土地(出让)使用证手续,请求某县政府作出批示。2015年6月15日,某县政府作出乐政函(2015)71号《关于覃某尚、黄某非法转让土地案件后续问题的批复》(以下简称71号批复),同意某县国土局参照39号通知规定,收取覃某尚夫妇房屋没收折价款共14,203.17元,准予覃某尚夫妇办理非法购买的135.63平方米国有土地(出让)使用权用地手续,核发国有土地使用权证书。2015年7月12日,覃某尚夫妇依据71号批复,向某县国土局提交《关于要求颁发国有土地使用权证书的报告》,请求为其颁发国有土地使用权证书。2015年7月14日,某县国土局受理覃某尚夫妇的颁证申请。2015年12月21日,某县政府向某县国土局下发被诉的《关于撤销〈覃某尚、黄某非法转让土地案件后续问题的批复〉的函》(以下简称143号函),主要内容为:根据2004年《土地管理法》第四十七条和《关于认真清查干部职工违法违纪违章建私房的通知》(以下简称21号清房通知)的相关规定,71号批复确有错误,决定撤销71号批复。覃某尚夫妇不服,提起本案行政诉讼,请求撤销143号函。

【裁判观点】

百色市中级人民法院一审认为,根据2004年《土地管理法》第十一条第三款“单位和个人依法使用的国有土地,由县级以上人民政府登记造册,核发证书,确认使用权;其中,中央国家机关使用的国有土地的具体登记发证机关,由国务院确定”的规定,某县政府具有对覃某尚、黄某使用其本辖区内国有土地的行为进行合法性审查并决定是否核发国有土地使用权证书的职权。根据21号清房通知的规定,对干部职工违法违章、以权谋私建私房的行为,属于1987年1月1日以后建的,按《土地管理法》和《广西壮族自治区土地管理实施办法》(已失效)的规定处理。覃某尚夫妇买卖土地行为发生在1989年,应适用1988年已经修改的《土地管理法》和《广西壮族自治区土地管理实施办法》的规定,某县政府适用1987年1月1日起实施的《土地管理法》,适用法律错误,应予以撤销。依照《行政诉讼法》第七十条第二项的规定,判决撤销某县政府向某县国土资源局下发的以下简称143号函。某县政府不服,提起上诉。

广西壮族自治区高级人民法院二审认为,143 号函实质上是驳回覃某尚夫妇核发国有土地使用证的请求,两人与 143 号函有利害关系,具有原告资格。覃某尚夫妇购买的土地是农村集体土地,属非法买卖土地的行为。1986 年和 1988 年《土地管理法》第二条第二款、第四十七条对于非法买卖土地及其责任的规定基本一致;1998 年和 2004 年《土地管理法》第二条第三款和第七十三条的内容相同。修法前、后相关内容无实质性变更。一审判决以适用法律错误为由撤销 143 号函,理由不充分,应予纠正。覃某尚夫妇申请核发国有土地使用证,缺乏法律或者政策依据。因此,判决撤销一审判决,改判驳回覃某尚夫妇的诉讼请求。

最高人民法院再审认为,国务院发布的《全面推进依法行政实施纲要》要求行政机关依法行政必须遵守诚实守信原则。非因法定事由并经法定程序,行政机关不得撤销、变更已经生效的行政决定。对历史遗留问题的处理,行政机关应当本着实事求是、尊重历史、符合现实的原则,本着保持谦抑、格外谨慎、有利于当事人的态度,依法作出客观、公正处理,切忌出尔反尔。撤销已经生效的行政决定,必须要遵循正当程序原则,听取利害关系人的陈述、申辩意见,查明案件事实,依法作出撤销决定。本案中,覃某尚、覃某收两户人家于 1989 年非法购买土地、建房居住至今。1991 年,某县政府作出 75 号决定,没收涉案土地和房屋后,将土地和房屋作价返还给覃某收,覃某收缴纳相关费用,合法占有、使用涉案土地、房屋。1992 年,某县政府以某镇政府越权审批用地、建房等理由撤销 75 号决定,相关部门未对覃某收建私房问题重新做出处理。某县政府相关职能部门未退回覃某收已经缴纳的款项,覃某收也未腾退土地、房屋。至 2009 年某县政府职能部门又对占有使用同一块土地的覃某尚夫妇进行调查处理,覃某尚分两次缴纳违法占地罚款 16,073.17 元。之后,某县国土局对覃某尚夫妇作出 88 号处罚决定,没收地上房屋和附属设施。88 号处罚决定被复议决定撤销后,某县政府重新作出 29 号处罚决定,再次没收覃某尚夫妇在涉案土地上新建的建筑物和其他设施并处罚款。本次行政处罚后,某县政府作出 71 号批复,同意将没收的土地、房屋作价返还给覃某尚等人。然而,某县政府接着又作出 143 号函,撤销 71 号批复。从上述处理过程看,在本案违法买卖土地建私房行为发生后的数十年期间,某县政府及其相关职能部门几经处理,反反复复,出尔反尔,对历史遗留问题的处理,严重违背诚实守信的原则。同时,71 号批复仅仅是对被依法没收的土地和建筑物处理方式作出的批复，并未否定没收行政处罚行为的合法性。然而，被诉143号函却以“根据土地管理法第四十七条和21号通知规定，对违法买卖土地的，应当没收在买卖土地上新建的建筑物和其他设施”为由，撤销71号批复。上述撤销理由与71号批复内容不具有关联性，实质上某县政府作出143号函，没有任何事实和法律根据，且作出对当事人不利行政处理，未听取利害关系人覃某尚等人的陈述、申辩意见，违反正当程序原则。对于历史遗留的违法买卖土地建私房行为，依法作出没收建筑物和土地的行政处罚决定后，考虑到被处罚人已经实际在被没收的土地和房屋上居住生活几十年的事实，从尊重历史，符合现实的原则出发，71号批复同意将收归国家所有的土地和房产作价处理再卖给被处罚人，符合对历史遗留问题处理的基本原则，该批复不违反法律、法规的明确规定，合法有效。

应当指出的是，没收涉案土地房屋后，通过作价方式由覃某尚夫妇回购涉案房屋土地，并不能改变涉案土地、房屋系覃某尚、覃某收兄弟两户共同使用的事实。如果覃某尚、覃某收兄弟两户对回购的土地、房屋产权存在争议，应当在尊重历史、结合双方实际使用现状，以及各自对土地、房屋的实际投入的事实，友好协商解决产权纠纷，协商不成则依法通过民事诉讼等法定途径解决。

综上，143号函撤销71号批复，事实不清，主要证据不足，适用法律、法规错误，违反法定程序，依法应当判决予以撤销。二审判决驳回覃某尚夫妇的诉讼请求，适用法律、法规错误，依法应予纠正。一审判决撤销143号函结果正确，但适用法律不妥，一并予以纠正。因此，再审法院判决撤销广西壮族自治区高级人民法院(2017)桂行终1054号行政判决和广西壮族自治区百色市中级人民法院(2016)桂10行初329号行政判决；撤销某县政府作出的143号函，恢复某县政府作出的71号批复的法律效力。

【提炼总结】

对于历史遗留的违法买卖土地建私房行为，依法作出没收建筑物和土地的行政处罚决定后，考虑到被处罚人已经实际在被没收的土地和房屋上居住生活几十年的事实，从尊重历史，符合现实的原则出发，将收归国家所有的土地和房产作价处理再卖给被处罚人，符合对历史遗留问题处理的基本原则。

（二）回购不改变违法建筑的性质

案例：某家私厂与某区综合行政执法局规划行政处罚案。

案号：浙江省湖州市中级人民法院(2018)浙05行终111号。

【基本案情】

某家私厂经营者张某华于2002年4月与某镇某1村村民委员会签订《土地租赁协议》，约定租赁其位于村西面面积为8.95亩的土地办厂，于2002年4月与某镇某2村村民委员会签订《土地使用协议书》，约定租用其面积为2.43亩的土地办厂。某家私厂所占用土地为某镇某2村集体土地，土地类型为水田。2003年12月9日，某市国土局（已撤销）对某家私厂于2002年5月未经依法批准擅自占用某镇某2村集体土地13,930平方米建造厂房行为作出《土地行政处罚决定书》，责令某家私厂退还非法占用的13,930平方米土地，没收在非法占用的土地上新建的建筑物和其他设施，并处2元/平方米的罚款（计27,860元）。2003年12月25日，某家私厂向某市国土局提出折价购回被没收建筑物和其他设施的申请。2004年3月16日，某家私厂缴纳了《土地行政处罚决定书》中确定的27,860元罚款。2004年4月25日，某市国土局作出《关于同意折价购回在非法占用土地上新建建筑物的决定》，同意某家私厂以13,930元价格购回相关建筑物和设施，并要求某家私厂依法补办用地手续。

2017年5月，某区综合行政执法局接到投诉举报称某镇南林路西侧某家私厂区块的建筑为违法建筑。2017年5月27日，某区综合行政执法局立案后调查询问了某家私厂经营者张某华，于2017年6月3日向某家私厂送达了行政处罚告知书。因某家私厂提交要求听取陈述、申辩以及要求举行听证的告知函，某区综合行政执法局于2017年6月7日向某家私厂送达了《听证通知书》，某家私厂于2017年6月14日到听证地点参加了听证。经查，某区综合行政执法局于2017年6月15日，以某家私厂为处罚当事人作出浔综执法罚决字［2017］第053号《行政处罚决定书》，载明：“鉴于当事人未取得乡村建设规划许可证擅自建设的违法事实，及某区住房和城乡建设局回函（浔建函［2017］4号）：该厂房建设项目至今未办理规划审批手续。根据《城乡规划法》第六十五条、《浙江省城乡规划条例》第六十条相关规定，属情节严重。该行为无法采取改正措施消除对规划实施的影响。依据《城乡规划法》第六十五条、《村庄和集镇规划建设管理条例》第三十七条、《浙江省城乡规划条例》第六十条之规定，现决定对当事人某家私厂未取得乡村建设规划许可证的违法行为给予行政处罚，并作出如下行政处罚：自行政处罚决定书送达之日起五日内自行拆除某区某镇某2村浔练公路西侧某家私厂区块内违法建筑物。”某家私厂不服，遂诉至法院。

【裁判观点】

安吉县人民法院一审认为，依照2017年《行政处罚法》第十六条、《浙江省城市管理相对集中行政处罚权条例》（已失效）第六条的规定，被告综合执法局有权依照城乡规划管理方面法律、法规、规章的规定，对违反规划管理规定的行为（法律、法规规定由乡镇人民政府行使的行政处罚除外）实施行政处罚及相应职权。根据2004年《土地管理法》第十一条的规定，农村集体所有的土地，由县级人民政府登记造册，核发证书，确认所有权。单位和个人依法使用的国有土地，由县级以上的人民政府登记造册，核发证书，确认使用权。该案中所涉房屋的土地，为某镇某2村集体所有的土地。原告没有提供相关的土地权属登记材料，而以其向国土部门支付了相应对价为由认为对涉案土地依法享有了使用权，显然不符合法律规定，也不符合本案事实，故对此主张一审法院不予支持。据此，原告在并未依法享有使用权的土地上建造房屋，既不能举证证明涉案土地上的房屋符合规划条件，也不能举证证明已获颁过相关证书，故被告认定涉案建筑物为违法建筑，符合法律规定。依照2017年《行政处罚法》第四条第二款的规定，“设定和实施行政处罚必须以事实为依据，与违法行为的事实、性质、情节以及社会危害程度相当”，据此，行政机关作出行政处罚应当以事实为依据，处罚决定应当做到事实清楚。人民法院应按照《行政处罚法》的规定对涉案行政处罚所认定的事实进行审查判断。本案中，涉案建筑物的测绘面积系被告作出涉案行政处罚决定的事实依据，应当与建筑物实际面积相一致。由被告在其作出的行政处罚决定中所认定“故当事人上述对建筑物的测绘面积与实际不符的意见本局予以采信”的内容可知，被告某区综合行政执法局在明确知晓涉案建筑物的测绘面积与实际不符的情况下，未对实际建筑物的面积予以确定就作出涉案行政处罚，故该行政处罚属于认定事实不清，依法应予撤销。但因本案所涉建筑物已被拆除，涉案行政处罚已不具有可撤销内容，故应确认违法。综上，根据《行政诉讼法》第七十四条第二款第一项的规定，判决确认被告某区综合行政执法局于2017年6月15日作出的浔综执法罚决字[2017]第053号《行政处罚决定书》违法。

浙江省湖州市中级人民法院二审认为，依照《浙江省城市管理相对集中行政处罚权条例》第六条第二项、湖州市人民政府《关于划转部分行政处罚权及相关职权的通告》第一条第一款第二项以及湖州市某区人民政府《关于划转部分行政处罚权及相关职权的通告》第一条之规定，自2016年12月1日起，湖州地区未取得乡村建设规划许可证或者未按照乡村建设许可证的规定进行建设的行政处罚权划归综合行政执法局行使，故原审认定被上诉人有权对违反规划管理规定的行为实施行政处罚及相应职权正确。

违法建筑的认定由《城乡规划法》调整，本案上诉人虽向某市国土局回购了其在非法占用土地上的新建建筑物和其他设施，但违法建筑合法化相关手续的办理并非国土部门的职权范围，回购仅导致上述新建建筑物和其他设施的所有权发生改变，并不涉及建筑物合法性的认定。依照《城乡规划法》第四十一条的规定，上诉人在乡、村庄规划区内进行厂房建设应当依法取得乡村建设规划许可证，但经审查，上诉人厂房至今未办理规划审批手续，故原审认为被告认定涉案建筑物为违法建筑符合法律规定并无不当。

依照2017年《行政处罚法》第四条第二款的规定，“设定和实施行政处罚必须以事实为依据，与违法行为的事实、性质、情节以及社会危害程度相当”，据此，行政机关作出行政处罚应当以事实为依据，处罚决定应当做到事实清楚。本案存在多份证据反映涉案建筑物的面积不一，被上诉人在其作出的行政处罚决定中认定“故当事人上述对建筑物的测绘面积与实际不符的意见本局予以采信”，却未对建筑物的实际面积予以确定，故原审认定该行政处罚决定书事实不清亦无不当。

《行政诉讼法》第七十四条第二款第一项规定，行政行为违法，但不具有可撤销内容的，人民法院判决确认违法。该项所规定的确认违法判决，主要系针对违法的事实行为。事实行为是与法律行为相对的概念，指一切以发生事实效果、而非法律效果为目的的行政措施。事实行为不对当事人的权利义务产生创设、变更或消灭的法律效果，因而不能成为撤销判决的对象，在其违法时只能适用确认判决。该项所规定的确认违法判决，还适用于在作出判决前行政行为已经执行完毕无恢复原状可能或因其他事由而消灭的情形,因该行政行为已无可撤销的效力,只能判决确认违法。本案被诉行政行为是被上诉人作出的行政处罚决定,系法律行为,原审“以本案所涉建筑物已被拆除,涉案行政处罚已不具有可撤销内容”为由判决确认行政行为违法,属于混淆撤销判决的对象,二审法院予以纠正。此外,原审在判决中未对双方提交的证据材料予以认证,但鉴于原审认定基本事实清楚,二审法院予以指正。因此,判决撤销安吉县人民法院(2017)浙0523行初102号行政判决;撤销被上诉人某区综合行政执法局作出的浔综执法罚决字[2017]第053号《行政处罚决定书》;责令被上诉人某区综合行政执法局重新作出处理。

【提炼总结】

回购非法占用土地上的新建建筑物和其他设施仅导致其所有权的改变,并不涉及建筑物合法性的认定,仍需办理相关手续。

十三、关于土地违法与违法建设的法条适用问题的案例

(一)非法占用耕地进行建设的违法行为应当适用《土地管理法》进行处罚

案例:某街道办、某区政府与李某土地行政强制案。

案号:吉林省长春市中级人民法院(2019)吉01行终297号。

【基本案情】

2018年9月,某街道办在工作中发现李某在耕地上建设了2000多平方米的建筑及构筑物,某街道办分别于2018年9月11日、10月11日对李某进行调查,李某未提供上述建筑及构筑物的相关手续,某街道办在后续工作中,分别取得了某村民委员会情况汇报一份、规划局某区分局关于集体土地无证房屋是否取得规划审批手续的函的复函一份、国土资源局某区分局情况说明一份,均证实李某建设在耕地上的上述建筑、构筑物未取得国土、规划等部门审批,2018年9月27日,某街道办对李某作出《责令拆除决定书》。2018年12月26日,某区政府作出《行政复议决定书》,决定维持某街道办的《责令拆除决定书》。李某不服,提起行政诉讼。吉林省长春市中级人民法院经审理查明的事实与原审判决认定的事实一致,予以确认。另查明,2018年3月26日吉林省人民政府作出征地批复,对涉案土地决定征收。

【裁判观点】

长春市绿园区人民法院一审认为，本案被诉行政行为是某街道办于2018年9月28日对李某作出的《责令拆除决定书》，根据2004年《土地管理法》第七十七条、第八十三条的规定，某街道办不是适格的处罚主体。《城乡规划法》第六十五条的适用前提是在乡、村庄规划区内；案涉建筑物系建设在承包地上，不适用《城乡规划法》进行处理，被诉《强制拆除执行决定书》认定事实不清，适用法律不当，应予撤销。依照《行政诉讼法》第七十条的规定，判决撤销某街道办李某作出的《责令拆除决定书》；撤销某区政府作出的《行政复议决定书》。

吉林省长春市中级人民法院二审认为，“法定职责必须为，法无授权不可为”要求行政机关既要积极履行职责，又不能违反职权法定的原则。本案需要明确的问题是土地管理法调整的“非法占用集体所有农用地(耕地)”的行为是否也可以依照《城乡规划法》进行处罚以及法律是否授权街道办事处对该类违法行为进行处罚。

(1)关于该类行为是否可以依照城乡规划法进行处罚问题。

“合理利用土地，切实保护耕地”与“协调城乡空间布局，改善人居环境”是《土地管理法》和《城乡规划法》分别想要实现的行政管理目的。按照《土地管理法》和《城乡规划法》的规定，符合颁发建设工程规划许可证条件的建设行为一般不会出现破坏耕地的情况，但是在耕地上的违法建设行为一定不符合城乡空间布局。这种情形的存在，是否等同于城乡规划法既可以对违规建设的行为进行处罚也可以对违法占地的行为进行处罚，结论是否定的。

首先，从关于法律责任的具体规定而言，《城乡规划法》主要针对的是“未取得建设工程规划许可证或者未按照建设工程规划许可证进行建设”的违法行为，该法只是将“确需占用农用地的，应当依照《土地管理法》有关规定办理农用地转用审批手续”作为“核发乡村建设规划许可证”的前提条件，而对于“未办理农用地转用审批手续”“未经批准或者采取欺骗手段骗取批准”的违法行为如何处罚并未作出规定。《土地管理法》主要针对的是违法占地行为，比如“擅自将农用地改为建设用地”“占用耕地进行建设以及破坏种植条件的其他行为”“未经批准或者采取欺骗手段骗取批准”等。由此可见，《土地管理法》和《城乡规划法》在对违法建设行为处罚方面是有分工的，《城乡规划法》不处罚擅自将农用地改为建设用地、占用耕地进行建设等违法行为,《土地管理法》不处罚未取得建设工程规划许可证或者未按照建设工程规划许可证进行建设的违法行为。

其次,在耕地上的违法建设行为一定不符合城乡空间布局,是针对城乡总体规划而言的。换言之,控制性详细规划、修建性详细规划仅是针对允许建设区域制定的,针对耕地来讲,毫无控制性详细规划、修建性详细规划可言。从行政处罚角度,《城乡规划法》主要是对建筑是否符合控制性详细规划、修建性详细规划等进行判断,不处罚与规划无关的违法行为。一是对尚可采取改正措施消除对规划实施的影响的,限期改正,补办手续;二是对于无法采取改正措施消除影响的,限期拆除。显而易见,在耕地上进行建设既不存在按照《城乡规划法》补办手续的问题,也不存在衡量是否符合控制性详细规划、修建性详细规划问题,对其合法性的判断依据是《土地管理法》规定的破坏种植条件等因素,其中对农用设施的考量因素是设施农用地建设标准也不是《城乡规划法》所指的规划条件,单纯依照城乡规划法对耕地上建设行为作出评价可能存在错误。

最后,在耕地上的违法建设行为侵犯的法益主要是耕地保护,从法律适用的角度而言,对破坏耕地的违法行为,《土地管理法》属于特别法,应优先适用。

综上,因为应优先适用《土地管理法》,所以不能依照《城乡规划法》对非法占用集体所有农用地(耕地)的行为进行处罚。

(2)关于法律是否授权街道办事处对该类违法行为进行处罚问题。

上诉人某街道办认为其作为经批准设立的区政府派出机关,其法律主体地位属于乡、镇级人民政府的观点是正确的。在规划行政管理方面,2015 年《城乡规划法》第六十五条“在乡、村庄规划区内未依法取得乡村建设规划许可证或者未按照乡村建设规划许可证的规定进行建设的,由乡、镇人民政府责令停止建设、限期改正;逾期不改正的,可以拆除”。这一法律规定是乡、镇人民政府进行城乡规划管理的权力来源。但是,由于本案争议事项属于土地行政管理而非规划行政管理,《土地管理法》将土地违法行为的处罚权授权给县级以上人民政府土地行政主管部门而不是乡、镇人民政府,因此即使上诉人某街道办的法律主体地位属于乡、镇级人民政府,根据“法无授权不可为”的原则,街道办事处无权对该类违法行为进行处罚。

需要进一步说明的是,对于违反《土地管理法》占用集体所有的农用地(耕地）的行为（包括在设施农用地上的违法建设行为），县级以上人民政府土地行政主管部门应当依法进行处理。违法行为人不依法履行土地行政管理部门确定的义务，土地行政管理部门可以依法申请人民法院准予强制执行，人民法院作出由人民政府组织实施的裁定后，人民政府可以组织有关部门强制执行措施。但是，集体土地征收程序启动以后，对征收范围内的未登记建筑，包括抢建建筑，应当依照2014年《土地管理法实施条例》第四十五条“违反土地管理法律、法规规定，阻挠国家建设征用土地的，由县级以上人民政府土地行政主管部门责令交出土地；拒不交出土地的，申请人民法院强制执行”的规定进行处理。征收是指国家基于公共利益的需要，依靠国家强制力为保障，运用行政权力，通过法定程序，给付法定补偿费用，强制性的取得公民所有的财产的法律制度。集体土地征收经协商无法达成补偿协议的，行政机关应当依法作出责令交出土地决定，在决定中对应予补偿以及不应补偿的建筑一并决定拆除。这样既能依法解决征收补偿问题，又符合程序正当要求，彰显行政权威。对行政机关依照法定程序作出的责令交出土地决定，人民法院应依法准予强制执行，因此，二审法判决驳回上诉。

【提炼总结】

对将农用地改为建设用地、占用耕地进行建设的违法行为，行政机关应当适用《土地管理法》进行处置。对此观点，最高人民法院（2019）最高法行申8534号案裁判观点也予以了认可。

（二）在城市规划范围内，对同时违反《土地管理法》《城乡规划法》的违法建设，行政机关可依据《城乡规划法》实施强制拆除

案例：白某隆诉某区政府房屋强制拆除案。

案号：青海省高级人民法院（2019）青行终114号、最高人民法院（2020）最高法行申582号。

【基本案情】

2011年5月16日，白某隆五人签订《某空心砖厂合伙人协议》，开办某空心砖厂，对开办砖厂具体事项做了约定，其中，第二条约定：经营项目为某空心砖厂，经营范围为各类空心砖、粘土砖生产及销售。合伙企业并未依法进行工商登记领取营业执照，厂址地处城乡规划区域内。2016年3月4日，白某隆等人签订《协

议书》,将该砖厂转让给白某隆生产经营,并约定某空心砖厂转让的具体事项。为了节约能源资源,有效保护耕地和环境,推动资源综合利用,加快淘汰实心粘土砖,逐步禁止生产使用粘土制品,青海省根据国家发展和改革委员会的相关指导意见和通知精神,制定了《青海省第二批“城市禁粘(限粘)、县城禁实”工作实施方案》,该方案要求从2014年起,某市(某区)在城市规划区范围内,禁止生产使用粘土制品,并要求查处违法占用耕地取土烧砖的生产企业,报请当地人民政府依照法律法规进行依法关停,对违法取土烧砖的,拒不关停继续恢复生产的,要求各县国土主管部门报请当地人民政府依法处理。

2017年6月16日,某区政府六部门联合向某空心砖厂发出《通知》,要求原告等各粘土矿企业于2017年6月25日前停止一切生产经营行为,若没有相关手续的,要自行拆除关停,有相关手续,但没有办理延期手续的,需要到相关部门办理延期手续,待证照齐全后方可从事生产经营活动,并进行了送达。2017年6月21日,某区政府专门召开了关于砖厂停产整改的会议,白某隆参会并在会议记录簿上签字。2017年7月3日,某区国土资源局(已撤销)、环境保护局、市场监督管理局等部门组成的联合检查组向某空心砖厂发送《停产整改建议书》,要求对检查发现的11项问题进行整改,其中第一项是:批复手续是空心砖生产,现场实际生产实心粘土砖,批建不符;第八项是:无环保验收手续;第十一项是:相关部门许可手续不齐全。2017年8月13日,中共某区委员会、某区政府收到中央环保督察海东信访承办组转来的中央环境保护督察组第A08112046号信访举报件,“某区40多家砖厂其中30多家无手续,临时停产逃避督查”的问题,某空心砖厂包括其中。2017年8月14日,某区成立粘土矿(砖厂)取缔领导小组,制定《某区依法取缔粘土矿(砖厂)实施方案》。2017年8月15日,某区环境保护局等部门向某空心砖厂发送《告知书》,认为某空心砖厂行为违反了国家相关法律规定,要对厂区进行清理,要求于2017年8月16日前所有人员撤离厂区,并带走生活用品,立即撤出现场机械设备,若有不执行者,一律强制执行。2017年8月16日,某区政府组织相关部门对某空心砖厂实施强制拆除。2018年9月19日,白某隆以某区政府强制拆除某空心砖厂的行政行为严重侵害其合法权益,请求人民法院依法确认某区政府强制拆除其砖厂的行政行为违法,向法院提起行政诉讼。

【裁判观点】

青海省海东市中级人民法院一审认为：

1. 关于本案白某隆原告主体是否适格的问题。《最高人民法院关于适用〈中华人民共和国行政诉讼法〉的解释》第十五条第一款规定，合伙企业向人民法院提起诉讼的，应当以核准登记的字号为原告。未依法登记领取营业执照的个人合伙的全体合伙人为共同原告；全体合伙人可以推选代表人，被推选的代表人，应当由全体合伙人出具推选书。本案中，2011年5月16日，白某隆、王某、赵某等人共同签订《某空心砖厂合伙人协议》，开办某空心砖厂并对开办砖厂具体事项做了约定，但合伙企业并未依法进行工商登记领取营业执照。根据《最高人民法院关于适用〈中华人民共和国行政诉讼法〉的解释》第十五条的规定，未依法登记领取营业执照的个人合伙的全体合伙人为共同原告。因白某隆、王某、赵某等人于2016年3月4日签订了《协议书》，将该砖厂转让给白某隆生产经营，并约定某空心砖厂转让的具体事项，且本案受理后征询王某、赵某等人意见，均表示放弃参加本案诉讼，故白某隆为本案适格原告，被告某区政府辩称白某隆诉讼主体不适格的理由不能成立。

2. 关于被告某区政府行政强制拆除某空心砖厂厂房等建筑物是否属违法建筑的问题。《环境影响评价法》第二十五条规定，建设项目的环境影响评价文件未依法经审批部门审查或者审查后未予批准的，建设单位不得开工建设。2004年《土地管理法》第四十四条第一款规定，建设占用土地，涉及农用地转为建设用地的，应当办理农用地转用审批手续；第七十六条第一款规定，未经批准或者采取欺骗手段骗取批准，非法占用土地的，由县级以上人民政府土地行政主管部门责令退还非法占用的土地，对违反土地利用总体规划擅自将农用地改为建设用地的，限期拆除在非法占用的土地上新建的建筑物和其他设施，恢复土地原状，对符合土地利用总体规划的，没收在非法占用的土地上新建的建筑物和其他设施，可以并处罚款；对非法占用土地单位的直接负责的主管人员和其他直接责任人员，依法给予行政处分；构成犯罪的，依法追究刑事责任。《城乡规划法》第四十条第一款规定，在城市、镇规划区内进行建筑物、构筑物、道路、管线和其他工程建设的，建设单位或者个人应当向城市、县人民政府城乡规划主管部门或者省、自治区、直辖市人民政府确定的镇人民政府申请办理建设工程规划许可证。本案中，首先，某空心砖厂地处城乡规划区域内，依据《城乡规划法》的规定，在城乡规划区域内进行的工程建设必须取得《建设工程规划许可证》《建设用地规划许可证》《建设项目选址意见书》。白某隆提交的证据不能证明对在城乡规划区域内的建筑物取得“二证一书”的事实。其次，白某隆未能提交证据证实砖厂项目建设办理了土地、城建等相关批准手续及进行建设项目的环境影响评价。且某区国土资源局、环境保护局等六部门联合向砖厂下发《通知》《停产整改建议书》，要求无审批手续、用地手续、采矿许可证、安全生产许可证、环评手续、环保除尘设施的企业自行拆除关停。因此，某空心砖厂未取得土地行政主管部门审批，未办理建设工程规划许可证和进行建设项目的环境影响评价，而擅自修建厂房等建筑物的客观事实存在，故其建筑物属违法建筑。根据《城乡规划法》第六十八条的规定，某区政府拥有责成有关部门采取查封施工现场、强制拆除等措施的法定职权。

3. 被告某区政府2017年8月16日强制拆除某空心砖厂建筑物的程序是否合法的问题。根据《行政强制法》第三十四条、第三十五条、第三十六条、第三十七条的规定，首先，行政机关依法作出行政决定后，当事人在行政机关决定的期限内不履行义务的，具有行政强制执行权的行政机关依照《行政强制法》第四章的规定强制执行。其次，行政机关作出强制执行决定前，应当事先催告当事人履行义务。催告应当以书面形式作出，并载明履行义务的期限、方式及当事人依法享有的陈述权和申辩权等。当事人收到催告书后有权进行陈述和申辩。行政机关应当充分听取当事人的意见，对当事人提出的事实、理由和证据，应当进行记录、复核。当事人提出的事实、理由或者证据成立的，行政机关应采纳。经催告，当事人逾期仍不履行行政决定，且无正当理由的，行政机关可以作出强制执行决定。强制执行决定应当以书面形式作出。《行政强制法》第三十八条、第四十四条明确规定，催告书、行政强制执行决定书应当直接送达当事人。当事人拒绝接收或者无法直接送达当事人的，应当依照《民事诉讼法》的有关规定送达。对违法的建筑物、构筑物、设施等需要强制拆除的，应当由行政机关予以公告，限期当事人自行拆除。当事人在法定期限内不申请行政复议或者提起行政诉讼，又不拆除的，行政机关可以依法强制拆除。也就是说，行政机关实施强制拆除行为应严格按照法律规定程序进行。本案中，某区政府在强制拆除某空心砖厂厂房前，未依法履行催告义务，即便将某区国土资源局等六部门于2017年6月16日下发的

《通知》视为带有催告性质的《催告书》，但该《通知》并未载明当事人依法享有的陈述权和申辩权。某区政府亦未提交证据证明其充分听取当事人陈述、申辩并进行记录与复核，且未制作强制执行决定，即于 2017 年 8 月 15 日作出《告知书》，并于 16 日实施强制拆除，该行政强制行为违反《行政强制法》相关规定，不符合强制拆除的法定程序，应当确认程序违法。某区政府认为其强制拆除案涉厂房等建筑的行为符合法定程序，系合法行政行为的理由不能成立，一审法院不予支持。

综上，一审法院判决确认某区政府于 2017 年 8 月 16 日组织有关单位对某空心砖厂厂房等建筑物实施强制拆除的行政行为程序违法。

青海省高级人民法院二审认为，结合双方当事人意见，本案的争议焦点为：某区政府强制拆除行为是否合法。

二审法院认为，某空心砖厂的建设生产会对环境资源产生影响。《土地管理法》《城乡规划法》等法律规定，任何建设单位和个人必须合理利用土地，切实保护耕地，使用集体土地需报经县级以上人民政府土地行政主管部门审批，且办理建设工程规划许可证后方可实施建设。本案中，白某隆向一审法院提交了某空心砖厂项目的立项批复及项目建议书，并主张在建厂期间，依法办理了工商、消防、劳动安全、质量、节能等国家规定的有关手续，但未提交证据证实上述事实；且其未能提交证据证实某空心砖厂项目建设办理了土地、城建等相关批准手续。在某区国土资源局、环境保护局等六部门联合向其下发《通知》《停产整改建议书》，要求无审批手续、用地手续、采矿许可证、安全生产许可证、环评手续、环保除尘设施的企业自行拆除关停。因此，白某隆未取得土地行政主管部门审批，未办理建设工程规划许可等擅自修建厂房等建筑物的客观事实存在。白某隆上诉主张其某空心砖厂经过政府相关部门审批，未被认定为违法建筑，被强制拆除的系其合法财产的上述理由不能成立，二审法院不予支持。根据 2015 年《城乡规划法》第六十八条的规定，某区政府拥有责成有关部门采取查封施工现场、强制拆除等措施的法定职权。

根据《行政强制法》第三十五条、第三十六条、第三十七条、第三十八条、第四十四条的规定，行政机关作出强制执行决定前，应当事先催告当事人履行义务；催告应当以书面形式作出，并载明履行义务的期限、方式及当事人依法享有的陈述权和申辩权等；当事人收到催告书后有权进行陈述和申辩；行政机关应当充分听取当事人的意见,对当事人提出的事实、理由和证据,应当进行记录、复核;当事人提出的事实、理由或者证据成立的,行政机关应当采纳;经催告,当事人逾期仍不履行行政决定,且无正当理由的,行政机关可以作出强制执行决定;强制执行决定应当以书面形式作出;催告书、行政强制执行决定书应当直接送达当事人,当事人拒绝接收或者无法直接送达当事人的,应当依照《民事诉讼法》的有关规定送达;对违法的建筑物、构筑物、设施等需要强制拆除的,应当由行政机关予以公告,限期当事人自行拆除,当事人在法定期限内不申请行政复议或者提起行政诉讼,又不拆除的,行政机关可以依法强制拆除。也就是说,行政机关实施强制拆除行为应严格按照法律规定程序进行。本案中,某区政府在强制拆除某空心砖厂厂房前,未依法履行催告义务,亦未提交证据证明其充分听取当事人陈述、申辩并进行记录与复核,且未制作强制执行决定,即于 2017 年 8 月 15 日作出《告知书》后于 16 日实施强制拆除,该行政强制行为违反《行政强制法》的相关规定,不符合强制拆除的法定程序。白某隆上诉主张一审法院未就某区政府的强制拆除行为进行实质审查,某区政府未对某空心砖厂作出行政处罚或行政决定,直接拆除没有执行依据,属严重实体违法,一审法院避重就轻,属认定事实错误,适用法律错误。二审法院认为,人民法院对行政行为的审查通常主要集中在行政机关是否拥有作出行政行为的法定职权;认定事实是否清楚,证据是否确实、充分;适用法律是否正确;是否符合法定程序四个方面,而就本案被诉的事实行为而言,审查的重点则是法定职权和程序是否合法的问题。本案中,一审法院基于已经查明白某隆未取得土地行政主管部门审批,未办理建设工程规划许可等擅自修建厂房等建筑物的客观事实,经全面审查,认定某区政府拥有责成有关部门采取查封施工现场、强制拆除等措施的法定职权;而对于某区政府在实施强制拆除前未制作行政处罚决定书、未作出强制执行决定,恰恰属于缺失《行政强制法》所规定的程序要件,因此,一审法院确认某区政府强制拆除行为程序违法并无不当。白某隆此项上诉理由亦不能成立,二审法院不予支持。

综上,一审判决认定事实清楚,适用法律正确,依照《行政诉讼法》第八十九条第一款第(一)项之规定,判决驳回上诉,维持原判。

最高人民法院认为,本案中白某隆起诉请求确认某区政府强制拆除某空心砖厂的行为违法,二审判决认定该砖厂建设未办理土地、城建等相关手续,不符合

《土地管理法》《城乡规划法》等法律规定，属于违法建筑，但某区政府在组织强制拆除案涉砖厂时未遵照《行政强制法》规定的强制拆除的法定程序，故判决确认强制拆除行为程序违法。白某隆申请再审时所称的原某县经济和商务局批复案涉砖厂项目立项但未告知需要办理规划手续、国土资源部门迟迟未依据其申请办理矿产资源许可手续等理由不能推翻对案涉砖厂未办理规划、土地使用等相关手续，系违法建筑的认定。因此，一审、二审法院确认某区政府强制拆除行为程序违法并无不当，白某隆申请再审的理由不能成立，最高人民法院不予支持。

综上，法院裁定驳回白某隆的再审申请。

【提炼总结】

在城市规划区域内，未取得土地、城建等相关手续进行的建设属于违法建设，县级以上地方人民政府可依据《城乡规划法》责成有关部门采取查封施工现场、强制拆除等措施，但是应当根据《行政强制法》之规定，遵守法定程序实施强制拆除行为。

十四、关于行政检察监督履职的案例

（一）人民法院裁定准予执行后，县政府组织执行不力情形下的监督

案例：吉林省某县自然资源局申请执行强制拆除王某违法占用土地上的建筑物、恢复土地原状行政处罚决定监督案。

【基本案情】

2017 年 4 月，吉林省某县某镇村民王某未经批准，擅自占用一般耕地 8.02 亩用于建设饭店、洗车场。同月，原某县国土资源局（机构改革后称某县自然资源局，以下统称某县自然资源局）执法人员巡查发现王某违法行为，即口头予以制止，随后下达了《责令停止违法行为通知书》。某县自然资源局经立案调查，于 2017 年 7 月 14 日作出行政处罚决定：责令退还违法占用土地，限期 15 日内拆除在违法占用土地上新建的建筑物和其他设施，恢复土地原状；处以罚款 26,748.75 元。王某收到处罚决定后，缴纳了罚款，但未拆除违法建筑物、恢复土地原状，亦未在法定期限内申请行政复议或提起行政诉讼。某县自然资源局依法催告后，向某县法院申请强制执行，某县法院裁定准予执行，明确由某县政府组织实施退还土地、拆除违法建筑物、恢复土地原状的处罚决定内容。某县政府组织相关部门

对某镇类似违法建筑统一拆除过程中，某县自然资源局协助督促王某自行拆除。2018年，王某自行拆除了违法建筑物，但拆除后建筑垃圾未能及时清理，未恢复成耕地。

【监督情况】

2020年8月，某县检察院在开展保护黑土地专项行动中发现该案线索，遂依职权启动监督程序。

某县检察院通过对现场实地踏查，发现违法占用土地上的建筑物已拆除，但该土地被砂石和建筑垃圾覆盖，且停放多台报废车辆，未恢复土地原状，达不到耕种条件。经过调阅某县法院、某县自然资源局执法卷宗、询问相关人员，了解到类似违法占地执行后达不到复耕条件的案件数量较多，黑土地未得到有效保护。

某县检察院经审查认为，行政处罚及执行的最终目的是保护耕地资源，依照《土地管理法》的规定，自然资源主管部门统一负责土地的管理和监督工作，对耕地保护负有法定职责，该案执行后历经两年时间仍未恢复耕种条件，问题症结在于耕地恢复责任没有落实到位。经与某县政府及自然资源局沟通，为尽快恢复黑土地原状，达到复耕条件，某县检察院向某县自然资源局制发检察建议，建议及时履行土地监督管理职责，推动涉案土地尽快恢复耕种条件。

某县自然资源局收到检察建议后，积极作为，立即联系王某、当地政府及相关部门，将黑土地恢复原状，复耕复种。

针对违法占地执行不到位，未恢复耕种条件问题，某县检察院联合某县自然资源局对2017年以来县自然资源局作出的行政处罚决定160余件进行逐案排查，重点排查是否恢复耕种条件、罚款是否缴纳。检察人员与某县自然资源局执法人员到案发地进行实地踏查、走访、现场调查，发现有的违法建筑物虽然拆除了，但在原址上又重新建起了简易房，有的拆除不彻底，没有恢复黑土地原状，达不到耕种条件。排查后一致认为违法占地案件拆除建筑物后，存在黑土地复耕“最后一公里”落实不到位问题。

为解决土地复耕“最后一公里”问题，某县检察院组织召开由某县自然资源局、公安局、林业局、水利局、税务局、环保局、农业农村局、农村经济管理总站等8个单位参加的保护黑土地联席会议，共同签署《关于建立开展黑土地保护工作协作机制的意见》，围绕黑土地保护，就各单位分工配合、信息共享、联动机制和责任落实达成共识，就执行后黑土地复耕问题建立了“自然资源部门牵头，相关部门协作配合”的工作制度，明确保护责任，形成黑土地保护合力。

工作协作机制建立以来，某县检察院相继制发检察建议27件，联合某县自然资源局进行案件回访，采取实地调查、问卷调查等方式，确保复耕效果，共复耕黑土地20.23亩，督促收缴罚款34,814.65元，促使55,749.7元罚款进入执行程序，拆除违法建筑物1540平方米。

（二）人民法院裁定由无行政强制执行权的行政机关执行情形下的监督

案例：某县自规局申请强制执行刘某退还土地、拆除建筑物、恢复土地原状及罚款行政非诉执行监督案。

【基本案情】

2018年7月，四川省某县某镇村民刘某未经批准，擅自占用该村永久基本农田1.07亩修建家具厂，建成一栋一层砖体墙、彩钢屋顶建筑。2019年4月，某县自规局执法人员巡查发现刘某违法行为。同年5月6日立案查处，7月5日，对刘某作出行政处罚决定：（1）责令15日内拆除地上建筑物，对永久基本农田进行治理和恢复原种植条件，并退还土地给村集体；（2）并处罚款106,53.75元。刘某在规定期限内未履行处罚决定，亦未申请行政复议或提起行政诉讼，经催告仍未履行。2020年1月13日，某县自规局向某县法院申请强制执行。2020年1月17日，某县法院作出裁定，准予强制执行，交由某县自规局执行，裁定后，刘某于2020年11月4日缴纳了罚款，但一直未拆除违法建筑物。

【监督情况】

在开展全国检察机关土地执法查处领域行政非诉执行监督专项活动中，某县自规局将该案主动移送某县人民检察院，说明相关情况，会商解决方案。某县检察院通过实地调查，向某县法院和某县自规局了解案情、调阅卷宗等，查明某县自规局作出行政处罚决定并申请法院强制执行符合法律规定。某县法院将某县自规局申请强制执行内容裁定由某县自规局执行，但因某县自规局不具备强制执行权亦缺乏组织实施的必要手段，该行政处罚决定未能得到实际执行。

某县检察院审查认为，根据《行政强制法》《土地管理法》的规定，某县自规局没有行政强制执行权，在没有裁执分离地方规范性文件的情况下，某县法院在作出裁定时未充分考虑某县自规局作为没有行政强制执行权的机构,存在强制执行手段缺乏等现实困难,致使该案处罚决定一直没有实际执行。2021 年 6 月 25 日,某县检察院向某县法院发出检察建议,建议纠正不当裁定,确保该案执行落实到位。

某县法院收到检察建议后,对该案重新进行审查,经与某县政府、某县检察院、某县自规局沟通协商,认为某县自规局在执行手段和强制措施上确实存在实际困难,重新裁定将行政处罚决定交县政府组织实施,某县自规局予以协助。在法院、自规局及当地政府的协作下,违法建筑于 2021 年 7 月 29 日被全部拆除。目前,土地恢复了种植条件并已退还村集体。

为系统治理农村土地执法执行难、强制执行措施与主体执行能力不匹配等现实困难,某县检察院以个案办理为契机,与某县政府建立府检联动机制,并推动举行某县政府、某县法院以及相关行政主管部门参加的联席会议,形成会议纪要,达成共识,对裁执分离案件中行政机关缺乏强制执行权导致执行难的,统一由法院裁定交某县政府组织实施、行政主管部门配合、检察机关监督。某县检察院还与某县自规局等行政主管部门制定行政非诉执行工作协作配合办法,推动当地政府整合各行政职能部门资源优势,形成依法执行的长效机制。协作机制建立以来,当地涉土地类行政非诉执行案件执行到位 6 件,复耕复种 6.88 亩。

(三)林业部门未履行补植复绿职责情形下的监督

案例:某区人民检察院诉某区林业局不履行林业行政管理职责行政公益诉讼案——最高人民法院第 37 批指导性案例之十(指导性案例 211 号)。

案号:贵州省遵义市播州区人民法院(2017)黔 0321 行初 97 号。

【基本案情】

2014 年 4 月 9 日,沈某个人投资设立一人公司某农木业公司并任法定代表人。2014 年 5 月,该公司以修建种植、养殖场为由,租用某区某街道某村某组集体林地,在没有办理林地使用许可手续的情况下,雇用施工队使用挖掘机械在火言那、桃树坳、大坡老三处林地剥离地表植被进行挖掘,致使地表植被毁坏,山石裸露。经鉴定,某村某组林地被毁坏 138.8 亩,其中重点公益林 49.38 亩,重点商品林 89.42 亩。2017 年 8 月,该公司以同样理由和方式,毁坏某区某乡某村马鞍山林地137.37亩,其中一般公益林72.91亩,重点商品林19.51亩,一般商品林44.95亩。合计毁坏林地276.17亩,其中重点公益林49.38亩,一般公益林72.91亩,重点商品林108.93亩,一般商品林44.95亩。公益林功能设定为水土保持和水源涵养。本案一审审理时,被毁坏林地部分新植马尾松苗,苗木低矮枯黄,地表干涸破碎;水源涵养公益林部分未作任何处理,山岩裸露,碎石堆积,形如戈壁。

2015年1月,某区林业局以上述行为涉嫌构成非法占用农用地罪移送市公安局某区分局,但公安机关立案侦查后作撤案处理。某区林业局遂对沈某和某农木业公司作出行政处罚决定:责令限期恢复原状(未载明期限),并处罚款1,841,134元,但被处罚人均未履行。2016年1月20日,某市公安局某区分局重新立案侦查,次日,某区林业局撤销上述行政处罚决定。2016年12月,某区人民法院以(2016)黔0603刑初67号刑事判决,认定沈某犯非法占用农用地罪,判处有期徒刑2年,并处罚金人民币5万元。判决生效后,某区人民检察院向某区林业局发出检察建议,建议其依法履行森林资源保护监管职责,责令沈某限期恢复原状,按每平方米10元至30元并处罚款。某区林业局书面回复,因沈某在服刑,公司倒闭,人员解散,无法实施复绿;林业局拟部分复绿造林,对其中难以复绿造林地块异地补植复绿;按一事不再罚原则不予罚款处罚。

检察机关以某区林业局既未对沈某作出行政处罚,也未采取有效措施予以补植复绿,没有履行生态环境监管职责,导致林地被破坏的状态持续存在,当地生态环境遭受严重破坏为由提起行政公益诉讼,请求确认某区林业局未依法履行监管职责的行为违法并判令其依法履行环境保护监管职责。

【裁判观点】

贵州省遵义市播州区人民法院认为,公益诉讼人某区检察院作为法律监督机关,依照全国人大常委会《关于授权最高人民检察院在部分地区开展公益诉讼试点工作的决定》和《人民法院审理人民检察院提起公益诉讼案件试点工作实施办法》、《行政诉讼法》第二十五条第四款的规定,在履行职责过程中,发现被告行政机关的行为造成国家和社会公共利益受到侵害,提出检察建议而行政机关或组织拒不纠正违法行为或者不履行法定职责的,可以向人民法院提起行政公益诉讼。某区林业局作为某区人民政府林业行政主管部门,依照《森林法》的规定,负责对某区行政区域内森林资源保护、利用、更新的监督管理。某区林业局应当依法履行职责,对违反林业管理法律、法规占用、毁坏森林资源、改变林地用途的行为依法查处,依照 2009 年《森林法》第四十四条的规定,责令违法行为人停止违法行为并按法律规定补种树木,违法行为人拒不补种或者补种不符合国家有关规定的,由林业主管部门代为补种,所需费用向违法行为人追偿。本案中,某区林业局发现沈某及其某农木业公司非法占用并毁坏大量林地的行为后,根据非法占用、毁坏的林地数量可能涉嫌犯罪的情况,移送司法机关刑事侦查,在侦查机关撤销案件后,作出了行政处罚,责令违法行为人限期恢复原状并处罚款。其行为符合法律规定,正确履行了行政管理职责。但某区林业局在公安机关再次立案侦查后,存在以下违法履职情形:

1. 在公安机关立案侦查后撤销行政处罚违法。依照 2009 年《行政处罚法》第二十八条“违法行为构成犯罪,人民法院判处拘役或者有期徒刑时,行政机关已经给予当事人行政拘留的,应当依法折抵相应刑期。违法行为构成犯罪,人民法院判处罚金时,行政机关已经给予当事人罚款的,应当折抵相应罚金”,2001 年《行政执法机关移送涉嫌犯罪案件的规定》第十一条第三款“行政执法机关向公安机关移送涉嫌犯罪案件前,已经依法给予当事人罚款的,人民法院判处罚金时,依法折抵相应罚金”的规定,违法行为人的同一行为既违反行政法应受处罚,又触犯刑法应受刑事处罚的情形下,行政执法机关在将案件移送司法机关之前已经作出的行政处罚,折抵相同功能的刑罚。这种折抵是执行上的折抵,而不是惩罚决定本身的折抵,且仅折抵惩罚功能相同的处罚,功能不同的处罚内容不能折抵,因此,在刑事侦查立案前已经作出的行政处罚不应撤销。被告某区林业局在将涉嫌犯罪的行政违法行为移送司法机关,司法机关立案后撤销在先已经作出的行政处罚决定,不但撤销了与刑事裁判可能作出的罚金刑功能相同的罚款处罚,还一并撤销了不属于刑事处罚的责令违法行为人补植复绿以恢复原状的行为罚。这一撤销行为违反法律规定,行为不当。

2. 在刑事判决生效后未责令违法行为人补植复绿以恢复被毁坏的林地的行为违法。针对毁坏森林植被、破坏生态环境的行为,法律赋予林业行政主管机关责令违法行为人补种树木、恢复原状的行政处罚权,属于行为罚性质。我国刑法规定的刑罚种类有自由刑、财产刑和资格刑三种,刑事处罚不涉及责令犯罪人为某种行为的判决方式。对刑事判决未涉及的处罚事项，行政机关在刑事判决生效后作出行政处罚决定，符合并罚原则，且不违反刑罚优先原则。责令犯罪人补植复绿以修复环境，不属于刑罚处罚范畴，而属于法律赋予行政主管机关的行政权，属于行政处罚范围。在对违法行为人追究刑事责任后，刑事处罚未涉及环境修复责任的，行政机关应当依法作出决定，责令违法行为人按森林法要求种植树木、修复环境。因此，某区林业局在刑事判决生效后应当依法作出责令违法行为人履行补植复绿义务的行政处罚决定并监督违法行为人履行，违法行为人拒不履行或者履行不合格的，应当代为补植复绿，并责令违法行为人承担费用。被告某区林业局未作出责令沈某及其某农木业公司补植复绿以恢复原状并监督履行的行为违法。某区林业局所持在刑事判决生效不能再作出行政处罚的辩解理由，针对行为罚部分系对法律规定的错误理解，法院不予采信。

3. 代为补植复绿职责未正确履行。某区林业局在未作出责令违法行为人修复环境决定的情形下，会同乡镇人民政府等在被毁坏的林地上种植了部分树苗，但效果较差，难以保证成活率，难以达到环境修复的目的，且对于毁坏严重，形同戈壁的土地未进行治理复绿。鉴于被毁坏林地及林木的公益林性质、水源涵养、水土保持功能，补植复绿应当就地进行，不得异地替代。因此，某区林业局代为补植树木的行为，虽已部分履行职责，但尚未正确、全面履行，仍应继续履行。某区林业局未责令违法行为人补植复绿，其代为补植的行为即使全面完成，也将因此缺乏责令违法行为人承担费用的依据。

综上，被告某区林业局未全面正确履行法定职责，公益诉讼人请求确认某区林业局未依法履行监管职责的行为违法，法院予以支持。某区林业局应依法作出责令违法行为人补植复绿的行政决定，在违法行为人补植复绿不能的情况下，代为治理土地，种植树木，恢复生态。公益诉讼人请求判令被告某区林业局依法履行法定职责，法院予以支持。鉴于某农木业公司系沈某投资开办的一人公司，在公司资产与个人资产未清楚分离的情形下，其责任可由沈某个人承担。被告某区林业局所持依据“一事不再罚”原则，在对违法行为人判处罚金刑以后不能再行给予罚款处罚的辩解理由，符合《行政处罚法》和《行政执法机关移送涉嫌犯罪案件的规定》的规定，法院予以支持。某区林业局已经履行法定职责的辩解与事实不符，法院不予采信。

据此，法院判决由被告某区林业局对沈某以某区某农木业公司名义毁坏某区某街道某村某组、某乡某村马鞍山林地补植复绿、恢复原状，依法履行监督管理法定职责，并于2019年9月完成复绿工程验收。

【提炼总结】

违法行为人在刑事判决中未承担生态环境修复责任的，林业等行政主管部门应当及时责令其依法履行修复义务，若违法行为人不履行或者不完全履行时应组织代为履行。

十五、关于行为人被追究行政、刑事责任的“两违”案例

（一）村民小组及村民非法转让土地构成非法转让土地使用权罪

案例：某村民小组、陈某1犯非法转让土地使用权罪案。

案号：广东省遂溪县人民法院（2017）粤0823刑初184号。

【基本案情】

2006年8月19日，某村民小组未经依法获得批准，擅自将该村民小组位于“刺常树”的一块15.46亩荒地以每亩4.9万元的价格非法转让给谢某使用，某村民小组的干部、村民代表和当时使用该块地的村民与谢某签订《协议书》。签订协议后，谢某先后支付给某村民小组757,540元，其中2008年1月7日通过银行转账支付362,870元。以上非法转让的土地当时是由某村村民陈某1、陈某2等人使用，某村民小组收到谢某的757,540元土地转让款后，提取其中的6%归该村民小组集体使用，余下的土地转让款由村民陈某1、陈某2等人按所使用这块土地的实际亩数领取。

另查明，谢某购买上述土地后，未办理合法用地手续便在该地上建某潜水用品厂，被某县国土资源局（已撤销）查处，责令该厂停止违法行为，拆除该地上的建筑物、构筑物，并对该厂处以罚款3.8万元。2011年9月10日，某县国土资源局与某村民小组签订《征（收）土地协议》，征收了某村民小组位于某镇高速公路沙坭立交南侧的土地14.1505亩，然后转让给谢某使用，该土地即某村民小组原转让给谢某15.46亩土地的部分土地。

【裁判观点】

广东省遂溪县人民法院认为，根据本案事实及证据，结合控辩双方争议的焦

点,法院综合评判如下:

1. 关于某村民小组是否符合本案犯罪主体的问题。根据《刑法》第三十条的规定,公司、企业、事业单位、机关、团体实施的危害社会的行为,法律规定为单位犯罪的,应当负刑事责任。2010年《村民委员会组织法》第二条规定,村委会是村民自我管理、自我教育、自我服务的基层群众性自治组织,村委会可以根据村民居住状况、集体土地使用权关系等分设若干村民小组。本案中的某村民小组是根据村委会组织法设立的,有自己的名称、组织机构和场所,依法负有自身职能,能够以自己独立的财产和经费对外承担法律责任,可以成为单位犯罪主体。故辩护人关于某村民小组不符合单位犯罪的主体资格的辩护意见,法院不予采纳。

2. 关于涉案实施非法转让集体土地使用权行为是否体现村民小组集体整体意志的问题。经查,某村民小组将涉案15.46亩土地以价款757,540元出卖给谢某,是经过村民代表同意的,村民小组的干部、村民代表和当时使用该块地的村民参与签订出卖土地的《协议书》,且某村民小组以其名义收到的土地使用权转让款全部入到村民小组集体的账上,应视为该村民小组的集体意志。本案中非法转让土地使用权为某村民小组的单位行为,应当由某村民小组承担法律责任,故辩护人关于本案不属于单位犯罪的辩护意见,法院不予采纳。

3. 关于本案是否属于“情节严重”、是否具有“社会危害性”的问题。经查,某村民小组转让荒地15.46亩给谢某,获得非法转让土地款共757,540元。根据最高人民法院《关于审理破坏土地资源刑事案件具体应用法律若干问题的解释》第一条第四项的规定,非法转让土地使用权非法获利50万元以上,属于情节严重情形,故某村民小组非法转让土地使用权非法获得转让土地款757,540元,已符合“情节严重”的情形。某村民小组提取其中6%作为集体使用,其余款项分配给当时使用土地的村民,属于该村民小组内部分配问题,不改变其单位获取非法土地转让款757,540元的事实。某村民小组未经政府职能部门批准,以牟利为目的,将本单位的土地卖给谢某,实施了非法转让土地使用权行为,严重扰乱了国家土地管理秩序。涉案土地虽然于2011年9月10日被国土部门依法征用,但不能以此否决某村民小组实施非法转让土地使用权的社会危害性,故对辩护人关于某村民小组转让土地没有达到“情节严重”的情况和没有社会危害性的辩护意见,法院不予采纳。

4. 关于本案是否已超过追诉时效期限的问题。根据《刑法》第八十七条第(一)项的规定,法定最高刑为不满5年有期徒刑的经过5年不再追诉。经查,某村民小组虽然于2006年8月19日与谢某签订买卖土地协议书,但谢某于2008年1月7日才将其中的土地转让款362,870元支付给某村民小组,非法转让土地使用权的行为延续至该日,公安机关已于2012年4月19日决定对被告单位某村民小组涉嫌非法转让土地使用权立案侦查,未超过5年追诉期限。故而对被告人陈某1和被告单位辩护人关于本案已超追诉时效期限的辩护意见,法院不予采纳。

被告人陈某1归案后如实供述了自己的罪行,认罪态度较好,有悔罪表现,依法对其可以适用缓刑。

本案经法院审判委员会讨论决定判决如下:(1)被告单位某县某镇某村委会某村民小组犯非法转让土地使用权罪,判处罚金人民币4万元(罚金从本判决发生法律效力之日起30日内缴纳)。(2)被告人陈某1犯非法转让土地使用权罪,判处有期徒刑2年,缓刑3年,并处罚金人民币4万元(缓刑考验期限,从判决确定之日起计算。罚金从本判决发生法律效力之日起30日内缴纳)。

【提炼总结】

《刑法》第二百二十八条规定,以牟利为目的,违反土地管理法规,非法转让、倒卖土地使用权,情节严重的,处3年以下有期徒刑或者拘役,并处或者单处非法转让、倒卖土地使用权价额5%以上20%以下罚金。

(二)非法占用农用地构成非法占用农用地罪

案例:王某义犯非法占用农用地罪案。

案号:最高人民法院(2021)最高法刑申134号。

【基本案情】

自1998年起,王某义被选举为某市甲区某乡A村村委会主任;2004年至2012年,王某义担任该村村委会主任兼党支部书记,其间,王某义当选为某市甲区第二次党代会代表、区第十六届人大代表、某乡党代表和该乡人大代表。

某市第七制药厂成立于1989年10月24日,系集体所有制性质企业类型。1998年6月,第七制药厂的法定代表人变更为王某义。1998年9月24日,王某义与某乡人民政府、B村委会签订购买第七制药厂协议。企业性质在工商登记时仍然是集体所有制，药品生产企业许可有效期至2005年12月31日。2003年12月30日，第七制药厂被吊销营业执照。

2002年10月，A村向某乡政府提出规划某工业园区用地报告，要求在其村属禹功路以西地块范围内划出130亩地。同月，某乡向郊区土地管理部门和住房和城乡建设委员会提出同意规划某工业园区的请求，郊区土地管理部门表示同意上报，但始终未获某市规划部门正式批准。2003年6月初，某市政府明确将禹功路以西划归某市乙区规划范围。2003年7月份，某市乙区发现王某义在禹功路与长华路交叉口西北角处（坐落位置为原某工业园区范围）建起某市第七制药厂若干间房屋，并要求调查处理，后与某乡达成共识，即立即停建，等候处理。王某义也表示服从城市规划建设，接受处理，但同时表示请某市乙区考虑农民实际问题，划出一片建设规划地用于A村园区建设，同时，对其所建第七制药厂提出抓紧规划用地的要求。鉴于上述原因和当时需征用A村土地的实际情况，经某市乙区规划建设局初步研究，就某乡某工业园区处理意见于2003年8月28日向某市乙区管委会请示：(1)在该村窑厂取土处划出80亩至100亩集体建设土地，用于该村发展建设（该地块该区不再报征，由村、乡办理农用地转用等相关手续）。由于园区划地已列为禁止内容，划出地块可按第七制药厂立项，同时，将在长华路和禹功路交叉口所建房屋予以拆除，考虑其建房时该范围未划归该区，拟给予一定的补偿。(2)由该村按照划定范围编制规划，报经有关部门批准后实施。今后因基础设施建设需提供路由时，应服从规划，无条件提供。(3)对已划给该村建设地上第七制药厂用地后的剩余土地，如需新上项目，到相关部门办理报批手续。2003年9月1日，某市乙区管委会主任会议同意该区规划建设部门关于某乡某工业园区处理意见的请示意见。2003年11月20日，某市乙区规划建设部门同意第七制药厂在位于某市大庆路与燕山路交叉东南处红线范围内用地23,297.707平方米，折合34.947亩（其中含代征用地4.906亩），用于建设该厂搬迁，且加盖了该局审定章。之后王某义按照2.82万元/亩支付了征地补偿款，其中按照1.86万元/亩直接支付给了农户，余额转入了某乡财政账户。

第七制药厂占用地所涉及的农户有A村村民姚某、王某乙、王某丙等8户村民农用耕地27.9亩，其占用过程中，该厂一直未获得国土部门核发的许可证，并延续至今。

【裁判观点】

蚌埠市禹会区人民法院一审认为,某市第七制药厂于 2003 年被吊销营业执照,但作为民事主体仍然存在。王某义作为某市第七制药厂的法定代表人,其以某市第七制药厂名义代表该厂进行征地,目的是用于该厂建设搬迁。其搬迁征地是经过某市乙区规划建设部门请示,并得到某市乙区管委会主任会议同意,后某市乙区规划建设部门同意某市第七制药厂在规定范围内征地用于建设该厂搬迁,且加盖该部门审定章;另外,王某义及所属某市第七制药厂按照规定分别将补偿款分发给相关被占用土地的农户、提留款转入某乡财政部门。其虽然未获得国土部门核发的许可证,存在违反相关规定乃至法律的客观行为,但是没有确实、充分的证据能证实其有非法占用农用地的主观犯罪故意,达不到确实充分,而构成犯罪,须达到主客观相统一性。公诉机关指控的犯罪不能成立。依照 2012 年《刑事诉讼法》第一百九十五条第(三)项的规定,判决王某义无罪。

安徽省蚌埠市中级人民法院二审认为,王某义作为某市第七制药厂的实际所有人违反土地管理法规,非法占用农用地,改变被占用土地用途,数量较大,造成农用地大量毁坏,其行为已构成非法占用农用地罪。某市第七制药厂在占用土地时已将补偿款分发给相关被占用土地的农户,提留款转入某乡财政部门,且该地块已经某市乙区管委会用地规划审定。以上事实不影响王某义犯罪定性,应对王某义量刑时予以充分考虑。某市司法局经济开发区分局作出社区影响评估意见书,认为王某义适合进行社区矫正。王某义符合适用缓刑的条件,故依法对王某义适用缓刑。本案经审判委员会讨论决定,原审判决适用法律错误,二审法院依法予以纠正。抗诉机关抗诉意见成立,二审法院依法予以支持。依照《刑法》第三百四十二条、第七十二条及 2012 年《刑事诉讼法》第二百二十五条第一款第(二)项的规定,判决撤销某市甲区人民法院(2014)禹刑初字第 00340 号刑事判决;王某义犯非法占用农用地罪,判处有期徒刑 2 年,缓刑 3 年,并处罚金人民币 5 万元(缓刑考验期限,从判决确定之日起计算,罚金于本判决生效后 10 日内一次性缴纳)。

最高人民法院审查认为,原审生效裁判认定事实清楚,证据确实、充分,定罪准确,量刑适当。审判程序合法。关于王某义所提第七制药厂占用涉案土地经政府相关部门批准,其无非法占用农用地的主观故意的申诉理由。经查,王某义对占用涉案土地的事实无异议,但对依据规划批准实施占地是否构成犯罪存在异议。根据某市国土资源部门土地性质报告、《土地勘测定界技术报告书》及王某等人涉案耕地承包合同书、涉案土地为耕地的证言等证据可以认定涉案土地为耕地性质。根据2004年《土地管理法》第四十四条规定,建设占用土地,涉及农用地转建设用地的,应当办理农用地转用审批手续,并由相关部门审批。涉案土地规划虽然经过某市乙区管委会主任会议同意、某市乙区规划建设部门审定规划用地并制作用地规划图纸,但不能替代法律规定的农用地转用审批手续。王某义明知涉案土地未依法办理农用地转用审批手续,未获得建设用地规划许可证,仍然非法占用耕地27.9亩建设厂房并对外出租长达10年,数量较大,造成耕地大量毁坏,王某义的行为符合《刑法》第三百四十二条规定的非法占用农用地罪构成要件。该申诉理由不成立。

关于王某义所提第七制药厂并未注销,应当作为本案主体的申诉理由。经查,第七制药厂于2003年12月被吊销营业执照,王某义以第七制药厂名义实施占地的行为发生在2005年,根据最高人民法院《关于审理破坏草原资源刑事案件应用法律若干问题的解释》等司法解释的规定,单位实施非法占用农用地犯罪行为的,对单位判处罚金,并对直接负责的主管人员和其他责任人员定罪处罚。王某义作为第七制药厂的法定代表人,应当承担相应的法律责任。该申诉理由不成立。

原审综合考虑王某义占用涉案土地的行为报经相关部门的规划审核,且按照规定支付了土地补偿款、提留款,在事发后主动投案等情节,判处王某义有期徒刑二年,缓刑三年,量刑适当。

综上,王某义的申诉理由不符合《刑事诉讼法》规定的应当重新审判的条件,予以驳回。

【提炼总结】

根据《刑法》第三百四十二条的规定,违反土地管理法规,非法占用耕地、林地等农用地,改变被占用土地用途,数量较大,造成耕地、林地等农用地大量毁坏的,处五年以下有期徒刑或者拘役,并处或者单处罚金。

（三）国家工作人员非法批准占用土地构成非法批准占用土地罪

案例：胡某某犯非法批准占用土地罪案。

案号：徐州市铜山区人民法院(2016)苏0312刑初809号。

【基本案情】

2004年间，张某（已判刑）为了低价取得原江苏省某县某镇某村某水泥有限责任公司（系集体所有制企业，前身为徐州市某水泥厂）的土地，经王某（原某县组织部副部长，已判刑）找某县国土资源局（已撤销）相关人员疏通关系，欲将该地块初始登记为国有划拨土地后再以企业改制的方式低价购买。2004年11月至2005年1月间，张某、王某先后请托时任某县国土资源局地籍科工作人员吴某1（已判刑）、地籍科科长卜某某（已判刑）、分管副局长窦某某（已判刑），3人明知申请主体不符合登记为国有划拨土地条件，且在申请材料不全、相互矛盾的情况下，仍然签署同意办理登记的意见。最后，时任某县国土资源局局长的被告人胡某某，接受王某、张某等人的请托，在经局务会研究决定该地块因申请主体不清、材料不齐备等原因暂不办理国有划拨土地登记的情况下，对报送材料不予审核，予以最终审批通过，致使某村302,610.71平方米集体土地被错误登记为国有划拨土地。之后张某伪造虚假证明材料及企业改制报告，假冒”国有企业改制”，以市场价值10%的价格受让该土地。因张某资金不足，仅向国土资源部门缴纳了116.77万元取得了其中115,752.7平方米的土地证，剩余土地登记在张某名下暂存于原某县国土资源局。后经徐州市铜山区价格认定中心认定，某镇某村某水泥厂土地资产在2005年4月26日的市场价格为95元/平方米，造成国家经济损失人民币982.88065万元。

另查明，被告人胡某某因犯受贿罪，于2008年2月18日被法院判处有期徒刑13年，剥夺政治权利3年，并处没收财产20万元（刑期自2007年5月28日起至2020年5月27日止），没收财产20万元已缴纳。徐州市中级人民法院于2010年6月28日、2012年3月28日分别作出(2010)徐刑执字第1182号、(2012)徐刑执字第0528号刑事裁定书，对胡某某先后减去有期徒刑1年3个月、1年11个月，剥夺政治权利3年不变；徐州市中级人民法院于2015年6月30日作出(2015)徐刑执字第01071号刑事裁定书，对胡某某予以假释（假释考验期从假释之日起至 2017 年 3 月 27 日止)，剥夺政治权利改为 1 年。2015 年 7 月 2 日，胡某某被假释。

【裁判观点】

徐州市铜山区人民法院认为，被告人胡某某身为国家工作人员徇私舞弊，违反土地管理法规，滥用职权，非法批准占用土地，致使国家利益遭受特别重大损失，其行为构成非法批准占用土地罪。公诉机关指控的犯罪事实清楚，证据充分。被告人胡某某在前罪判决宣告以后刑罚执行完毕以前(假释考验期内)，发现其在前罪判决宣告以前还有其他罪没有判决，依法应当撤销假释，对新发现的罪作出判决，结合前后两个判决所判处的刑罚，实行数罪并罚。根据最高人民法院相关司法解释，罪犯被裁定减刑后，刑罚执行期间因发现漏罪而数罪并罚的，原减刑裁定自动失效。如漏罪系罪犯主动交代的，对其原减去的刑期，由执行机关报请有管辖权的人民法院重新作出减刑裁定，予以确认；如漏罪系有关机关发现或者他人检举揭发的，由执行机关报请有管辖权的人民法院，在原减刑裁定减去的刑期总和之内，酌情重新裁定，被告人胡某某经减刑裁定减去的刑期不计入执行的刑期，故被告人胡某某前罪未执行的刑期为 4 年 10 个月 25 日，已经执行的刑期为 8 年 1 个月 5 日。据此，依照《刑法》第四百一十条，第八十六条第二款，第七十条，第六十九条第一款、第三款之规定，判决如下：被告人胡某某犯非法批准占用土地罪，判处有期徒刑 5 年；与前罪所判刑罚有期徒刑 13 年，剥夺政治权利 3 年，并处没收财产 20 万元数罪并罚，决定执行有期徒刑 16 年，剥夺政治权利 3 年，并处没收财产 20 万元(已缴纳)。(刑期从判决执行之日起计算。判决执行以前先行羁押的，羁押 1 日折抵刑期 1 日，扣除已执行的刑期 8 年 1 个月 5 日，即自 2017 年 5 月 19 日至 2025 年 4 月 13 日)

【提炼总结】

《刑法》第四百一十条规定，国家机关工作人员徇私舞弊，违反土地管理法规，滥用职权，非法批准征收、征用、占用土地，或者非法低价出让国有土地使用权，情节严重的，处 3 年以下有期徒刑或者拘役；致使国家或者集体利益遭受特别重大损失的，处 3 年以上 7 年以下有期徒刑。